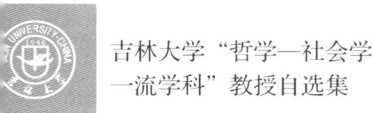

吉林大学"哲学—社会学一流学科"教授自选集

地域社会学的论理

田毅鹏 著

Arguments of Regional Sociology

中国社会科学出版社

图书在版编目（CIP）数据

地域社会学的论理/田毅鹏著. —北京：中国社会科学出版社，2020.6

（吉林大学"哲学—社会学一流学科"教授自选集）

ISBN 978-7-5203-6526-0

Ⅰ.①地… Ⅱ.①田… Ⅲ.①区域社会学 Ⅳ.①C912.8

中国版本图书馆 CIP 数据核字（2020）第 086786 号

出 版 人	赵剑英
责任编辑	朱华彬
责任校对	张爱华
责任印制	张雪娇
出　　版	中国社会科学出版社
社　　址	北京鼓楼西大街甲 158 号
邮　　编	100720
网　　址	http://www.csspw.cn
发 行 部	010-84083685
门 市 部	010-84029450
经　　销	新华书店及其他书店
印刷装订	北京市十月印刷有限公司
版　　次	2020 年 6 月第 1 版
印　　次	2020 年 6 月第 1 次印刷
开　　本	710×1000　1/16
印　　张	25.25
插　　页	2
字　　数	412 千字
定　　价	158.00 元

凡购买中国社会科学出版社图书，如有质量问题请与本社营销中心联系调换
电话：010-84083683
版权所有　侵权必究

目 录

序 言 ·· 1

第一篇 地域社会学的基本理论

地域社会学：何以可能？何以可为？
　　——以战后日本城乡"过密—过疏"问题研究为中心 ············ 3

马克思社会空间理论及其当代价值 ··· 26

地域力与社会重建
　　——以日本阪神淡路地震为例 ·· 37

地域衰退的发生及其治理之道 ·· 45

"流动的公共性"
　　——城乡一体化进程中乡村公共性构造的转换 ··················· 59

区域文化与社会发展
　　——以吉林区域文化为中心 ··· 66

东亚"新公共性"的构建及其限制
　　——以中日两国为中心 ·· 82

第二篇 单位地域社会研究

"典型单位制"的起源与形成 ··· 97

"典型单位制"对东北老工业基地社区发展的制约 ··················· 110

单位社区精英的"资本"构成及其运作研究
　　——以C市H社区为例 ………………………………… 125

单位制度变迁与集体认同的重构 ……………………………… 142

"后单位社会"基层社会治理及运行机制研究 ………………… 154

后单位社会背景下单位的"隐形在场"与基层社会治理 ……… 173

转型期"单位意识"的批判及其转换 ………………………… 185

城郊"村落单位化"的社会管理功能及其限度 ……………… 197

第三篇　乡村过疏—都市过密问题研究

村落过疏化与乡土公共性的重建 ……………………………… 215

20世纪下半叶日本的"过疏对策"与地域协调发展 ………… 233

乡村"过疏化"背景下城乡一体化的两难 …………………… 246

乡村过疏化背景下村落社会原子化及其对策
　　——以日本为例 …………………………………………… 255

"过密社会"的来临及其挑战
　　——以日本东京为例 ……………………………………… 265

"过密社会"视域下城市社会管理的盲点和误区 …………… 282

第四篇　城市化与地域社会变迁

城市化与"村落终结" ………………………………………… 289

轿车文明对都市社会空间的重塑 ……………………………… 301

中产阶级郊区化与城市公共文化的衰落 ……………………… 314

"村落终结"与农民的再组织化 ……………………………… 322

城乡接合部"社会样态"的再探讨 …………………………… 331

城市社会管理网格化模式的定位及其未来 …………………… 342

城乡接合部非定居性移民的"社区感"与"故乡情结" ………… 353

老年群体与都市公共性构建 …………………………………… 365

城乡接合部"村落终结"体制性影响因素新探 ………………… 375

后　记 …………………………………………………………… 390

序　言

如果将孔德提出实证哲学概念作为社会学发生的标志，社会学诞生的时间已经接近 200 年。在这漫长的岁月中，社会学由欧洲到北美，由北美到东亚，最终走向世界，至今已成长为世界性的学科知识体系和思想体系，同时也成为治国兴邦的应用性学科。应该承认，在社会学的诞生地——欧洲，因其最早进入近代工业社会，因此，在社会学理论体系构建的过程中，欧陆的社会学家得风气之先，做出了最为突出的学术贡献。这直接导致，在现今学术界通行的各种权威版本的社会学教科书，基本上都是以欧美社会学家创制出的概念体系和理论体系为框架展开的。在社会学发端的问题上，欧美学术界表现出"时间在先""实践在先"等优势。但我们同时也必须承认，由于社会学建立时，主要是基于欧洲的经验和材料，使得其理论体系不可避免地带有一定的局限。这在很多西方思想家的著述中均有较多的提及，如当代著名社会科学家沃勒斯坦所言，"尽管社会科学作为一种活动在全球传播开来，但是绝大部分社会科学家依然是欧洲人。在欧洲支配整个世界体制的历史过程中，社会科学作为对欧洲问题的回应应运而生。而社会科学对其主题的选择，它的理论的形成，它的方法论、认识论，都不可避免地反映出使它产生出来的这个大熔炉的种种制约"[①]。

实际上，克服此种局限的方法也非常简单，那就是走哲学社会科学发展的"本土化"道路，这里所说的本土化，不是仅仅限于一般意义上的理论反思和倡议，而是以地域社会为依托，展开具有本土社会依托的真正意义上的实证研究。在具体的研究中，我们首先应注意引入地方性变量，深入挖掘非西方国家在前工业社会漫长的历史发展进程中积淀起来的"社会思想""社会理论"和"社会经验"，使得广大的社会学

---

① ［美］沃勒斯坦：《进退两难的社会科学》，《读书》1998 年第 2 期。

学科研究者和工作者能够发现西方社会思想—理论之外带有本土性的思想理论系统，进而建立起基于地域社会的研究分析系统。同时，在社会科学传播到世界各地的进程中，应该不断地努力将外来的社会学理论及经典的研究命题与本土的社会经验及传统展开对话，在对话中推进相互之间的理解，形成新的理论提升。由此而不断努力，便会使得作为学科一般意义上的社会学逐渐获得具有较强覆盖性的经验基础，成为真正意义上的普遍的知识。

由此，在社会学学科发展演进的行程中，地域社会学的出现便堪称是一个极为典型的本土化研究案例。目前学界公认的观点是，地域社会学发端于20世纪下半叶的日本。当时恰好是日本战后经济奇迹发生，整个日本列岛处于工业化和城市化的笼罩之下，城乡社会空间发生了巨大的变化。一些学者开始意识到，仅仅通过城市社会学和农村社会学的学科视角来展开观察，已不足以解释地域空间空前复杂的变化，于是，在农村社会学和城市社会学的研究队伍中分化出了一部分以"地域社会学"为研究主旨的学者群体。虽然其研究旨趣仍然与农村社会学或城市社会学存在着密切的关联，但业已开辟出一个全新的学术领域。学界通常将地域社会学视为是以地域社会为研究对象的社会学分支学科，主要将都市和农村两方纳入研究视野，对地域构造及功能展开多角度分析，注重研究地域社会的社会构造、阶层形成及内在的行动逻辑。这里所说的"地域社会"，一般是指基于地缘关系形成的集团的结构及关系性总体。在有的情况下，学界也常称其为地域共同体。有的学者"也常常把农村社会学和城市社会学看作是地域社会学的下位概念，而将地域社会学界定为二者的总称。但这并不意味着地域社会学可以简单地还原为农村社会学和城市社会学。地域社会学的研究主题虽然与农村社会学和城市社会学的内容有交叉共享部分，但其存在价值主要是将地域问题置于民族国家和全球化的背景下，试图以实证的、实践的研究志向、形成自己独立的学术分野"[①]。近年来，日本学术界的地域社会学研究主要是围绕着乡村过疏—城市过密、地域社会组织重建、公共政策、社会政策而展开的。涉及超越农村与城市之上的社会公共政策研究、地域对立及地域歧视、地域振兴、超越民族国家之上的地域之间的跨国合作

---

① [日] 森冈清美：《新社会学辞典》，有斐阁1993年版，第989页。

等问题，形成了诸多研究热点，也为东亚其他国家的地域社会学的研究和发展提供了可资借鉴的模式和典范。稍后，中国和韩国社会学界也有一些学者打出了地域社会学研究的旗帜。以此为标志，东亚社会学界掀起了地域社会学研究的高潮。

我对地域社会学的关注开始于2000年前后。当时我刚刚从历史学转向社会学，一个偶然的机会，在学校图书馆看到一些日本和韩国战后以来出版的地域社会学研究的学术专著，逐渐意识到从地域社会学的研究视角展开地域社会研究的独特价值。后来我两次赴日本名古屋大学访学，在日期间得以与该校的田中重好教授、黑田由彦教授、丹边宣彦教授等日本学者深入交流地域社会学相关研究问题。当时日本的地域社会学研究会非常活跃，几乎每年都召开学术年会，研讨特定主题的地域社会学问题。记得一次受邀赴黑田教授家里做客，因黑田教授与其夫人徐春阳教授均为日本地域社会学研究会的活跃人物，家里有两套《地域社会学年报》，当夫妇二人知道我对地域社会学非常感兴趣的时候，当即将家里的一套十余册《地域社会学年报》赠送给我，我则如获至宝，满载而归。为了进一步搜集地域社会学相关资料，我还特地购置了一台扫描仪，将名古屋大学图书馆和环境研究科资料室馆藏的与地域社会学相关的专著尽数扫描，搜集了一些颇有价值的资料。

从新世纪初期开始，我陆续发表了一些与地域社会学研究主题直接相关的学术论文，这些论文大体上可以分为以下几个专题：

（1）关于地域社会学的基本理论

20世纪60年代以降，以战后都市过密化和乡村过疏化为背景，日本兴起了以研究地域社会结构、集团构成以及人类行动为主要内容的地域社会学。地域社会学研究试图超越农村社会学和城市社会学的界限，以城市化背景下"生活社会化"为基本理论前提，以乡村过疏化为研究重点，围绕着"地域生活""地域组织团体""地域格差""地域政策""新公共性构建"等问题展开研究，建立起"结构分析"的学科分析范式。地域社会学通过对城乡过密—过疏进程的研究，将城乡关系问题作为空间转换的核心内容，体现了其对人类社会由传统到现代转变的特别关注。在拓展社会学学科研究界限的同时，也为其走向政策应用化发挥了重要作用。

(2) 单位地域社会研究

在地域社会研究展开的过程中，我借助自己所处的地缘优势，引入地方性研究变量，选择了东北单位地域社会作为重要的研究对象。尤其是以国家重大项目"中国单位制度的形成及变迁研究"为契机，我围绕着东北单位地域社会展开了初步的研究。研究发现，如果我们把新中国成立以来单位体制在全国城市社会范围内的普遍确立，视为是中国有史以来规模最为巨大的"空间重组"。就会发现在普遍、同一的"单位模式"的背后，实际上潜藏着不同单位类型的存在。因东北地域在1948年率先解放，加之"一五"期间重工业基地建设特殊的历史契机，遂使以东北老工业基地为代表的"超大型"工业社区形成了极具特色的"典型单位制"，其特征主要表现为：从地理空间角度看，以东北老工业基地为代表的"典型单位制"是在较短的时间内，在相对集中的空间里建立起来的。从社会空间的角度看，企业成员是在一个相对封闭的社会空间内展开其互动关系的，更易形成浓郁的单位氛围和国营惯习。从社会控制体系建构的角度看，这些超大型的企业不仅仅承担着"单位办社会"的诸项职能，而且同时还必须扮演着一个行政区的角色。上述地域社会特质对东北自身的经济社会发展亦产生了极为深刻的影响。

(3) 关于乡村过疏化和都市过密化的研究

在地域社会学研究勃兴并走向学科化的进程中，关于地域"过疏化"和"过密化"发展问题的研究逐渐演化为一种主导性的研究主题，对地域社会学分支学科的形成发挥了重要作用。众所周知，在工业化、城市化的进程中，乡村人口汇聚于城市，村落人口急剧减少，是世界现代化进程中最为常见的社会流动现象。不过比较观之，对于自古以来即具有以农立国传统的东亚而言，其表现更为典型。具体言之，早在战后日本经济奇迹发生之后，日本学术界便开始关注乡村人口减少问题，发表了大量的研究成果。日本学者基本上是在"过疏化"的概念之下展开地域社会学研究的。大约是在2006年开始，我利用吉林大学图书馆馆藏的大量日文文献，开始注意到日本学界关于过疏化现象的研究，并撰写发表了《20世纪下半叶日本的"过疏对策"与地域协调发展》一文。此后，我主要是以过疏化现象为核心，展开了系列研究。在研究中，我逐渐认识到，乡村过疏化和城市过密化的研究范式最具学术意义的启示在于：为地域社会学研究找到了一种具有极强现实性的研究主题，具有较强的现实感。同时，打破了一般意义上的"问题研究范式"，确立起地域社会学新的研究范式。

（4）城市化与地域社会变迁

作为城市化进程中必然出现的后果，城市"过密—过疏"的两极发展使得传统的城乡世界开始面临空前的挑战。在近年来的研究中，我将主要的注意力集中在城乡交界地带，探讨了城市化背景下村落地域社会的变迁。我认为村落终结的形态是多元的：位于城市边缘地带的村庄被迅速扩张的城市所吸纳；而远离城市的偏僻村落则是在过疏化、老龄化背景下而走向"终结"；在政府社会规划工程的主导下，通过村落合并等形式，亦使村庄在短时间内快速实现"城市化"。故所谓"村落终结"已远非简单的"空间变迁"和"关系变动"，亦不是农民群体单一的"去农为工"，而是一个异常复杂的社会总体变迁过程，其间充满着矛盾冲突和利益重组。这就要求我们深入辨析"村落终结"现象的实质，并对其社会后果进行再评价。

在社会学发展史上，如果说社会学诞生于欧洲，那么，美国社会学则通过专业系的成立、专业杂志的创刊、农村社会学和城市社会学分支学科体系的建立，标志着"学院社会学"的诞生，那么，这种试图超越农村—城市空间之上的地域社会学则主要发起于东亚。虽然地域社会学在包括日本韩国在内的东亚国家已有较快发展并已形成规模，但从总体上看，地域社会学"作为学的体系，尚处在建立过程中"[1]。随着新世纪以来世界范围内城市化进程的进一步复杂化，地域社会学将以新的形态和研究范式做出最为直接的回应。

---

[1] 石川淳志等：《现代日本的地域社会——创造性的再建构与地域社会学的课题》，青木书店1983年版，第314页。

第一篇　地域社会学的基本理论

地域社会学：何以可能？何以可为？

——以战后日本城乡"过密—过疏"问题研究为中心

20世纪60年代以来，伴随着战后日本产业化和城市化的进程，日本社会的"空间结构"发生剧变。城乡社会出现了所谓"过密"和"过疏"问题。面对上述社会变动，从70年代起，日本社会学界掀起了"地域社会学"研究热潮，经过数十载的积累，业已初步形成了地域社会学的学科研究体系，日本也由此成为地域社会学发展的重镇。学界通常将地域社会学视为是以地域社会为研究对象的社会学分支学科，主要是指超越都市和农村的界限，将其纳入总体视野，以研究地域社会的社会结构、集团构成以及人类行动为主要内容的学问。学界也时常把"农村社会学和城市社会学"看作是地域社会学的下位概念，而将地域社会学界定为二者的总称。但这并不意味着地域社会学可以简单地还原为农村社会学和城市社会学。地域社会学的研究主题虽然与农村社会学和城市社会学的内容有交叉共享部分，但其学科目标却主要是将地域问题置于民族国家和全球化的背景下，试图以实证的、实践的研究志向，形成自己独立的学术分野。[①] 本文试以战后日本城乡"过密—过疏"问题研究为中心，就战后日本地域社会学的起源、发展及演变做一概括性论说，以弄清地域社会学的学科视域、研究领域及运行过程，以为当下中国的城市化进程提供有益的鉴戒。

一 城乡"过密—过疏"问题背景下日本地域社会学的勃兴

早在昭和四十五年（1970）秋，作为对日本城乡"过密—过疏"

---

① ［日］森冈清美：《新社会学辞典》，有斐阁1993年版，第989页。

问题的直接回应，日本社会学界便开始意识到伴随着城市化进程而来的城乡地域结构剧变所带来的影响，力倡将都市化背景下的城乡问题作为社会学研究的主题。但在产业化、城市化深度主导之下的日本社会已不能简单地运用旧有的"城乡范式"来加以理解，由此便提出了超乎城乡之上的"地域视界"问题。正是在回应"乡村过疏"和"城市过密"问题的背景下，日本的地域社会学得以兴起并迅速成长。

（一）"过疏—过密"问题与日本传统地域构造的剧变

如前所述，从20世纪60年代开始，以工业化和城市化为背景，日本社会出现了所谓"过密"和"过疏"问题，城乡社会的空间结构和社会关系都发生了空前的剧变。

1. 关于"乡村过疏化"

昭和四十一年三月（1966年），在日本经济审议会发表的报告中，最早提出了"过疏"概念，认为在日本经济高速挺进的过程中，"无论是民间部门的地域动向，还是人口的地域移动，都呈现出强劲的由后进地域向先进发达地域快速流动的趋向。这一流向虽然反映了经济社会向更高水准发展变化的过程，但这一由经济发展而引发的地域变化也同时在很多层面引发了严重的地域问题"[①]。这是日本政府官方文书中最早使用"过疏化"概念来阐释城市化背景下城乡地域的结构性剧变。以此为起点，乡村过疏问题逐渐成为学界、政界关注的话题。一般认为乡村过疏化现象主要表现在：（1）地域内人口和户数锐减。以日本那贺郡弥荣村为例，"从1960年至1965年5年间，全村人口减少了1842人，约占全村人口的1/3。全村的户数也由1176户减至917户，其中，举家离村者达144户，达502人"[②]。（2）地域老龄化。因离乡者大多为年轻人，遂导致过疏地域较早地进入到"老龄社会"，地域活力严重不足。在20世纪60年代前，人们可以在日本农村的日常生活中发现带有地域性、伦理性、永续性和集团性的现象。但时至今日，这种社会关系原封不动地存在并得以延续的地域，在日本列岛已经不复存在。一方面是无限制扩大的地域空间，另一方面则是被限定的狭小的地域空间，人们即在二者之间展开自己的生活和行动。年轻人纷纷进入城市，家庭

[①] ［日］内藤正中：《过疏和新产都》，今井书店1968年版，第29页。
[②] 同上书，第2页。

主妇、幼儿和高龄者则成为乡村留守者。(3) 生产规模缩小，地方町村财政能力急剧下滑。地域公共服务能力低下，教育、医疗、消防等活动难以为继，一些传统的冠婚葬祭仪式也因缺少年轻劳动力而面临严重困难；(4) 生活信念低落。在地方空洞化、人口外流、经济活动停滞等因素的作用下，"地域居民生活信念低靡，对自己居住地方原有的魅力感和自信心丧失殆尽"①。

为克服过疏化，从20世纪70年代开始，日本政府便陆续出台了《过疏地域对策紧急措置法》，又称《旧过疏对策法》(1970—1979)、《过疏地域振兴特别措置法》，又称《旧过疏振兴法》(1980—1989)、《过疏地域活性化特别措置法》又称《新过疏法》(1990—2000)、《过疏地域自立促进特别措置法》(2001年发布)，试图通过一系列"过疏对策"以减缓过疏化进程。由此而揭开了"过疏化"与"逆过疏化"的进程。

2. 关于城市过密化

所谓"过密"，实际上是相对于"适密"而言的。几乎与乡村过疏现象出现的同时，日本城市社会因大量人口涌入而开始面临过密问题。日本学者加藤秀俊较早意识到"过密"问题的存在，早在1965年他便提出"高密度社会"概念，认为我们"不仅要注意技术进步给日本带来的'物理空间'的变化，而且更应注意'社会高密度化'带来的影响。"② 经过数十年的探讨，日本学界对"过密"现象业已形成基本的共识，即认为所谓过密现象是指"因人类大量集中而发生的各种社会问题。但在判断某地区是否存在过密现象时，又因其文化背景、生活样式、地理条件、技术水准等存在巨大差异"③。

一般说来，战后日本的"都市过密"经历了两个阶段的变化。(1) 早期的过密。从20世纪60年代开始，日本社会出现了大规模人口迁徙流动，据统计，1975年时东京、大阪、名古屋三大都市圈内的总人口达4706万人，占日本人口总数的42%。人口集中区域的人口数合计3847万人，占全国人口集中区域人口数的60.3%。④ 20世纪六七十年

---

① [日] 池口小太郎：《日本的地域构造》，东洋经济新报社1968年版，第278页。
② [日] 加藤秀俊：《高密度社会探究》，《中央公论》1965年4月1日。
③ [日] 森冈清美：《新社会学辞典》，东京有斐阁1993年版，第215页。
④ [日] 滨英彦：《日本人口结构的地域分析》，千仓书房1982年版，第22—23页。

代发生的"过密"现象主要是与边远农村、山村、渔村的"过疏"相对而言的。(2) 20世纪80年代以来"新过密问题"。新过密化最大的特点是东京圈的一极集中化。①大量人口流入东京，据统计，到1992年"以东京为中心，由神奈川、千叶、崎玉一都三县构成的东京圈虽然仅占国土全部面积的3.6%，但人口却大约有3000万人，占总人口的四分之一"②。相比之下，关西圈和名古屋圈则停止了过密化的演进态势，呈现出东京一极集中的样态。"一边是繁荣的东京，另一边则是不景气的地方。"③"距离是城市环境中社会关系的核心。因此，形体的接近并不能保证社会意义上的接近，因为空间并非交流的惟一障碍，而社会距离也并非总是能够用纯粹物理学的方式合适地加以测量。"④城市过密到底是赋予城市社会以无穷活力，还是直接导致城市文明的衰落，使得城市过密问题变得异常复杂。

3. 城乡"过密—过疏"问题的实质

在"过疏—过密"概念的提出及演化过程中，人们对其理解不断走向深化，学界一般认为：所谓城乡"过密—过疏"问题不是一种单纯的人口移动迁徙现象，因为在"过密—过疏"问题发生及其演进的过程中，城乡社会的经济结构、文化结构、城乡结构、人口结构、年龄结构、性别结构等方面都发生了重大变动。城乡"过密—过疏"现象体现了工业资本生产和农业小商品生产之间的结构不平衡。社会过密—过疏化的演进过程，实际上是地域社会地域性和共同性不断分离、不断扩散，共同性不断丧失的过程。作为传统社会共同体的乡村不可避免地走向衰落，其传统的基于血缘、地缘的社会连接开始松动，而作为市民自主性和责任性的主体，如何建立起新的共同体则成为挑战。值得注意的是，虽然过密都市在与过疏乡村的对垒中占据优势，但其内部亦因过密问题的困扰而面临挑战。在这一意义上，所谓"过疏—过密"问题，实际上就是现代城乡社会"何以可能"这样一个带有根本性意义的问题。

---

① [日] 佐藤俊一：《战后日本的地域政治》，敬文堂1997年版，第411页。
② 《转型期的日本》，日本经济调查协议会1993年。
③ [日] 升秀树：《分权型国土的构筑和自立的自治体的形成》，第一法规出版株式会社1992年版，第97页。
④ [法] 格拉夫梅耶尔：《城市社会学》，徐伟民译，天津人民出版社2005年版，第34页。

（二）"过密—过疏"问题的连带性及其对传统城乡二元分析模式的挑战

自人类步入现代社会后，虽然承载着工业文明的城市业已成为现代社会的绝对中心，但乡村在相当长的时间里仍是作为社会的一极而存在的。与此相适应，现代社会科学研究仍然大体上是围绕着"城—乡"二元模式展开的。就社会学学科而言，与城乡分立的社会格局相对应，形成了以城市社会学和农村社会学为主体的学科知识体系。从20世纪60年代起，包括日本在内的东亚国家开始了其战后的快速发展，城乡社会结构也发生了剧烈变动。城乡社会问题的连带性迅速凸显。主要表现在：

1. 城乡混住化。在城市郊区化的发展历程中，由于轿车、地铁、城铁等交通工具的普遍使用，加之都市中心地价腾贵和环境恶化，大量的城市人口开始移住郊区。伴随着通勤圈的扩大，前往乡村寻求住宅的城市人越来越多，出现了城乡混住化倾向。从广义角度看，所谓混住化社会，主要是指在城郊和一般乡村空间范围内，农户和非农户同时存在的格局。据统计，1970年时，日本乡村农户和非农户所占比例发生逆转，非农户在农村所占比例逐渐增多。1972年，日本农业白皮书中率先使用"混住化社会"一词。到1975年，全国农村非农户占农村居民总数的七成。在这一意义上，农村已非农民独有的空间，甚至农民在农村中已成为地地道道的少数派。混住化并不仅仅是指一种简单的人口混杂，而是一种特殊的社会存在样态。在混住化社会里，其传统的同质性的村落社会中出现了异质化构成要素，同质性社会开始走向崩解。这种混住化社会因其既存在城市的因素，也存在乡村的因素，呈现出明显的社会"重层结构"，导致地域社会逐渐丧失了其传统的共同性，失去了解决其自身问题的能力。[①]

2. 城乡兼业化。在城乡社会走向一体化的背景下，农村单一的农业经营实际上已不可能，绝大多数农家采取了"兼业化"策略，即除农业经营外，兼营农业以外的经济活动。作为农民非农化的重要途径，兼业化在增加农民收入的同时，也改变了其传统的生活方式，出现了一

---

① ［日］石水照雄：《现阶段地理学关于都市化研究的现状》，《地理学评论》1962年第8期。

大批游走于城乡之间的"流动人群"。毫无疑问,农民走向兼业化的过程,增强了农村—城市之间的内在联系。此外,兼业化也使得农民"收入出现差异,逐渐丧失了作为农业从业者所特有的职业等质性特点。在失去职业等质性的同时,其传统的相互扶助精神也走向弱化。村落生活体系亦趋于个别化"①。

3. 城乡生活模式趋同化。伴随着城市化进程的迅速推进,城市生活模式必然对乡村产生了巨大的影响。从理论上看,虽然在现代社会的总体格局中真实地存在着城乡之间的对立,但我们决不能简单地将其视为是一种势均力敌基础上的对抗。以大工业为基础的现代化大城市对农村所构成的剧烈冲击,必定导致乡村走向"孤立和分散"。而在现实中,乡村生活方式趋同于城市的过程,往往是通过城乡混住化和农民兼业化逐步实现的。以城市生活为模板,乡村的生活世界发生了剧烈变迁,其结果必然导致城乡间生活样式趋于划一,从而从生活基础层面消解了"城市—乡村"分立存在的理由。

(三)地域社会学的知识基础

日本人对地域问题特有的敏感,对其地域社会研究的起源及持续发展提供了特殊的影响。20世纪60年代前,日本学界对地域问题并无特殊关注。这主要因为:第一,因日本地域空间狭小,自古一统,各地域之间没有明显的差别。故在日本人的内心世界不会产生明显的地域异质感和差别感。第二,明治维新后日本的资本主义经济虽然有了较快的发展,但经济发展的冲击波尚未对乡村产成巨大影响,城乡仍处于相对隔绝的状态,未产生重大的分化。第三,战前日本在中央集权体制下,地方自治意识淡薄,对地域问题也不甚敏感。②但自战后日本经济快速发展后,城乡地域社会发生剧变。当这种传统的城乡秩序被迅速打破,甚至走向解组时,必然会引起日本社会各界的强烈反应,从而表现出对地域问题的特别关注。

日本的地域社会学研究深受美国城乡社会学研究的影响。日本学者松原治郎认为,美国20世纪初期以来有关地域社会的学术理论谱系经

---

① [日] 石田正昭:《农村城市化、混住化与村落功能的变迁》,《三重大学农学部学术报告》1986年总第73期。

② [日] 池口小太郎:《日本的地域构造》,东洋经济新报社1968年版,第53—54页。

历了四个发展阶段，主要表现为：第一期：以农村社会学为中心的关于"地域圈"和地域集团的研究（20世纪初至1930年）；第二期：以芝加哥学派帕克、沃斯等为代表的城市社会学关于都市共同体的研究（1920—1940年）；第三期：从社会学、政治学学科交叉的角度展开的关于地域权力结构与共同体的研究（1950年以来）；第四期：关于地域社会的开发与共同体的研究，主要关注地域福利需求与福利资源配置调整、社会福祉与居民组织的协调、地域居民的生活体系和行动体系等问题（20世纪五六十年代）。其中，每个阶段的研究成果都对日本战后地域社会学的勃兴产生了巨大影响。[①]

（四）地域社会学分析范式的确立

城乡社会的剧变使社会学那种传统的"城乡二元分立"的分析模式已难以覆盖流动而复杂的地域现象。学界开始意识到，单纯地从农村社会学或城市社会学的学科研究视域出发，已难以对问题有一个清楚的解读。由此，原本潜藏在"城市—乡村"的二元模式下的"城乡关联"开始走上前台，一些超乎城市、农村之上的地域问题开始成为主导。于是，那种传统的"农村社会学"和"城市社会学"的研究模式也开始遇到空前的挑战。在社会学的教学和研究活动中，很多研究者也深刻地体认到农村社会学和城市社会学之间存在着严重的内容重复。认为："在城市和乡村的分界变得越来越模糊的情况下，规定城市社会学的研究范围，没有太大的意义。就某种意义上说，如今城市无处不在，即使在物质性上并非如此，至少是社会现实。因此，城市社会学并非纯城市现象的社会学。"[②] 在这一意义上，复杂的社会变迁实际上已经要求建立一种超乎"农村—城市"模式之上的新的研究范式。

众所周知，"地域社会"概念的提出并非始于地域社会学研究勃兴的20世纪70年代。早在19世纪初，在人文社会科学诸学科中即开始广泛使用"地域社会"概念。其含义主要是指一种基于地缘关系而建立起来的社会集团的结构及关系性总体，在通常情况下，学界也常称其为地域共同体。但这里应该指出的是，地域社会学所关注的"地域社会"概念与前述的概念既有密切的关联，亦存在重要的区别，主要表

---

① ［日］松元治郎：《共同体的理论谱系》，至文堂1973年版，第54页。
② ［法］格拉夫梅耶尔：《城市社会学》，徐伟民译，天津人民出版社2005年版，第1页。

现在：

1. 地域社会学使用的"地域社会"概念具有极强的动态性。在前工业化社会，人类文明所依托的"地域社会"基本上是静止的、具有明晰空间界限的共同体。因为地域社会集团的成立一般是建立在定居生活基础之上的。处于游牧、狩猎阶段的民族逐水草而居，漂泊不定，难以形成真正意义的"地域社会"。农耕民族则因其过的是定居生活，其共同体成员生于斯、长于斯，相比之下，具有明显的封闭性，自然可组成"鸡犬之声相闻，民罕往来"相对稳定的地域社会。农村社会学研究正是以这种相对稳定的地域社会空间为依托而展开的。而地域社会学所关注的"地域社会"则与之不同，它不是封闭静止的，而是在城市化快速推进的背景下发生的根本性变动，并开始走向衰落解组式变迁的空间。与传统地域社会概念的确定性不同，地域社会学关注的地域社会带有"暧昧性"和"重层性"特点。这里所说的"暧昧性"，主要是指地域社会具有"广域性"、"扩散性"和"不确定性"。故我们应该清楚地意识到，作为当代社会学重要分支的地域社会学所关注的不是那种静止的地域社会，而是动态的、流动的、重层的、暧昧的"地域空间"。

2. 地域社会的统合性。长期以来，日本地域社会是由农村地域社会和城市地域社会构成的。但伴随着城市化和产业化的进展，日本步入了全面城市化阶段，出现了城乡"统合化"变动。而这种"统合"实际上是建立在都市过密化和乡村过疏化的基础之上的。其统合动力主要来自于地域经济结构的变动。日本学者岛崎稔将日本城市分为重化学工业都市、纺织工业都市以及其他工业都市三种类型，其中，重化工业的发展具有极强的劳动力吸纳的需求。重化工业的建立使得工业都市成为吸收农村劳动力的重要空间。可见，这里所说的"统合"并不是两种均等力量平等互动的结果，而是一种倾斜的、不均衡的运动。是"资本力量""工业空间"对"农村空间"统治和支配的产物。①

3. 地域社会的关联性。早在1963年，日本地域社会学研究的早期奠基者关清秀即认为："所谓地域社会实际上是一个将城市、村落统合起来的统一的'相互关联'的地域。地域社会学便是以研究揭示这

---

① ［日］石川淳志等：《现代日本的地域社会》，青木书店1983年版，第99页。

一'相互关联地域'的结构与功能的学科,其主旨为合理配置相互关联地域的人口、产业和文化,尝试推进地域的再组织化。"① 故地域社会学的特殊性和意义主要是"在被限定的地域范围内,把握地域发生的诸现象、诸要素之间的关系,进而实现对社会结构变动进行总体性把握"②。

二 地域社会学研究的阶段性演进与展开

从时间上看,日本地域社会学研究的演进以20世纪90年代为界限,分为前后两个发展阶段:从20世纪60年代中期到90年代前,是地域社会学起源和发展的初期阶段。此阶段的研究主要集中在由"过疏—过密"现象而引发的日本地域结构的剧烈变动,其基本的分析框架是所谓"结构分析",主要包括"地域生活论""地域集团论""地域格差论""地域政策论"等。后一阶段是从20世纪90年代至今,其研究主题是全球化、后工业化、深度城市化背景下的空间变动和社会新公共性的构建,在此阶段新城市社会学的空间分析发挥了重要的作用。

(一)"地域结构分析"与"过疏—过密对策"(20世纪60年代中期至90年代前)

在日本地域社会学的初创时期,普遍流行的研究方法和分析范式是所谓"结构分析"。作为地域社会学的重要分析手段,结构分析以经济复兴、经济发展模式转换和地域间均衡发展为目标,其基本立场是关注作为国家政策的地域开发对城乡社会的整体结构产生了哪些影响?国家财政投入的实施对于阶级、阶层、集团等各种社会关系产生了哪些影响?③ 概而言之,主要是关注城乡的"经济—社会—政治"结构变迁,进而探索作为公共政策的地域开发政策与城市结构变动之间的关联性。虽然在相当长的时间内"结构分析"并不具有严密统一的分析范式,

---

① [日]关清秀:《国土计划地域设定的方法论——地域社会学的研究方法初探》,北海道大学《文学部纪要》1963年第11期。
② [日]久岛留阳三:《现代地域开发论》,明文书房1987年版,第9页。
③ [日]铃木広:《现代都市之解读》,ミネルヴァ書房1992年版,第88—89页。

但却在上述问题上形成了基本共识,并将其提炼概括为一种颇具影响力的分析模式。这一分析模式的架构可以表述为:以城市化背景下"生活社会化"为基本理论前提,以乡村过疏化为研究重点,形成了由"地域生活论""地域集团论""地域格差论""地域政策论"为核心的颇具影响力的分析框架。

1. 地域生活论

地域社会学研究者所说的地域生活,不是一般意义上的关于地域社会生活形态的分析,而是指"在一定地域范围内,围绕生活资料供需关系而形成的一种社会关联"①,因为在城乡"过密—过疏"问题出现和地域共同体走向消解的背景下,人们传统的地域生活开始发生巨大变化。主要表现在:(1)地域生活的社会化和个人化。所谓"生活的社会化"主要指个人生活的外部依存度增大。个人的生活不再为传统的血缘、地缘共同体所庇护,而是在很大程度上被国家的生活政策所左右;而且个人的生活方式也深受企业和市场力量的影响制约。正是在国家和市场因素的直接影响下,生活资源的供给结构发生了根本性变化,基于原有的家族、血缘、地缘的社会关系的意义开始降低,家族的功能大大减弱。由此,地域生活的社会化直接促进了生活的个人化,②导致地域生活发生巨变;(2)地域生活资料供给结构的变动。在传统的"家庭自给型""血缘地缘型"生活资料供给结构中,居民既是生活资料的消费者,同时也是生产者。但在基于血缘、地缘共同体供给体系逐渐走向衰落的情况下,以国家为主体的"公共型"和以市场为主体的"市场型"供给体系开始占据了主导地位。在这一意义上,"生活资料的供给者主要是生活资料的生产者或分配者。居民变为生活资料的需求者或消费者"③。

以地域生活论的视角来审视日本"过疏—过密"问题,我们会发现,过疏地域所面临的极为严峻的挑战在于,随着青壮年人口大量流入城市,其传统的基于血缘和地缘的生活资料供给体系宣告崩解。而因过疏地域人口稀少,市场型的生活供给体系也因难以盈利而不愿进入,比

---

① [日]莲见音彦:《地域社会学》,サイエンス社1991年版,第47页。
② 同上书,第48—49页。
③ 同上书,第49页。

如因人口锐减以及私家车的普及,过疏地域的公共交通事业普遍面临经营困境,宣告停运的线路与日俱增。据统计,从1965年到1970年,日本全国废止的公共交通线路达1374条之多。[①] 从而导致了过疏地域社会生活资料供给体系以及社会公共性的危机。在此背景下,以国家为主体的"公共型"供给系统便承担了重大的责任。可见,地域社会学所关注的地域生活变动,实质上就是生活资料供给结构变动的过程。

2. 地域集团论

在传统地域社会共同体走向消解的过程中,如何在"过密—过疏"这一新的社会条件下实现社会的再组织化,是地域社会学研究关注的又一核心话题。

(1) 地域社会学之所以关注地域集团问题研究,主要是因为在都市过密化和乡村过疏化的进程中,城乡社会共同体开始迅速走向衰落。一方面,由于过疏化背景下乡村人口锐减,加之随乡村农业现代化推进而出现的农民"兼业化"和"脱农化"进程的发生,使得农村昔日基于生产和生活而建立起来的原有协作关系大大弱化,乡村共同体不可避免地走向解体;另一方面,由于城市交通、通信的发达,加之城市郊区化的进程,出现了"职住分离"现象,导致町内会、自治会等城市社会共同体的社会功能亦大大减弱。此外,因非正式就业群体的增多,导致基于职场的"职缘"日益稀薄,出现大量的"无缘人群"。故如何在新的背景下实现城乡社会的再组织化,遂成为不可回避的难题。(2) 地域集团研究的焦点。从地域社会学的研究视角审视地域集团问题,不是一般性地研究地域集团的构成及其功能,而是选择了一个独特的切入点,即认为地域集团既是与地域社会生活相关的居民组织或团体,同时也是链接居民与"公权力"之间关系的组织。以地域集团与公权力的关系为基准,将其类型化,可分为经济团体(农业团体、林业团体、渔业团体、工商服务团体)、政策受益团体(医疗团体、福祉团体、教育团体等)、市民活动团体(文化团体、居民运动团体等)、地缘组织。在明确了地域集团分类的基础上,地域社会学集中关注的是关于地域集团与公权力之间关系问题的探讨。(3) 地域权力结构分析。在相当长的历史时期内,城市社会内部的町内会实际上是作为"政府"和"居民"之间的

---

① 《过疏地域的现状和对策》,自治省过疏对策管理室1972年版,第193页。

联结组织而存在的，其结构具有极其明显的二重性，"既是作为行政末梢团体存在的，也常常扮演居民压力集团的角色"①。故揭示地域集团在社会基层权力结构中的位置及其作用，亦成为地域集团研究的核心内容。

3. 地域格差论

战后日本"过疏—过密"问题的演进，直接引发了严重的地域格差。所谓"地域格差"，主要是指城市与乡村之间、中央和地方之间在经济收入、城市基础设施等方面的差距。

（1）地域社会学的视域下的地域格差，一般是指由农工之间的不均等发展而带来的农村和城市之间种种地域差别。虽然地域差别自古有之，但毫无疑问，经济发展高速增长期的工业化将地域差别空前地推进和扩大了。在一般情况下，地域格差的扩大往往与过疏化和老龄化有着较为直接的关联。而农村与城市之间格差的扩大主要是人口由农村向城市移动引发的。大量农村青年涌入东京、大阪等大城市及周边的工业地域。农业机械化也加速了农村人口的非农化。此外，由于日本近代以来实施中央集权政策，尤其是伴随着战后经济发展奇迹的发生，出现了"东京一极集中"现象，导致"首都圈"与"地方"间的经济社会发展出现了较大的差距。而且尤应引起注意的是，近年来这些"差距"非但没有缩小，反而有所扩大，呈现出"格差定型化"的趋势。

（2）从地域社会学的研究视角看，农村与城市之间的格差乃是"土地所有和资本的对立关系"，进一步言之，亦可说是"市场关系和共同体之间的对立关系"，都市是"市场关系的凝集点"，故"都市和农村之间关系的历史展开，也就是共同体和市场关系的历史展开。伴随着资本主义的拓展，通过成立国内统一市场和共同体的解体这一变迁过程，城市地域和农村地域之间的不平衡发展得以展开"②。可见，在城乡"过密—过疏"的分析框架下，城乡之间的差距远非可用那些简单的数据指标来衡量，而是一个复杂的结构性差异。

4. 地域政策论

在战后日本地域社会"过疏—过密"的剧烈变动中，以政府为代

---

① ［日］松下：《地域民主主义的课题与展望》，《思想》，岩波书店1961年版，第443页。
② ［日］岛崎稔：《关于战后日本的城市和农村研究的基本视角》，自治体问题研究所1976年版，《地域和自治体》第4集，第50—51页。

表的"公权力"扮演了越来越重要的角色,故在克服"过密—过疏"问题的进程中,由政府推出的各种地域政策便具有不可替代的重要作用。(1)在"过密—过疏"的演化进程中,日本各级政府出台了一系列政策,以解决问题,如针对过疏化而制定的包括《过疏地域对策紧急措置法》等系列政策对策;针对都市过密化而出台的抑制都市扩张的系列政策等。缩小地域间格差是地域政策的重要目标。战后初期,日本将临海工业地带作为经济发展的重点,其结果导致农村涌入城市的人口大量增加。城乡地域之间的差距持续扩大,造成了都市过密和乡村过疏问题。自20世纪60年代开始,日本地域政策即以"地域之间均衡发展"为主旨,重视四大工业基地之外的工业设施的整备,试图通过在空间上分散工业企业的做法来改变地域之间发展的差距问题。进入70年代,上述措施起到了一定的作用。(2)日本地域政策体系是开放的,它并不抑制人口流动。"既然各地域发展的速度是不均衡的,那么,如果欲缩小地域之间的差别的话,就不能抑制人口流动。而且,如将过密、过疏的消解作为政策的中心目标,如抑制人口移动,地域差别必扩大无疑。由此,地域差别纠正的政策目标和过疏过密问题的解决之间,可以发现一种此消彼长的关系。"[①]

(二)地域社会公共性构造的转换(20世纪90年代至今)

步入20世纪90年代,伴随着经济全球化的步伐和城市化进程的深度推进,日本社会进入了个体化社会时代,传统的社会联结方式被破坏,地域社会的自组织能力也开始走向崩解。在上述背景下,日本的地域社会学研究也步入新的发展阶段。如果说地域社会学的第一阶段发展主要是针对乡村地域过疏和都市过密问题,以地域生活结构变动为切入点,围绕着地域结构分析而展开的。那么,从20世纪90年代开始,地域社会学研究则开始与公共哲学、公共性构造转换等话语相结合,集中探讨地域社会与公共性构建问题,并试图超越作为"问题"的城乡"过密—过疏"现象,而直面过密社会和过疏社会的挑战。20世纪晚期欧美流行的新城市社会学关于空间分析的研究视角也为新时期地域社会学提供了丰富的理论滋养。日本地域社会学研究在90年代后期的上述转换,从1991年以来日本地域社会学研究会出版的主题研究报告即可略见一斑。

---

① [日] 伊藤善市:《地域活性化的战略》,有斐阁1993年版,第3页。

1991年以来日本地域社会学研究会出版的主题研究报告

刊期	研究主题	出版时间
第5集	都市·内存的新局面	1991年
第6集	转换期的地域社会学	1994年
第7集	地域社会学新的论争点	1995年
第8集	地域社会学的回顾和展望	1996年
第9集	地域？空间的社会学	1997年
第10集	城市再生与地域社会	1998年
第11集	全球化与地域社会	1999年
第12集	生活·公共性和地域形成	2000年
第13集	市民和地域—自己决定·协动及其主体	2001年
第14集	地域公共性的重构	2002年
第15集	公共性的转换和地域社会	2003年
第16集	分权与合并：罗尔斯多样的地域观	2004年
第17集	罗尔斯的再评价	2005年
第18集	格差、阶层与低于社会不平等	2006年
第19集	阶层格差的地域展开	2007年
第20集	缩小社会与地域社会学的现状	2008年
第21集	缩小社会中的地域再生	2009年
第22集	从地方看地域再生的现实	2010年
第23集	地域再生的展望与地域社会学	2011年

1. 空间变动与"过密—过疏社会"之间的复杂关联

20世纪90年代以来，以社会学研究的"空间转向"为背景，日本地域社会学关于"过密—过疏"问题的研究分析手法显得更加细腻。多数学者认为，与其将城乡"过密—过疏"现象看成是一种"问题"，还不如说"过密—过疏"现象已化作一种"社会形态"的实体性存在。运用"空间分析"理论，对"过密社会"与"过疏社会"的特殊存在形态及其相互之间复杂关系的研究，成为热点问题。

（1）"过密—过疏"社会间的复杂转换。

一般说来，"过疏化"以及随年轻人外流而带来的老龄化，本是在偏远山区、渔村、离岛、小城市等典型过疏地域发生的特有现象，但吊诡的是，到90年代，很多研究者发现过密与过疏地域之间业已发生颇为离奇的空间转换。在城市过密的都心地域出现了昔日只在过疏乡村发生的严重的"过疏现象"。"都心过疏"又称"都心空洞化"或"内城衰落"，主要是因内城人口外流到郊区而带来的老龄化和城市中心区域衰落现象。在工业化和城市化进程中，诸多经济社会功能集中在城市的都心，包括东京圈在内的那些大都市，基本上都形成了"职住分离"的都市构造。结果导致通勤时间无限度增加、郊区住宅昼夜人口比例悬殊，即白天在郊外居住区停留的"全日制市民"减少，郊区成为"睡城"。而都心白昼人口密集，夜晚则因以年轻人为主体的大批活动者返回郊外而陷入严重的"空洞化"。由此，我们透过都市中心空洞化现象，发现了在过密的都市空间内产生了与乡村过疏地域类似的情况，即因高龄者所依托的地域社会体系业已走向崩坏，而不得不面临过疏乡村同样面临的孤独和无助境地。同样，乡村过疏地带也因产业凋敝，导致就业机会空前匮乏，其居民获得就业的机会较之城市人口过密地带还要困难，是为"过疏中的过密"。

（2）过疏社会与过密社会的互动与"共生"。过疏地域面临的最大挑战是青壮年人口的流失。在过疏地域，约占全国人口1%的人口支撑着超过半数的国土。他们通过对农地、森林、江河湖泊的管理维护，在防止水土流失、涵养水资源、提供安全食品等方面发挥着重要作用。故过疏对策应是一种基于过疏乡村与过密城市交互支撑的设计和考量。伴随着过疏地域人口数量的减少、老龄化以及地域产业走向衰退的进程，如何在过密都市与过疏乡村之间建立起内在的联系，成为问题的关键。有些地域试图通过吸纳观光客在内的"地域外关系者"，使之进入过疏乡村，利用其握有的资源为过疏地域的振兴发挥作用。与本地域各种力量相比，这种"地域外关系者"具有异质性，给过疏地域注入了新的活力。[1]

2. 地域社会公共性构造的转换

20世纪90年代晚期，在地域社会学研究的转型过程中，其发展逐渐与公共性话语结合在一起，形成了新的发展趋向。公共性一般是指

---

[1] ［日］森重昌之：《观光创城进程中地域外关系者的特征及其作用》，《北海道大学大学院观光学院院生论集》2010年第3期。

"对社会具有极广的利害和影响。而且其影响不是限于特定的集团，而是面向社会全体。""是不求'闭锁性'和'同质性'的共同性，是抗拒'排斥'和'同化'的一种相互连带。"① 在日本走向现代的过程中，公共性结构主要体现为以"公"为主体的"立公灭私"，"损私奉公"的过程。到战后，虽然"灭私奉公"的绝对服从基本上已经成为历史，但来自民间自组织的"共"的支撑力量并未臻于成熟，故在地域社会学与公共性话语的碰撞中，如何在继续发挥"公"的作用的同时，激活"共"的力量，成为问题的关键。"参与"与"协动"问题和新公共性承载者问题成为研讨的热门话题。

（1）从"参与"到"协动"

所谓协动，主要是指复数的社会主体，为了某种共同的目标而采取的合力行动。与"参与"相比，协动具有以下几点不同：首先，如果说"参与"主要是强调在"公权力"的号召下展开，那么，协动主要强调的是"共"的力量。除了地域居民外，作为地域一员的NPO和企业市民也是协动的主体。在协动体系中，行政力量同样也只是平等协动一方的主体，被称为"行政市民"。②

其次，以往的"参与理论"主要是依托于政府，围绕着"权力与参与"这一分析框架展开的。一般说来，"参与"是作为与权力相对的概念而存在的。其存在或是与既定的权力对抗，或是由权力自上而下赋予的参与权。从20世纪60年代后半期到70年代，整个日本列岛居民运动此起彼伏。其运动的兴起主要是针对1955年以来经济发展和快速增长而带来的诸如公害频发、自然环境破坏、历史遗产损毁等事件为背景而发生的，构成了对地方政府权力的一种强力对抗。而在90年代后期"创城运动"的背景下，地域社会学研究者之所以不再使用"参与"而使用"协动"一词，主要在于强调运动决定和实施主体的多元性。在这一体系内，行政和市民是作为平等的主体而存在的。

（2）寻找包括NPO和志愿者在内的新公共性的"承载者"

近年来在面对防灾、老龄化支援等问题时，人们不仅强调来自政府的"公助"，以及来自市场的"自助"，更强调居民之间的"互助"。

---

① ［日］斋藤纯一：《关于公共性的思考》，岩波书店2000年版，第6页。
② 田毅鹏：《地域力与社会重建》，《福建论坛》2008年第8期。

但当我们将目光投诸现实的城市生活时，会发现城市邻里陌生化，邻里关系稀薄化已是不争的事实。在城市居民失去了对地域依托关系的情况下，使人难以对邻里互助关系抱以现实的期待。以此为契机，新公共性建构之思潮勃然而兴。日本社会长期由国家独占的公共性也开始向市民协动型的公共性转变。寻找新公共性的诸多承载者，成为当务之急。据统计，"1996年日本共有25万多个具有正式法人地位的非营利组织，负责规范其行为的社会法规大约有100多部。根据经济企划厅进行的一次调查估计，尚未拥有正式社团地位的非营利组织数量有85000个"①。形成了诸多"新公共性"的承载者。

3. 地域社会的衰败与再生

进入新世纪，日本列岛"过密—过疏"的进程并没有缓解的迹象，而是以新的、更为复杂的形态展现在世人面前。在过密都市的中心街区，繁华的经济商业发展的背后，潜藏着严重的社会衰败。都市社会衰败首先表现在城市居民"共同行动"能力的退化。与20世纪60年代市民运动之频发不同，90年代以来，随着人口流动化、居民多元化和异质化，加之城市邻里关系的陌生化和关系稀薄化，导致城市居民之间的互助行动丧失了现实的实体基础。② 正是在上述背景下，近年来城市空巢老人的孤独死问题，格外触目惊心。所谓孤独死，主要是指家族小型化、老龄化、城市近邻关系疏远化而导致的空巢老人死亡后才被发现的现象。

而在过疏地域，部分过疏村落开始面临"村落终结"的挑战。步入20世纪90年代，过疏地域的发展态势发生了重大变化。在以往，过疏现象主要表现为大量年轻人告别乡村而流入城市。但新时期的过疏现象则是以年轻人流出乡村、少子化、无子化为主要特征。标志着过疏现象开始由"年轻人流出型"（1970年）向"年轻人流出型"＋"少子型过疏"（1990年以降）转变。③ 1991年日本大学教授大野晃根据其田野调查，提出"界限村落"概念，认为在过疏程度严重的村落，其"村落终结"有可能走向终结，其具体标准：（1）就村落的人口结构而

---

① ［美］托马斯·西克尔：《亚洲公益事业及其法规》，中国科学基金研究会译，科学出版社2000年版，第149页。
② ［日］大槻知史：《关于生活结构的理论》，《政策科学》2003年第11期。
③ ［日］山本努：《现代过疏问题研究》，恒星社厚生阁1996年版，第199—215页。

言，当其人口中 65 岁以上老人占据一半的时候，便进入"界限村落"阶段；（2）村落的生产、消费活动难以正常展开；（3）村落的文化、祭祀活动的停顿。即当村庄失去了自我再生产的能力，失去了组织公共经济生活、社会生活和文化生活能力的时候，便将不可避免地走向终结。[①]

三 地域社会学与现代社会学学科体系的构建

如果我们把学科意义上的社会学最为基本的追问理解为"社会何以可能"的问题，那么，地域社会学的核心主题则应相应地表述为：如何在地域社会走向流动、地域集团走向衰落甚至解组的状态下把握社会的复杂变化？如何在社会结构总体性复杂变动中探寻维持社会"秩序"与"发展"的可能？

（一）地域社会学对社会学学科体系的拓展

作为一门回应现代性挑战的学科，社会学是现代社会的产物。但作为人文社会科学体系中的"后来者"，社会学自其在欧陆创始以来，由欧陆到北美，进而向整个世界散播，其发展经历了一些关键的阶段，故我们在评价地域社会学研究对社会学学科体系的贡献时，只有将其置于学科整体发展的进程中来加以审视，才能对其特殊地位给出比较恰当的评价。

1. 在社会学欧陆创始的初期阶段，那些社会学创立者们，像孔德和斯宾塞，都富有极强的"体系精神"，"在这种背景下，几乎所有的社会学先驱者都试图建立他自己的体系。每一个体系都宣称是真正的社会学"[②]。这自然形成了早期社会学宏大叙事的特点，而很难聚焦中层社会现象并给予具体的关怀。故在社会学的起源和发展期，社会学家更多地将精力投诸"社会学是什么"之类的宏大追问中，而很少直面具体的学科体系建设，遂使此时期的社会学缺少明确而具体的学科承载和

[①] 田毅鹏：《城市化与村落终结》，《吉林大学社会科学学报》2011 年第 2 期。
[②] ［美］罗伯特·K. 默顿：《社会理论和社会结构》，唐少杰、齐心等译，译林出版社 2006 年版，第 68 页。

关怀。

2. 到19世纪末20世纪初，以登陆北美大陆为契机，社会学步入了强劲的发展期。美国以其实用主义文化为社会学的学科化注入了新的发展动力。这首先表现为实证主义定量研究的勃兴；其次是以社会学学科化和专门理论发展为基础的专门领域的拓展。在上述背景下，那种以把握社会总体性宏大叙事为职志的社会学理论逐渐始被默顿所谓的"中层理论或专门理论"所替代，比如犯罪理论、家庭理论、迁移理论、自杀理论、社会运动理论等等。在此背景下，社会学在北美完成了其学科化的发展，其主要标志是以农村社会学和城市社会学为代表的学院化和学科化社会学的创立。一般认为，1906年到1912年间，哥伦比亚大学社会学教授吉丁斯指导学生从事农村社会的调查，成为农村社会学研究的先声。1915年，威斯康辛大学的C. G. 格尔平教授发表《一个农业社区社会的剖析》的报告，标志着美国农村社会学的诞生。[1]而20世纪初期以芝加哥学派为代表的城市社会研究则开启都市研究的先河，奠定了现代城市社会学的研究基础。在相当长的一段时间里，社会学学科的知识生产大体上是循着"农村社会学"和"城市社会学"这两个分支学科发展起来的。在这一意义上，如果说社会学诞生于欧洲，那么，美国社会学则标志着"学院社会学"和"学科社会学"的创立。

3. 大约从19世纪初期开始，产生于欧美的社会学开始向包括东亚在内的非西方国家传播。在西学东渐的背景下，那些舶自欧美的社会学理论在与非西方国家本土社会理论的交融之中获得了新的发展。在日本，上述进程突出表现在植根于农村社会学和城市社会学基础之上的地域社会学的发展。从20世纪60年代开始至今，以都市过密和乡村过疏问题研究为背景，日本社会学界展开了长达半个世纪的地域社会学研究，其研究成果对于社会学学科体系拓展的突出贡献在于，业已初步建立起超越农村社会学和城市社会学的传统学科视域之上的分析传统和研究范式。众所周知，日本的都市社会学深受美国城市研究的影响，与之相反，日本的农村社会学则具有很强的本土研究传统。地域社会学则是在融汇上述两个传统的基础上形成新的分析范式。日本的地域社会学研究还努力实现对西方社会学理论的突破与更新。如城市化背景下乡村迅

---

[1] 吴怀连：《农村社会学》，安徽人民出版社1991年版，第2页。

速走向过疏化,与西方社会学共同体概念相对应的村落、家族纷纷走向解体,而失去了其存在的现实依据。但地域社会中人们的社会联系并未完全丧失,而是实现了新的转化。为了更好地把握到这一转化进程中存在的新的"社会联结",日本学者提出了"共同性"概念,以发现日常和非日常、显在的和潜在的共同性的存在。① 试图通过对共同性这一概念内涵的发掘以丰富共同体理论体系。

(二) 地域社会学与社会学研究的空间转向

在现代社会学起源和发展的进程中,很多社会学家留下了比较丰富的空间思想,但 20 世纪社会学理论的发展却一直存在着空间关注的缺失。"人们一般把社会看成内生性的,有其自身的社会结构,而这些社会结构既不是时间结构,也不是空间结构。……20 世纪大多数社会学所考察的,是一个由彼此独立的社会组成的系统,它们的社会结构被认为在各个空间上都是一致的,至于构成这些社会的时间性,也几乎没有什么分析。"② 在相当长的一段时间里,社会学将时间和空间分别让给历史学和地理学,而自己则从事超越时空的社会结构分析。直到 20 世纪 90 年代,"空间才成为西方主流社会学所关注的核心问题",才实现了所谓的社会学研究的"空间转向"。③

近年来,在论及自 20 世纪 70 年代肇始的"社会学空间转向"思潮时,学界往往论及的都是列斐伏尔、吉登斯、福柯、卡斯特尔等社会理论巨匠,而忽略了几乎在同一时间,在东亚的日本还存在着学科实践意义上的社会学的"空间转向"。虽然从思想理论传播的角度看,日本的地域社会学研究深受上述社会空间理论的影响,但不容否认的是,日本的地域社会学研究者将"老龄化""性别""社会集团""地域格差"等概念带入研究,直面由"过疏—过密"所带来的"缩小社会""混住化社会""内城衰落"等复杂的社会空间变化,构建了一个由"地域生活论""地域集团论""地域格差论""地域政策论"等组成的理论分析框架,以回应"过密—过疏"状态下的社会何以可能的问题。在上述意义上,日本的地域社会学研究为 20 世纪晚期世界社会学研究的

---

① [日] 田中重好:《从地域生发的公共性》,ミネルヴァ書房 2011 年版,第 264 页。
② [英] 布莱恩·特纳:《社会理论指南》,李康译,上海人民出版社 2003 年版,第 506 页。
③ 郑震:《空间:一个社会学的概念》,《社会学研究》2010 年第 5 期。

"空间转向"做出了其应有的贡献。与西方空间社会理论不同，日本地域社会学研究通过对城乡过密—过疏进程的研究，将城乡关系问题作为空间转换的核心内容，体现了其对人类社会由传统到现代转变的特别关注。

（三）地域社会学的政策关怀和应用取向

在现代社会科学体系中，社会学虽以实证研究见长，但长期以来，在如何将实证研究成果转化为政策建议方面尚缺少足够的支撑手段。鉴此，地域社会学在其揭橥之初，便努力将其研究成果直接转化为现实的地域政策，带有极强的政策应用取向，使之成为一门真正意义上的政策应用科学。在地域社会学的发展初期，那些参与地域社会学理论体系建构的学者即努力通过地域社会学，对国土开发规划有所贡献。他们希望将地域社会学构建成一门融"科学与政策""学问与实践"为一体的学问。[①] 数十年来，日本学术界的地域社会学研究主要围绕着乡村过疏—城市过密、地域社会组织重建、超越农村与城市之上的社会公共政策研究、地域对立及地域歧视、地域活性化、跨地域合作网络的构建等问题展开，形成了诸多研究热点，为东亚其他国家的地域社会学的研究和发展提供了可资借鉴的模式和典范。这种试图超越农村—城市空间之上的学科诉求也为当代社会学学科的发展注入了新鲜的活力。在日本地域社会学发展的进程中，我们始终可以看到"过疏对策—过密对策"这两条清晰的线索，与这两条政策线索直接相联系的，是《过疏地域对策紧急措置法》《过疏地域振兴特别措置法》《过疏地域活性化特别措置法》等政策规制的存在。虽然上述政策在不同时期所发挥的作用有所不同，但在加强社会学学科走向政策应用化发展趋向上却发挥了积极的作用。

（四）地域社会学发展的局限

虽然地域社会学在日本的发展已粗具规模，但从总体上看，"作为学科体系的地域社会学至今尚未建立起来"[②]。其发展尚存在一些亟待克服的局限，主要表现为：

---

① ［日］关清秀：《国土计划地域设定的方法论——地域社会学的研究方法初探》，北海道大学《文学部纪要》1963 年第 11 期。

② ［日］石川淳志等：《现代日本的地域社会》，青木书店 1983 年版，第 314 页。

1. 如何真正超越农村社会学和城市社会学的界限，建立起新的学科分析范式。早在20世纪中期，农村社会学的存在即遭到部分学者的质疑，同时城市社会学存在的合法性也成为疑问。如美国著名城市研究家卡斯特尔就曾发出"真的有都市社会学吗"[①]的追问。正是循着上述追问，才最终导致了超乎农村社会学和城市社会学之上的地域社会学这一社会学研究分支学科的诞生。在学科分类问题上，地域社会学研究不是城市社会学和农村社会学的简单叠加，它包括城市社会学和农村社会学的共同部分，同时又有自己独立的实体性分野。但在地域社会学的发展过程中，始终面临一个如何处理好其与城市社会学和农村社会学之间的关系问题。因为在城乡关系发生变动的条件下，城市社会学和农村社会学也在调整其学科研究目标和研究内容，呈现出城乡研究一体化的演进态势。在此种情况下，地域社会学如何在"两线作战"的背景下形成自己具有影响力的学科体系和研究范式，成为一个颇具挑战性的话题。

2. 外来理论与本土传统之间的关系。历史上，日本社会学界存在着一个比较绵长的村落研究传统，其关于农村地域社会的研究主要是以"村落"为出发点，将农村社会视为一个紧密的社会结合体，关注基于土地占有关系基础之上的"村"与"家"紧密的一体性结合。而城市社会学则是在第二次世界大战后引入美国芝加哥学派的相关理论而形成的。如何将这两种关于不同类型社会的研究统合到一个空间，消解二者之间的紧张关系，实现"村"与"城"的统合，便成为一个研究难点。

3. 政策转换能力有待进一步提升。自地域社会学研究发轫之时起，很多学者便具有以下共识，即"伴随着资本主义的发展，无论是城市还是农村，国家的公共政策的重要性空前加大了。因此，以作为国家政策媒介体的自治体为中心，而对地域社会体系展开分析，就显得格外重要了"[②]。在上述认识支撑下，地域社会学研究者试图努力通过"理论"与"政策"之间的有机转换，以切实推进应用社会学的发展。早在1964年，大道安次郎即主张以社会规划的理念构建地域社会学的学科体系，主张通过对地域开发进程中居民的社会生活变化展开实证调查，

[①] [美]卡斯特尔：《21世纪的都市社会学》，载罗岗主编《帝国、都市与现代性》，江苏人民出版社2006年版，第239页。

[②] [日]黑田由彦：《地域：公共性与地域社会》，《社会学评论》2005年第56期。

针对诸多地域问题制定相应的对策，表现出一种强烈的实证应用取向。[1] 在20世纪90年代前的"结构分析"阶段，围绕着"过疏—过密"问题的探讨中，社会学的对策能力有所提高。但到90年代末期，地域社会学对国家地域政策变动和行政区划改革却缺少足够的关注，其结果是"将90年代以来政府关于基层体制改革置于研究视野之外，对国家在地域社会公共性再构筑过程中的重大决策及其作用关注不够"[2]。从而使地域社会学对政府政策的影响能力大打折扣。

日本地域社会学研究对当下中国城乡社会研究具有有益的启示。我们不能仅仅将"过密现象"和"过疏现象"简单地看作日本本土独有的产物，而应将其视为是现代性在全球范围拓展过程中必然发生的现象。城乡关系是世界上所有走向现代化的国家都必须面临的最为棘手的问题，围绕着城乡关系问题，学术界的观点可谓众说纷纭。其乐观派认为，就其一般趋向而言，伴随着现代化的发展进程，城乡差别会越来越小，其问题也会迎刃而解。而相反的观点则认为对城乡关系尤其是非西方国家的城乡关系应做复杂性分析，要充分意识到非西方发展中国家城乡关系发展的长期性和复杂性。如在中国社会发展转型期，由城乡"二元结构"而引发的城乡关系的复杂性"不仅仅是收入差距问题，已经广泛地表现在社会结构、社会心理等方方面面。不能只看城市，也不能只看农村，要把城乡关系的统筹和协调作为一个极具复杂性的大政策加以研究"[3]。在这一意义上，日本城市社会发展进程中的"过密—过疏现象"及其治理对策，值得我们认真分析研究和借鉴。

（该文刊于《社会学研究》2012年第5期）

---

[1] ［日］大道安次郎：《地域社会学课题及其反省》，关西学院大学《社会学纪要》1964年第8号。
[2] ［日］黑田由彦：《地域：公共性与地域社会》，《社会学评论》2005年第56期。
[3] 景天魁：《统筹城乡发展》，黑龙江人民出版社2006年版，第43页。

马克思社会空间理论及其当代价值

在迄今出版的社会理论著述中，一种带有倾向性的观点认为：19世纪的思想家对空间问题关注不够，即或是接触到了，但其探讨的方式却很不明晰，亦不充分。而"20世纪社会理论的历史也就是时间和空间观念奇怪缺失的历史"[①]。"空间在以往被当作是僵死的、刻板的、非辩证的东西。相反，时间却是丰富的、多产的、有生命力的、辩证的。"[②] 值得注意的是，在质疑社会理论空间研究缺失的同时，学术界却普遍承认，在马克思和恩格斯的社会理论体系中，空间虽然不是最为核心的概念，亦未做充分的展开研究，但他们确曾对社会空间问题给予过特别的关注，并提出过一些极具穿透力的洞见，构成了其社会理论体系中的重要内容。而且，20世纪70年代以来，新马克思主义在社会理论空间化转向的背景下，对经典马克思主义的空间理论展开深度拓展，形成了当代极具影响力和解释力的社会理论流派。因此，从长时段角度对其加以系统的研究和整理，对于我们深入研究把握当代社会的最新演化具有重要意义。本文正是基于上述认识，拟对马克思社会理论体系中的"社会空间"论及其当代价值进行初步的研究和探讨。

一 经典马克思主义空间分析的发轫

如前所述，在总结梳理19世纪以来社会理论谱系的过程中，一些学者对社会理论研究中的"空间缺位"现象提出了近乎激烈的批评。但在马克思社会空间理论评价的问题上，学术界却陷入言说和评述的两

[①] ［英］布莱恩·特纳：《社会理论指南》，上海人民出版社2003年版，第505页。
[②] ［美］W. 苏贾：《后现代地理学》，王文斌译，商务印书馆2004年版，第15页。

难：一方面，作为19世纪伟大的社会理论家，马克思和恩格斯的目光似乎主要集中在"社会阶级和消亡的研究。他们十分关注阶级的本质以及任何促进社会历史发展的因素。……在马克思著作中占有绝对主导地位的概念是时间而不是空间，更不是地点。历史更多地是按照时间序列展开的，不是空间或地点"①。另一方面，马克思和恩格斯在《共产党宣言》《德意志意识形态》《英国工人阶级状况》等著作中却又"明确地关注了资本主义工业化是如何产生了工业城镇极其迅速的增长。……分析了资本主义积累是怎样建立在时间对空间的消除基础上，而这又如何进一步产生了农业、工业和人口方面在广阔的时间和空间范围内令人惊奇的转型"②。同时，恩格斯还通过曼彻斯特工人社区的个案研究，揭露了经济体制破坏和摧毁人类居住地点的过程。虽然限于各种条件的制约，马恩的社会空间理论远未充分展开，但其现有理论所表现出来的"具有深刻洞察力的观点成为无数重要的理论和实证研究的源泉"③。以至于当代西方城市研究者不得不承认"虽然马克思本人实际上没有撰写过任何关于城市的著作。但他却极大地影响了20世纪60年代以后的城市研究"④。

首先，马克思和恩格斯从宏观角度揭示了资本主义工业文明发生背景下社会空间发生变革的必然性。他们通过对地理大发现、资本原始积累过程的概括，揭示了人类文明空间结构由分散孤立到整体发展的演化趋向。"美洲的发现、绕过非洲的航行，给新兴的资产阶级开辟了新的活动场所。东印度和中国的市场、美洲的殖民化、对殖民地的贸易、交换手段和一般商品的增加，使商业、航海业和工业空前高涨，因而使正在崩溃的封建社会内部的革命因素迅速发展。"⑤ 这种空间改变的内在逻辑也可表述为资本主义"按照自己的面貌为自己创造出一个世界"，"它使未开化和半开化的国家从属于文明的国家，使农民的民族从属于

---

① [美] 安东尼·奥罗姆、陈向明：《城市的世界——对地点的比较分析和历史分析》，曾茂娟等，上海人民出版社2005年版，第11页。
② [英] 布莱恩·特纳：《社会理论指南》，李康译，上海人民出版社2003年版，第510页。
③ [美] 安东尼·奥罗姆、陈向明：《城市的世界——对地点的比较分析和历史分析》，上海人民出版社2005年版，第13页。
④ 同上书，第38页。
⑤ [德]《共产党宣言》，《马克思恩格斯选集》第1卷，人民出版社1966年版，第240页。

资产阶级的民族，使东方从属于西方"①。可见，对于马克思来说，现代性实际上是有强制性空间扩张趋势的资本主义的同义语。战后最具影响力的社会发展理论——流派世界体系论、依附论及时下盛行的全球化理论大多都受到马克思恩格斯上述思想的直接影响。

其次，就民族国家体系内部而言，"城乡对立"构成了现代社会空间模式转换的核心内容，亦使现代性的产生及拓展充满了复杂矛盾和激烈冲突。在人类走向工业化和城市化的进程中，无论是西方还是非西方，其社会发展都无一例外地呈现出"城市—乡村"对立的二元模式。"城乡之间的对立只有在私有制的范围内才能存在。这种对立鲜明地反映出个人屈从于分工、屈从于他被迫从事的某种活动，这种屈从把一部分人变为受局限的城市动物，把另一部分人变为受局限的乡村动物，并且每天都不断生产他们利益之间的对立。"② 从理论上看，虽然在现代社会发展过程中真实地存在着城市与乡村间的尖锐对立，但我们决不能把这种对立视为是一种势均力敌基础上的对抗。因为在大工业发展基础上建立的"现代化的大城市（它们像闪电般迅速成长起来）来代替从前自然增长起来的城市。凡是它所渗入的地方，它就破坏了手工业者和工业的一切旧阶段。它使商业城市最终战胜了乡村"③。由此，在城市工业文明的冲击之下，乡村必定走向"孤立和分散"，④ 与日渐繁荣的城市形成了鲜明的对照。

再次，马克思和恩格斯还从微观角度，研究审视了城市内部空间结构的变化。在这一问题上，恩格斯的工人社区研究格外值得称道。"每一个大城市都有一个或几个挤满了工人阶级的贫民窟。的确，穷人常常是住在紧靠着富人府邸的狭窄的小胡同里。可是通常总给他们划定一块完全孤立的地区，他们必须在比较幸福的阶级所看不到的这个地方尽力挣扎着活下去。英国一切城市中的这些贫民窟大体上都是一样的；这是城市中最糟糕的地区的最糟糕的房屋，最常见的是一排排的两层或一层的砖房，几乎总是排列得乱七八糟，有许多还有住人的地下室。这些房

---

① [德]《共产党宣言》，《马克思恩格斯选集》第1卷，人民出版社1966年版，第243页。
② [德]《德意志意识形态》，《马克思恩格斯全集》第3卷，人民出版社1960年版，第57页。
③ 同上书，第68页。
④ 同上书，第57页。

屋每所仅有三四个房间和一个厨房,叫做小宅子,在全英国(除了伦敦的某些地区),这是普通的个人住宅。这里的街道通常是没有铺砌过的,肮脏的、坑坑洼洼的,到处是垃圾,没有排水沟也没有污水沟,有的只是臭气熏天的死水洼。城市中这些地区的不合理的杂乱无章的建筑形式妨碍了空气的流通,由于很多人住在这一个不大的空间里,所以这些工人区的空气如何,是容易想像的。此外,在天气好的时候街道还用来晒衣服:从一幢房子到另一幢房子,横过街心,拉上绳子,挂满了湿漉漉的破衣服。"① 恩格斯的研究没有止于空间的外部构造描述,而是注意揭示空间内部复杂的社会关系:"所有这些人,越是聚集在一个小小空间里,每一个人在追逐私人利益时的这种可怕的冷淡、这种不近人情的孤僻就愈是使人难堪……每一个人的这种孤独、这种目光短浅的利己主义是我们现代社会的基本的和普遍的原则。……人类分散成各个分子,每一个分子都有自己的特殊生活原则,都有自己的特殊目的,这种一盘散沙的世界在这里是发展到顶点了。"② 上述研究所表现出来的微观视阈和实证精神,使得"对资本主义制度的控诉具体化。同时,它也揭露了经济体制是如何破坏和摧毁人类居住地点的。在之后的几十年里,这些具有洞察力的观点成为无数重要的理论和实证研究的源泉"③。

二 新马克思主义社会理论的"空间化转向"

在社会理论研究的基本理路上,有的学者认为妥善处理好"独创论"和"关联论"的关系,乃是理解当代社会理论体系的关键。"由于社会理论是思想家对于整个人类社会进行深思熟虑和反思的理论产品,所以,在社会理论中起决定性作用的因素,与其说是以往积累的知识性因素,不如说是思想家本身所创造的思想模式。而在这种思想模式中,最根本的因素,作为其灵魂的,是思想家对于整个社会的独特观点和方

---

① [德]《英国工人阶级状况》,《马克思恩格斯全集》第 2 卷,人民出版社 1960 年版,第 306—307 页。
② 同上书,第 304 页。
③ [美]安东尼·奥罗姆、陈向明:《城市的世界——对地点的比较分析和历史分析》,曾茂娟等译,上海人民出版社 2005 年版,第 13 页。

法论。……也就是说，历代思想家之间的关联是次要的，而各个思想家的独立创造则是决定性的。"[1] 上述观点为我们深入考察当代社会理论的发展趋向提供了一个很好的思路。但笔者认为，在分析马克思主义社会空间理论体系构成的问题上，关注社会理论家的"独创"和对社会理论发展史纵向"内在关联"的考察具有同等重要的意义。因为马克思和恩格斯在19世纪中叶以来提出的一系列有关现代性空间拓展的思想理论，到20世纪下半叶和21世纪初，在新马克思主义社会理论"空间化转向"背景下得到较为充分的展开。

积极促成这场社会理论空间化转向的新马克思主义流派的构成极为复杂，主要包括新马克思主义城市理论和人文地理学研究的代表人物列斐伏尔、哈维和卡斯特尔，他们被称为新马克思主义城市理论的"三剑客"，也包括世界体系理论的代表者沃勒斯坦以及一些运用马克思主义社会理论从事区域发展研究的学者。他们中既有马克思主义的信仰者，也有单纯从学术研究方法的角度借助马克思主义的社会理论，还有的学者如卡斯特尔后来放弃了马克思主义信仰。但值得注意的是，新马克思主义虽然没有形成一个统一的派系，但我们还是可以对其流派的一些共同特点做出一些概括。除了同处于西方这一相同地域之外，其共同点还表现在：其空间理论都是在与马克思主义社会理论的对话中展开和形成的；虽然其理论没有与无产阶级革命直接联系起来，但其出发点基本上都是站在对资本主义工业社会批判的立场上，具有较强的民众性，推进经典马克思主义社会理论在现代社会背景下获得了新的发展，填补了经典马克思主义在一些领域的研究空白。当然，其观点也不无矫枉过正之处。"与经典马克思主义相对照，他肯定是过分突出了生产概念中的空间维度，而牺牲了其更根本的历史性内涵；只聚焦于晚期资本主义空间生产的暂时性特征，而有意地模糊了永恒的物质生产的基础地位。"[2]

（1）20世纪下半叶以降，新马克思主义者的社会理论空间化转向是在与经典马克思主义的对话中展开的。他们发现无论是《共产党宣言》中对资本主义生产方式产生过程中地理扩张的宏观描述，还是在

---

[1] 高宣扬：《当代社会理论》上，中国人民大学出版社2005年版，第68页。
[2] 刘怀玉：《晚期马克思主义研究（笔谈）》，《南京大学学报》2004年第5期。

《德意志意识形态》中对城市—乡村空间对立的深入分析,"马克思经常在自己的作品里接受空间和位置的重要性……但是,地理的变化被视为具有'不必要的复杂性'而被排除在外。他(马克思)未能在自己的思想里建立起一种具有系统性和明显地具有地理和空间的观点,这因此破坏了他的政治视野和理论"①。不过,新马克思主义也注意到,空间在马克思社会理论体系中之所以没有获得充分地展开,在一定程度上也与马克思的写作计划安排有关。他们通过对《政治经济学批判大纲》的解读,发现马克思在其设计的《资本论》后续卷的写作,将主要探讨世界贸易和资本主义的地理扩张,以改变那种《资本论》第1卷和第2卷中"封闭的民族经济和一种本质上是无空间的资本主义"②。很显然,上述这种认识和估价,为新马克思主义社会理论学者们进一步解读和拓展马克思的社会空间理论提供了可能。也正是在这一意义上,如果我们将列斐伏尔、哈维、卡斯特尔、苏贾这些以"社会空间"研究为业的一些大思想家放到马克思主义空间理论演化的轨迹中去分析审视,就会发现,马克思、恩格斯在19世纪中叶所阐发的社会空间理论在当代确实获得了新的发展。作为新马克思主义的代表者,这些学者的空间理论虽各具特色,但在构建其理论体系过程中,无不祖述马克思,在与经典马克思主义的对话中获取灵感,汲取思想资源。

(2)新马克思主义的研究者们对马克思空间理论的经典文本进行了认真的解读。如哈维从1971年以来,即坚持每年(只有一年除外)都组织阅读马克思《资本论》第1卷的小组或开设相关课程。他还以《共产党宣言》为蓝本,对马克思主义理论体系中的"地理学"思想进行阐释。他认为读《共产党宣言》,"敏锐的地理学家立即会察觉到这一论点有特定的空间和地理维度。仔细考察就会发现,关于地理转型、空间定位和不平衡地理发展在资本原始积累的漫长历史中的作用,《宣言》包含了一个独特的论证。既然《宣言》详细地说明了资产阶级如何既创造又毁灭它自己活动的地理基础(生态的、空间的和文化的)、并按照自己的面貌来创造一个世界,那么对其空间和地理维度进一步详

---

① [美] W. 苏贾:《后现代地理学》,王文斌译,商务印书馆2004年版,第100页。
② 同上书,第130页。

细审查就很值得"①。

（3）新马克思主义理论流派试图在解读马克思空间理论的基础上，建构起社会空间研究的理论框架。其理论体系中最具核心意义的命题是由列斐伏尔提出，被哈维、苏贾等人所继续阐发的"空间生产"概念。在列氏看来，经典马克思主义虽然也曾在多处提及空间问题，但却始终没有将其置于核心地位。而他本人提出"空间生产"理论，是试图实现由空间中事物的生产转向空间本身的生产。"任何一个社会，任何一种生产方式，都会生产出自己的空间。……既然认为每一种生产方式都有自身的独特的空间，那么，从一种生产方式转到另一种生产方式，必然伴随着新空间的生产。"②资本主义制度下的空间生产实际上就是按照有利于资本主义制度发展的逻辑展开的。"如果没有自己的空间定位，资本主义就不可能发展。它一次次地致力于地理重组（既有扩张又有强化），这是部分解决其危机和困境的一种方法。资本主义由此按照它自己的面貌建立和重建地理。"③

他们还强调技术进步对人类社会空间的改变，即"技术带来了新的生产和消费活动；通信手段的巨大发展几乎消除了空间障碍。在第二次工业革命期间，电力的普及和有轨电车系统的使用使更多的人力在城市集中，更大规模的工业生产组织成为可能"④。同时，在他们看来，"对空间结构的分析，并不是社会结构分析的派生物或附属物，……离开社会结构，空间结构就不可能得到理论上的阐述，反之亦然。再者，……离开空间结构，社会结构就不可能得到实践，反之亦是如此"⑤。

当然，我们应该清楚地意识到，新马克思主义空间理论的研究者对空间理论的研究和阐发，不是政治信仰意义上的，而更多是一种学术意义上的研究、借鉴和社会批判。但我们也应承认，社会理论空间化转向则"提出了一条通往后现代世界的马克思主义途径。在后现代世界中开始的断裂赋予马克思主义理论以一种更新或重建的可能性"⑥。

---

① ［美］大卫·哈维：《希望的空间》，胡大平译，南京大学出版社2006年版，第23页。
② 包亚明：《现代性与空间的生产》，上海教育出版社2003年版，第87页。
③ ［美］大卫·哈维：《希望的空间》，胡大平译，南京大学出版社2006年版，第53页。
④ ［美］安东尼·奥罗姆、陈向明：《城市的世界——对地点的比较分析和历史分析》，曾茂娟等译，上海人民出版社2005年版，第44页。
⑤ ［美］W·苏贾：《后现代地理学》，王文斌译，商务印书馆2004年版，第88页。
⑥ ［美］瑞泽尔：《后现代社会理论》，谢立中译，华夏出版社2003年版，第237页。

三 马克思社会空间理论的当代价值

如前所述,马克思社会空间理论发轫于19世纪中叶,到20世纪70年代,以新马克思主义思潮为载体获得进一步的发展,其理论对于我们把握当代人类社会发展的最新趋向具有重要意义。

首先,社会空间理论为我们分析理解当代社会变迁提供了一个新的研究视角。现代化所引发的社会变迁不仅仅是关系性的,还包括空间结构的巨变和重组。由经济发展和技术进步而引发的人类社会剧烈变迁,不仅表现为科技的进步、物质财富的增长和社会关系的根本性变化,而且还往往表现为空间的重组和变异。如在列斐伏尔看来,这些空间主要包括"绝对空间、抽象空间、共享空间、资本主义空间、具体空间、矛盾空间、文化空间、差别空间、主导空间、戏剧化空间、认识论空间、家族空间、工具空间、休闲空间、生活空间、男性空间、精神空间、自然空间、社会空间、社会化空间、国家空间、透明空间、真实空间及女性空间等"①。其对空间的关注和强调虽然有些细碎、烦琐甚至有些极端,但却为我们透视现代社会变迁提供了一个新的研究分析视角。

现代化背景下人类社会空间的变迁虽然具有多面性,其形成和转化的过程也极其复杂,但笔者认为其复杂性在城乡关系及郊区化等领域表现得最为充分。如果说农业时代的文明中心在乡村,那么,工业时代的中心则开始转移到城市。伴随着这一中心转移,无论是早发现代化国家还是后发现代化国家,都将面临农业人口向城市转移以及随之而来的"村落终结"这一真实而严峻的问题。这正如法国社会学家孟德拉斯所言:"20亿农民站在工业文明的入口处:这就是20世纪下半叶当今世界向社会科学提出的主要问题。"② 当然,这一"转移过程"在任何国家都不可能是直线式的,而是充满了矛盾和曲折。

在一般情况下,这一"转移过程"往往集中表现为城市"过密"

---

① 包亚明:《现代性与空间的生产》,上海教育出版社2003年版,第83页。
② [法]孟德拉斯:《农民的终结》,李培林译,社会科学文献出版社2005年版,第2页。

和乡村"过疏"问题。近来笔者对日本 20 世纪 60 年代以来发生的"过疏现象"展开研究，[①] 发现在城市化进程初期，人们在理解"过疏"一词时，往往首先将其与人口问题相联系，认为其核心内容表现为地域内人口和户数的锐减及经济收入的减少。但随着时间的推移，人们逐渐意识到问题的复杂性，发现过疏现象，其实质实际是在现代社会急剧变动的背景下，中心城市（过密地带）与"边缘乡村（过疏地带）"空间关系的重构。作为现代文明集聚的空间——"中心城市"对边缘乡村构成了空前严重的"挤压"。而与外部"城市世界"发生联系的"过疏"的乡村，则根本没有能力正常地回应来自外部的挑战，从而使村落社会在失去大量人口的同时，也丧失了自我调节能力，最终走向"崩坏"。崩坏的村落难以在短时间内"终结"，又丧失了自我调节能力，这便是现代化进程中"空间变幻"之复杂性所在。在这一意义上，所谓"过疏对策"，实际上就是乡村社会在步入"过疏状态"的背景下，其社会何以可能这样一个带有根本性的问题。

经典马克思主义曾揭示私有制条件下城市—乡村的尖锐对立，事实上，在社会主义初级阶段的历史条件下，城市—乡村间的关系形态亦极复杂。在相当长的时间内，我国实行"城乡分治，一国两策"的二元体制，其中蕴涵着巨大的城乡不平等。今天，我们欲消解这一不平等的体制，必然需要付出巨大的代价。众所周知，中国是一个人口众多的农业大国，其城市化和乡村人口转移一定有诸多特殊的制约因素。但其乡村"过疏"和城市"过密"的演化趋向却是不可避免的。近年来，这种"空间变异"和"转移过程"在中国已初露端倪。时下展开的新农村建设，便是对这一城乡空间变动的回应。在新农村建设初期，人们多将目标指向"生产发展""生活宽裕""乡风文明""村容整洁""管理民主"等方面，但上述目标的实现所面临的最大的难题为农村人口的"流动性"，即农村空间已非昔日"日出而作，日落而息"的静止空间，相当数量的农民游走于城乡之间，成为真正意义上的"流动人口"。因此，我们只有在改革开放、城市化的大背景下，以流动的视野来分析和认识问题，才能把握新农村建设的难点。在这一意义上，20 世纪下半

[①] 田毅鹏：《20 世纪下半叶日本的过疏对策与地域协调发展》，《当代亚太》2006 年第 10 期。

叶以来社会理论的空间化取向可以给我们以许多有益的启示。

其次,社会空间理论对于社会科学学科整合的启示。

众所周知,作为一个庞大的理论群组,社会理论覆盖和跨越了社会科学,因此,"它不仅关联到社会学,而且关联到人类学、经济学、政治学、人口地理和心理学,也就是社会科学的整个领域"[①]。在这一意义上,近年来由新马克思主义主导下的社会理论的空间化转向,为社会科学体系内诸学科提供了一个具有公共性的研究领域,促进了社会科学研究的整合,也推进了具体学科内部体系进一步的科学重组。

以社会学的发展为例。在相当长的一段时间里,社会学把"空间"交给地理学,把时间交给历史学,而自己则醉心于超越时空的社会结构分析,其结果使得社会学的分析逐渐远离真实的经验世界,沦为一种近乎形而上的想象。事实上,人类步入工业社会的社会变迁史,在某种意义上就是一部空间演化、变异的历史。作为现代性的产物,社会学从其诞生之日起,便是以揭示现代社会生发及运行逻辑为职志的学科。而在人类走向现代的进程中,无论是西方还是非西方,伴随着人类社会走向工业化和城市化的进程,其社会发展都无一例外地呈现出"城市—乡村"对立的二元模式。与此种情况相伴随,社会学学科也相应地形成了以农村社会学和城市社会学为主体的学科分支。在农村社会学研究对象确定的问题上,学界一般认为,农村社会学应以农村社会为研究对象。在相当长一段时间里,社会学学科的知识生产大体上是循着"农村社会学"和"城市社会学"这两个分支学科发展起来的,出现了如美国芝加哥学派等一些颇具影响的学术流派。

但事实上,在这种"城市—乡村"二元模式划分发轫之初,便具有较大的"相对性",因为在工业社会凯歌行进的过程中,根本不存在纯粹的乡村,乡村之所以成其为问题,主要是工业化和城市化直接冲击的结果。"乡村社会学是以整个乡村社会及城乡关系为对象的社会学分支学科。"[②] 这实际上是在强调,如果没有现代工业文明的兴起,就不会有乡村社会学的诞生。作为现代社会学的一个学术研究空间,乡村是与现代城市相对而言的。在这一意义上,乡村问题只有放到工业化、城

[①] 高宣扬:《当代社会理论》上,中国人民大学出版社2005年版,第67页。
[②] 袁亚愚:《乡村社会学》,四川大学出版社1990年版,第21页。

市化的背景下，才能获得理解。都市和乡村间的界限呈现出越来越模糊暧昧的变化趋向。作为现代性活动拓展的最重要空间，城市急剧扩张，乡村世界则迅速走向萎缩，出现了"村落终结"问题。在上述背景下，城市和乡村的发展逐渐呈现出更为明显的你中有我，我中有你的复杂发展态势。上述趋势不仅使农村社会学的存在遭到质疑，同时城市社会学存在的合法性也成为疑问。美国著名城市研究学家卡斯特尔曾发出追问："真的有都市社会学吗？"他回答说："经过三十二年，现在回过头来看这段对于城市的社会研究的亲身参与经验，答案是：有，不过是以前有；没有，现在没有；但是，如果幸运点，会在 21 世纪复活，发展一些新的概念、新的研究方法以及新的主题，因为都市社会学对于我们对生活的理解比过去更显得必要——对大多数人来说，都必须在某种都市地区继续活着或是居住着。"[1] 这种发展态势最终导致了超乎农村社会学和城市社会学之上的地域社会学这一社会学研究的分支学科的诞生。这实际上是学科发展对社会空间变化挑战所做出的回应。

近年来，伴随着学科发展"后专业时代"的来临，学术界出现了一股社会理论研究热潮。各种有关社会理论的著述及译著相继出版。但就目前的研究状况而言，人们对社会理论的理解不尽相同，其研究基本上处于一种"分裂、歧异和松散之中"[2]。英国社会学家特纳在谈及社会理论研究的前景时曾指出："社会理论只有在紧密参与经验研究和公共论题的时候，才会发育得最好。"[3] 我们以为，除了上述途径之外，我们还应注意梳理社会理论发展的传统。在明确经典马克思主义社会空间理论原初命题的基础上，理清其与新马克思主义空间理论的内在关联，使当代社会理论的发展得以建立在坚实的土壤之上。

（该文刊于《社会科学研究》2007 年第 2 期）

---

[1] [美] 卡斯特尔：《21 世纪的都市社会学》，载罗岗主编《帝国、都市与现代性》，江苏人民出版社 2006 年版，第 239 页。
[2] [英] 布莱恩·特纳：《社会理论指南》，李康译，上海人民出版社 2003 年版，第 11 页。
[3] 同上书，第 12 页。

地域力与社会重建

——以日本阪神淡路地震为例

无论是遥远的古代，还是在走向全球化的今天，对于人类文明来说，任何意义上来自外部的援助力量都堪称是雪中送炭。因此，当我们为蒙受重大灾难的社会寻找重建方略时，一般都会首先将目光投向社会外部，并坚信通过外部力量的帮助，可使危难中的社会渡过难关。但人们往往容易忽略，真正能够帮助人类走出危机的决定性因素实际上潜藏于其社会内部。很难想象一个缺乏活力的、原子化的、近乎僵死的社会能简单地通过外部的助力而在短时间内起死复生。在上述问题上，1995年发生在日本列岛上的阪神地震为我们提供了一个很好的例证。

1995年，日本阪神地震发生后，日本社会上的舆论基调发生了耐人寻味的变化。地震灾难发生之初，针对政府救助的迟缓，社会舆论纷纷提出严厉批评，一时间，对"政府麻痹症"的批判之声不绝于耳。但随着救灾进程的推进，社会舆论悄然发生了变化。人们意识到，单纯地依赖政府难以从根本上解决问题，要想真正地走出灾难，实现社会重建，必须提升地域社会的自救能力。于是，"地域力"与社会重建之关系一时成为舆论界的热门话题。相对于来自外部的救助力量而言，地域力是一种蕴藏于社会内部的力量，恢复、激活地域力成为社会重建最为关键的环节。

一 "地域力"的内涵及其提出背景

"地域力"是日本学者宫西悠司在阪神地震后提出的概念。对这一概念进行溯源式考察，我们会发现，早在宫西悠司之前已有学者对此概念进行初步的研究界定，泛指一个地域社会所拥有的综合能力。笔者认为，与前述学界对地域力的一般性理解相比，宫西定义的特殊性有三：第一，其对地域力概念的界定是直接以阪神地震为背景而直接提出的，重点强调的是地域力在灾后社会重建进程中的特殊作用。第二，在宫西的笔下，地域力不再是泛泛而论，其所涵盖的意义有较大幅度的拓展，主要包括地域资源蓄积力、地域自治力和民众对地域的关心力。这里所说的地域资源蓄积力主要包括地域环境条件、地域组织活动及其间相互作用的一种机制。所谓地域自治力，主要是指地域居民能充分意识到地域自身存在问题，并通过相对应的组织手段加以解决的能力。地域关心力一般是指建立在地域认同基础之上地域居民对地域环境、地域组织等地域问题所保持的带有持续性特征的关注力，易言之，地域关心力在很多情况下也可表述为对地域事务的参与意识与参与能力。在宫西悠司看来，无论是对于预防灾害发生还是灾后社会重建，地域力都是不可缺少的决定性因素。第三，"地域力"不同于"地方力"。"地方"一词是与中央相对称的概念，中央和地方之间带有"中心—边缘"，"支配—从属"的关系。也就是说，"地方"概念包含有对中央的周边性和从属性的关系。与地方一词带有极强的政治性和行政性特色不同，地域在很多场合往往是带有功能的、政策性的意味。

除了宫西悠司之外，同时期还有一些学界、政界人物分别从学术和行政两个方面对地域力概念做了进一步的展开性界定。如大分县知事平松守彦提出了"地域潜在力"的概念，神户市将地域力理解为市民与市政府保持良好互动关系，协力解决问题的能力。北海道厅则强调地域力的基本要素包括：（1）拥有较强的地域信任关系和谨守互惠规范的居民及组织；（2）各地域主体的自律意识和协动能力；（3）各地域主体创造地域价值的能力。大阪大学教授山内直人认为地域力应包括三要素，即地域问题的解决力、社区管理能力、社会资本。上述对地域力的理解探究，形成了地域力研究的高潮。

众所周知，日本是一个拥有较强地方自治传统的国度，自古以来即非常注意利用地域力量管理社会和抗灾自救。而阪神地震后日本学界和政界之所以如此热衷地域力问题的探讨，主要是因为从20世纪七八十年代开始，日本社会的地域构造业已发生了巨大的变化，现代性的拓展却无情地撕破了传统的社会关系和地域关系网络，导致现代人虽然在资源调动和技术支持等方面取得了古时无法比拟的优势，但人类抗拒灾难的地域集体行动能力却空前降低。这些变化主要表现在以下两个方面：

一方面，伴随着20世纪下半叶现代化的高速发展，日本社会进入了以"欲望和感情解放"为主题的个人主义时代，利己主义风行、老龄化、少子化问题严重、价值体系崩坏，走向"个化"的日本人传统的社会连接方式被破坏，其地域社会的自组织能力空前下降。

另一方面，就日本地域社会的宏观构造而言，出现了地域过密和过疏现象。"所谓过疏，是农村人口和农家户数发生急剧大量外流的结果，导致其地域居民的生产和生活发生诸种障碍，使地域生产缩小，生活发生困难，最终导致村落社会自身崩坏的过程。也就是说，过疏是作为生产和生活空间的村落社会的解体过程而存在的。在1960年代的经济高速发展时期，由于人口大量集中于城市，使得过疏问题成为日本农村，尤其是山村地域严重而深刻的问题。"[1] 相对于过疏而言的"过密"现象主要是指："在住宅和城市等被限定的空间内，因人类大量集中而发生的各种社会问题。但在判断某地区是否存在过密现象时，又因其文化背景、生活样式、地理条件、技术水准等存在巨大差异。作为城市问题的过密现象，往往发生于经济活动和人口向城市急剧、过度的集中进程中，具体表现为生活条件的恶化和各种城市功能的低下。具体言之，过密问题主要包括住宅不足和过密居住，学校和下水管网、公园等城市公共设施滞后，道路和公共交通混乱，大气污染和噪音等公害，土地利用形态混乱等众多问题。"[2]

无论是过密现象还是过疏现象，其问题的实质在于人类社会的存在形态发生了根本性的变化，使得地域社会不再作为一个具有同质性的认同空间而存在。从一般意义上讲，所谓"过疏问题"，主要是指农村人口和农家户数发生急剧大量外流的结果，导致其地域居民的生产和生活发生诸种障碍，使地域生产规模缩小，生活发生困难，最终导致村落社会自身崩坏过程。也就是说，过疏是作为生产和生活之场的村落社会的解体过程而存在的。而城市过密亦使得城市问题变得异常复杂，出现城市都心衰退化和"空洞化"现象。在这里我们所说的城市衰退主要是指产业基础转换、人口减少、城市设施老化、地域管理能力弱化。因

---

[1] ［日］森冈清美：《新社会学辞典》，有斐阁1993年版，第193页。
[2] 同上书，第215页。

此，如何使衰退城市走向再生是21世纪城市社会学研究的核心课题。从历史上看，城市衰退往往是在城市的中心部位——都心发生的。在这一意义上，过密往往被视为导致城市衰退的罪魁。在其初期阶段，往往表现为城市郊区化现象，即告别"都心"运动，使得城市地域原有的功能开始走向衰落。

二 "地域力"构建的基本途径

阪神地震后，日本地域力构建基本上是循着以下两个方面展开的。

（1）地域社会"协动力"的构建

所谓协动，主要是指复数的主体，为了某种共同的目标而采取的合力行动。在一般的情形下，协动概念与地方自治具有密切的关联，如一些地域问题在单纯靠行政力量和民间力量难以解决时，需要官民结合起来，通过协动的方式协力解决问题。协动的主体虽然主要是市民，但并非仅仅限定为地域居民的范围内。除了地域居民外，作为地域一员的NPO和企业市民也是协动的主体。以平等的互动理念来理解协动概念，行政力量同样也只是平等协动一方的主体，被称为"行政市民"，在这一意义上，协动各主体在责任和行动方面具有相互的对等性。

阪神淡路大震灾发生后，协动概念被赋予了新的含义。大地震发生后，警察和消防机关的救助效率居然没有赶上灾民的自我救助。据统计，在需要救助的35000名灾民中，居然有27000人是通过自我救助或邻里救助得以脱险的。可见在地震发生之初，整个日本舆论界对政府提出批评还是具有一定现实依据的。同时，以震灾为契机，人们意识到包括邻里关系在内的最为基本的社会联结对于社会的自我保护是不可缺少的。自助、共助和公助构成了社会协动不可偏废的一部分，共同构成了社会协动的基本内容。

（2）地域社会"组织力"构建

作为现代社会公共性最重要的承载者，NPO、NGO等非政府组织和非营利组织在地域公共性的构建过程中发挥着越来越重要的作用。日本的志愿者活动是以1995年阪神、淡路大震灾为起点迅速走向高涨的。在那场瞬间夺去数千人生命的大震灾中，人们对行政系统救援的迟缓提出激烈的批评，市民凭借自己的力量、邻里的力量而生发出的一种新的互助力量。由此，人们将这一年称为志愿者之年。以这种志愿者救助活动的展开为契机，社区的自治空间、公共空间得以拓展。据统计，"1996年日本共有25万多个具有正式法人地位的非营利组织，负责规范其行为的社会法规大约有100多部。根据经济企划厅进行的一次调查估计，尚未拥有正式社团地位的非营利组织数量有85000个"①。

1996年具有正式法人地位的非营利组织的类型和数量

类型	数量
公益组织	26312
宗教组织	183996
社会福利组织	14832
教育组织	7566
其他	21422
总计	254128

此表据《亚洲公益事业及其法规》所公布数据制成。

1998年3月，日本颁布了《特定非营利活动促进法》，到2002年末，NPO的发展在日本全国更为活跃。其活动范围包括健康、福利、医疗及社会教育、育儿、环境等内容。据经济企划厅2000年的调查，以今后拟参加志愿者活动为标准，自然环境保护的占41.4%、社会福利的占38.4%。② 这种新的社会共同体与传统的町内会存在许多不同，主要表现在：加入单位不是家族而是个人；其加入不是被动的、强制的，而是自主的、选择的、开放的；其功能不是笼统的而是限定的、分化的；其组织不是单一的，而是多层面的、交叉的；其责任不是全体的，而是有限的。

---

① ［美］托马斯·西克尔：《亚洲公益事业及其法规》，中国科学基金研究会译，科学出版社2000年版，第143页。
② ［日］坪郷实：《新しい公共空間をつくる—市民活動の営みから》，日本評論社2003年版，第43页。

三 地域力构建与公共性构造的转换

世纪交替之际，几乎与地域力研究思潮勃兴的同时，日本学界也兴起了公共哲学的研究热潮。公共哲学（Public Philosophy）20 世纪八九十年代肇始于北美，其首倡者是哈佛大学 M. 桑迪尔教授。20 世纪 90 年代后期，公共哲学思潮开始传入日本，立即引起强烈反响。从 2001 年起，东京大学出版社推出 10 卷本"公共哲学丛书"，为社会各界密切关注。将地域力和公共性两个概念结合起来加以研究审视，我们会发现，20 世纪末日本社会各界对地域力建设的重视，其实质意味着公共性构造的转换。

公共性构造的转换与地域力构建之间存在着密切的关联。就审视公共性的纵向演进轨迹而言，我们发现，作为后发现代化的典型代表，日本的公共性形态非常清晰地依次经过了"古典的公共性"、"民族国家的公共性"两个阶段。其中，尤其值得注意的是，在日本走向现代化和建构现代民族国家的进程中，"官"始终扮演了"公共性"承载者的角色，主要体现为"立公灭私"，"损私奉公"的过程，表现出极强的一致性。在日本，传统意义上的"公"（おおやけ）实际上意味着天皇和政府，"私"在很多情形下意味着市场原理、功利主义和个人主义。以此种认识为前提，人们一般将见之于 NPO 和福利政策的非政府、非市场的方面称之为"新公共性"。在日本从 70 年代开始基于市民参与的公众议论曾一度高涨，但随着价值观念的多元化和生活方式的个性化，人们的公共意识逐渐淡化，昔日将人们维系起来规范体系受到巨大冲击。日本大都市的"邻组意识"基本丧失殆尽，城市成为真正意义上的"陌生人社会"，出现了在城市高度密集和乡村过疏发展背景下"社会如何成为可能"的问题。1995 年日本发生阪神地震，使本已非常脆弱的日本社会的弱点暴露无遗。日本民众意识到无论是政府救助还是市场化的服务，都不能替代"邻里扶持"和非营利组织的自救，以此为契机，新公共性建构之思潮勃然而兴。在这一意义上，地域力构建与公共性构造转换存在着密切关联。

近年来，日本学术界掀起的地域力和公共性的研究热潮，既体现了人类摆脱危机的策略性思考，同时也表现出一种强烈的"新市民社会"的构想。众所周知，由"臣民"到"国民"、"公民"的身份变更，是人类社会由"传统"到"现代"，从"身份"到"契约"社会进步运动的重要标志。从一般意义上讲，公民社会体现了一种新的"社会联结"，"公民身份意味着一定的社区或文明社会在人与人和群体与群体之间有某种联系或网络，而且有某些规范和价值观使他们的生活有意义"①。其显著特征在于"它是相对于政府而言的非官方的社会结构和过程，诸如各种民间组织机构、非政府机构、中介组织、社会运动等均属于市民社会的范围"②。

从历史上看，不同国家和地区公民社会的起源及其具体表现形态极为复杂。诚如杜维明先生所言，世界范围内市民社会真正发达的只有美国社会，包括德、法、意、英的整个西欧市民社会的发展都不全面。③表达了对公民社会的独到见解。鉴此，我们应清楚地意识到，对于包括日本在内的东亚国家，其公民社会发展的情形则表现出另一种极为复杂的面相。日本的公共性及公共空间，自明治维新以来是国家决定，国民无条件服从的过程。而且从市民的角度来加以理解，所谓公共就是自上而下的。就是在今天，在围绕着公共性展开的政治性的、意识形态的言说中，关于公共事业和公共投资可谓众多，但围绕着市民展开的议论、批判的市民活动的空间尚未成为普遍的态势。在日本，迄今所说的公共性和公共空间，是指通过国家法令和政策对国民实施的公共事业、公共投资、公共资金、公共教育等活动。可以说关于国家的公几乎囊括了一切。不包括市民参与的内容。荷兰学者 Hanna Jongepier 在分析日本非营利组织不发达的原因时，即认为："日本之所以不存在像欧美社会那样具有强大影响力的 NGO·NPO，其主要原因在于：在日本民众与政府间缺乏革命的历史，人们对政府经常保持调和的立场；有视政府为正义代表的传统信仰；民间部门和政府部门协同处理问题，不需要外部的 NGO 的介入；儒教传统背景下对政府有较强的依赖。此外，非政府的

---

① ［美］托马斯·雅诺斯基：《公民与文明社会》，何雄译，辽宁教育出版社 2002 年版，第 32 页。
② 俞可平：《社会主义市民社会：一个新的研究课题》，《增量民主与善治》，社会科学文献出版社 2003 年版，第 196 页。
③ 哈佛燕京学社：《儒家与自由主义》，生活·读书·新知三联书店 2001 年版，第 9 页。

称谓，往往被视为左翼组织、无政府主义、共产主义、泛政府运动而被排斥。"① 在上述背景下，如无强力的社会刺激和冲击，人们很难意识到现代化深度发展情况下，政府和企业以外"第三部门"现代化的重要性。

在这一意义上，以阪神地震为契机，受灾地域空前活跃、多样的市民组织和市民活动的开展，在修复社会的同时，也为日本市民社会的形成提供了一个空前的有利契机。这或许可以说是自然灾害的意外后果。

（该文刊于《福建论坛》2008 年第 8 期）

---

① 【荷】Hanna Jongepier:《NPO 先進国から見た日本》,《松下政经塾报》2000 年第 8 期。

地域衰退的发生及其治理之道

在发展社会学学科建构伊始，人们便将目光集中在"发展"视域，因此，如何形成快速的赶超式发展，并使之带有持续性？便成为该学科不言而喻的主题，在这一意义上，发展社会学便成为地道的"发展学"。但在现实世界体系中，发展并不是一条平坦的、不可逆的单行道，而是一个集繁盛前进与衰败退步为一体的复杂且不均衡的变迁过程。因此，如何研究和解释地域衰退，洞悉其发生、蔓延及变迁机理，探索其演变规律，并提出相应的治理对策，理应成为发展社会学话题中的应有之义。此外，改革开放以来，伴随着中国迈向社会主义市场经济的过程，计划经济时期形成的以单位组织为基本单元的地域经济—社会结构发生了重大变化，其突出的表现是，那些率先走向开放的沿海地域大踏步地快速发展，而一些内陆地区则开始走向边缘化，出现了较为明显的发展不均衡，遂使得地域衰退问题成为新时期中国社会发展所面临的不可回避的难题。如何理解地域衰退现象的发生及其性质？如何从政策层面给出相应的对策建议，便成为新时期国家发展的重大课题。

一 地域衰退的涵义及相关界定

早在19世纪中叶，现代社会科学家在直面现代社会来临和界定现代性的过程中，便已清楚地意识到，与传统社会周而复始式的缓慢前行和徘徊发展相比，现代社会发展演进最大的特点在于其快速性、持续性以及与之相伴而生的流动性，其结果导致国家前工业社会时期形成的地域社会结构发生了根本性变迁。在这一空前复杂的转型变动过程中，不同地域社会间发生了剧烈的分化，有些地域因产业发展和区位优势而迅速勃兴，开始占据着中心位置。而有些地域则在产业老化、资源枯竭、资本流动、人口减少背景下而走向衰退，展现出令人眼花缭乱的复杂变动图景，值得我们给予特殊的关注。在深入探讨地域衰退问题之前，我们首先应对其内涵展开必要的界定和探讨。

（1）是地域衰退还是地方衰退？

在这里，我们首先应做出界定和解说的是所谓"地域"概念。在社会科学研究中，"地域"、"地方"概念有着不同的涵义。一般说来，地域一般是指基于地理限定的特定空间。作为人类政治、经济、社会、文化活动的场域，地域不是一种凝固的存在，而是随着人类社会组织形态的变动而呈现出不同的形态。而地方是与中央相对而论的概念，在政治统治体系框架内，中央和地方之间含有"中心—边缘"，"支配—隶属"之类的纵向垂直关系。也就是说，"地方"概念中包含有对中央的周边性和从属性的意涵。而地域概念则似乎摆脱了上述行政体系内那种垂直关联，在很多场合往往是带有功能性、政策性意味的空间。日本学界在地域研究中多使用"地域构造模式"这一概念，如日本学者片桐达夫在《地域经济的活性化战略——社会工学的思想和可能性》一书中提出：地域概念所展示出来的，首先功能限定的空间，也可以称为"形式空间"，如农业地域、工业地域；在有的情况下，也是与一定的政策意图乃至计划意图相对应的地域。但我们必须清楚，作为学术研究的"地域社会学"不是对地域空间展开静态观察，而是将分析的目光指向地域内部各种复杂的关系，即"在被限定的地域范围内，把握地域发生的诸现象、诸要素之间的关系，进而实现对社会结构变动进行总体性把握。"[1] 正是在上述意义上，我们更倾向于使用"地域衰退"而不是"地方衰退"这样的概念来展开分析。因为使用"地域"概念，可以从功能的视角，更为全面地探讨地域空间范围内经济、社会、文化、生态等方面的总体发展及运行状况，并做出一种整体性评价。

（2）是单一的经济衰退，还是社会的总体衰退？

从一般意义上讲，地域衰退往往与地域经济产业发展的盛衰轨迹直接地联系在一起。毫无疑问，产业经济衰败既是地域衰退的重要原因，又是其核心表现，而且，伴随着其影响的进一步扩大，很自然地开始向社会、文化等方面蔓延，产生巨大的冲击力。主要表现为失业人口增

---

[1] ［日］久岛留阳三：《现代地域开发论》，明文书房1987年版，第9页。

多、人口减少、消费低迷、中产阶级减少等。但值得注意的是，以城市为核心的现代地域社会体系具有极强的整体性和复杂性，尤其是在全球化背景下资本、技术、人才跨境流动的频繁，使得地域盛衰受到更为复杂的因素制约。因此，我们不能将地域衰退简单地等同于"经济衰退"。因为：第一，作为一个整体的地域，虽然其经济产业出现衰退征兆，但该地域的生态环境、教育发展、文化及社会服务系统依然保持着完好的发展状态，其社会仍充满活力，这便使其地域发展具有比较坚实的支撑体系，具有较强的抗衰力，其衰退状态不至于继续恶化。由此可以说虽然衰退地域的产业凋敝使得其面临衰退的考验，但在地域社会、文化有着较好的支撑条件下，我们不能简单地将其归类于衰退地域。

第二，新旧世纪交替前后，在新发展主义理念之下，传统的以经济发展为单一中心的发展观正在发生一些微妙的变化，"从20世纪90年代中期开始，地方和区域发展以经济主导为核心的理念被拓宽以便解决社会、生态、政治和文化方面的问题。减少社会不平等、提高环境可持续能力、鼓励包容性的政府和共同治理以及对文化多样性的认知在不同程度上被纳入地方和区域发展的定义之中。尽管有时不容易，更为广义的生活质量、社会凝聚力和福利的概念被融合到对经济竞争力及增长的持续关注中"[①]。由此，人们对地域发展状态的评估标准也自然发生变化。

第三，现实中因产业快速发展导致地域衰败的先例也并不少见。如有些地域为了发展产业，置生态环境的基本承受力而不顾，从而导致地域面临严重的环境危机，直至吞下地域衰退的恶果。所以，当我们直面那些出现衰退征兆的地域时，首先应对其经济、社会、文化、生态等方面的情况做一个总体性的评估，避免得出以偏概全的结论。

（3）全球化背景下地域发展"中心—边缘"的转换

"中心—边缘"理论是发展社会学一个最为基本的理论分析框架。从历史上看，早在人类文明的初曙期，人类先民受地理生态因素影响和制约，便形成了地域社会区位中心与边缘的基本格局。在前工业社会的历史条件下，地域先赋的地理环境因素发挥了重要作用。此外，战争、饥荒、瘟疫等也是影响地域盛衰的重要因素。步入现代社会后，欧美发达国家因其率先实现工业化，其民族国家内部各地域间的发展开始出现

---

① ［英］派克等：《地方和区域发展》，王学峰译，上海人民出版社2011年版，第24页。

不均衡现象。一些地方或因其优越的地理环境，或凭借着其产业的先发性，而居于中心地位。但随着产业老化和资源枯竭等现象的发生。这些昔日处于中心地位的中心地域开始走向边缘化。与农业时代相比，各地域之间的盛衰更迭速度空前加快。

在工业化和城市化的初期，一般表现为都市中心和乡村边缘的变化，但是当现代化步入进一步深化的发展阶段，以地域为单元的中心和边缘的变迁呈现出更加复杂的面相。"城市的交通条件、经济实力和腹地条件都是城市经济发展中易变的因素，因此，经济中心城市的地位可能随着这些因素的变化而在区域经济竞争中升降变化，导致区域经济中心的转移。正如经济中心城市地位的形成能够刺激城市发展一样，经济中心城市地位的丧失也同时意味着城市发展优势和资源的丧失，使得城市发展呈现衰落态势。"[①]

而步入全球化时代，伴随着资本和技术在全球范围内的跨境流动，使得此前的"中心—边缘"的旧有格局呈现出新的表现形态。美国社会学家罗兰·罗伯逊曾将全球化看作是一个"既是指世界的压缩，又是指对世界作为一个整体的意识的增强"[②]。他反对仅仅从"工商研究"视角来审视全球化现象，主张全球化首先是一个文化问题，应该从全球文化系统的角度来加以理解和研究。按照一般性的理解，全球化似乎覆盖和淹没了地域，但实际上的情况却并非如此。因为资本的跨境流动导致那些昔日的产业中心由于"一个大企业集团关闭了位于另一国家内的工厂，然后把工厂搬迁至另一个成本较低的国家"[③]，而面临空心化的境地。而原来处于绝对边缘地带的发展中国家，往往因其特殊的环境生态资源禀赋而一夜为世界所熟知，成为著名的国际旅游胜地。由此，我们发现全球化时代"中心—边缘"变迁转换的剧烈性。

（4）地域衰退的"自我体验"和"他者评价"

长期以来，学术界形成了衡量地域衰退的多种方法。其中，通过一系列经济社会发展状况的统计数据来揭示所谓"衰退指数"，成为最基

[①] 何一民：《近代中国衰落城市研究》，巴蜀书社2007年版，第151页。
[②] [美] 罗兰·罗伯逊：《全球化：社会理论和全球文化》，梁光严译，上海人民出版社2000年版，第11页。
[③] [英] 英格利斯：《文化与日常生活》，张秋月等译，中央编译出版社2010年版，第148页。

本的测量方法。这些数据指标为说明一个地域的运行状态提供了有效的依据，但值得注意的是，虽然这种数据分析方法具有一定的实证性，但仅仅依靠这些数据似乎无法弄清特定衰退地域的特殊条件及形态的多样性，无法揭示地域衰退的复杂特质。在弥补上述缺憾的过程中，我们发现了"他者观察"和"自我体验"的两个重要的观测视角。

顾名思义，所谓"他者观察"，主要是指来自地域以外的媒体及一般公众的看法和评价。在很多情形下，地域居民尚未对居住地域的衰退有明显的反应，但来自外部的"他者批判"却已甚嚣尘上。由于人数众多、加之语言犀利，这些"他者观察"往往会对走向衰退地域的居民产生巨大压力，同时形成对衰退地域极为不利的氛围。

所谓"自我体验"，主要是指居住在衰退地域的居民，对于地域衰退的亲身体验和认识。这里所说的居民实际上并不是一个简单的整体，其所属阶层等情况各不相同。英国学者得·罗伯茨曾对此做了如下的划分，他认为：从比较广泛的意义上讲，人们首先会依据他们的经验来观察城市衰退问题。"对于外来人员，城市衰退表现为建筑环境的恶化；对于年长的居民，城市衰退与社会治安条件恶化有关；对另外一些人来讲，失业才是城市衰退问题。"①

对于不同群体和阶层对自身所在地域的衰退状况展开具体的复杂性分析，有助于我们从新的视角深度理解地域衰败问题。"应该清楚地意识到问题的复杂性，不能以一种标准来加以衡量，而应结合起来"，追问"究竟什么导致了城市衰退，究竟什么是问题本身，哪些最为重要，谁受到城市衰退的影响，问题是存在于这个社区之内还是之外。有些人可能把'问题'定义为目前困难的原因（例如，工业衰退引起失业），但是，城市衰退最终还是人们的经历（即失业或没有服务）"。②

二 地域衰退发展蔓延的作用机制

作为一种现代社会特有的"逆发展"现象，地域衰退有着自己特

---

① ［英］彼得·罗伯茨休·塞克斯：《城市更新手册》，叶齐茂、倪晓晖译，中国建筑工业出版社2009年版，第219页。

② 同上。

殊的生成原因及运行规律。尤其值得注意的是,与繁荣、景气的扩散不同,"衰退"似乎具有更强的蔓延性和社会穿透力,以至于形成了一种可怕的衰退怪圈,难以短时间内摆脱。因此,我们应关注地域衰退的发生、演化及蔓延的轨迹,洞悉其发展、蔓延的作用机制。并据此做出恰当的、针对性的对策和回应。从总体上看,地域衰退弥散蔓延的模式及作用机制主要有以下几种:

（一）产业衰败的蔓延扩散机制

一般说来,地域衰退往往是以经济产业的衰退为发端,其后逐渐向社会、文化领域迁移和蔓延,其影响作用模式一般可表述为"产业衰退"、失业人口增多、消费低迷、人口减少、阶层结构发生变动等。应该承认,由经济凋敝和产业衰退而衍生出的地域衰退,其蔓延势头极强,弥散力和影响力也极为深远。这主要是因为由产业衰退而导致的就业下降、收入水平降低、阶层结构、人口结构的变动,改变了旧有的社会结构,而新的替代结构尚未形成,地域社会自然呈现出衰颓的不景气状态。

同时,经济—社会—文化的整体连带性作用机制的影响,也不容忽视。（1）产业老化和衰退,导致失业人口增多,改变了就业结构,进而导致市场消费低迷,陷入不景气。以英国为例,英国工业革命时期带有标志性意义的工业体系,大约是从19世纪中叶建立起来的,到20世纪中期达到鼎盛。到20世纪下半叶便开始走向衰败。此后这种盛衰的更迭的速度越来越快。大约从20世纪后半期开始,"英国传统工业不断地显现出发展迟缓、增长乏力、甚至停滞的情况。采煤业不断萎缩,采煤量由1951年的2.23亿吨,降为1974年的1.09亿吨,再到1990年的8930万吨,并从1948年起开始进口煤炭。钢铁工业在世界上的位次也已后退。曾经繁荣一时的老工业区成了'萧条区'。20世纪70年代以后,失业人口激增,1982年超过10万人,达到最高峰"[1]。

（2）产业不振,导致人口外流、地域阶层结构也随之发生变动,使得劳资关系发生紧张对立。据统计,"1962至1982年间,伦敦的制造业岗位减少66%。中西部的伯明翰和西北部的默西赛德郡的基础工

---

[1] 张秀娥、董竹、毛佳:《中国—联盟:传统工业区转型与循环经济的发展》,吉林大学出版社2007年版,第85页。

业地区也受到重创，但服务业并未得到发展以弥补工作岗位的短缺。一个关于英格兰北部投资的普遍性歧视政策导致了这两个地区的经济萎缩。但在去工业化中受害最严重的还是那些工业城市。在伯明翰、利物浦、曼彻斯特、格拉斯哥和泰恩河畔的城市群中，制造业的萧条给城市经济带来了严重的社会影响。与工业有关的服务业就业水平也随之下降，失业明显加速了城市人口的外流，曾经使城市化、工业化、就业和消费互相促进的良性循环现在变成了累积衰退的恶性循环"①。

（3）地域被一种失望和衰颓气氛所笼罩。区域经济衰退使区域劳动市场恶化，导致高失业率。据联合国人居署（2003）统计，许多欧洲地区和美国的"生锈地带"都在城市扩张时期退化了。在这些地区，人口数量和社会影响力降低，经济萎缩，资金流失，高失业率长期化。②"以利物浦为例，它是人们知道的除伦敦之外的唯一转口贸易大港，是海运业欣欣向荣、造船业蒸蒸日上、金融业步步攀升的繁华大都市。然而不幸的是，这些美好记忆都已成为过去。曾经叱咤世界经济风云200年的利物浦，连同它所从属的默西郡周围城镇一起，早已盛极而衰，备受煎熬。"③

（二）由资源枯竭、生态环境危机而导致的地域衰退

在地域发展过程中，因其得天独厚的资源优势而获得快速发展的地域，并不少见。但资源的有限性并不会为地域提供永久的无条件的支持。在这一意义上，地域资源耗尽之日，也就是衰败到来之时。以苏联的巴库为例，"巴库油田的开发始于19世纪下半叶，其累计原始探明储量为15亿吨，20世纪初成为外高加索最为重要的经济中心和全苏的石油基地。1940年，巴库油田的生产达到顶峰，产量占全苏的71.15%。但巴库在鼎盛时期仅仅建立了石油加工业，而没有发展不依赖石油的多元产业。20世纪50年代以后，随着石油储量日益枯竭，产量迅速下降，而随着石油开采业的不断衰退，完全依赖其石油资源的石油加工业

---

① ［德］菲利普·奥斯瓦尔特：《收缩的城市》第1卷，胡恒等译，同济大学出版社2012年版，第55页。

② 樊明：《工业化、城镇化和农业现代化：行为与政策》，社会科学文献出版社2014年版，第328页。

③ 张秀娥、董竹、毛佳：《中国—联盟：传统工业区转型与循环经济的发展》，吉林大学出版社2007年版，第85页。

也开始萎缩，城市的发展速度大大减缓"①。可见，依赖于资源优势建立起来的城市如果没有形成适当的接替产业，必将导致整个城市乃至整个地域的衰退甚至消亡。此外，由环境危机而导致的地域衰退，其扩展蔓延的作用机制也具有刚性特征。可见，由资源枯竭和环境危机而引发的地域衰退一般具有以下几个特点：（1）从地域衰退的起因看，其衰退现象的发生源于对资源的高度依赖性，导致地域缺少多元的支撑结构；（2）地域就业结构、阶层结构具有高度的同质性，社会结构缺少横向的联结和支撑；（3）虽然其变化速度较为缓慢，但其一旦产生，其蔓延势头却是很难逆转的。

（三）文化归因分析批判与地域衰退的弥散

在地域经济社会发展的研究中，"文化归因分析"是比较常见的一种分析观点和理解模式，即通过寻找地域发展的文化动因或阻滞因素的方式，来探讨地域经济社会快速发展的原因。如在19世纪欧洲思想界围绕着为什么西方资本主义率先崛起的问题所展开的研究，其核心解释为"新教伦理模式"，认为西欧之所以率先产生资本主义，主要原因在于新教伦理的支持作用。后来学术界将其概括为"韦伯命题"，正是在这一命题的直接支撑下，西欧获得了"发展优等生"的资格，西欧的国民也获得了较高的现代性禀赋，备受褒扬。但值得注意的是，此种分析模式从其诞生之日起便具有正反双向解释功能，即除了"成功"的因果解释之外，还可以对其不发达或衰败的状况作出解释和说明。毫无疑问，将此种分析理路运用于衰败地域分析，会得出一种极具批判性的观点。

（1）与一般的思想批判不同，这种以地域居民居住者及其文化为批判对象活动，其最大的局限性在于其批判观点的主观性和随意性，而缺乏实证支持。同时，此种批判的对象极为具体，其批判锋芒直指地域大众文化和民众的一般禀赋，其批判带有极强的颠覆性，更容易堕入基因论的危险。因为一般意义上的国民性批判，其指向往往带有抽象性，其所说的国民性，主要是指"一个社会成年群体中具有众数特征的、相对稳定持久的人格特征和模式。这是一个纯粹定义性陈述，不是经验

---

① 吴春莺：《中国资源型城市产业转型研究》，人民日报出版社2015年版，第95页。

性的。它描述了一个假设实体"①。而针对地域居住者所展开的批判,则是具体的。容易引起地域歧视和冲突。

(2) 从事实上看,这种批判虽然并非捕风捉影,但其问题在于,此种分析套路的学术理路和社会理路发挥着不同的作用。对于地域文化对地域经济社会发展制约作用的强调是必要的,但如果过度地强调这一因素,就会形成地域之间的相互讥讽和批判,甚至导致严重的地域歧视问题。最突出的表现是人们往往将地域经济的低迷和衰退与该地域居民的禀赋直接联系在一起。将该地域经济的衰退归因于该地域居民某些保守的文化和不良的生活习性,由此产生出一些带有地域歧视的结论。这种批判迁移机制的危害在于,会导致经济衰退扩大化,进而产生强烈的弥散效应,化为一种"唱衰机制",加快了地域的衰退。

(三) 社会衰退扩散的基本路向

与因经济产业衰败、资源枯竭问题而发生的地域衰退相比,地域社会发生的"社会衰退"现象似乎更为复杂也更具冲击力。这里所说的"社会衰退",其内涵虽然可以从多个视角做出界说,但其最具核心意义的内涵主要有二:其一是指构成社会最为重要的元素——人口的减少;其二是指地域社群关系链接的断裂。

在现代社会中,受经济、社会、环境等因素的影响,人口大规模地跨地域流动几乎成为社会运行的常态。而在此同时那些人口严重外流的地域必然呈现出严重的衰败状态。因为人口减少的直接后果是劳动力短缺、人才外流。而人口的大幅度减少还会直接影响到地域的消费水平,使得地域消费处于低迷凝固状态。在城市化历史上,因人口大量减少而走向衰败最为典型的地域衰败案例是城市化背景下的乡村地域的衰落。民国年间,就有学者断言城市化背景下乡村地域衰落的必然趋向:"故都市之发达,常伴以农村倾危,凡农村之人口,都市收之;农村之才智,都市用之;农村之储蓄资本,而都市攫取之;农村之生产物品,而都市消费之,农村之利得,而都市垄断之;然其所贻赐于农村者,则仅老弱之人,与奢侈之习,以及放纵之行为耳。以农村之牺牲,求都市之

---

① [美] 艾历克斯·英格尔斯:《国民性:心理—社会的视角》,王今一译,社会科学文献出版社 2012 年版,第 14 页。

发达，其不落于倾颓衰灭也，乌可得哉！"① 可见，与前述的几种地域衰退的成因及蔓延机制相比，因社会衰败而导致的地域衰退，其发生及扩展的速度极为缓慢，但其一旦形成稳定的结构形态，便将长期释放影响。

以上我们是从不同的视角分别论述的，在现实中这些衰退的模式往往是交错在一起的。衰退地域最容易堕入的衰退连环怪圈是产业凋敝、投资减少、资源匮乏、环境恶化、官僚化倾向严重、优秀人才匮乏、居民生活条件和生活质量低下，导致地域竞争力开始整体下降，形成所谓凋敝的拓展效应。由此，以经济产业发展、改善生活环境、增进居民生活福利和提高都市功能为目标的新的地域政策的制定便成为问题的关键。

三 地域衰退的基本对策及治理之道

著名的发展经济学家罗斯托在20世纪60年代曾提出"经济成长阶段论"，他将一个国家的经济发展过程分为传统社会阶段、准备起飞阶段、起飞阶段、走向成熟阶段、大众消费阶段和超越大众消费阶段等过程。从罗氏所描述的发展曲线中，我们可以看到一个社会的发展似乎是一个持续的直线上升的过程。但值得注意的是，既然有起升，当然也会有下降和衰退。在这一意义上，仅仅关注"起飞"而看不到"下降"是不全面的。但长期以来，人们似乎总是将目光更多地投向了繁荣发展，而对衰败的过程关注不够。虽然从社会发展长时段的角度看，地域衰退的发生带有一定的必然性。但是，面临地域社会经济下行和社会总体衰退的挑战，我们必须做出应有的对策与回应。因为地域衰退会导致国家经济社会发展的不均衡，酿成严重的社会矛盾和社会分化。正是在这一意义上，无论是发达国家还是发展中国家，都要对地域衰退问题保持有一种高度的警惕，都应将抗拒地域衰退政策置于国家发展战略的高度来加以体认，并采取积极对策，寻求治理之道。

---

① 曲宪汤：《乡村衰落之原因及其救济》，《并州学院月刊》1933年第3期。

(一) 对地域衰退性质的界定与回应

面对现代社会体系中复杂的地域衰退现象,我们首先应对其成因展开多因论的复杂分析。如前所述,地域衰退现象发生的原因及表现形态都非常复杂,往往是在多个内外部因素交错作用之下发生的。故我们在制定抗拒地域衰退的相应对策和政策时,应将其与衰退发生原因及类型分析结合起来。如果我们忽略了问题的性质及复杂的因果关联,做出片面的总结概括,就会得出错误的判断,非但无助于问题的解决,反而会走向歧途。

在现实中,因经济产业衰败往往是导致地域衰退现象的主要原因,故在地域衰退性质判定的问题上,惯常的分析范式是一种"唯经济论"价值取向,即将地域衰退简单地等同于经济产业衰败。认为正是产业衰败导致了地域衰退,接下来发生的社会、文化等各领域的连锁式变化都不过是经济产业变化影响下的后果而已。而拯救地域衰退的政策和手段也只能是经济的。这实际上是对地域衰退现象做了最为狭义的理解和解读。事实上,正如地域衰退的成因具有多元性一样,其对策也一定是多元的。近年来,在反思地域发展的过程中,学界基于对发展内涵的新理解,对"发展"概念进行了较大幅度的拓宽,认为:"以经济增长作为唯一度量标准的不合理性开始显现。经济增长和收入标准被认为过于笼统并且不足以反映不平等在人群和地区间的分布情况。发病率和死亡率也同样不能连续地反映社会条件的地域不平等、健康状况、福利以及生活质量。新的评价标准被陆续开发出来,如联合国发展署的人类发展指数。这一综合指数使用'寿命、知识、生活舒适度'作为发展的指标。HDI 使用平均寿命、成年人的文化程度、入学率和人均 GDP 的等值购买力作为标准。人类的发展远不止于国家收入的上升和下降。而是创造一种环境以便使人的潜能得以充分发挥并用于提高生产率、创造生活以满足他们的需要和兴趣。人才是国家的真正财富。"[①] 以此种新发展观为依托,人们对"繁盛"和"衰败"开始有了更为深刻的理解。在此基础上制定出的抗拒衰败的对策也自然应打破"唯经济论"的束缚,获得更广的视域和理解。

(二) 再生理念的确立

在衰退地域治理对策选择的问题上,再生理念的确立占有至关重要的地位。所谓"再生理念",主要是指针对走向衰退地域而展开的一切

---

① [英]派克等:《地方和区域发展》,王学峰译,上海人民出版社 2011 年版,第 29 页。

改造和重建活动,都应秉持继承性原则,将治理和重建行动植根于地域发展的历史进程之中,在"再生"中寻求新的连续性发展,即任何意义上的重建行动,都不是对地域历史和现实的简单否定和"告别",而是建立在其社会内生性基础之上的。故任何意义上的"社会再生",都应是系统的和全面的。其内涵主要包括"空间的再生",主要指地域空间的整治及居住环境的改造;"经济再生",包括导入新产业、激活传统产业、启动其他开发项目;"社会再生",包括社区建设、社会福利项目的推进;"文化再生",主要指历史文化资源的开发利用和文化设施建设;"复合式再生",主要指上述各种再生模式的融通和综合。

近年来国际上较为成功的典型再生模式主要以西方工业遗产保护运动和日本过疏地域社会治理为代表。工业遗产保护运动起源于工业革命的发祥地英格兰中部地区。早在19世纪中期英国便开始重视工业遗产的保护问题,后形成"工业考古学"学科,强调对近250年来的工业革命与工业大发展时期物质性的工业遗迹和遗物的记录和保护。到20世纪中后期,在工业考古学的推动下,工业遗产保护理论初步形成,成为一种具有代表性的模式。[①] 而20世纪70年代以来日本政府推出了一系列的过疏对策,试图通过地域政策的实践,抑制和缓解过疏地域的进一步衰退,形成了"一村一品论""现状维持论""据点形成论""集团移动论""自由放任论"等类型,[②] 其经验具有一定的借鉴价值。

(三)以城市复兴带动地域振兴

在现代社会历史上,工业化与城市化几乎是一种同时发生的现象。在工业化早期,其产业形态多属于劳动力密集型,故伴随着工业化进程,现代城市完成了其真正意义上的扩张和形塑。也就是从这一时期开始,城市开启了其资源高度集中的过程,主要表现在:产业资源、教育资源、文化资源均集中于城市。资源集中是城市繁盛的基础,而资源的流失也相应地成为衰败的代名词。在现代社会,地域的衰退往往是以城市的萎缩开其端绪的。一些依托工业产业发展起来的城市因产业老化而开始走向衰败。一般说来,"城市经济实力减弱,人口减少,规模缩小的现象和过程。这是由于城市本身或城市周围经济、政治、交通条件的

[①] 宋颖:《上海工业遗产的保护与再利用研究》,复旦大学出版社2014年版,第3页。
[②] 田毅鹏:《战后日本的"过疏对策"与地域发展》,《当代亚太》2006年第10期。

变化，或由于资源衰竭及其他有利因素的丧失，城市的主产业呈下降趋势，而新产业的发展速度又不能弥补原主产业的下降速度等原因所造成的"①。"二战"后，伯明翰的骨干产业出现衰退，从1971年至1987年，制造业就业者人数减少了46%，占全就业人口的四分之一。2001年的城市人口为97.7万人，包括周边的7个地方自治体在内的伯明翰城市圈，人口将近300万人左右。②类似的情况在德国鲁尔也出现过。此种类型的衰败过程大致可以描述为：产业老化，技术落后就业减少，地域因缺少经济支柱而面临危机。由此，通过城市复兴来带动地域振兴，便成为摆脱地域衰退的重要方式。

但值得注意的是，在现代社会条件下，城市衰退虽然构成了地域衰退的重要内容，但我们却不能简单地将二者画等号，因为就其规模而言，地域往往是由若干城市群组成的更大规模的空间单位，故城市群、城市圈等概念便具有极其重要的意义。

（四）地域政策体系构建

面对地域衰退严重的蔓延态势，政府应有针对性地建立起地域政策体系，运用政府的行政力量，链接市场及社会力量，抗拒地域衰退。地域政策往往是以均衡发展为目标，其最重要的功能是抑制地域衰退的扩展蔓延势头。英国是世界上最早实行区域政策的国家，作为最早步入工业社会的国度，英国的地域政策随着其国家经济盛衰的阶段性发展进程而不断做出调整。东亚的日本作为后发国家的典型也特别重视地域政策体系的建构，在日本学界，地域社会政策首先意味着政策主体的地域性，在中央集权特征较强的日本的行政体系中，是指以地域主义主张为基础的政策；此外还主要指"意欲推进地域变化的政策，意味着政策内容的地域性。在这一背景下，有时是指推进地域统合，町村合并政策和地方自治政策。有时则是指包括地域开发政策在内的推进地域综合发展的政策"③。在战后日本城乡"过密—过疏"复杂变迁过程中，分别以"过密对策"、"过疏对策"为政策主轴，试图通过一系列地域政策，改善地域发展不均衡的状态，解决衰退地域所面临的一系列问题。其地

---

① 谢明干：《实用经济辞典》，人民出版社1993年版，第693页。
② ［日］海道清作：《紧凑型城市的规划与设计》，苏利英译，中国建筑工业出版社2011年版，第123页。
③ ［日］森冈清美等：《新社会学辞典》，王学峰译，有斐阁1993年版，第90页。

域政策体系不断走向完善。在地域开发目标上强调：（1）地域开发要以推进地域居民及其组织建设为中心。地域开发不能仅仅限于物的条件的整备，而且要考虑到地域居民和其组织的自主的行动创意、自发性的活动所产生的成果。这实际上是强调地域开发的自主性和主体性。（2）在经济上，强调地域经济的自立及其持续发展。（3）在文化上，建立植根于地域特性基础之上的地域特色文化。（4）以非经济的观点估价地域开发的环境问题。

在中国的计划经济时期，国家采取的是区域平衡发展的战略，其政策以平衡布局、缩小差距、平衡发展为政策主旨。改革开放后，"国家的政策与管治开始向城市一级下调。经济权力下放之后，地方成为决策的基本单位，依靠本地的财政收入办事。于是，分税制刺激了城市管治的转型和城市经营主义的兴起。在这样的背景下，城市研究开始在中国兴起，而且特别关注城市（再）开发和城市管治变化等领域。大量研究资料表明，当前盛行的城市经营主义一方面成了推动地方经济发展的强劲动力，而另一方面也加剧了地方之间的恶性竞争和各区域的不平衡发展"[①]。在此种政策背景之下，建立起新的地域政策体系成为问题的关键。

作为一个发展不均衡的发展中大国，中国素来重视地域均衡发展问题，21世纪初期以来，国家连续推出"西部大开发"和"振兴东北老工业基地"等战略国策便是其证明。但应该承认，在开放条件下构建符合中国国情的地域政策体系尚处于形成之中。总之，在新的历史条件下，我们应树立新的地域发展观，不能仅仅将地域视为是发展结果的接受场所，而是将其看作是"经济增长的动因和解释的要素"，"社会进程与地域是密不可分的"[②] 我们应将抗拒地域衰退的政策置于国家发展战略的高度来加以体认，对地域衰退的成因展开多因论的复杂分析，对地域衰退的性质展开认真界定，以再生理念统领地域治理的全过程，构建地域政策体系，寻求理性的治理之道。

（该文刊于《江海学刊》2017年第1期）

[①] 李祎：《中国区域管治的演变：以长江三角洲地区为例》，南京大学出版社2013年版，第3页。

[②] ［英］派克等：《地方和区域发展》，王学峰译，上海人民出版社2011年版，第33页。

"流动的公共性"

——城乡一体化进程中乡村公共性构造的转换

自人类迈入工业社会门槛以来,即开始面临复杂的城乡关系问题。19世纪末叶,英国学者霍华德曾按照城乡一体的原则设计了著名的"田园城市"方案,他把城市比喻为"磁铁",把人喻为磁针,断言"城市和乡村必须成婚,这种愉快的结合将迸发出新的希望、新的生活、新的文明。"① 但在现实中,城乡关系远非霍氏想象的那样简单和浪漫。揆诸历史,我们会发现,无论是现代化的早发国家还是后发国家,其城乡关系的演变轨迹都异常复杂。尤其是现代化后发国家在实现民族独立后,在严峻的国际环境下,为实施优先快速发展重工业战略,其社会长期存在着"二元结构",城乡之间壁垒森严,形成了严重的城乡不平等。迄今为止,学术界关于社会二元结构的起源、形成及影响已有较多的研究,而近来"村落终结"和"城乡一体化"等二元结构解构之问题则成为学界关注的热点。本文认为:由"城乡分立"到"城乡一体"的演化逻辑,不是从"传统"到"现代"的单向推进,而是一个复杂的、长时间的"双向互动"过程。对于游走于城乡之间、处于流动状态的农村流动人口来说,以城—乡空间为依托所建构的公共性难以满足其需要。因此,城乡一体化问题研究的视域应该是"动态"的,城乡一体化进程中乡村公共性构造的转换需要一种"流动的公共性"相伴生。

---

① [英]埃比尼泽·霍华德:《明日的田园城市》,金经元译,商务印书馆2000年版,第9页。

一 "社会二元结构"与"二元公共性"

在人类文明史上,任何一个称得上"文明"的社会,都必然拥有较为健全的"公共体系"。公共体系之所以作为文明社会存在和发展最基本的条件而存在,主要是因为就公共性的性质而言,其对社会具有极广的利害和影响。而且其影响不是限于特定的集团,而是面向社会全体。是"某一文化圈里成员所能共同(其极限为平等)享受某种利益,因而共同承担相应义务的制度的性质"①。总结上述概括,我们会发现,公共性概念核心内涵主要包括:(1)共有性,即对社会具有极广的利害和影响,其影响不是限于特定的集团,而是面向社会全体;(2)公开性,通常是指以公开讨议的形式而形成的公共议论;(3)社会有用性,公共性既是一种价值体系,同时也是以公共事业为主体的公益服务体系;(4)作为一种社会理念,公共性是一种基于正义和公正,为达致公共善而努力行动的价值体系。

在现实中,具体而真实的公共性构造往往需要依托不同的社会结构,才能在不同的社会空间内得以展开。诚如法国当代社会理论大师亨利·列斐伏尔所言:"任何一个社会,任何一种生产方式,都会生产出自己的空间。社会空间包含着生产关系和再生产关系,并赋予这些关系以合适的场所。""既然认为每一种生产方式都有自身的独特空间,那么,从一种生产方式转到另一种生产方式,必然伴随着新空间的产生。"② 由此,我们在研讨问题时应注意在不同的社会结构和空间范围内发现公共性的多元形态。

与早发内生型现代化国家不同,包括中国在内的后发现代化国家在其完成民族独立,走向现代化的进程中,其社会长期存在着城乡分立的"二元结构",对其经济社会发展产生深远影响。所谓二元结构,一般说来就是"把城市社会作为一元,农村社会作为另一元的城乡分割状

---

① 李明伍:《公共性的一般类型及其若干传统模型》,《社会学研究》1997年第4期。
② 包亚明:《现代性与空间的生产》,上海教育出版社2003年版,第87页。

态"①。在当代中国社会,二元结构及其所依托的公共性构造,实际上是与单位制度直接联系在一起的。1949年以来,中国在城市社会建立了典型的单位制度,通过"国家—单位—个人"的社会结构体系以及一系列制度体系(包括户籍、住宅、粮食供给、副食品供给、燃料供应、教育、医疗、就业、保险、劳保、婚姻、征兵等十余种制度),建立起典型的城市"单位社会"。在单位体制下,城市人口享受着从摇篮到坟墓的福利保障。虽然这种保障是低水平的,亦存在不同单位之间的差别,但却体现了社会主义的基本分配原则。与城市单位体制不同,同时期的农村是按照"准单位"的原则展开的。上述那十余种在城市单位中盛行的制度在乡村却几乎完全失灵。物质资源的匮乏使得共产党人不可能在广大的乡村亦建立城市单位式的、优越的保障体制。正是通过上述这些制度划分了农民与城市市民的身份区别,形成了鸿沟为界的城乡世界。在社会二元结构体制下,社会的公共性构造同样是"二元"的。因此,二元社会结构问题之解决,亦存在着一个公共性构造的转换问题。

这种植根于二元社会结构基础之上的二元公共性构造虽然具有一定的历史合理性,但其负面影响却是始终存在的:一方面,二元结构对城乡社会人为的隔离机制,严重地制约着城乡社会健康发展。步入工业社会以来,无论是西方还是非西方,其社会发展都无一例外地呈现出"城市—乡村"对立的二元模式。但这种对立并非是一种势均力敌基础上的对抗。因为在大工业发展基础上建立的"现代化的大城市(它们像闪电般迅速成长起来)来代替从前自然增长起来的城市。凡是它所渗入的地方,它就破坏了手工业者和工业的一切旧阶段。它使商业城市最终战胜了乡村"②。由此,在城市工业文明的冲击之下,乡村必定走向"孤立和分散"③,与日渐繁荣的城市形成了鲜明的对照。而二元结构却通过刚性的制度体系人为地制造了城乡隔离,滞阻了社会正常发展的进程;另一方面,二元结构及二元公共性蕴涵着巨大的社会不平等,使得农民失去了作为现代公民所应享受的基本权利。故在现代社会发展

---

① 袁静:《二元结构的解构与中国农民的发展——八十年代以来关于城乡二元社会结构的研究述要》,《社会科学》2001年第3期。
② 《德意志意识形态》,《马克思恩格斯全集》第3卷,人民出版社1960年版,第68页。
③ 同上书,第57页。

进步的背景下,这种公共性的二元构造不可能持久,其走向消解具有必然性。

二 社会转型期乡村公共性危机

改革开放以来,伴随着联产承包政策的出台,中国乡村的公共性构造发生了根本性的变化,旧的公共性构造逐步走向解体,而新的公共性体系尚未形成,出现了乡村公共性的危机。

首先是村庄"原子化"现象的出现。在这里,本文所说的原子化与原子主义的观点不同。原子主义是社群主义者指称自由主义的个人主义的术语,指的是把个人放在首位,认为个人及个人权利优先于社会;把个人看作是完全自足的自我,是处在社会之外并独立于社会的。[1] 而在此使用的"原子化"概念,主要是指在联产承包改革后乡村社会联结状态发生变化的过程;主要指农村生产方式转变后,村民个人之间联系的弱化、个人与公共世界的疏离以及由此而衍生出来的个人与国家距离变远、道德规范失灵等一些基本的社会联结被破坏的现象。改革开放以来,伴随着联产承包制的建立,村庄作为共同体的诸多职能开始逐步弱化,甚至消失,村民成为单个的孤立的个体。在原子化状态下,村民个人间、与组织间的联系被极大弱化,导致乡村世界出现了"鸡犬之声相闻,民罕往来"的局面。

其次是乡村社会的"空心化"。在社会流动化的背景下,乡村能人和青壮年人口的大量外出,使得妇女、老人、儿童成为乡村世界的主要留守者,乡村社会出现了严重的"空心化"现象。在城市化背景下发生的空前的人口流动使得城市"过密"和乡村"过疏"现象几乎同时出现。就乡村过疏现象的实质而言,它实际上是在现代社会急剧变动的背景下,"中心城市(过密地带)"与"边缘乡村(过疏地带)"空间关系的重构。作为现代文明集聚的空间——"中心城市"对边缘乡村构成了空前严重的"挤压"。而与外部"城市世界"发生联系的"过疏"的乡村,则根本没有能力正常地回应来自外部的挑战,从而使村

---

[1] 潘小娟、张辰龙:《当代西方政治学新词典》,吉林人民出版社2001年版,第409页。

落社会在失去大量人口的同时,也丧失了自我调节能力,最终走向"崩坏"。其后果是乡村世界丧失了物质生产和人口再生产的基本能力,乡村公共事务亦处于瘫痪状态。正如晚清科举制废除后乡村士绅阶层的消逝改变了乡村世界的组织权力结构那样,当代中国城市化、市场化背景下乡村壮年劳动力大量流失的直接后果,是乡村组织的衰败和村庄公共性的失落。

再次是在农村劳动力输出地和输入地城市之间出现严重的公共政策和公益服务的空当。与发达国家不同,中国由"城乡分立"到"城乡一体"的演化逻辑不是从"传统"到"现代"的单向快速推进,而是一个复杂的、长时间的"双向互动"过程。在这一过程中,乡村社会的崩坏,直接导致了村落传统公共体系的严重危机。而乡村壮年人口在城乡之间的频繁流动和长时间徘徊,则使得其无法利用分别依托于城市—乡村不同空间而建立起来的公共体系,因此,如何在城乡间建立起"流动的公共性"则成为问题的关键。

三 城乡一体化进程中乡村公共性构造的转换

法国社会学家孟德拉斯曾断言:"20亿农民站在工业文明的入口处:这就是20世纪下半叶当今世界向社会科学提出的主要问题。"[①] 当然,农民走进这一"入口",由乡村到城市的转移过程在任何国家都不可能是直线式的,而是充满了矛盾和曲折。从时间上看,城乡关系中最为复杂的问题当首推从"农民"到"市民"转化过程的长期性。为了使进城农民享受基本的公民待遇,在城市里建立起相关的公益体系是必要的。为了减缓乡村崩坏的进程,我们亦应加大城市反哺农村的力度,推进新农村建设。但仅有上述做法是不够的,因为相当一部分农村劳动力实际上已不是一种静态存在,而是游走于城乡之间,以"兼业"的方式在城乡之间流动。因此,相对于"静态公共性"而言的"流动的公共性"构建便具有特殊重要的意义。

在这里,所谓"流动的公共性",特指在现代城乡关系转换的进程

---

① [法]孟德拉斯:《农民的终结》,李培林译,社会科学文献出版社2005年版,第1页。

中，为保障往返于城乡之间农村流动人口的基本权益而拓展和创生出的公共性形态。主要表现为：

（1）组织形态的流动公共性。村庄"原子化"使得村民流动可资利用的社会组织资源非常匮乏。虽然有学者研究调查显示："农民工流动特别是初次外出所依靠的社会资源最主要的不是来自政府和市场，而是乡土网络。在农民工生活和交往的整个过程，外出前就存在的初级乡土关系和外出后建立的次级乡土关系都起着重要的作用。"[1] 但受村落原子化的影响，同时因乡土同质群体内部可利用的资源本来就非常有限，故随着时间的推移，农民工脱离群体的原子化倾向亦非常普遍。因此，如何将处于流动状态的农民纳入到组织体系之中，便成为异常重要的课题。在这一过程中，除加强各级政府主导的、依托于城乡空间的正式组织建设之外，还应关注那种非正式、非制度化、流动性的系统和群体的建设，以形成一种具有社会和情感支持的"虚拟社区"，为流动中的农民工提供真实的社会保护和屏障。

（2）拓展制度的空间涵盖力。众所周知，新中国成立以来中国城乡公共性体系构造是依托城乡二元社会结构，在不同的社会空间内展开的，具有明显的二元性。在社会转型背景下这种二元结构发生了巨大变化，有的学者将此变化概括为由社会"二元结构"向"三元结构"的转变，即在城乡"二元"之外加上了"农民工"这新的一元。在这里我们之所以将"农民工"作为单独一元展开分析，主要是因为长时间游走于城乡之间的农民工在城市无根，在农村无业，其流动性对现有公共体制提出了挑战。如政府传统城市管理与服务制度都是针对城市人口设置的，难以涵盖流动性强的农民工群体。而且"旧体制下的社会等级制（例如市民与农民之别）在改革中逐渐变成了'单位等级制'（'好单位'与'差单位'及'无单位者'之别），旧时的'市民特权'已基本上为'单位特权'所取代，没有'单位'依托的进城者即便有了一纸'城市户口'，依然很难说有多少权益可言"[2]。鉴此，人们开始呼唤在制度政策层面加强"流动公共性"建设，即政府在出台与农村

---

[1] 谭深：《农民工流动研究综述》，《中国社会学年鉴 1999—2002》，社会科学文献出版社 2004 年版，第 68 页。

[2] 秦晖：《使'进城农民'融入城市的社会发展过程中》，《探索与争鸣》2003 年第 5 期。

外出务工人员相关的各种制度、政策时，都要考虑到其实施对象的流动性特点。如农民工的社会保障关系是否可以跨越地域的限制，"随人流动""随地转移"等等。

（3）作为观念形态的流动公共性构建比较复杂，一方面，长期处于流动状态的以农民工为主体的乡村流动人口存在"脱序"，即脱离主流社会的动向，"脱序"后的人们"别有天地，这个天地是无序的、混乱的、盲目的、充满了艰辛和苦难的，是要单独面对社会的"[①]。自然也与主流社会价值规范体系出现了一定距离。因此，如何使流动中的农民工避免"游民化"，进入主流社会，接受主流社会价值体系，成为流动公共性构建的关键。另一方面，对于一般市民而言，应确立宽容、正义和公正价值观。如前所述，作为一种社会理念，公共性往往也表现为一种基于正义和公正，为达致公共善而努力行动的价值体系。毫无疑问，建立在二元社会结构基础之上的"二元公共性"不是真正意义上的正义和公正。而对于处于流动状态的乡村弱势群体而言，给予其平等公正的公民待遇，承认公民所具有的流动权则是至关重要的。虽然乡村人口日益减少和城市人口日趋过密，但我们却不能人为地限制城乡间的人口流动。因为从农村向城市的人口移动，乃是现代化历史的必然，抑制人口流动，必定扩大地域差别。

总之，现代化背景下人类社会空间变迁及其转化过程的复杂性，在城乡关系领域表现得最为充分。如果说农业时代的文明中心在乡村，那么，工业时代的中心则开始转移到城市。伴随着这一中心转移，无论是早发现代化国家还是后发现代化国家，都将面临农业人口向城市转移以及随之而来的"村落终结"和公共性构造转换等真实而严峻的问题。这实际上是一个中国农村、农民的一个再组织化的问题，也是一个流动状态下城乡社会何以可能的问题。

（该文刊于《开放时代》2009年第8期）

[①] 王学泰：《游民文化与中国社会》，同心出版社2007年版，第70页。

区域文化与社会发展
——以吉林区域文化为中心

中华文明地域辽阔，民族众多，在漫长的历史发展进程中，其文化既具有统一性和一体性，同时又带有浓厚的多元性和地域性色彩。近年来，很多学者在宏观研讨把握中华文化统一性的同时，也注重地域文化研究，先后提出了一系列区域文化的概念，并进行了深入的研究界定，这标志着中华文化研究已经摆脱了以往空泛虚浮的流弊，不断走向深入。而进入20世纪90年代，随着中国经济社会的快速发展，人们逐渐意识到单一经济发展观的局限，开始强调发展的全面性，并注意将区域文化与社会发展联系起来，注重探讨区域社会发展的文化内涵。本文拟在上述研究的基础之上，以吉林区域文化为研究个案，对区域文化与社会发展之关系，做进一步的探讨。

一 区域文化与社会发展的双向互动

自近代资本主义工业文明勃兴以来，面对人类社会的空前巨变，学术界在反思社会发展和现代化问题的过程中，一个明显的趋向是，越来越强调文化因素的作用。很多学者把目光投向文化领域，试图以此解释社会发展进程中的"奇迹"和"欠发达"。从"韦伯命题"，到托克维尔的"民情论"；从英克尔斯的"人的现代化"理论，到阿兰·佩雷菲特对经济发展奇迹的文化解说，无不将文化因素作为社会发展最强劲的推动力。可见，文化研究从其登上学术舞台伊始，便与发展问题结下了不解之缘。近年来，以全球化和人类文明的剧烈变迁为背景，更多的学者将文化精神因素置于决定性的位置，注意探求决定发展过程的非经济因素。在他们看来，"自然条件可以开辟一些可能性，或制造某些障碍，但不能产生文明，文明纯粹是精神的产物"①。主张从长时段的角度，对"发展"这种罕见的历史现象进行认真考察，以揭示"发展"真实的文化内涵。一时间，文化研究成为学界研究的热点。但是，伴随着学术研究的不断深化，人们逐渐意识到发展问题和文化现象二者之间交相互动的复杂性，开始探索新的发展理论范式。

首先，文化虽然对于社会发展具有决定性的推动作用，但我们却不能将其影响作用简单化，不能将发展仅仅视为是经济发展，不能认为文化在整个社会发展进程中仅仅起到了外在的"工具性"的作用，而应该将其纳入发展的内在要素，从发展的文化维度加以研究考察。诚然，来自外部的现代性挑战，可以为发展创造出有利的条件和契机，并在相当大的程度上影响左右着发展的具体行程。但应该看到，这种"外压"和"挑战"只能通过社会内部的回应，才能发挥作用。无论是发达国家，还是发展中国家，只有在其社会内部有利于现代化发展的深厚的"文化底蕴"被广泛有效地动员起来，并化作一种发展潜力时，其现代化进程才具有可能性。"不可以把内源发展和外源发展对立起来"，因为"一切成功的发展过程，无不把内部和外部因素统统作为经济和社会文化因素而结合起来"②。文化因素对社会发展影响的复杂性还表现在其作用的双向性，一个开放的、充满活力和个性的文化体系，可以为社会的成功提供强大的文化支持。同样，一个缺少文化积淀的、封闭的文化体系也可使社会长期处于欠发达状态，难以自拔。

其次，在研究单位选择的问题上，很多学者开始对以往文化研究中泛泛而论的宏观研究取向进行深刻反思，力倡由宏观性文化研究转向区域文化研究。笔者认为，推动文化研究实现这一转向的主要因素有：

（1）伴随着文化研究和发展研究的不断深化，人们对文化构成的复杂性有了进一步的认识。文化的产生是多元的。在人类文明产生的早期，受地理环境等因素的制约，各个民族用不同的方式创造着不同的文化，地域文化的差异乃是一种无法回避的客观存在。但是，在一段时间里，人们却一直把文化现象作为一种泛泛而论的宏观现象来谈论。随着

---

① ［法］阿兰·佩雷菲特：《论经济奇迹——法兰西学院教程》，朱秋卓、杨祖功译，中国发展出版社2001年版，第254页。

② 中国社会科学杂志社编：《社会转型：多文化多民族社会》，朱秋卓、杨祖功译，社会科学文献出版社2000年版，第20页。

研究的不断深化，人们发现，泛泛而论的文化研究无法对复杂的发展现象给出深刻的具有说服力的解释，开始强调区域研究的重要性。而区域研究的勃兴，则直接引发了人们对绝对普遍性的质疑。如针对近年来有些学者将"韦伯命题"普遍化的做法，有的学者即提出：即或我们承认韦伯命题具有一定的合理性，也不能将其作为放之四海而皆准的模式。因为就是在欧洲，"资本主义首先出现于威尼斯时并无新教渗入。以后相继推及于法国及比利时，这些国家至今皈依天主教"①。很显然，在欧洲，资本主义的勃兴是一个极其复杂的问题，应该注意不同区域的不同特色，而不能将其简单化和模式化。这就要求我们在研究单位的选择上，既要注意民族国家发展的一体性，也要发掘文化发展的地域性和不平衡性特征。深刻体认近代以来人类社会发展"统一性"和"多样性"之间的复杂关系。可见，当代区域文化研究的勃兴，实际上是针对泛泛而论的文化研究的一种反动。

（2）人类文明走向全球化进程中所产生的"地方化"趋向，是区域文化研究产生的另一重要背景。如果将文化研究置于人类走向全球化的进程之中，我们会发现：经济的全球化，并未导致文化的单一化，相反，却出现了"地方化"的演变趋向。全球化在使当代社会生活的各个方面都趋于普遍化的同时，它又以同样的方式鼓励特殊化，致使独特性得到强化。"全球化刺激了地区化，这种情况会出现。或者更明确地说，全球化导致了文化的渗透，这种状况反过来导致了文化替代的增加和新的'地区性'文化的生长。文化多元性正在日益成为各社会无所不在的特征。""全球化可能会自相矛盾地看到进一步的多元化而不是统一化。"② 文化系统的复杂性和多元性给文化系统提供发展动力。"真正的创造性并不导致一致性。一致性在人类领域里可能像在自然领域里一样是极其有害的。"③ 各种复杂系统从其多样性中汲取力量：一个物种从基因的多样性中汲取力量；生态系统从生物的多样性中汲取力量；人类社区从文化的多样性中汲取力量。每种文化构成了解释世界和处理

---

① 黄仁宇：《资本主义与21世纪》，生活·读书·新知三联书店1997年版，第8页。
② 联合国教科文组织编：《世界文化报告（1998）——文化、创新与市场》，关世杰等译，北京大学出版社2000年版，第1页。
③ ［美］拉兹洛：《决定命运的选择》，李诊波等译，生活·读书·新知三联书店1997年版，第121页。

世界关系的独特方式，世界是如此的复杂，以至于只有以尽可能多的角度来观察它，才能达到了解它和与它相处的愿望。[①] 对文化复杂性和多样性的理解实际上为我们分析研究人类社会复杂多变的社会文化现象提供了基本的解释。

在这一意义上，全球化似乎为区域文化研究注入了新的活力，无论是发达的欧洲，还是发展中的亚洲，每一地方的人们在策划地方经济社会发展战略时，都以深邃的寻根意识、更加自觉地开掘地方文化资源，以为其地方的社会发展提供文化支持和精神动力，这使得区域文化研究在 21 世纪初期呈现出更为强劲的发展势头。

（3）当然，区域文化研究的勃兴，不仅仅是文化研究内在学理的自然逻辑推演。近年来，地方政府为推进地方经济社会发展，也往往设立各种关于区域文化研究的项目和课题，成立研究中心，大力推动地方文化研究，成为又一个区域文化研究强有力的推动者。

二 吉林区域文化特质与社会发展

从广义上看，文化实际上是人类的一种生活方式和生存方式。它既包括"有形"的器物文化，也包括人们所持的价值观和体制性、制度性等因素。在前现代社会，落后的农业生产方式使人们生活在一个落后而封闭的圈子里，由于各文化间缺少交往和互动，加之社会发展速度缓慢，"传统"与"习惯"往往积淀内化于区域文化的价值体系内部，使得不同的地域呈现出不同的文化特质和风貌。步入工业文明时代后，伴随着工业社会的快速发展，传统社会虽然逐渐开始走向解体，传统与习惯的力量也开始弱化，但其影响仍不可低估。而且，现实社会中的体制性和制度性的制约也开始上升为影响社会发展的主导性因素。在这一意义上，我们可以说，一个区域文化一旦形成，就将作为一种相对稳定的力量长期地影响着经济社会发展。

与其他区域文化相比较，作为关东文化一部分的吉林区域文化，在

---

① 联合国教科文组织编：《世界文化报告（1998）——文化、创新与市场》，关世杰等译，北京大学出版社 2000 年版，序言。

其形成和发展过程中形成了别具一格的文化特质，对吉林的社会发展产生了深远的影响。

(一) 吉林区域文化的"间断性"和"跳跃性"与社会发展

从"长时段"角度审视文明起源和发展的轨迹，我们会发现，包括吉林在内的东北区域文化在其漫长的发展历程中，没有形成一种"直线上升"的发展轨迹，无论是时间上，还是空间上，都呈现出明显的"间断性"、"停滞性"和"跳跃性"特点。其文明发展的纵向轨迹极为坎坷曲折，时而大踏步前进，时而在顷刻间中断毁灭，陷入长期停滞的落后状态，表现出与中原农耕世界长期稳定、缓慢前行截然不同的发展特点。作为中华文化大系统中的"边缘文化"，吉林区域文化跳跃性发展的根本原因在于摄取中原先进文化，不断走向文明。而其文化发展的"间断性"则主要是由于战乱、民族迁徙或实施人为的封闭政策所导致的一种历史现象。

具体言之，包括吉林在内的东北区域文化，在其发展进程中所表现出来的这种"跳跃性"和"间断性"特点的产生，主要是因为：一方面，在古代社会，与中原先进的农耕文化相比，东北区域文化应属"低势能文化"。这种"低势能文化"在与中原农耕世界"高势能文化"的交流对话中往往会产生"文化原生区衰落"现象。众所周知，在中国封建时代，一些周边区域以游牧渔猎经济为主体的"低势能文化"，由于其社会分化不明显，仍然保持着"军政合一"的社会组织体制，加之其尚武风气，使得其在与中原农耕世界的对垒中，往往占有较大的优势。但是，"野蛮的征服者总是被那些他们所征服的较高文明所征服，这是一条永恒的规律"[1]。从历史上看，入主中原的东北民族虽然会在较短的时间内迅速接受先进文化，步入先进的文明社会，实现社会发展演进过程中质的飞跃，但值得注意的是，这些"低势能文化"在完成军事征服之后，往往要离开其原居地点，进入中原，实行空前的"文明空间"大转移。而新迁来的民族往往比前一民族更加落后，遂导致吉林区域文化出现明显的倒退。使得这一地区的"民族文化似乎永远停留在比较原始，比较落后的阶段。这些文化落后的民族又不可避免

---

[1] 《不列颠在印度统治的未来结果》，《马克思恩格斯选集》第2卷，人民出版社1966年版，第181页。

地会把他们比较落后的文化强加于先进民族，使先进民族的文化不断受落后民族文化的干扰，而延缓了发展"①。

另一方面，这些东北民族在入主中原后，为保持其尚武精神和某种政治需要，往往对其原居地实行特别的封禁政策，从而导致原居地处于封闭隔绝的状态，从而导致其社会发展处于长期停滞、甚至倒退的状态。历史上最为典型的事件是清朝入关后，对其所谓的"龙兴之地"东北所采取的封禁政策。这种封禁政策对包括吉林在内的东北社会经济文化的发展起到严重的阻碍作用。所以，我们会发现，每当生活在白山黑水之间的关东先民建立自己的区域性政权时，当地的社会经济文化就会获得较大的发展。而当其入主中原后，一般都不重视其勃兴地的继续开发，从而延误了此地区的社会发展演进。这恐怕是包括吉林区域在内的整个东北文化的发展时起时衰的一个重要原因。

从历史上看，这种"间断性""停滞性"的发展特点，使得吉林区域文化的发展缺少连续性，往往是文化发展已经有了一定的积累，但却因战乱、迁徙和人为的封闭政策而毁于一旦。由此，其社会发展自然也就缺乏厚重的文化积淀。仅就城市文明的形成发展而言，正如有的学者所概括的那样：吉林省大中小城市建设的历史普遍较短，"最早的城镇是船厂，它是清朝为皇家造船的集镇，由造船、屯兵带动了其他产业、服务业，直到1930年才由当时政府正式命名为'吉林市'的。长春市是原名为'宽城子'的一个小镇，被伪满洲国定为国都后，才形成城市雏形。……与其他城市比颇为逊色"②。毫无疑问，这对于吉林地域的社会发展产生了深远的影响。

（二）移民文化与社会发展

从历史上看，吉林区域很早便是人类生息的场所。据统计，早在春秋战国时代，居住在吉林境内的肃慎、挹娄、高句丽等民族的总人口已约达25万左右。③ 此后，随着各族的兴衰，吉林的人口分布时增时减，变化幅度较大。在这里，值得特别提及的是清代封禁政策对吉林人口发展的影响。

---

① 孙进己：《东北各民族文化交流史》，春风文艺出版社1992年版，第385页。
② 孙乃民主编：《吉林蓝皮书·吉林省农村经济形势分析与预测（2001年）》，吉林人民出版社2001年版，第225页。
③ 曹明国主编：《中国人口·吉林分册》，中国财政经济出版社1988年版，第33页。

17世纪中叶,清兵进入中原后,大批人口"随龙入关",导致清初吉林人口急剧下降。同时,清廷为维护其统治秩序,保持八旗兵的尚武精神,多次下令对东北地区进行封禁,遂使东北的人口极度稀少。虽然到清中叶后吉林人口又有所增加,但到19世纪中叶,吉林人口发展又处于停滞不前的状态。从道光十年到十九年(1830—1839),平均人口为32万。① 从19世纪下半叶开始,关内百姓纷纷打破封禁政策,闯关进入东北,揭开了移民关东的序幕。尤其是进入20世纪后,华北战乱频仍,灾害连年,从1900到1903年间,每年有500万左右的贫民移入东北,后来多数留下定居,对东北的社会发展产生了极大的影响。因而,从人口构成的角度看,吉林区域文化很自然地表现出一种极具特色的"移民文化"。

民国年间,一些从事文化人类学研究的学者曾试图将中国东北的移民与美国历史上的移民相比较,他们提出的学术假设为:"移民或殖民运动中最有趣味之一方面厥为移殖之品质之优越。一地人口之中,非尽人可为移民或殖民也。必也特立独行之士,有进取骛远之心,以唤起其移殖之志愿。有冒险耐劳之性,以维持其移殖之经过。有聪明干练之才,以开拓其移殖之环境。一而十,十而百,声应气求,寖假而移殖之运动以成。"② 在他们看来,与美国移民运动相同,近代以来迁往东北地区的移民同样应该具有"冒险""开拓""独立"等优秀品质。

但应该指出的是,评估移民文化的历史影响是一个十分复杂的问题。从一般意义上讲,在"鸡犬之声相闻,民罕往来"的农业时代,移民作为一种社会流动现象,往往具有传播文化的积极作用。但移民作用的大小以及其作用的发挥,则还要看一些具体情况。对此,葛剑雄先生曾提出过三条标准,颇富启发性。他认为,在评估移民具体作用的问题上,要注意以下几个要素:(1)移民迁出地的文化水准和类型,即来自文化先进地区的移民才有可能传播先进文化,而从落后地区迁来的移民,尽管其中不乏优秀的个人,却不会给迁入地带来直接的进步;(2)移民本身的素质;(3)移民在迁入地的地位。③ 按照上述若干标准

---

① 曹明国主编:《中国人口·吉林分册》,中国财政经济出版社1988年版,第43页。
② 潘光旦:《人文史观》,群言出版社2014年版,第192页。
③ 葛剑雄:《人口与中国社会》,转引自周积明、宋德金主编《中国社会史论》上卷,湖北教育出版社2000年版,第285页。

来衡量，笔者发现，移民文化对吉林社会发展的影响是十分复杂的，主要表现在：

第一，从移民迁出地的文化水准和类型看，来吉林的大多数是来自华北的贫苦农民，他们一般都拥有丰富的从事农业生产的技术和经验。毫无疑问，他们的到来，为吉林的开发做出了不可磨灭的贡献。吉林之所以后来能发展成为中国最重要的商品粮基地，与这些移民的辛勤劳作是分不开的。但我们也必须看到，从移民的成分构成看，带有明显的"单一化"色彩。据统计，清末民初以来的移民运动，就其数量构成而言，绝大多数是内地来东北垦荒落户的贫苦农民，虽然没有移民构成的具体统计，粗略估计也在 95% 以上。[①] 他们的出行，或由于军阀战乱，或因为华北的水旱灾害，具有极大的被动性。对于移民的状况。时人作了如下的描述："由奉天入兴京，道上见夫拥只轮车者，妇女坐其上，有小孩哭者眠者，夫以后推，弟自前挽，老媪拄杖，少女相依，跟跄道上……前后相望也。"[②] 可以说，民国年间移往东北的移民中绝大多数具有灾民性质。虽然这些移民对于吉林的土地开发起到了积极的作用，但对吉林的文化发展其作用却不是很大。其直接表现是，直到民国末年，吉林的文化发展仍处于比较落后的状态。据 1948 年出版的《中华年鉴》统计，直到中华人民共和国成立前，吉林人口每千人只拥有大学 2 人、高中 6 人，而女性每千人只拥有大学 0.5 人、高中不到 2 人。而文盲率达 80% 以上，女性为 90% 以上。在就业率方面，中华人民共和国成立前，由于吉林省经济比较落后，农业和无业人口占 80% 以上。[③]

第二，虽然清末民国以来向吉林移民的数量大大地增加了，但与山东、河南等人多地少的狭乡相比，吉林仍属地旷人稀之地，加上土地肥沃。遂使得迁徙至此的移民虽然不会有大发展，但维持生计却一点也不困难。这对于那些颠沛流离，居无定所的灾民来说，小富即安，很容易产生满足感。而寒冷的气候，又使得吉林乡土社会形成了漫长的"猫冬文化"。由于其生存压力不足，遂直接导致其很难产生美国移民那种

---

① 路遇等主编：《中国人口通史》，山东人民出版社 1997 年版，第 866 页。
② 转引自石方《中国人口迁徙史稿》，黑龙江人民出版社 1990 年版，第 390 页。
③ 曹明国主编：《中国人口·吉林分册》，中国财政经济出版社 1988 年版，第 59 页。

冒险、开拓意识。

第三，在吉林移民社会里，没有建立起像关内地区那样典型的传统伦理关系网络。中国传统社会是一种典型的"乡土伦理社会"，这种社会得以存在和维系的一个重要的因素在于传统农业的定居特性。这正如费孝通先生在《乡土中国》中所言："乡村社会是安土重迁的，生于斯，长于斯，死于斯的社会"[①]，世代定居是常态，迁移是变态。这种变态的迁移实际上打破了传统社会的旧秩序。当这些移民来到新地区后，势必需要重新修复建立这种关系。但由于近代移民社会的建立，系特殊的战乱灾荒所致，因此，当中原重新恢复稳定后，便会发生"移民回流"现象。如在20世纪40年代中期，由华北迁往东北的人数锐减。相反，却有大量移民返回华北。虽然具体人数无从考究，但这种"移民回流"现象一直持续到民国末年。相比之下，这种"移民回流"现象在辽宁基本上没有出现。"辽宁省人口由民国34年的2040万增长为2059万，增加19万。而吉林人口则由民国34年的1160万人口，下降为1145万口，减少了15万口。"[②] 毫无疑问，这种频繁的迁徙流动，使得乡村的宗法伦理关系的修复和重建非常缓慢。因而，包括吉林在内的东北社会与中原及长江流域相比，不是一个典型的原生型的乡土社会，而是一个变态的移民社会。其传统的伦理关系需要重新修复，方可重新建立。近年来，中国江南地域乡镇企业的勃兴，在很大程度上就是利用了乡村社会传统的组织资源。而相比之下，吉林乡村社会的此类资源则不甚丰富，这自然会对吉林乡镇企业的启动和模式选择产生较大的影响。

（三）古代民风与社会发展

一个地域文化的特质，既非造物主的赐予，亦非绝对理念的先验的产物，而是一定的民族在其特定的地域范围内，在长期的社会实践中创造积淀而成。这种创造和积淀又不是凭空产生的，而是深深地植根于民族生存的自然环境和经济生活的土壤之中。

如果我们把目光投向整个中华文明圈，就会发现：古来生息在吉林地域的吉林先民所面临的自然生态环境是严酷的。崇山峻岭中寒风呼

[①] 费孝通：《乡土中国》，北京大学出版社1998年版，第50页。
[②] 路遇等主编：《中国人口通史》，山东人民出版社1997年版，第1109页。

啸,野兽出没,生存条件极为艰苦。严酷的自然环境,艰苦的生存条件,铸就了吉林先民健壮的体魄和刚健、豁达、尚武的文化性格。这在肃慎、挹娄、靺鞨、女真等居住在白山黑水之间的吉林先民的生产和生活方式中,都有较为充分的体现。如肃慎"处山林之间"、"土气极寒"、"夏则巢居,冬则穴处",其服饰多为兽皮,"冬则以豕膏涂身,厚数分,以御风寒,夏则裸袒,以尺布隐其前后"①,其葬俗为"死者其日即葬之于野,交木作小椁,杀猪积其上,以为死者之粮。性凶悍,以无忧哀相尚。父母死,男子不哭,哭者谓之不壮"②。这种刚健、豪放、质朴的性格,表现了吉林先民与自然争胜的勇气和魄力。适应农耕、狩猎相结合的物质文化生产方式,吉林地域各民族均有极强的尚武精神。早在西周初年,即收到肃慎之矢等贡品。这种肃慎之矢,是以桦木作杆,以石为镞的箭,是当时先进的狩猎和作战武器。以箭为贡品,既反映了肃慎族的狩猎生活方式,同时也说明了其民族的尚武精神。这种刚健豁达的个性和勇毅果敢的尚武风气结合起来,构成了吉林区域古典文化的核心精神和独特的"民情",使得吉林区域文化具有质朴雄劲的特质。

在漫长的古代社会,正是凭借着这种文化特质,才得以使吉林先民得以聚成一个有力的群体,形成巨大的"朔方冲击波",数度入主中原,改变了中原农耕世界的历史发展进程,为其发展注入了新的活力。虽然吉林地域的居民历经战乱、波动、迁徙,大多迁离吉林地域,但这种源自古代社会的刚健进取精神和纯朴的民风,作为一种文化精神资源积淀因袭下来,对当代吉林人的性格仍然产生了巨大的影响。19世纪上半叶,法国学者托克维尔在论及一个国家得以建立现代社会的条件时,曾将"民情"作为其中最具决定性意义的因素。他所说的"民情",是指"人在一定的情况下拥有的理智资质和道德资质的总和"③。今天的吉林人从古代先民那里承继下来的这种刚健、质朴的民风民情,作为一种道德文化资质,与冰雪文化、山林文化珠联璧合,使得吉林区域文化在中华文化体系中保持着独有的特色。

---

① 《三国志·东夷传》,卷三十。
② 《晋书·四夷·肃慎传》
③ [法]托克维尔:《论美国的民主》,董里良译,商务印书馆1996年版,第332页。

（四）典型的"单位文化"与社会发展

在以往的分析研究中，人们发现，吉林省常常出现一些令人深思的"发展怪象"：如"资源丰富，但开发利用得不够；盛产粮食，但多种经营和农业技术水平不高；工业发展较快，但经济效益低；高教和科研力量较强，但分布不合理，科研成果应用不够；交通运输比较发达，但运输不畅；能源工业有所发展，但速度慢，浪费大，供需矛盾突出；人均工农业总产值、国民收入水平较高，但产品调出量和财政上缴少"[①]。这是1986年吉林省委研究室对社会发展进程中的"吉林现象"进行分析解剖的一段文字。

上述这段带有强烈的自我反思色彩的文字所揭示的"发展困境"，其产生的原因固然非常复杂，但笔者认为，来自"体制上"的限制和制约似乎是一个不可忽视的重要原因。再具体一点说，这主要表现为"典型单位制度"的影响。近年来，学术界对"单位制度"形成及其社会影响进行了较为系统的研究。在研究中，人们一般都是将"单位制度"作为一种全国性的、普遍性的制度纳入研究视野的，没有注意到"单位制度"在不同地域文化背景下所发生的变异。

从单位制度建立的过程来看，我们可以把它看作是一种范围甚广的"全国性的现象"，具有明显的"共性"。中华人民共和国成立初期，国家在推进工业化的进程中，将吉林省作为重点建设的工业基地。遂使吉林省在很短的时间内，建成了一批巨型国有企业，其高级技术人才大大地增加。据统计，中华人民共和国成立后，吉林省基本上是一个人口净迁入的省区。从1950年到1982年33年的资料分析，迁移增长人数约100万人。新中国成立后，吉林省是东北重工业基地的组成部分。第一汽车制造厂、三大化工联合企业重点建设项目，均布局当地。因此，"一五"与"二五"大规模经济建设时期，省外曾有大量工业人口迁入。仅据1953—1954年的不完全的统计，长春第一汽车制造厂从外省招聘参加建设或分配来厂工作的各类人员就多达10000人左右（尚不包括随迁家属），其中工人（包括五级以上工人）与工程技术人员约占20%多。同时，50年代初，曾从上海市迁来一些私人小轻工企业，约有1000人左右。另外，吉林省也是全国高等教育与科研重点建设的省区

[①] 中共吉林省委研究室主编：《吉林省基本省情》，吉林人民出版社1986年版，第21页。

之一。在全国高等院系调整与单位调整过程中,教育与科技人员迁入也比较多。[1] 如果说清末民初以来吉林之移民主要是一种"农业移民"的话,那么,中华人民共和国成立后移入吉林之移民则带有"技术移民"色彩,这使得吉林的经济开始快步迈入工业社会,在全国迅速占据了较为发达的位置。在单位制度和计划经济体制下,吉林省曾创造了发展的奇迹。在相当长的一段时间里,社会发展综合指标一直在全国居于前列。

20世纪90年代以来,伴随着中国社会结构的变迁,非国有经济及非单位制度迅速扩大发展,形成了当前中国社会"单位制"和"非单位制"并存的局面。在某种意义上,这实际上意味着单位社会已经开始走上了消解之路,有人称之为"后单位制时代"。但如果我们认真分析研究,会发现,受地域的经济结构、文化特色、历史积淀等因素的影响,单位制度的消解过程不是"同步"的,往往呈现出极为明显的地域性特征。具体言之,在非国有经济比较发达的省份,生活在非单位体制下的成员的人数较多,"他们或者按着市场的机制,或者同时利用市场或非市场新旧两种机制,不断地改善着自己的经济地位。他们的行为作为一种参照群体,在很大程度上刺激着生活在单位制度中的社会成员"[2]。对传统的单位制度构成了巨大的冲击,加快了单位制度的消解过程。但与之相反,吉林省的非国有经济和非单位制不够发达,其对传统的单位制度的冲击自然也就不大。这使得吉林的单位制虽然也走上了消解之路,但相比之下,单位制的现实影响仍然很大,不仅传统的单位制度的堡垒仍然非常坚固,而且,一些非单位制的企业也往往向单位制靠拢。因而,作为与计划经济体制相配套的一种社会政治组织体制的存在,单位文化对吉林省的社会发展仍然具有重大的影响,表现在:

第一,吉林的科技、教育等方面的专门人才虽然在全国居于领先地位,但是,在计划经济时代已经宣告终结,单位体制已经逐渐走向消解的背景下,除了一部分外流到沿海发达地区外,绝大多数专业人才仍聚集在单位体制之下,传统的单位体制和观念对其影响极大。因此,如何在传统的单位体制下,理顺关系,激励其工作热情和创新精神,实现人

---

[1] 曹明国主编:《中国人口·吉林分册》,中国财政经济出版社1988年版,第133页。
[2] 李汉林:《制度规范行为——关于单位的研究与思考》,《社会学研究》2002年第5期。

的解放，是摆在我们面前的严峻问题。

第二，在单位体制下，超大规模的国有企业几乎控制了所有的社会资源，遂使来自民间的社会发展的推动力量严重不足。所谓"单位制"，既是一种制度，同时又是作为一种文化而存在的。其典型的特征是以单位为核心的社会组织控制了几乎全部的社会资源，整个社会实际上是围绕着这些资源而运转的。在整个社会资源都被单位所控制的条件下，来自民间的现代化推动力量自然严重不足。具体表现为，在吉林省，无论是城市中的民营经济、外资企业，还是农村的乡镇企业，都不甚发达。

第三，在重建社区的进程中，单位制度与社区之间的关系成为问题之关键所在。前些时日，笔者就老工业基地的社区建设模式问题进行了调查，发现对于东北老工业基地来说，由"企业办社会"向"社区办社会"的转变，是一个非常艰难的过程。在单位办社会的漫长岁月里，单位已经建立了庞大的社会公共服务系统，这些服务体系既是企业的包袱，也是企业所控制的资源。这些利益既包括"有形"的物质利益，也包括一些"无形"的社会资源的控制。因而，如何完成由"企业办社会"到"社区办社会"的转变，是吉林老工业基地必须直面的现实问题。

鉴此，我们在制定吉林地方社会发展战略的过程中，一方面要注意旧有的单位文化对我们今天现实发展的制约和影响，大力进行体制改革，将个人从封闭的、人身依附较强的旧体制的束缚下解放出来；另一方面，也要清楚地意识到，传统单位体制的消解和取而代之的新的组织体制的诞生是一个漫长复杂的过程，绝不可能一蹴而就。在目前的条件下，我们不能简单地否定单位制，而应该"通过其内在逻辑的更新，使得单位体制成为一种适合超大型社会调控的形式"[1]。

三 几点思考

寻找吉林区域文化的"自性"，总结吉林区域文化特质对当代社会

---

[1] 刘建军：《单位中国——社会调控体系中的个人、组织和国家》，天津人民出版社2000年版，第566页。

发展的影响，可为我们今天制定科学合理的社会发展战略提供有益的启示。

第一，认清区域文化"自性"是制定区域社会发展战略的基本前提。

区域文化是生存空间在文化意义上的展开，是类型文化在空间地域中的凝固和固定。历史上，中华各地域文化基于其自身地理的、生态的、历史的、民族的条件不同，而形成了特质各异的区域文化。这种文化"自性"与社会发展交互作用，形成了截然不同的社会发展模式。在某种意义上，我们甚至可以说，每一区域在其社会发展推进过程中所表现出来的不同特点，实际上都可以从其"文化自性"中寻找到相应的答案。

但在相当长的一段时间里，一些地区在制定其社会发展规划时，不是从其区域文化的"特性"出发，认清其发展模式之"自性"所在，寻求"有我的发展"，而是虚骄浮躁，盲目地"求高""求新"。无论其文化发展处于中心区，还是边缘区，统称之为历史悠久、"文化积淀"厚重。无视其经济结构的巨大差异，均将发展高科技产业作为其追求的目标。甚至在新建街路或建筑物的命名问题上，也都非常缺乏"自性"，统称其街道为什么"硅谷大道""硅谷大厦"，"硅谷大桥"等名。事实上，这是一个明显的发展误区。对此，联合国教科文组织的专家小组报告曾指出："与那种以国民生产总值为标准来衡量的经济增长过程比较起来，发展过程的内涵要复杂得多，丰富得多，广泛得多。只有当它建立在每一个社会独立意志的基础之上，只有当它真实地表明它的基本特性时，发展才是有效的。"[1] 在这一意义上，我们可以说认清区域文化的"自性"，是我们科学制定发展战略，摆脱"发展困境"，获得"有效发展"的基本前提。

第二，区域文化与社会发展之间的互动关系极为复杂，其影响作用具有双向性。

近年来，学术界已经普遍认识到，经济社会发展离不开"文化力"

---

[1] ［美］欧文·拉兹洛：《多种文化的星球——联合国教科文组织国际专家小组的报告》，戴侃等译，社会科学文献出版社2001年版，第8页。

的支持。① 这也是 80 年代以来文化热持续不断的深层原因。但是，在文化资源利用问题上所存在的症结主要表现在，我们往往在没有弄清区域文化具体内涵和特质的情况下，泛泛地谈论传统文化资源的利用。尤其是没有从动态的角度来全面地分析评估研究区域文化的作用。

这就要求我们首先要通过系统的清理研究，弄清区域文化的内涵和特质，反思追问区域文化对社会发展复杂的、多面向的影响。既要研究区域文化对社会发展的正效应，也要注意对其负面效应的考察。近年来，由于很多区域文化研究的项目多为地方政府资助，其研究动机多为挖掘区域文化资源，以推进地方社会发展。因而，其研究取向几乎都是清一色的正面研究，忽视了问题的复杂性和多面性。实际上，与证明"吉林也有积淀厚重的文化"这一命题相比，认识吉林区域文化的特性，反思吉林区域文化对社会发展的滞阻效应，具有同等的重要性。同时，我们还要注意，不能只研究观念、价值形态的文化，还要注意研究"体制性"、"制度性"文化对社会发展的影响。

第三，不同的区域发展模式之间不能简单地模仿和复制。

在人类文明走向全球化的时代谈发展问题，必须强调从多种源泉汲取发展创新的动力。为此，我们应该以开放的心态，积极地学习摄取一切发展模式的长处。但同时我们也要注意，各种模式间的相互学习和采借是有限度的。任何一种现实的发展模式都必须获得其社会内部强有力的文化支持，才能成立。改革开放以来，中华大地上出现了多元社会发展模式千帆竞逐的场景，诸如"温州模式"、"苏南模式"、"宝鸡模式"、"南街村模式"等，一时成为各地学习效法的热点。但人们往往喜欢简单地移植一些发展模式，而忘记了"发展模式"不能简单地复制，真正意义上的发展是需要源自其母体文化的内在的支持的。因为从本质意义上看，不同的发展模式实际上是其地域漫长历史发展过程中潜移默化的产物，绝不能简单机械地照搬。如学术界很多学者认为："1980 年以后温州经济发展所取得的巨大成就，与其说是什么'经济奇迹'，还不如说是在新的历史条件下传统的复兴和发展，温州的今天只不过是它过去的延续，是这些传统经济行为的复苏。温州模式的'小

---

① 较早提出"文化力"概念的是贾春峰，其关于"文化力"的系统阐述，可参见其文集《文化力》，人民出版社 1995 年版。

商品，大市场'特征与该地域自宋朝以来就有的注重商业功利的'瓯越文化'、善于长途贩运做生意的历史传统密切相关。"[1] 虽然将当代温州的发展完全归于传统的影响有些失之偏颇，但温州传统的"商业文化"和"功利思想"的现实影响的确是不可忽视的因素。鉴此，我们"要一以贯之地拓宽和鼓励各种资源的内源创造性……内源创造性的产物也应该力求与原有的文化结构浑然一体，易为接受"[2]。因为只有获得区域文化内在支持的发展模式，才是具有强劲生命力的。这也从另一角度说明了寻找区域文化"自性"的重要性。

(该文刊于《社会科学战线》2002年第6期)

---

[1] 参见张敦福《区域发展模式的社会学分析》，天津人民出版社2002年版，第220—221页。

[2] 中国社会科学杂志社编：《社会转型：多文化多民族社会》，社会科学文献出版社2000年版，第22页。

东亚"新公共性"的构建及其限制

——以中日两国为中心

20世纪90年代以降,以全球化和现代化的突进为背景,东亚各国陡然掀起一股公共性研究热潮,"公共性构造"的转换问题,一时成为学术界关注的热点。在日本,伴随着20世纪下半叶现代化的高速发展,日本社会进入了以"欲望和感情解放"为主题的个人主义时代,利己主义风行、价值体系崩坏、地域发展不平衡,旧的公共性开始被破坏,建构"新公共性"的问题应运而生。而在中国,以"单位社会"逐渐走向消解和构建社会主义和谐社会为背景,培育、催生从市民社会中离析出的带有新型公共性的公共领域,进一步推进"社会建设",亦为人们所密切关注。虽然"新公共性"作为一个学术话题在中日等东亚国家刚刚兴起,但对东亚社会的进一步发展却具有极其重要的意义。本文以中日两国为例,在总结反思东亚公共性传统构造的基础上,对东亚"新公共性"构建问题做一初步的探讨。

一 东亚"公共性"的一般特质

作为一个现代政治、社会理论的专用术语,公共性是一个多义性、充满论争的概念。日本《国语辞典》对公共性做的解释是:"就公共性的性质而言,其对社会具有极广的利害和影响。而且其影响不是限于特定的集团,而是面向社会全体。"日本学者斋藤纯一认为,所谓公共性就是不求"闭锁性"和"同质性"的共同性,是抗拒"排斥"和"同化"的一种相互连带。[①] 中国学者李明伍则将公共性概括为"某一文化

---

① [日]斋藤純一:《公共性—思考のフロンティア》,岩波書店2000年版,第6页。

圈里成员所能共同（其极限为平等）享受某种利益，因而共同承担相应义务的制度的性质"①。总结上述概括，我们会发现，公共性概念最具核心意义的要素包括：（1）共有性，即对社会具有极广的利害和影响，其影响不是限于特定的集团，而是面向社会全体；（2）公开性，通常是指以公开讨议的形式而形成的公共议论；（3）社会有用性，公共性既是一种价值体系，同时也是以公共事业为主体的公益服务体系；（4）作为一种社会理念，公共性是一种基于正义和公正，为达致公共善而努力行动的价值体系。

围绕着对公共性的不同理解，学术界形成了不同的公共性研究流派。在欧美 20 世纪社会理论的谱系中即有哈贝马斯的"市民公共性"、卢曼的"合法至上论"的公共性以及罗尔斯基于自然法论而展开的公共性论述。而在日本学术界近年来热议的公共性话题中，也在国家所代表的公共性、市民的公共性、世界公民社会以及基于后现代立场而提出的"新公共性"等意义上使用公共性概念。

关注公共性研究的学者普遍承认，公共性的存在形态是多元的，在不同的文化地理空间范围内存在着不同类型的公共性。因此，在理解探讨东亚公共性问题时，我们应在把握人类文明公共性一般概念的基础上找出东亚公共性的一般特质。以欧美社会为参照系进行比较分析，我们会发现东亚公共性的一些明显特质：

（1）在欧美世界中，自阿伦特、哈贝马斯以来，公共性多是作为政治、社会理论的用词而被使用，是指作为公共言论的空间，或是形成公论的市民生活领域。而东亚在理解公共性时虽然在很多情况下也沿用欧美的原意，但相比之下更强调其实用性，遂导致东亚的公共性概念缺乏西欧语言中所带有的公共的、公开的及相互沟通交流的政治意味，因此，东亚的公共性"往往是作为公共事业等公共权力活动正当化的词汇而被使用的"②。如在日本"公共性在很多场合是强调以公共福利为目的的社会价值和社会有用性。作为公共事业和社会资本建设的合理性依据"③。而中国在单位体制下，"公"实际上成为从摇篮到坟墓的完善

---

① 李明伍：《公共性的一般类型及其若干传统模型》，《社会学研究》1997 年第 4 期。
② ［日］广松涉：《岩波哲学·思想事典》，岩波书店 1998 年版，第 486 页。
③ ［日］森冈清美：《新社会学辞典》，有斐阁 1993 年版，第 419 页。

福利保障制度的代名词。

（2）就公共性的主体而言，与欧美世界公共性实现主体的多元形态不同，东亚的公共性主要是由"官""公"来加以承载的。这从东亚国家传统社会思想中的"公私论"中即可略见一斑。虽然中国和日本的"公私观念"存在着一些重要的差别，但如果从"空间"角度对其加以分析，会发现两国空间性的"公家""公门"都是指与"君""官"有关的场所，到近代，进而引申为"政府"或"国家"的领域。相比之下，东亚的"公"基本上是由"官"来加以承载的，形成了"官尊民卑"的独特构造。而欧美世界中的"公共性"则主要包括"市民自主性""公开性""共同性""多样性""讨议"在内的多层面的空间，"官"以外的力量扮演了重要的角色。

（3）在西方世界，公共性理论往往强调市民的公共性，主要是主张以市民与公权力相对抗的理论，是一种"对抗的公共性"。但在中日两国的日常用语中，一般是将与公共权力相关联的事务规定为公共性，在这里，公共性理论实际上是作为赋予政府和行政权力等公权力活动以合法性的理论而存在的。而且，市民与公权力间的关系不是对立的，而是具有明显的"一致性"。诚如有的学者所言"中国的公共性的结构与问题点，在于它是以一元化的共同意识、一体感为前提，谋求社会全体的利益"[1]。而日本也不存在与公权力相对抗的市民力量，如果我们将日本语当中的"公共"分解为"公"（おおやけ）和"共"来加以理解的话，会发现日语中的"公"（おおやけ）没有英语 Public 所具有的"人们""民众""公众""人民"等意，而是天皇和官僚体系在内的在上的力量。这样，在"公"和"共"的组合中，"公"便毫无疑问地压倒了"共"，而不存在所谓对抗的格局[2]。

（4）就公共性的纵向演进轨迹而言，作为后发现代化的典型代表，中日两国的公共性形态都非常清晰地依次经过了"古典的公共性"、"民族国家的公共性"两个阶段。其中，尤其值得注意的是，在中日两国走向现代化和建构现代民族国家的进程中，"官"始终扮演了"公共

---

[1] ［日］小正浜子：《近代上海的公共性与国家》，葛涛译，上海古籍出版社2003年版，第3页。

[2] ［日］山口定：《新しい公共性》，有斐閣2003年版，第14页。

性"承载者的角色。在中国比较成熟的现代民族国家形态是 1949 年后建立的"单位社会","这种独特的单位现象构成了现代中国社会极其独特的两极结构:一极是权力高度集中的国家和政府,另一极则是大量相对分散和相对封闭的一个个单位组织。长期以来,国家对社会的整合与控制,不是直接面对一个个单独的社会成员,更多地是在这种独特的单位现象的基础上,通过单位来实现的"①。而在日本的民族国家建立过程中,则主要体现为"立公灭私","损私奉公"的过程。也表现出极强的一致性。"战后,随着'灭私奉公'神话的崩溃,自我亦即私的利害虽然摆脱了默默无闻的地位,但由于自发结社尚未成为趋向,并未由此产生走向公共性的自主道路。依然由官宪国家代表的公共性,以其慈惠的国库支出和社会保障残留着极强的国家性格。"②

可见,虽然中日两国的公共性构造各具特色,但从总体上看,20 世纪 90 年代前东亚公共性构造仍具有极大的相同性。表现为东亚威权社会以"官"为主体、以公共事业的实用性为主体的公共体系。东亚的公共性构建实际上是其民族国家构建的重要组成部分。东亚公共性与欧美社会所表现出来的不同特征,既是二者间本土传统文化的差异所致,同时也是东亚与欧美间社会发展存在的"时间差"所致。

二 东亚的"新公共性"及其表现形态

如果我们把 20 世纪 90 年代前东亚社会在建立民族国家进程中形成的以"官"为主要承载的公共性作为东亚公共性的"典型构造"或"旧公共性"的话,那么,从 20 世纪 90 年代开始,以全球化、市场经济的发展、消费社会的形成、老龄社会的到来等因素为背景,日本、中国先后出现的在"官"以外的公共性诉求则可视为是一种"新公共性"。

众所周知,在日本,传统意义上的"公"(おおやけ)实际上意味着天皇和政府,"私"在很多情形下意味着市场原理、功利主义和个人

---

① 潘乃谷、马戎:《社区研究与社区发展》,天津人民出版社 1996 年版,第 1151 页。
② [日]山口定:《新しい公共性》,有斐阁 2003 年版,第 7 页。

主义。以此种认识为前提，人们一般将见之于 NPO 和福利政策的非政府、非市场的方面称之为"新公共性"。在日本从 70 年代开始市民社会论和公众议论曾一度高涨，但随着价值观念的多元化和生活方式的个性化，人们公共意识逐渐淡化，昔日将人们维系起来的规范体系受到巨大冲击。日本大都市的"邻组意识"基本丧失殆尽，城市成为真正意义上的"陌生人社会"，出现了在城市高度密集和乡村过疏发展背景下"社会如何成为可能"问题。1995 年日本发生阪神地震，使本已非常脆弱的日本社会的弱点暴露无遗。日本民众意识到无论是政府救助还是市场化的服务，都不能替代"邻里扶持"和非营利组织的自救，以此为契机，新公共性建构之思潮勃然而兴。

而在中国，伴随着"单位社会"走向终结的进程，原来由国家、单位承载的公共性逐渐让渡给真正意义上的"社会"，于是，经济、政治、文化以外的有关人类公共生活的那一部分，便成为我们今天社会建设和管理的重点和难点。这使得新公共性的概念是与中国政府近来提出的"社会建设"的概念紧密联系在一起，成为焦点问题。其核心内容在于"这种新型公共性催生了一种从市民社会中离析出的公共领域，这种领域能满足结构日益分化、利益日益多元化的社会需求。在公共事务的治理中出现了非政府组织、基层自治组织等新型的社会治理主体，它不仅改变了社会的治理结构，而且还增加了社会主体结构的和谐性。公共性所蕴含的意义使其在和谐社会的建构中具有举足轻重的地位和影响"[①]。

新公共性的内涵非常丰富，它既包括"市民的公共性"，即基层社区自治、NPO 和 NGO 建设以及网络社会背景下"公共议论"的最新发展，也包括"跨越国境的公共性"，即在全球化背景下超出民族国家空间范围外的"空间公共性"的构建和认同。其核心是解决现代化、城市化高密度居住、人际关系疏离状态下的社会何以可能的问题。

结合"新公共性"的主要表现形态进行分析，笔者认为东亚处于萌芽和成长初期的"新公共性"其"新意"主要表现在以下几个方面：

首先，从总体上看，构建中的东亚"新公共性"最具新意之处在于其"多元性"和扩散性，即由传统的以"官"为主体的公共性转变

---

① 《和谐社会：公共性与公共治理》，《中国青年报》2005 年 1 月 3 日。

为多元的公共性诸形态，摆脱了战前以来"国家＝官＝公"的一元的"公观念"，代之以立足于公众基础之上的"新公共性"，公共性由"垄断"走向"扩散"。如前所述，明治维新以来日本的公共性实际上是由官僚独占的，是一种"官＝公共"，"民间＝私"的格局。但在今天的日本"公共性的空间已不是官的独占物，而是包括地域社会和市场以及更加广义上的社会全体来分担其职能"[①]。来自"民间"的力量在公共性构建进程中发挥着重要的作用。在中国，以"单位社会"逐步走向消解为契机，在旧有的单位福利保障体系宣告终结的同时，昔日的"单位人"也变成了"社会人"。虽然这一转化过程具有长期性和复杂性，但其进程实际上已经揭开序幕。为避免"单位社会终结"后社会的"原子化"，人们开始意识到着力建设独立于国家、单位、市场以外的社会支持体系的重要性。于是，昔日由国家和单位垄断和承载的公共性自然被打破，社区发展和NPO、NGO等非政府组织和非营利组织的建设便成为当代中国社会建设的重要内容。这种"新公共性"构建的意义在于寻找新的社群生活，人们可以通过"社群"建构一种"公共性"。这种"公共性"能够让人们发出面对生活共同抉择的呼声，可以使其在面对社会急剧变化的"速度"时不致失掉方向感和生存的力量，以实现由国民向市民的转化过程。

其次，作为新公共性最重要的承载者，NPO、NGO等非政府组织和非营利组织在新公共性的构建过程中发挥着越来越重要的作用。中日两国的NPO、NGO等非政府组织和非营利组织建设启动的时间大体相同，但相比之下，日本的发展速度略快于中国。日本的志愿者活动是以1995年阪神、淡路大震灾为起点迅速走向高涨的。在那场瞬间夺去数千人生命的大震灾中，人们对政府行政部门救援的迟缓提出激烈的批评，市民凭借自己的力量、邻里的力量而生出的一种新的互助力量。由此，人们将这一年称为志愿者之年。以这种志愿者救助活动的展开为契机，社区的自治空间、公共空间得以拓展。1998年3月，日本颁布了《特定非营利活动促进法》，到2002年末，NPO在全国已经有1万法人获得认证。其活动范围包括健康、福利、医疗及福利、社会教育、

---

① ［日］坪郷実：《新しい公共空間をつくる—市民活動の営みから》，日本評論社2003年版，第4页。

育儿、环境等内容。据经济企划厅2000年的调查,以今后拟参加志愿者活动为标准,自然环境保护的占41.4%、社会福利的占38.4%。①这种新的社会共同体与传统的地域共同体町内会存在许多不同,主要表现在:加入单位不是家族而是个人;其加入不是被动的、强制的,而是自主的、选择的、开放的;其功能不是笼统的而是限定的、分化的;其组织不是单一的,而是多层面的、交叉的;其责任不是全体的,而是有限的。从20世纪90年代后期开始,中国亦掀起了非营利组织研究及实践的热潮,出现了"自然之友""地球村"等颇具影响的非营利组织。虽然在"大政府、小社会"的整体环境下,非营利组织多带有"半官半民"性,其活动也表现出典型的"民间行为,官方背景"特点,但却标志着当代中国"新公共性"构建的启动发轫。尤其是2004年3月国务院出台的《基金会管理条例》,更为调动民间力量参与公益事业提供了基本条件。

　　再次,与局限于民族国家体系内的公共性不同,在全球化背景下出现了跨越国境的公共性。世纪交替之际,以经济全球化和欧洲一体化为背景,东亚也提出了超出民族国家范围外的区域统合问题。人们不是将公共性限定在国家公共性的范围内,而是强调超越国境的公共性,开始注意超出民族国家空间范围的"空间公共性"的构建。一方面,经济全球化的浪潮已使东亚在经济上建立了较为密切的联系,呼唤建立新的东亚认同。但迄今为止,东亚区域内的政治、文化和社会等方面的合作交流机制却迟迟没有建立起来。另一方面,一些重大的危机事件,使人们意识到跨越国境公共性建构的重要意义。2003年东亚范围内SARS风暴爆发之时,学界出现了呼唤东亚新地区主义的声音,认为:"东亚地区主义本质上属于新地区主义。新地区主义的'新'就在于它的社会负责性,即对解决社会问题、促进社会发展的承诺。我们有必要从社会的角度建构东亚新地区主义,把东亚建成社会共同体。东亚地区合作不能仅仅是经济合作与狭义的安全合作,必须包括广泛的社会合作。东亚整合的根本目的是再造区域性公益结构。"② 当然,东亚学界和政界在

---

　　① [日]坪郷実:《新しい公共空間をつくる—市民活動の営みから》,日本評論社2003年版,第43页。
　　② 庞中英:《东亚需要"社会地区主义"》,《人民日报》2003年7月28日。

描绘"共同体"蓝图时，普遍意识到在不同政治体制和存在严重历史纠葛的东亚国家间建立跨越国境"公共空间"的难度，认为："这种东亚共同体的形成将是很遥远的事情。"① 但人们对这一"遥远目标"的热情却未因其实现艰难而有所减弱。

第四，与"市民公共性"强调"舆论"和"言说"的"言说系公共性"不同，新公共性更强调将公共性实践建立在个体志愿的基础上。

众所周知，在欧美世界，从阿伦特到哈贝马斯，其公共性理论大多都以"公议""讨论"这种"言说系"的公共性为核心内容。公共性的言说当然是非常重要的。但如果人们只是沉醉于公共性的言说之中而缺少实践参与意识，那么我们的文明社会就会变成一个失去平衡的"只说不做的社会"。此外，与欧美社会慈善救助行动的宗教伦理背景不同，东亚社会可资利用的慈善思想资源主要来自于儒家文化中的家族伦理文化，其慈善救助行为多是在"血缘家"或"拟血缘家"的基础上建立起来的，缺乏超出集团之外的公共性构建。因此，随着社会的进步和发展，当旧有的共同体日趋消解和社会渐趋个体化之际，建立在个人实践基础上的新公共性构建便成为非常关键的问题。这种建立在个体自愿援助基础上的"新公共性"则具有极强的实践性格，即主张将这种援助行为的完成纳入到公共性理念之中。

在当代日本社会，这种建立在个人实践基础上的新公共性构建可以表述为由"灭私奉公""灭公奉私"到"活私开公"的转变。日本学者今田高俊认为，20世纪90年代前东亚公共性最为重要的两种表现形态为：（1）行政管理型的公共性，即以公共福利为目的的公共事业和社会资本的整合，对私权加以限制，是一种赋予公权力活动以正当性的理论；（2）市民的公共性或市民运动型的公共性，即通过市民公开的讨论和社会运动形成政治舆论，以市民的欲求为国家媒介的理论。此种类型公共性的特点是以与公权力对立的形式形成公论。② 战后日本的公共性便是循着这两条线索展开的。可见，旧的公共性的特点往往是在与"私"对立的形式下凸显"公"的问题的。无论是行政管理型的公共性

---

① ［日］小泽一彦、孙新：《21世纪中日经济合作与展望》，社会科学文献出版社2004年版，第258页。

② ［日］今田高俊：《意味の文明学序説－その先の近代》，東京大学出版会2001年版，第265页。

还是市民运动型的公共性，其共同特点在于都是以"私"相对置的形式凸显"公"的存在的。但随着个人主义价值观的演进，日本开始由"企业和国家优先"的社会向"个人优先"的社会转换，国民对公共性的关注日益薄弱，同时，以"公私对立"为前提的公共性自然也不复存在。因此，日本的公共性便由旧有的"灭私奉公"和"灭公奉私"转变为"活私开公"。这里所说的"活私开公"，就是由强调与"私"相对置的公共性，转而从个体"私"的行为中开出新的公共性。即是将个体的自我实现这一"私的动机"与对弱者的关怀救助结合起来，在"活私开公"中奠定新公共性的基础。

三 东亚"新公共性"构建的限制

如果说20世纪80年代前后东亚学术界关注的话题是现代化，90年代初谈论的热点是现代性，那么，学术界时下所关注的焦点则是公共性问题，这标志着东亚社会已进入一个新的发展阶段。从总体上看，自20世纪90年代肇始的新公共性构建尚处于萌芽阶段，在直面这一问题时，我们必须清楚地意识到，东亚新公共性的构建是一个异常复杂的进程，其进一步的成长和推进还面临着诸多制约因素。

首先，东亚公共性构造转换的复杂性及所潜藏风险。

从90年代开始，伴随着世纪交替之际中国大地上勃兴的"单位制"改造和日、韩传统威权主义模式的日趋消解，东亚范围内出现了以追求"新公共性"为主旨的社会改革浪潮。虽然中日两国的公共性构造转换各具特点，但其问题的难点及表现出来的复杂性则是相同的：在日本，自明治维新以来，"公"的角色一直由"官"或"役所"承载的局面，已经大大地动摇。但值得注意的是，从市民"自下而上"的立场对其进行补充、改革的"市民公共性"尚未成熟，由此必定会产生出一些特殊的困难情况。[1] 而在中国，单位社会的走向消解，标志着由国家—单位一体化的格局发生了巨大的变化，在这一背景下出现的社区发展和非营利组织的建设，实际上也是试图培植"自下而上"的力

---

[1] [日]山口定：《新しい公共性》，有斐閣2003年版，第4页。

量。但我们应该承认,目前中国绝大多数公益事业基本上还是政府工作的延伸部分。短时间内官的作用还是不可忽视的,新的公共性要素与以官为主体的传统公共性二者之间应有相当长的"共存"时间。如果我们忽视公共性构造转换的长期性和复杂性,盲目地以非政府组织替代"官"的作用,就会出现"官退"而"民未进"的困局,导致公共性的"真空",造成不应发生的混乱。可见,从东亚范围审视公共性构造转换问题,我们会更深刻地体验到问题的艰难和复杂,也更为清楚地意识到东亚公共性构造转换的迫切性和潜在风险,从而自觉地采取行动。

其次,本土文化传统对非营利组织发展的制约。

很多学者意识到,东亚社会要想真正走出长期由"官"为载体的传统"公共性",必须建立一种新的包括基层社区自治组织、非营利组织在内的多元化的"新公共性"。但我们必须清楚地意识到东亚本土文化传统对"新公共性"构建的影响和制约。以非营利组织的生长发育为例,学术界已普遍意识到在"新公共性"的构建过程中,非营利组织是一个最为重要的载体。但在发展非营利组织的过程中,我们必须直面不同民族、国家文化传统对其非营利组织发展的影响。如:"在美国和其他许多国家,社会存在于国家之前。也可以这样说,社区形成于人们处理他们共同的问题的政府或政府机构以前。当人们要自己处理各种问题时,他们通常发现在志愿组织中与别人一起行事是有用的。这样的结果产生了消防部门、学校、领养协会等许多志愿者团体。甚至在政府产生后,美国人通常不愿意使用它,担心会重新形成专制制度或官僚化。因此,市民们仍然自己解决问题,直到大家同意需要政府的帮助。"[1] 正是在上述意义上,当代新儒家杜维明认为在世界范围内市民社会真正发达的只有美国社会,包括德、法、意、英的整个西欧社会市民社会的发展都不全面。[2] 而东亚的情形则更为复杂,日本的公共性及公共空间,自明治维新以来是国家决定,国民无条件服从的过程。而且从市民的角度来加以理解,所谓公共就是自上而下的。就是在今天,在围绕着公共性展开的政治性的、意识形态的言说中,关于公共事业和公共投资可谓众多,但围绕着市民展开的议论、批判的市民活动的空间尚

---

[1] 李亚平、于海:《第三域的兴起》,复旦大学出版社1998年版,第35页。
[2] 哈佛燕京学社:《儒家与自由主义》,生活·读书·新知三联书店2001年版,第9页。

未成为普遍的态势。在日本，迄今所说的公共性和公共空间，是指通过国家法令和政策对国民实施的公共事业、公共投资、公共资金、公共教育等活动。可以说关于国家的公几乎囊括了一切。不包括市民参与的内容。① 荷兰学者 Hanna Jongepier 在分析日本非营利组织不发达的原因时，即认为："日本之所以不存在像欧美社会那样具有强大影响力的 NGO 和 NPO，其主要原因在于：在日本民众与政府间缺乏革命的历史，人们对政府经常保持调和的立场；有视政府为正义代表的传统信仰；民间部门和政府部门协同处理问题，不需要外部的 NGO 的介入；儒教传统背景下对政府有较强的依赖。此外，非政府的称谓，往往被视为左翼组织、无政府主义、共产主义、泛政府运动而被排斥。"②

而在中国，NGO 和 NPO 的成长也要经历更为漫长、复杂的阶段。在儒家思想背景下中国传统政治社会理念是以突出"私德"为先，以"忠孝"为其核心。上述思想观念自然制约着以"公德"为基础，以"公共理念"为特征的现代公民社会的生成。2003 年，当非典在中国大地肆虐之际，我们发现：非政府组织、非营利组织等被赋予重任的第三部门并未发挥重要作用。陷于恐惧的一般公民的公共自救能力也令人难以恭维。真正扮演主角的是中国政府，在危机面前，正是"我们政府从操作层面强有力地回应 SARS 危机"③。而政府回应危机的最重要手段仍然是其传统的"国家—单位—国民"的社会动员模式。一方面，从中央到地方的垂直的行政系统被最大程度地调动起来；另一方面，作为国家与国民之间的最重要的连接点——单位更发挥了关键作用。当是时也，所有的单位都动员一切人力、物力和财力，将防范非典作为第一要务。霎时间，社会上一个个单位都变成了封闭的堡垒，如同古代中国战乱时筑垒自保的"坞壁"。当然，在抗击非典的进程中，刚刚诞生不久的自治意义上的社区也扮演了特殊的角色。值得注意的是，在社区尚未具备"自下而上"社会组织动员能力的情况下，其主要是以政府组织的延伸机构和单位功能的补充力量而发挥作用的。上述分析也从另一个侧面反映了"单位社会"终结的复杂性。

---

① ［日］坪郷实：《新しい公共空間をつくる—市民活動の営みから》，日本評論社 2003 年版，第 38 页。
② 【荷】Hanna Jongepier：《NPO 先進国から見た日本》，《松下政経塾報》2000 年 8 月。
③ 李鸿谷：《我们的非典政治》，《三联生活周刊》2003 年 5 月 4 日。

再次，东亚跨国共同体建设面临着相当的难度。如前所述，时下正在推进的东亚共同体的构建活动是在内外两股力量推动下展开的。其内部因素是经济全球化背景下东亚经济发展相互依赖性的增强；其外部力量则是受欧洲一体化进程的强力刺激和典型示范。但实际上东亚各国间形成共同体的条件并不成熟，近代以来由日本侵略扩张而导致的东亚"空间分裂"和由日本政要参拜靖国神社所引发的东亚各国之间的矛盾冲突及不信任等因素，决定短时间内东亚难以实现欧盟式的地区整合。一段时间里，有学者强调跨国的非政府组织在超越民族国家体系，建立跨国合作网络进程中的特殊推动作用，但在吉尔吉斯斯坦、乌克兰、格鲁吉亚等国先后发生"颜色革命"的背景下，人们开始重新评估那些跨国 NGO 与民族国家间的关系，并对其负面作用产生了较高的警惕性，跨国 NGO 在区域整合进程中的作用自然也就大打折扣了。

虽然以上我们强调东亚新公共性构建所面临的诸多制约因素，但这决不意味着对新公共性思潮取简单的拒斥态度，而是在直面公共性问题挑战的同时努力突破欧美中心主义，充分注意东亚公共性构造转换的一系列特殊的制约因素。事实上，只要我们选择了现代化和进步，旧的社会秩序必然会发生变迁并走向消解，必然会出现前所未有的社会类型，造成一些新的社会问题，并要求我们做出迅捷的回应。在这一意义上，公共性问题乃是包括东亚在内的人类进步发展不可回避的永恒话题。

（该文刊于《吉林大学社会科学学报》2005 年第 6 期）

第二篇　単位地域社会研究

"典型单位制"的起源和形成

一 问题的提出

20世纪末,学术界在清理总结有关单位研究的学术成果时,曾有学者提出,要想通过单位研究对当代中国社会的转型与发展做进一步有说服力的解说,就必须摆脱泛泛的议论和一般性的分析而对单位制度展开"长期动态学研究"。因为在以往"尽管已经有学者对单位的历史沿革作了十分细致的分析,但对单位何以形成今天这种组织形式,尚缺乏系统的理论分析。在我们现在的研究中实际上是将单位作为静态的'理想型'来处理的,但单位的'长期动态学'是理解单位特征的一个不可或缺的方面。我们描述的单位特征也是只有放在单位的长期发展中,才容易理解"[①]。

笔者认为,上述追问为单位研究提出了颇富建设性意义的研究思路,值得我们认真思考借鉴。因为从静态的角度看,中华人民共和国成立以来中国城市企事业单位普遍采取了单位制,在这一意义上,单位似乎是"举国而通一式"的、同一的。但如果我们从动态的角度,将单位制的确立和发展置于不同的时空背景下加以审视,就会发现在普遍、同一的"单位模式"的背后,实际上潜藏着不同单位制类型的存在。由此,建立在地域个案研究基础上的对单位制存在形态的深度研究,便成为深化单位制研究的难点和关键。

从单位制起源及在全国建立、推进的过程看,其演进轨迹不是"同

[①] 李猛、周飞舟、李康:《单位:制度化组织的内部机制》,《中国社会科学季刊》1996年第16期。

步"的。由于东北在解放战争中率先解放，因而其得以在全国范围内最早借鉴根据地模式构建单位制。遂使得中华人民共和国成立后，在单位制度的创制进程中，东北地区捷足先登，扮演了关键的"典型示范"角色。而在告别计划体制的进程中，以东北老工业基地为代表的"典型单位制"亦表现出突出的特点。

首先，在探寻单位制度起源时，一种普遍性的观点认为：民主革命时期中国共产党人在农村建立根据地的经验，为其革命成功后在城市社会中建立起"单位制"提供了最为直接的参照。尤其是解放区公营企业的管理经验，当然成为这场改造运动的制度借鉴来源。此种观点有助于引导人们从长时段的研究视角来研究审视单位现象，并将单位制度与中国革命的宏观进程建立起密切的联系。但其局限性表现在，因城市乡村间存在着巨大差异，使得共产党人在建立单位制度的实践过程中，不可能将源于乡村的"根据地制度"简单、直接地移植到城市企事业单位中。易言之，如欲使这种"移植"成为可能，必须选择一定的"中介"环节作为过渡。从历史上看，作为最早取得解放战争胜利和最早进入计划体制的地区，东北地区在客观上就扮演了这一"中介"的角色，以公营企事业单位为核心组织机构，便构成了"典型单位制"最初的存在"形态"。

其次，"一五"计划期间，东北凭借苏联援助的156项重大建设项目，在建成中国具有典型意义的工业基地的同时，也完成了单位体制构建的过程，并进一步强化了东北地域"典型单位制"的特性。

再次，在中国退出计划体制的过程中，由于东北地区中央直属的、超大型企业高度密集，加之地缘因素的制约，使得"典型单位制"的特色再度凸显，出现了颇具影响的"东北现象"。由此可见，"典型单位制"的存在形态极为隐蔽，只有将其置于动态的发展演进过程中，才能发现其特征及存在形态的踪迹。

二 "典型单位制"的发生及其存在形态

从历史上看，新中国成立以来单位体制在全国城市社会范围内的普遍确立，堪称是中国有史以来规模最为巨大的"空间重组"，这既包括城市"地理空间"的变化,也包括社会关系和社会控制体系的重构。此外,我们还应将这些变化与共产主义运动伟大的理想和目标直接地联系在一起。在这场剧烈的空间重组和变迁过程中,基于特殊的历史背景和社会条件的作用,使得以东北老工业基地为代表的"超大型"工业社区形成了极具特色的"典型单位制",对其经济社会发展产生了极其深刻的影响。笔者认为,以东北老工业基地为代表的"典型单位制"的起源、形成和发展经历了以下三个阶段:

(一)"典型单位制"的发生(1948—1953年)

在新中国成立初期"单位社会"的构建过程中,东北在时间上最早,是作为全国的"典型"示范而存在的。如前所述,在探寻单位制度的起源和发展时,国内外学者往往将目光直接投向新民主主义革命时期的根据地建设,认为:"在共产党根据地的制度结合进新中国的社会体制的过程中,由供给制所体现的(革命队伍)组织原则和分配方式实际上也以各种形式在公共部门中被继承下来。这一点对理解单位体制的起源极为重要。"[①] 上述分析为我们从长时段角度深入理解单位社会起源和形成开启了重要的研究视角。

但值得注意的是,"延安道路"所代表的这种中国革命所特有的组织模式,是在特殊的战时状态下,在农村革命根据地形成和发展起来的。到20世纪40年代末,共产党人在夺取全国政权的过程中固然可以参照根据地的经验建立城市政权,重组城市社会的秩序,并将这种模式推广到全中国。但我们必须注意,城市社会与农村革命根据地间存在着诸多根本性差异,根据地时期共产党人虽然通过在农村根据地创办的企业,已经创造了可资借鉴的组织管理模式,但这些农村根据地的企业无论是在规模上还是经营方式上,都不具备现代的、大规模工业企业的性质。因此,这些源自农村根据地带有战时共产主义特色的经验,不能简单地直接移入城市社会。而欲使这一"移植"过程成为可能,必须在移植过程中寻找具有实践意义的"中介"环节,以为移植提供转换过渡的经验。在这一转换过渡进程中,由于东北解放时间最早,又与苏联毗邻,交通便利,使得其具备学习苏联经验,转化根据地经验的条件,遂成为中国最早进入计划体制和单位体制的地区,并起到"典型示范"

[①] 路风:《中国单位体制的起源和形成》,《中国社会科学季刊》1993年第4期。

和"中介"的作用。东北解放初期（1948—1953），在一些率先解放的城市里，共产党人在接管企业和管理城市的过程中，借助根据地经验和苏联模式，结合东北解放初期的具体情况，逐渐概括出一套接收和管理城市及企业的模式和经验，形成了"单位制"的雏形。

（1）"安东—吉林模式"：以企事业单位为核心的单位制雏形。

早在1947年夏，东北即有许多大、中、小城市相继解放，城市接收工作成为当务之急。1948年6月，东北局根据中共中央《关于城市工作的指示》精神，发出了"关于保护新收复城市的指示"，指出"现在我们有了城市，就应当爱护城市，发挥城市的作用，使城市生产出更多的军需品和日用品来支援战争，来繁荣解放区的经济"[①]。强调了城市接收、管理工作的重大意义。1948年8月中旬，东北局在哈尔滨召开第一次城市工作会议，具体规划了城市接收、管理的具体程序和步骤。

根据东北局的指示精神，解放军每解放一座城市，都迅速成立军事管制委员会，打碎国民党政府的城市政权机构，建立新的市政府、区公所，废除保甲制度，建立新的街公所，形成了新的城市管理系统。这种以市、区、街三级政权的城市管理系统在共产党人接收城市的进程中虽然发挥了重要的作用，但其问题也是明显的。主要表现在："以市、区、街三级政权进行工作，并以街政府为城市中的基层组织，把一切工作推到街政府去作，如是就把集中的城市划成许多豆腐块，大量的干部被纠缠于街道，成天在贫民中打圈子。而市内大量的工厂企业、机关学校却天天吵着缺干部而没有集中注意去管。在区街工作的干部，则各搞一套，使得政策的执行，一个区甚至一个街一个样子，难于统一掌握，混乱时生。同时把市政府吊在空中，与人民群众缺乏直接联系，而人民则苦于机构重叠，手续麻烦，办事深感不便。"[②]

鉴此，东北局及时总结了安东市和吉林市的经验，改变旧的区街组织形式，把政策法令和工作布置与贯彻执行集中于市政府。在较大的城市，可以保留区人民政府一级，在区人民代表大会尚未召开之前，以区公所作为市一级派出的办事机构，执行市政府所指定的某些市政工作。

[①] 朱建华：《东北解放区财政经济史稿》，黑龙江人民出版社1987年版，第50页。
[②] 《坚决改变城市政权的旧的组织形式与工作方法》，《东北日报》1950年1月7日。

而街公所或街政府则应该取消，加强公安派出所的工作，把好的干部充实到市一级机构或公安派出所或派到工厂、企业和学校中去。至于那些较小的城市，可以考虑区街两级政权组织形式均不要，主要经过市的人民代表会议与按生产与职业单位而组织的各行各业的人民团体去直接联系群众。除了郊区仍应保留区街（或村）的政权组织外，东北的一切城市，均可按以上两种情况进行改变。

从安东和吉林市的情况看，上述改制措施的实施产生了积极的影响，其中最具历史意义的结果在于，改变了传统的纵向行政垂直领导系统，加强了横向组织系统的作用。在这一体制下，政府面对的不再是个体的百姓民众，而是通过以企事业单位为核心的"单位"或"团体"、"协会"组织群众。其影响主要表现在：第一，"取消区街后，市委从区街繁琐事务中解脱出来，工作重点由区街转向工厂企业部门，由贫民转向工人阶级，抽出了大批干部加强工厂及财经部门，市委委员分工领导十大公营企业，展开全市工厂检查浪费运动。市委以国营工厂为重点，市委委员分工深入工厂，依靠工人阶级，发扬民主，推进创造新纪录运动。"第二，"取消区分会及街道劳动者联合会后，按行业成立了四种工会：海员码头工会、私营产业工会、手工业工会、店员工会，把省营、市营工会办事处改为工会，统一了工会组织，加强了公私产业工人运动的领导，团结了工人。"第三，"区街取消后，区街政府各项工作统一于市政府直接领导，总的方面来说，工作效力提高，步骤一致，规定统一，解决问题方便"。①

后来，东北城市虽然又恢复了"街居制"，但以企事业机构为核心的"单位"却始终居于城市的"中心地位"，而街道办事处和居委会则属于"剩余体制"。很显然，上述改制措施与毛泽东在建国初期提出的"组织起来"的思想具有惊人的一致性。正如《东北日报》评论员文章所言："加强各种产业行业与职业工会以及各种同业工会的工作。尽量把各种不同产业、行业、职业的职工，组织到各种工会中去，把各种不同的工商业者组织到各种同业公会中去，不属于各行各业的街道居民，则分别组织在合作社、文化馆中，妇女应分别组织到上述各种组织或妇女代表会中，这样就将城市的人民群众，按其不同的生产或生活需要分

---

① 《安东市区街组织改变的经验》，《东北日报》1950年1月7日。

别组织起来了，市与区的机构就通过这些组织联系群众。而过去通过街道的一揽子的组织是无法直接联系这样多方面的群众的。"① 可见"安东—吉林模式"的意义在于确立了以单位为主体的新体制，形成了"国家—单位—个人"的统治结构体系，"单位社会"的图景已初现端倪。

（2）在企事业单位内部，建立起"包下来"的福利制度。

在革命根据地时期，严酷的革命斗争形势使革命队伍采取了军事共产主义的分配制度——供给制。在共产党人接收大中城市，接管现代化大中型企业的过程中，这种源于根据地供给制的一整套规制在很大程度上成为共产党人接收、管理现代城市和企业的最直接的依据。而东北解放区则在共产党根据地制度结合进新中国城市社会体制的过程中，扮演了重要的角色。

就社会福利保障制度的构建而言，1948年3月4日，中共东北局颁布了《东北公营企业战时暂行劳动保险条例试行细则》，内容包括总则、关于劳动保险基金之征集与保管方法问题、关于职工因公负伤残废医疗和抚恤金的规定、关于职工因公死亡丧葬费和抚恤金的规定、关于职工疾病及非因公伤残之医疗和补助救济的规定等。如在劳动保险条例实施对象的问题上，规定："凡实施劳动保险之公营企业工厂中，有正式厂籍与固定工作岗位之职工，不分国籍、民族、年龄、性别，均适用劳动保险条例与本细则。凡公营企业工厂中所有临时性的、无正式厂籍与固定工作岗位的职工，或附属的公私合作与私营加工业的职工，暂不适用劳动保险条例。"对公营企业正式职工和临时工进行了区别。公营企业职工不仅因公负伤残疾所发生的医疗费由企业全部负责，而且，"职工疾病及非因公负伤者医疗费，在本企业医疗所及指定医院治疗者，由所属企业负担。"此外，不仅职工本人而且就连职工供养的直系亲属死亡，也"由劳动保险基金付给相当于本人一月工资三分之一的丧葬补助金。不满一岁者不发，一岁至十岁者，发给成年人的半数，十岁以上者，按成年人待遇发给之"②。《东北条例》是中国共产党颁布和实施的第一部较为完整和专门性的社会保险法规。它对保障广大职工生

---

① 《坚决改变城市政权的旧的组织形式与工作方法》，《东北日报》1950年1月7日。
② 《东北公营企业战时暂行劳动保险条例试行细则》，《东北日报》1949年3月4日。

活，解除职工后顾之忧，支援解放战争起到了重要作用。它虽然产生于全国解放前夕的战时状态，却为新中国成立后建立全国统一的社会保险制度积累了经验，奠定了基础。

就具体企业而言，共产党人在接收、管理东北企业的过程中，为迅速恢复生产，支援关内的解放战争，在接收企业，恢复生产的同时，积极建立"包下来"的福利制度。如1948年沈阳某企业在接收后不久便在恢复生产的同时，注意扩大职工集体福利事业。"工会在每一季度中，领导全体职工首先提出保证行政要求的完成，再提出要给职工解决什么集体福利，采取了公私兼顾的劳动政策，建设了450人职工子弟学校、30床位业余疗养所、20床位托儿所、职工住区医务所一处、澡堂子2处、奶牛4头、电影机1台（2架），增加了互助金4亿元，扩大修建了食堂，有150名体弱老工友，得到了疗养，恢复了健康。"①

上述各种"包下来"的措施，在改善、提高劳动者生活的同时，也将国人开始纳入高度组织化的企事业单位之中，为克服国人传统的"涣散"毛病，培养民众的集体精神发挥了作用。这在当时的游行活动中即可略见一斑："由于群众经常生活在集体活动中，他们的游行也显得特别整齐有组织。在庆祝上海解放火炬游行的晚上，我们看到了极有秩序的宏伟壮观的7万多人的队伍，举着代表自己生产标识的各种提灯，穿着洁净的制服。女工、女职员、女学生均按照不同的企业与系统，穿着政府配售与规定的各种不同颜色——天蓝、淡黄、草绿、灰色的裙子，显得朴素美观，精神奕奕。"②

（3）社会动员力是城市单位制的核心功能。

从一般意义上讲，单位制实际上是作为克服传统中国社会散漫涣散弊端而提出的措施。因此，社会动员力乃是城市单位制的核心功能。首先，在城市现代企业内部，建立了以共产党员为核心的权力体系和网络，这是社会动员的领导核心。东北解放初期，鉴于解放战争的严酷形势，企业中的共产党员并未公开自己的党员身份。但随着解放战争的节节胜利，加上革命工作的需要，各企业陆续开始公开党员身份。同时决定在企业内大力吸纳工人阶级加入中国共产党。企业既是一个生产单

---

① 东北人民出版社编辑部：《某工厂的党群工作经验》，东北人民出版社1951年版。
② 张佩：《培养人民的集体精神——大连访问纪要之六》，《东北日报》1949年7月31日。

位，但更为重要的应是一个以党员为核心的政治动员系统。

其次，城市社会动员的重点是工业企业。公营企业不仅仅是经济实体，同时更是作为社会动员的政治实体而存在的。企业的模式和运作逻辑基本上借鉴了苏联的斯达汉诺夫运动模式，依靠社会动员方式加以展开的。东北解放初期，在东北局的统一指导下，便以根据地的社会动员方式和苏联的"斯达汉诺夫运动"为模板，开展了创新纪录运动。新纪录运动虽然有打破"伪满标准"，创造更多物质财富的经济目标诉求，但其更为深远的政治意义则在于将农村革命根据地的社会动员模式和苏联的社会主义动员模式移植到以公营企业为核心的城市社会中，通过合理化建议运动和新纪录运动，培养职工的主人翁意识，以调动起"自下而上"的革命力量。

再次是街道居民区的居民社会动员。除了以工业企业为核心的社会动员外，开展街道居民的宣传鼓动也是非常重要的。"这些居民包括有员工家属、店员、小手工业者、自由职业者、商人及其他各阶层人士。由于城市生活的特点，一般地说，他们都迫切要求了解国内外大事和一切有关的政策法令。为了提高他们的政治认识，动员他们积极拥护与执行人民政府的法令和一切号召，就需要对他们进行经常的时事政策的宣传鼓动工作。"[1] 对于这些游离于工业企业之外的人群，除了努力将其组织到社团协会之中外，还应加强城市宣传鼓动工作。

以东北企业为主体的单位制构建，为全国范围内的单位体制建设提供了"典型示范"，被大力推广。1948 至 1949 年初，前往东北参观取经者络绎不绝，他们对东北经济社会快速发展的实绩深感叹服："不到东北不知东北之大，东北之富；不到东北，不知中国之大，中国之富。这是到过东北人们的经验话，无疑的这是铁的事实。自东北全面解放后，参观团、学习团、访问团……屡见不鲜，人们除了想了解东北之大、之富，东北世界闻名的工业建设、科学建设、卫生建设等外，东北还具有值得人们来考察、学习的条件，因为东北是和平的堡垒。"[2]

（二）"典型单位制"的发展（1953—1956）

如前所述，很多单位研究者在谈及单位形成的纵向轨迹时，多将

---

[1] 本刊评论员：《开展城市宣传鼓动工作》，《东北日报》1950 年 8 月 27 日。
[2] 薛愚：《东北归来》，《新建设》第 1 卷第 2 期。

"一五"计划的完成作为单位体制形成的标志。学术界之所以充分肯定"一五"期间在单位制度形成进程中的重要作用,这不仅是因为"一五"时期,通过苏联援建的156个建设项目,中国现代化开始步入快速发展阶段。同时更为重要的是,此时期中国也确立了高度集中的计划经济体制。"一五"期间,"中央政府各部门直接管理的工业企业数大大增加了,即由1953年的2800多个增长到1957年的9300多个,大约占当年国营工业企业总数58000个的16%,工业产值接近国营工业总产值的一半"①。正是在上述背景下,建国初期肇始的单位制获得了进一步发展和完备。

早在国家制定"一五"计划之前,"东北人民政府从1949年开始编制东北地区的1950年、1951年和1952年的年度计划。而全国性的'一五'计划是在1951年着手编制的"②。在这一意义上,东北国民经济发展规划的编制,为国家提供了经验。概括起来说,第一个五年计划的基本任务是集中主要力量进行以苏联帮助中国设计的156个建设单位为中心的,由限额以上的694个建设单位组成的工业建设,以建立中国的社会主义工业化的初步基础。根据优先发展重工业的思想,国家在一五期间将88%的工业投资用于重工业。"国家工业基本建设总的布置和要求是:基本上完成以鞍山钢铁公司为中心的东北基地建设,包括:改造抚顺、阜新、鹤岗的煤矿工业,改建本溪的钢铁工业、沈阳的机器制造业、吉林的电力工业等。"③除了日伪时期遗留下来的一些企业外,东北老工业基地所属的大型企业多是在新中国成立初期,尤其是在第一个五年计划期间(1953—1957)建立起来的。辽宁为"一五"时期全国大规模经济建设的重点和热点地区,原苏联援助设计的156项重点建设项目,有24项安排在辽宁,近1/6;而黑龙江和吉林省则分别安排了22项和12项。在一五计划推进的过程中,东北在较短的时间内建立起超大密集型企业集团,成为新中国工业化最具"典范"意义的地区,对典型单位制的形成产生了较大的影响。

(1)从地理空间角度看,以东北老工业基地为代表的"典型单位

---

① 汪海波:《中华人民共和国工业经济史》,山西人民出版社1998年版,第169页。
② 赵德馨:《中华人民共和国经济史》,河南人民出版社1988年版,第206页。
③ 同上书,第221页。

制"是在较短的时间内,在相对集中的空间里建立起来的,其工业社区呈现出明显的"单位社区化"特点。在建厂过程中,主要选择了一些靠近城市,但其地点相对荒芜空旷的地区,在空间分布上具有占地面积大和高度集中等特点。超大型工业社区为"典型单位制"背景下宏大的互动规模提供了广阔而又相对独立的空间。在这里,所谓"单位社区化"主要是指单位和社区在城市地理空间上的高度重合。这种地理空间意义上的高度重合所带来的直接后果,便是单位的多元化功能取代了社区功能,出现了典型的"单位办社会"格局。

(2)从社会空间的角度看,企业成员是在一个相对封闭的社会空间内展开其互动关系的,更易形成浓郁的单位氛围和国营惯习。"一五"期间,在建立重点工程的同时,中国开始模仿苏联模式,在建立厂房的同时,建立职工生活区。这固然有生活便利方面的考虑,但更为重要的思考是职工住宅应该是社会主义制度优越于资本主义的原则体现。这种工业社区的组合模式为"单位办社会"格局的形成,提供了基础性空间条件。与规模相对较小、居住相对混杂的传统工业社区相比,东北老工业基地范围内的工业社区普遍具有占地面积广,社会互动规模大的特点,在相对集中的空间内形成了一整套的社会服务体系,使得这里的居住者更容易体验到"单位办社会"的氛围。浓郁的单位氛围使得这一空间具有明显的封闭性,体制性的限制使得其员工无法走出单位的辖区,缺乏社会流动。同时,单位的封闭性自然带来"排他性"。从摇篮到坟墓的社会福利保障体制使得单位人充满了一种优越情结,人们也不愿意轻易离开单位空间。

(3)"典型单位制"具有超强的社会整合力,几乎将全部社会成员都吸纳到单位之中。随着"家属革命化"的进程,来自农村的妻子首先被纳入企业所属的集体所有制单位中工作,开始进入单位系列。在相当长的一段时间里,国有企业的就业安排采取了"老厂办新厂,单位包家属"的办法。在封闭的空间内,国有企业逐渐形成了"一损俱损,一荣俱荣"的"家族化"利益群体。地理空间组织行为往往具有很强的历史继承性,在计划体制下,通过职工代际间的传递和影响,使得东北老工业基地形成了具有独特意义的"社会空间"。

(4)从社会控制体系建构的角度看,这些超大型的企业不仅仅承担着"单位办社会"的诸项职能,而且同时还必须扮演着一个行政区的角色。学术界普遍认为:"中国特有的单位组织,其实质是将命令权力和财产权力结合起来的国家统治的一种组织化工具或手段。"① 而单位之所以能够扮演如此重要的角色,主要是因为它代表国家垄断性地占有了大量的社会资源。在单位体制下,国家全面占有和控制了各种社会资源,但国家并不是直接面向单位成员分配这些资源,而是通过单位来实现这一分配过程的。因东北老工业基地所属的企业规模大、空间相对集中,其对社会资源的占有具有更为明显的垄断性。可见,"一五"期间,以大型项目建设为契机,东北奠定了作为中国工业重镇的基础,并成为单位制度在全国范围内建构的"典型",其经验被广为归纳和推广。

(三)"典型单位制"的消解与畸变(20 世纪 90 年代以来)

典型单位制的内在结构比较单一,缺乏来自非单位体制的挑战,具有封闭自足的特色。因此,从 20 世纪八九十年代开始,伴随着改革开放的进程,中国社会步入了复杂多变的"转型期"。与沿海开放城市相比,东北地区迈向市场化的步履相对滞后,东北老工业基地的非国有经济和非单位制不够发达,其对传统的单位制度的冲击自然也就不大。这使得东北老工业基地的单位制虽然也走上了消解之路,但相比之下,单位制的现实影响仍然很大,不仅传统单位制度的堡垒仍然非常坚固,而且,一些非单位制的企业也往往向单位制模仿、靠拢。因而,作为与计划经济体制相配套的一种社会政治组织体制的存在,单位文化对东北老工业基地的社会发展仍然具有重大的影响,遂导致东北的"典型单位制"走向消解的过程也非常缓慢,其典型单位制的特色更加突出。关于东北老工业基地典型单位制消解与畸变的诸形态,笔者在他文中已有详论,于此不再赘述。②

三 典型单位制与当代东北社会变迁的 "地方景观"

美国杜克大学林南教授谈及当代中国社会转型和发展,曾特别强调

---

① 李路路:《论单位研究》,《社会学研究》2002 年第 3 期。
② 田毅鹏、漆思:《单位社会的终结》,社会科学文献出版社 2005 年版。

"地方性"变量的特殊意义。他认为:"转型在此指出的是社会中各种制度的地位与作用的各自变化与重新组合。……这种社会内部制度因素的结构性变化,并不导致齐一的明确的彼岸,并强调发展在各个地区会出现不同的方向与景观。"① 循着上述思路,以东北老工业基地社会为个案,将"地方性"这一变量引入分析系统,对"典型单位制"进行深入分析解剖,则既有助于深化单位研究,又有利于揭示当代中国发展变迁的"地方景观"。

(1)"典型单位制"与"东北现象"。改革开放以来,中国的发展景观呈现出极其鲜明的地域特性。如与沿海特区经济的快速发展不同,共和国成立以来工业发展一直居于前茅的东北地区却逐渐落伍。1991年3月20日,新华社记者赵玉庆等发表《"东北现象"引起各方关注》一文,率先提出"东北现象"概念,认为:"经济发展曾经居全国前列的东北三省近年来工业生产步履维艰,去年黑龙江、辽宁和吉林工业增长率分别倒数全国第二、第四和第五位,经济效益也处于落后地位。这一异常现象正在引起各方关注,称之为'东北现象'。"② 笔者认为"东北现象"概念的提出,在中国地域社会研究进程中具有重要意义,它标志着人们开始循着"地方性"的思路,致力于解开制约地方经济社会发展的迷局。长期以来,人们谈及"东北现象",往往将其简单地视为经济现象,仅从"经济视角"加以分析理解。而在我看来,"东北现象"实际上与"典型单位制"有着密切关联。

(2)"典型单位制"与老工业基地社会。"典型单位制"赋予东北老工业基地社会结构一些独有的特色,如一般说来,1949年以来的中国政府是当然的强政府,但在"典型单位制"背景下我们却可发现"弱政府"现象。因为在东北老工业基地所属的"典型单位制"的超大型工业社区内,"强政府"命题有其复杂而特殊的内涵。主要表现为在单位组织和地方政府两大系统中,以大型企业为主体的单位组织居于"强势"地位,而地方政府却长期处于"弱势",出现了超大型工业社区地方政府"弱势化"的趋向。因为从时间上看,在东北老工业基地

---

① 沈扬:《转型理论的地方性景观——林南教授谈东亚与中国现代化》,《复旦学报》1995年第6期。

② 新华社北京1991年3月20日电。

的超大型工业社区内，往往是先有企业，后有地方政府。在资源占有方面，由于这些超大型企业在地域上的相对集中性和封闭性，使得企业在资源占有方面远远超过了地方政府。而在行政权力体系中，这些超大型的、直属于中央各部委的企业集团不仅行政级别高，而且具有较强的独立性。与之相比，地方政府则自然处于相对的"弱势"地位。发掘和认识前述这些特色，对于我们深入理解东北老工业基地单位体制的社会结构特色及其变革路径具有重要意义。

（3）"典型单位制"与单位体制走向消解。在计划时代，虽然我国在经济领域并未实现预想的高度计划，但在社会领域内却基本上实现了高度的组织化，东北老工业基地社会的典型单位制便是其代表。如果我们将国企改造置于中国走出"单位社会"，实现社会转型这一宏观的历史背景之下，进行认真的分析省察，会发现"典型单位制"背景下超大型国有企业社区其内在结构比较单一，其正式制度和非正式制度高度契合，又为主流意识形态所肯定，遂使单位不是一个简单的"经济空间"，亦不是单纯的"政治空间"，这决定了"单位空间"结构转换的复杂性。"构成体制根本特征的基本运行原则和连接原则以及在其基础之上建立起来的制度系统也消失了。但是，一个体制的基本连接原则的消失并不一定意味着体制运行过程中发展起来的所有经济和社会结构、传统、观念、行为方式和策略也随之消失。"[①] 明乎此，我们应对"典型单位制"背景下单位体制走向消解进程的长期和曲折有一个更为客观和理性的判断。

（该文刊于《吉林大学社会科学学报》2007 年第 4 期）

---

① ［匈］玛利亚·乔纳蒂：《转型：透视匈牙利政党—国家体制》，赖海榕译，吉林人民出版社 2002 年版，第 1 页。

"典型单位制"对东北老工业基地社区发展的制约

近年来，伴随着中国走向市场化所带来的剧烈的社会转型，单位制和城市社区建设成为学界研究的热点问题。在研究中，人们一般都是将"单位制度"作为一种全国性的、普遍的制度和体制纳入研究视野的，虽然有些研究者已经注意到单位制度不同类别的存在，开始探讨单位级别和单位类型对单位制度的影响。但却没有注意将"单位制度"置于不同空间和地域文化背景下，探讨其具体的多元意义的变异，从而限制了我们对单位现象的深入理解。事实上，如果我们将单位制度的形成、发展和消解置于特定的场景之下，从其形成、消解、变异过程及其内在结构分化和重组来进行总体分析，就会发现：单位制度的存在是多元的。在不同的社会历史背景和社会空间条件下，单位体制形成了一些不同的模式。就国有企业而言，虽然中华人民共和国成立以来几乎所有的国有企业都采取了单位制。但由于东北老工业基地特殊的历史背景和空间条件，使得单位体制的诸要素在这里贯彻得最为彻底，持续时间最长，更加典型，更具特性，其内在结构也更为单一，其消解过程也自然非常缓慢，形成了一种别具特色的"典型单位制"，对其经济社会发展产生了深远的影响。本文拟以东北老工业基地的若干大型工业社区为个案，运用调查访谈资料，对典型单位制的生成及其对城市社区建设的影响做一初步的研究探讨。

一 "典型单位制"的形成及特点

法国当代社会理论大师亨利·列斐伏尔在构建其现代性理论的过程中，曾提出"生产空间"的概念。他批评以往的研究简单地从几何学的角度把空间视为空洞的空间或将空间仅仅看作是社会关系演变的静止"容器"或"平台"的传统观点,认为空间从来就不是空洞的,它往往蕴含着某种意义。"任何一个社会,任何一种生产方式,都会生产出自己的空间。社会空间包含着生产关系和再生产关系,并赋予这些关系以合适的场所。"并断言:"既然认为每一种生产方式都有自身的独特空间,那么,从一种生产方式转到另一种生产方式,必然伴随着新空间的产生。"[①] 在他看来,所谓人类文明变迁的过程,实际上就是"社会空间"的重组过程。列氏的上述观点对我们研究工业革命以来人类社会在剧烈变迁状态下所发生空间重组提供了深刻的启示。

从历史上看,中华人民共和国成立以来单位体制在全国城市社会范围内的普遍确立,即堪称是中国有史以来规模最为巨大的"空间重组"。这既包括城市"地理空间"的变化,也包括社会关系和社会控制体系的重构。在这场剧烈的空间重组过程中,由于特殊的历史背景和社会条件的作用,使得以东北老工业基地为代表的"超大型"工业社区形成了极具特色的"典型单位制",对其经济社会发展产生了极其深刻的影响。

(一)从地理空间角度看,以东北老工业基地为代表的"典型单位制"是在较短的时间内,在相对集中的空间里建立起来的。除了日伪时期遗留下来的一些企业外,东北老工业基地所属的大型企业多是在新中国成立初期,尤其是在第一个五年计划期间(1953—1957)建立起来的

在苏联援建的156项重点建设项目中,有24项安排在辽宁,近1/6;限额以上的694个工业建设单位,辽宁就有175个,占1/4。国家安排在辽宁的、由原苏联援助的24项重点建设项目是:鞍山钢铁公司、本溪钢铁公司的扩建、抚顺发电厂、阜新发电厂、大连第二发电厂的增容、阜新新丘竖井、阜新平安竖井、阜新海州露天煤矿、抚顺东露天矿、抚顺者虎台煤矿、抚顺西露天煤矿、抚顺胜利矿刘山斜井、抚顺龙凤矿竖井的新建扩建、抚顺石油二厂、抚顺铝厂、沈阳第一机床厂、沈阳第二机床厂(中捷友谊厂)、沈阳风动工具厂、沈阳电缆厂、大连造船厂改建扩建以及杨家杖子铝矿和一一二厂、四一〇厂、渤海造船厂的

---

① 包亚明:《现代性与空间的生产》,上海教育出版社2003年版,第87页。

新建和扩建改建工程。一五计划时期，根据黑龙江的地缘、资源优势和当时的政治形势，国家决定把苏联援建的 156 项重点工程中的 22 项建在黑龙江，实际建成 19 项，形成了现在的东北轻合金加工厂、哈尔滨东安发动机制造公司、哈尔滨飞机制造公司、哈尔滨电机有限责任公司、哈尔滨汽轮机有限责任公司、哈尔滨锅炉有限责任公司、哈尔滨轴承股份有限公司、哈尔滨工量具集团公司、哈尔滨电度表有限公司、哈尔滨电碳厂、中国第一重型机械集团公司、富拉尔基发电总厂、北满特锅股份有限公司、佳木斯纸业集团有限公司（两项）、鹤岗新一煤矿、兴安煤矿、兴安矿选煤厂、双鸭山矿务局选煤厂 18 家国有大中型企业。"一五"时期，在全国 156 项重点工程建设中，吉林省占 12 项，其中湾沟竖井由于条件不具备而下马，实际只占 11 项，即第一汽车制造厂、吉林染料厂、吉林化肥厂、吉林电石厂、吉林铁合金厂、吉林碳素厂、吉林丰满电厂、松东李输电线路工程（吉林省送变电工程公司）、吉林热电厂、西安中央竖井（辽源矿务局西安煤矿）和东北光学仪器厂（二二八厂）。这 11 项工程在吉林省的布局是：吉林市 7 项，长春市 3 项，辽源市 1 项。

从总体上看，在苏联援建的 156 个重点项目中，东北三省占了 58 项，占 1/3 以上。上述项目主要是煤炭、电力、石油等能源工业，机械、有色金属、钢铁、化学等制造业以及国防军事工业。在某种意义上可以说，一五期间奠定了东北作为中国工业基地的身份，同时成为"典型单位制"的样板，遂使这些巨型的、中央直属的企业在东北地区长期发展进程中扮演了极为重要的角色。以辽宁省为例，全省非公有制经济、中小企业、劳动密集型产业的发展很不充分。到 1998 年底，全省国有经济的比重仍然高达 66%，较全国高出 16 个百分点，就业比重也相对较高。相比之下，非公有制经济无论从产值比重还是就业比重均明显偏低。

在建厂过程中，主要选择了一些靠近城市，但其地点相对荒芜空旷的地区，在空间分布上具有占地面积大和高度集中等特点。以吉林化学工业公司为例，1951 年，东北人民政府化工局决定，在吉林市龙潭区兴建大型化工联合企业。其中，吉化染料厂、化肥厂、电石厂，是我国第一个五年计划建设的 156 项中的 3 项工程。当时，吉化公司的建设地点选在吉林市第六区人民政府辖区内，主要辖有永安、大三家子、裕民、天泰等村。正是在这城乡接合的边缘地带，吉化公司以"三大化"为基础，建成了一个占地面积为 20 余平方公里的大型联合企业。与大型企业建设相配套，逐渐形成了土城子住宅区、铁东住宅区、山前住宅区、龙潭住宅区等四大生活区。生产区和生活区错落有致地排列在一起。生活区中的居民几乎都是企业的职工和家属，他们"日出而作，日落而息"，构成了一幅现代工业社会版的"田园耕织图"。化工区亦称为"化工城"，以与吉林市的老城区相区别。而被称为"汽车城"的长春第一汽车制造厂也是在建国初期在长春市西南郊孟家屯一带选址建厂的。其公司本部占地面积 14 平方公里，共有小区 60 个，其中住宅小区 55 个。[①] 可见，占地面积大、空间集中构成了"典型单位制"的重要特点，它为"典型单位制"背景下宏大的互动规模提供了广阔而又相对独立的空间。

（二）从社会空间的角度看，企业成员是在一个相对封闭的社会空间内展开其互动关系的，更易形成浓郁的单位氛围和国营惯习

要想真正了解"典型单位制"的内部世界，仅仅关注其实体空间是不够的。从社会学视角看，空间的真正价值不在于其几何意义，而在于其社会性。这诚如齐美尔所言："并非空间，而是它的各个部分由心灵方面实现的划分和概括，具有社会意义。"[②] 在这一空间范围内充满了人们之间的相互作用。因此，我们除了关注这些"超大型"工业社区的地理空间构成外，更应了解这些空间的使用者在日常生活中对空间的真实感受以及其在此空间范围内所展开的复杂的互动关系。

与规模相对较小、居住相对混杂的工业社区相比，东北老工业基地范围内的工业社区普遍具有占地面积广，社会互动规模大的特点，在相对集中的空间内形成了一整套的社会服务体系，使得这里的居住者更容易体验到"单位办社会"的氛围。浓郁的单位氛围使得这一空间具有明显的封闭性，体制性的限制使得其员工无法走出单位的辖区，缺乏社会流动。同时，单位的封闭性自然带来"排他性"。从摇篮到坟墓的社会福利保障体制使得单位人充满了一种优越情结，人们也不愿意轻易离

---

① 中国第一汽车集团公司史志编纂室：《中国第一汽车集团公司年鉴》，吉林科技出版社 2000 年版，第 252 页。

② [德] Georg Simmel：《社会是如何可能的》，林荣远编译，广西师范大学出版社 2002 年版，第 291—292 页。

开单位空间。此外，与城市社会"异质性"特点不同，在集中的工业社区里生活工作的人们虽然岗位分工有所不同，但其生活方式却具有相当的"同构型"，形成了带有地方特色的"社区文化"。人们对其日常生活中的空间有着基本上一致的看法和评价，他们每日都以大致相同的节奏展开他们的工作和生活。

由于这些"超大型工业社区"多是新中国成立后在城市远郊或城乡接合部新建的，这种新建性决定了它几乎没有什么历史和传统的社会关系可以继承，这里的社区文化完全是由"单位人"自己建立起来的。这里的每一个家庭和个人都从属于单位。在企业建立之初，只有家庭里的户主（通常是丈夫）属于单位人。后来，随着"家属革命化"的进程，来自农村的妻子也被纳入企业所属的集体所有制单位中工作，开始进入单位系列。在吉林省某老工业基地，"文革"后期的中学在相当一段时间里基本上是按照其父亲所在的单位为标准来划分班级的。2002年7月，笔者在对吉林市一位教师进行访谈时，他对此做了如下的回忆：当时这样做的目的是为了便于中学生在学期间的"学工"的便利。在没有恢复高考制度之前，绝大多数的企业子女在高中毕业后，除了参军之外，多以进入其父母所在的企业工作为理想的就业途径。可见，在东北老工业基地的某些发展时期，甚至连中学生也被潜在地纳入了"单位体系"，成为"单位人"的预备。从历史上看，地理空间组织行为往往具有很强的历史继承性，在计划体制下，通过职工代际间的传递和影响，使得东北老工业基地形成了具有独特意义的"社会空间"。

（三）从社会控制体系建构的角度看，这些超大型的企业不仅仅承担着"单位办社会"的诸项职能，而且同时还必须扮演着一个行政区的角色

学术界普遍认为："中国特有的单位组织，其实质是将命令权力和财产权力结合起来的国家统治的一种组织化工具或手段。"[1] 而单位之所以能够扮演如此重要的角色，主要是因为它代表国家垄断性地占有了大量的社会资源。在单位体制下，国家全面占有和控制了各种社会资源，但国家并不是直接面向单位成员分配这些资源，而是通过单位来实现这一分配过程的。与一般单位制不同，由于东北老工业基地所属的企业规

---

[1] 李路路：《论单位研究》，《社会学研究》2002年第5期。

模大、空间相对集中，其对社会资源的占有具有更为明显的垄断性。

1. 在权力资源占有方面：在东北老工业基地建设过程中，其单位地址的选定，往往是根据工业发展的需要，大多选定在市区边缘或远离市区，实际上已在地方政府控制之外。虽然随着老工业基地企业的成长，政府也在同一地域范围内建立了区政府及其派出机构街道办事处等延伸性行政管理机构。但企业和地方政府二者之间不是垂直的领导关系，而是相互协调的平行关系。从其领导隶属关系上看，这些大型的国营企业一般都是直属于国家的某些部委，行政级别较高，远非区街级别所能比拟。

2. 从属地资源控制的情况看，在单位办社会的条件下，单位几乎控制了所有的社会资源。除了在计划经济时代由国家直接控制调拨的粮油、煤炭供应之外，其他所有的社会资源大多都由单位企业所控制。而其具体执行单位一般是所谓公共事业服务公司。如 1979 年 1 月，吉化公司成立公用事业公司，主要承担化工住宅区的幼儿、保教、街区建设、房产和公共工程维修、民用水、电、气供应与管理等公共事业。该公司的队伍非常庞大，1988 年时，有全民职工 1732 人，其中大集体 553 人、劳务职工 858 人、干部 535 人、高级工程师 7 人、中级职称 52 人、工人技师 9 人。与政府系列控制的社会服务资源相比，单位的优势非常明显。以龙潭区区域内的中学和公共浴池为例。吉化子弟中学共有 7 所，而且规模较大，而市属中学则只有 3 所，规模较小。吉化职工浴池有 7 个，而龙潭区属的浴池只有 1 个，而且规模也较小。

（四）典型单位制的内在结构比较单一，缺乏来自非单位体制的挑战，故其在社会转型期走向消解过程也非常缓慢，其典型单位制的特色更加突出

在单位体制盛行的时代，中国社会呈现出独特的两极结构："一极是权力高度集中的国家和政府，另一极是大量相对分散和相对封闭的一个个单位组织。长期以来，国家对社会的整合与控制，不是直接面对一个个单独的社会成员，更多的是在这种独特的单位现象的基础上，通过单位来实现的。"[①] 20 世纪 90 年代以来，伴随着中国社会结构的变迁，

----
① 潘乃谷、马戎：《社区研究与社会发展》下，天津人民出版社 1996 年版，第 1151—1152 页。

非国有经济及非单位制度迅速扩大发展，原来单位体制的一统天下开始发生变化，形成了当前中国社会"单位制"和"非单位制"并存的局面。在某种意义上，这实际上意味着单位社会已经开始走上了消解之路，有人则称之为"后单位制时代"。如果我们对单位体制演变的纵向轨迹进行认真分析研究，就会发现：与单位体制确立过程中明显的"同步性"不同，受地域的经济结构、文化特色、历史积淀等因素的影响，单位制度的消解过程具有明显的"不同步性"。具体言之，在非国有经济比较发达的省份，生活在非单位体制下的成员的人数逐渐增多，"他们或者按着市场的机制，或者同时利用市场或非市场新旧两种机制，不断地改善着自己的经济地位。他们的行为作为一种参照群体，在很大程度上刺激着生活在单位制度中的社会成员"[1]。对传统的单位制度构成了巨大的冲击，加快了单位制度的消解过程。但与之相反，东北老工业基地的非国有经济和非单位制不够发达，其对传统的单位制度的冲击自然也就不大。这使得东北老工业基地的单位制虽然也走上了消解之路，但相比之下，单位制的现实影响仍然很大，不仅传统单位制度的堡垒仍然非常坚固，而且，一些非单位制的企业也往往向单位制模仿、靠拢。因而，作为与计划经济体制相配套的一种社会政治组织体制的存在，单位文化对东北老工业基地的社会发展仍然具有重大的影响，表现在：

在单位体制下，超大规模的国有企业几乎控制了所有的社会资源，遂使来自民间的社会发展的推动力量严重不足。所谓"单位制"，既是一种制度，同时又是作为一种文化而存在的。其典型的特征是以单位为核心的社会组织控制了几乎全部的社会资源，整个社会实际上是围绕着这些资源而运转的。在整个社会资源都被单位所控制的条件下，民间的现代化推动力量自然严重不足。具体表现为，在东北老工业基地，无论是城市中的民营经济、外资企业，还是农村的乡镇企业，都不甚发达。与江南地区相比，其经济社会发展很少受到来自民营企业和乡镇企业的挑战。因此，在单位制度走向消解的过程中，东北老工业基地的"典型单位制"的特点体现得更为突出。

综上所述，可知，在计划经济时代形成的单位制度虽然在全国具有

---

[1] 李汉林：《制度规范行为——关于单位的研究与思考》，《社会学研究》2002年第5期。

一定的普遍性，但在东北老工业基地特殊的背景之下，更具有典型意义。这主要是因为"东北老工业基地是原有计划体制统治时间最长、贯彻最为彻底的地区。在这一区域内，企业一方面曾受到旧体制的严重束缚，但另一方面至今仍对旧体制存有深深依赖；经济发展既受害于旧体制，又受惠于旧体制；职工与社会心理上既迫切向往改革，又对旧体制颇多怀念，相当多的干部、职工对市场经济下的竞争怀有担心甚至恐惧，对竞争的压力思想准备至今不足。这种状况构成了老工业基地体制转轨的重要障碍"①。可见，东北老工业基地目前这种"剪不断，理还乱"的发展困境，与这种"典型单位制"有着密切的联系。

二 "典型单位制"对社区建设的影响

从20世纪90年代开始，伴随着中国走向市场化的进程，传统的单位体制开始趋于消解和变异，"还经济于市场，还社会于社区"，在"权力下移"的总体背景下，社区建设成为中国社会的热点问题。从理论上看，所谓"还社会于社区"，实际上就是由"单位办社会"转变为"社区办社会"，即将过去由单位承担的社会功能剥离出来，由"社区"加以承接。这似乎是一个简单的"剥离"和"承接"的过程。但如果我们结合东北老工业基地的实际情况，从实践操作层面加以分析观察，就会发现，问题远非如此简单。

从东北老工业基地的现实出发，社区建设具有特殊重要的意义。据学术界研究，大约从20世纪80年代起，由于我国生产力布局政策的改变以及老工业基地自身情况的制约，加之体制转轨、企业组织结构和设备老化、重复建设等因素的影响，大陆的老工业基地即普遍出现了明显的衰退迹象。虽然国家采取了很多措施，但这种衰退景象并未得到解决。②受地缘、政策等因素的影响，老工业基地的衰退趋向在东北地区表现得更为严重，表现为大量企业处于停产、半停产，甚至破产倒闭。

---

① 吴艳：《老工业基地改造研究》，大连出版社1997年版，第96页。
② 郭振英、卢建、丁宝山：《中国老工业基地的改造与振兴》，《中国社会科学》1993年第1期。

社会上下岗失业人员大量增加。据吉林省劳动和社会保障厅调查，2001年1—9月，吉林省国有企业下岗职工累计已达45.24万人。而且，下岗失业人员呈现出年轻化、文化程度高、长期失业人数比重大等特点。①而在辽宁省的重工业城市本溪，"到2000年年末仍有下岗失业人员22.6万人之巨，占城镇从业人员总数的38.49%"②。随着下岗、失业和买断工龄工人的大量出现，一大批"单位人"走出单位，变为"社会人"，这就使东北老工业基地的社区建设具有更为特殊的重要性。

但是，东北老工业基地社区建设所面临的制约关系也是极其复杂的，在诸多的制约要素中，又以"典型单位体制"的影响最为突出：

（一）从社区建设的推动力来看，东北老工业基地的社区建设存在着严重的推力不足问题

中国的现代化属于"后发外生型"，其启动发轫过程不是其社会内部现代性因素自然而然地生发、积累的过程，而是面对西方外部现代性挑战所作出的积极的、有意识的响应。在现代化启动发轫的过程中，国家往往起着决定性的作用。改革开放以来，伴随着大陆走向市场经济的总体进程，行政权力开始下移。但是，由于我们长时期处于"以单位制为细胞的、以纵向组织为中介的、高度中央集权的体制之下"③，"自下而上"的民间力量的发育极为缓慢。因此，在今天遍及全国的社区建设热潮中，无论是"行政社区"取向，还是"自治社区"取向，事实上政府在其中都扮演了重要的角色。

但在东北老工业基地所属的工业社区，情况则更为复杂，主要表现为：政府在社区建设过程中的推动作用往往是通过单位来实现的。因为在东北老工业基地，这些超大型的、直属于中央各部委的企业集团是一种独立性较强的实体。从领导体制的角度看，这些大型企业集团大多是直接归国家部委领导，行政级别较高。虽然有些事项也要"入乡随俗"，接受地方政府规章的制约。但其与地方政府大体上是一种平行的、积极协作的关系。一般说来，地方政府只是在计划生育、精神文明

---

① 孙乃民：《吉林省社会形势分析与预测（2002）》，吉林人民出版社2001年版，第58—59页。
② 郝赤军：《东北老工业基地再就业的社会障碍性因素分析——以本溪市为中心》，吉林大学社会学专业硕士学位论文2002年，第22页。
③ 张静：《国家与社会》，浙江人民出版社1998年版，第20页。

评比等方面对这些大型企业有一定的制约作用。但随着企业专注于市场发展，对这些来自行政权力的荣誉和评价越来越淡化。另一方面，由于这些超大型企业在地域上的相对集中性和封闭性，使得其在资源占有方面远远超过了地方政府，使得地方政府处于相对的"弱势"地位。于是，在全国"大政府"、"强政府"的总体格局下，东北老工业基地却出现了地方政府"相对弱化"的情况。此外，在社会转型期，绝大多数的东北老工业基地的企业多处于调整期，效益普遍不佳，存在着大量的下岗工人和失业者，这遂使企业已不可能拿出更多的资源来支持社区建设。这样，我们便发现在东北老工业基地的社区建设过程中，出现了双重的"支持不足"，即政府推力不足；单位支持力度不足，直接导致了社区建设缺乏强劲的推动力。

由于基层政府直接控制的资源非常有限，遂使得单位不能立即退出社区建设，相反却应对社区建设进行大力的支持。在东北三省的老工业基地，我们会发现：凡是有单位支持的地方，其社区建设就比较顺利，凡是单位和政府配合欠佳的地方，其社区建设就难以取得进展。

（二）"逆非单位化"现象长期存在对社区建设的影响

从理论上看，社区建设的推进过程，实际上是由"单位办社会"转向"社区办社会"的过程，即"非单位化"的过程，但由于老工业基地企业与政府资源占有的巨大反差，使得这一转换格外艰难。如前所述，在典型的单位体制下，这些"超大型企业"几乎控制了全部的社会资源，而街道、居民委员会则完全居于"剩余体制"之下，居委会的建设费用主要依靠驻街单位的无偿支持。而社区成立之后，虽然企业开始向社区转移其部分职能，但社区仍然拉住单位不放，因而，出现了所谓"逆非单位化"的现象。所谓"逆非单位化"，是指"改革开放以来，企事业单位向社区释放责任，社区组织在接受这些任务的同时仍不放松让企事业单位承担一定的责任，即拉住企事业单位，让它们承担社会服务的责任。这种促使企事业单位继续承担它要放弃的社会服务责任的现象，我们称之为'逆非单位化'"[1]。对于这种"逆非单位化"现象，我们不能简单地予以否定，而应该看到此种现象的存在目前还是有

---

[1] 雷洁琼：《转型中的城市基层社区组织——北京市基层社区组织与社区发展研究》，北京大学出版社2001年版，第91—92页。

其现实依据的。在目前情况下，单位的社会服务责任之所以难以摆脱，主要是因为，在漫长的发展过程中企业控制了大部分社会资源，进行封闭式的分配。尤其是在东北老工业基地，更是一个典型的"企业办社会"的典范。由于单位控制了绝大部分资源，社区建设必须寻求单位的援助。由此，如何完成由"企业办社会"到"社区办社会"的转变，是东北老工业基地必须直面的现实问题，而其中的关键在于单位资源的利用问题。

从历史上看，东北老工业基地所属的企业具有支持地方政府建设的传统。但从20世纪80年代东北老工业基地发生衰退现象开始，企业的整体实力大打折扣，事实上已经难以拿出更多的资源来与政府共建社区。

1. 在社区建设的硬件设施方面，企业很难在办公房屋和设施方面慷慨解囊。2002年7月，笔者到吉林省某老工业基地所在的社区进行访谈时发现：街道办事处的办公场所甚至都是租借企业的。街道负责人告诉笔者：在老工业基地建设社区最大的挑战是社区的经济基础问题。我之所以把社区经济基础看得比较重要主要是因为老工业基地在其发展过程中单位已经控制了几乎全部的社会资源。拿我们街道所在的地区来说，从土地到各种社会资源而言都被单位完全控制了。这就使得在社区建设过程中，老工业基地的社区经济基础格外脆弱。你不知道，现在我们街道办事处的房屋都是每年花17000多元从企业那里租来的。这使得社区建设比起其他其地区显得更加艰难。

另外，吉林省某社区成立于2002年5月，成立时街道办事处虽然想了很多的办法，但社区办公用房却一直没有着落。社区主任只能在家里40多平方米的屋子里暂时办公。为了解决社区的办公场所问题，社区和街道方面曾与驻社区的厂方领导协商，请求将该企业经营不景气，基本上处于闲置状态的托儿所借一间房子暂时过关。但企业领导却强调困难，没有达成协议。

2. 在社区建设的人力资源方面

在典型单位制的条件下，居委会几乎完全居于"剩余体制"之下，很难走到历史的前台。由此，一个单位人到居委会任职简直是一种不可想象的事情。近年来，沈阳、长春、吉林等老工业基地虽然成立了社区，但由于社区管理人员的待遇过低，以长春为例，社区管理人员月收入仅在300元左右。如此很难吸纳高学历人员来社区任职。因此，只要企业的光景尚可维持，企业的人力资源便不可能分化出来，纳入社区。

（三）社会"公共空间"形成的进程更加缓慢

从20世纪50年代开始，在联合国发表的《通过社区发展促进社会进步》的专题报告中，即提出社区发展的目的是动员社区居民积极参与社区建设。并认为社区的实质性特征主要表现在这种"聚合体带有公共生活的特征，表现为风俗、习惯、传统和讲话的模式"[①]。从此，市民参与几乎成了衡量社区发展最具核心意义的指针。就是在今天，在西方社区主义者看来，社区高远的主旨亦在于"培养公共的习俗和制度，好让不同传统习惯的人和睦相处"[②]。这说明：社区要想取得真正意义的发展，必须使其发展进程直接牵涉到社区中所有人以及他们的总需求。如果社区发展与其居民的实际利益毫无关系，是很难发生互动关系，形成内聚力的。目前，对于东北老工业基地社区建设来说，其所面临的一个重大的挑战，便是如何将"单位认同"转化为"社区认同"。

在计划体制下，政府通过单位，对社会实施全面的管理和控制。政府的权力触及了社会的各个方面，一个外在于国家的社会实际上并不存在。因此，近年来，在社区研究的热潮中，很多学者发出了"社会在哪里？""社区在哪里？"的感叹。尤其是在东北老工业基地这种典型的单位体制之下，几乎所有的社会公共事务都由企业包下来。从社会关系角度看，所谓"单位办社会"实际上是以"单位"覆盖了"社会"，用"单位空间"代替了"公共空间"。从单位与其外部世界的关系看，更具有极其强烈的封闭性。单位将几乎所有的人都吸纳进单位体系的内部，其活动，其社会交往关系，都直接与单位发生关系。在东北老工业基地建设初期，在职工队伍之外，还存在着较大的所谓"家属队伍"，但随着"家属革命化"的进程，其家属也基本上都进入到所谓的"集体企业"当中。后来，其子女也都进入到集体企业当中。这样，在居民委员会控制的职权范围内，就基本上没有什么人了。因此，无论是职工，还是其家属，都对企业产生一种强烈的依附，这种"依附"所带

---

① 陈启能：《中国和加拿大的社区发展》，民族出版社2002年版，第189页。
② 欧阳景根：《背叛的政治——第三条道路理论研究》，上海三联书店2002年版，第132页。

来的对"企业的内部认同"也是非常强烈的。这种对单位的认同，实际上替代了对社区的认同。在这些职工和家属看来，单位乃是一种绝对性的、更为理想的存在。这种强烈的单位意识，决定了东北老工业基地民间"公共空间"的形成之路更加曲折漫长。

三 几点思考

反思东北老工业基地典型单位制对社区建设的影响，给我们留下了许多有益的启示：

（一）社区建设模式的多样性。无论是发达国家，还是发展中国家，其社区建设的模式都是多元的，不存在一个"放之四海而皆准"的社区建设模式。从理论上看，迄今为止的社区建设发展，主要有两个路径：其一是"自下而上"，即民间自治力量在社区建设过程中表现出相当的主动性和自觉性。其二是"自上而下"的路径，即以政府为代表的行政力量在社区建设过程中扮演重要的角色。在一般的情况下，"主动性来自政府这一思路往往遭到社区专家的反对。他们担心民主的经验不会来自强加的计划"[1]。社区建设采取何种路径主要应该取决不同民族国家和地区具体的历史背景和现实条件，而不能简单地从理论和价值出发。东北老工业基地社区建设的特殊性在于在漫长的历史岁月里，以企业为主体的单位因素在工业社区形成和发展过程中一直占据着绝对主导地位，这遂使老工业基地的社区建设难以在短时间内摆脱单位的影响和制约。

（二）振兴东北与社会空间的再建。应该承认，激活国有大中型企业，使东北在经济上重现往日辉煌，是振兴东北最具现实意义的推进路径。但如果我们承认时下东北的振兴和发展，其实质是一个复杂的空间重组和整体的社会转型的话，就会发现，东北老工业基地振兴的基本内涵，既包括以国企改革为核心的经济发展，同时也包含以社区建设为核心的社会发展。在这一意义上，我们应从振兴东北的战略高度来认识"典型单位制"的改造和社区建设问题。

---

[1] 陈启能：《中国和加拿大的社区发展》，民族出版社2002年版，第13页。

其一,"典型单位制"背景下的东北老工业基地社区建设,其实质是由"企业办社会"向"社区办社会"的转变。长期以来,"单位办社会"是中国国企普遍存在的问题,但相比之下,东北老工业基地的问题尤为严重。据统计,东北地区中央企业仅办中小学校、公检法、医疗卫生等社会机构,每年需支付约 80 亿元补助费。[1] 成为一项沉重的负担。此前,各级政府和企业都曾数次下决心进行改革,但均因种种障碍而搁浅。其结果使企业自身的负担越来越重,同时也压抑了政府和企业以外的社会力量的成长。鉴此,我们在推进东北老工业基地的改造的过程中,应痛下决心,在对国有企业"办社会"的职能进行大力度的剥离的同时,积极推进社区建设,以承接单位分化出来的基本职能,保证东北老工业基地的经济社会协调发展,以实现其"社会空间"的重组和再建。

其二,政府行政力量应该在东北老工业基地社区建设过程中扮演主导性角色。如前所述,东北老工业基地"典型单位制"背景下社区建设的特殊性在于,在长期的发展过程中,以企业为主体的单位因素一直占据着绝对的主导地位,遂使老工业基地单位之外的力量相对弱小。因此,目前我们尚不能过高地期望民间自治力量在社区建设进程中表现出相当的主动性和自觉性,而以政府为代表的行政力量仍将发挥主导作用。

其三,从社区建设的长远目标看,"今天的社区建设可以看作是一个城市化过程的继续,既是城市发展的继续,也是市民现代化的继续"[2]。而从近期目标看,社区发展也往往是解决现实问题的一种手段。在社会转型期,东北老工业基地的就业矛盾非常激化,弱势群体数量大,出现了大量的"新贫困人口",各种内在的矛盾冲突激烈,难以在短时间内化解,易于酿生突发性事件,产生倍增的负面效应。近来东北一些地方出现的严重的"集群事件"即是其表现。在这一意义上,东北老工业基地的社区建设实际上承载了极为艰巨的使命。在此问题上,笔者同意有的学者提出的关于"有限社区"的概念,即在社区发展的

---

[1] 苏民:《东北中央企业调整改造仍面临四大难题》,《经济日报》2004 年 2 月 14 日。
[2] 费孝通:《对上海社区建设的一点思考》,《社会学研究》2002 年第 4 期。

目标问题上，不能把基层社会发展的各种职能都列入社区建设的范围。① 不能四面出击，要选好社区建设的着力点，集中解决弱势群体的紧迫问题。只有这样，才能突破"典型单位制"的硬壳，实现"社会空间"的重组和转换。

（该文刊于《吉林大学社会科学学报》2004 年第 4 期）

---

① 武克全：《以新的视野和思路推进社区建设的研究和实践》，《社会学研究》2002 年第 4 期。

单位社区精英的"资本"构成及其运作研究

——以 C 市 H 社区为例

步入新世纪以来，伴随着单位制的消解和城市社区建设的发轫，中国城市社会的基础结构发生了剧烈变动。值得注意的是，近 20 年的城市社区建设并不是在一张白纸上展开，而是深深地植根于城市社会历史基础之上的一个复杂的"再建"过程。基于其社会传统基础的特点，形成了不同的城市社区建设模式，虽然近年来，单位社区在单位组织走向消解和社会流动、开放的大背景下，业已丧失了其传统同质性和区隔性，但在上述诸多模式中，"单位社区"仍是最具特点的一种范型。因此，在研究单位社区精英现象时，我们仍要将其纳入到单位社区变迁的总体框架下展开理解和分析。

一 单位社区精英的界定及其资本构成

（一）单位社区精英的涵义界定

在学术史上，"精英"一词最早出现在 17 世纪的法国，其含义主要是"优秀的、精选出来的人物"，而此概念真正被纳入社会学理论研究范围则始于意大利社会学家维尔弗雷多·帕累托，他对精英的定义是："精英是指最强有力、最生气勃勃和最精明能干的人。"[①] 长期以来，学界对"精英"概念的使用往往集中在两个方面：一种是处于社会上层拥有特殊权力、财富、地位的统治型精英；一种是源于民间的基层草根精英。虽然二者均使用"精英"概念，但却存在着诸多重要的

---

① [意] 维尔弗雷多·帕累托：《精英的兴衰》，刘北成译，上海人民出版社 2003 年版，第 13 页。

差别，主要表现在：（1）统治型精英往往都占有较为丰富的体制性和制度性资源，并拥有实体性权力。而草根精英则居于体制外，基本上不占有体制内的"有形资源"；（2）统治精英一般都在不同的科层层级上占有自己的位置，并依赖科层系统展开自己的行动。而草根精英则往往没有科层系统可以凭借和依赖；（3）统治精英除了拥有体制资源之外，有时也拥有魅力型权威。而草根精英则主要是通过魅力型权威使自己成为卡里斯玛式人物的。本文讨论的单位社区精英即属于基层草根精英群体。在明晰草根精英概念的过程中，我们应该特别强调，草根精英并非一个简单的"同质体"，而是有着其复杂的类型构成，这些类型划分的依据一般是草根精英所在社会空间样态及关系特点。在本文中，单位社区精英符合普遍性社区精英的界定又具有自身独特之处，主要是指在利用原有单位资本基础上，由原有"单位人"身份转换而成的获得国家基层政权认可并且能在社区治理过程中起到重要支配作用的个体精英人物。

（二）单位社区精英形成的背景条件

众所周知，单位制是一个强调动员性和整体性的特殊的"体制构架"和"组织形态"。计划经济时期典型的单位组织往往都是以"企业厂区"和"单位居住区"，覆盖了整个社会空间。在当时的条件下，"单位居住区"一般是作为单位组织的附带空间而存在的，根本不存在脱离于单位组织以外的具有社会性的"社区"。故在那个时期自然也不存在所谓"社区精英"，在这一意义上，本文所关注的"社区精英"，实际上是社会转型期单位制走向消解过程中特有的产物。

1. 单位制消解是单位社区精英形成的重要社会背景条件。伴随改革开放进程的不断加快，单位制作为与计划经济相匹配的僵化体制开始受到批判，并由此走向消解，中国原有"国家—单位—个人"的纵向社会调控动员模式开始被"国家—社区—个人"体系所替代。单位制消解进程推进单位长期承担的医疗、养老、住房等一系列的社会性职能开始逐步向社区转移，单位在生活世界的"离场"为社区的建设与发展提供了空间，而社区联结国家与个人的纽带作用开始不断凸显，并成为基层社会治理的重要层级。在当前社区治理的基层实践中，存在着一类较为特殊的社区样态——单位社区，原有单位社区作为一种制度化的组织形式，是与我国计划经济相适应的、极具中国特色的一种城市社区样态。在企业单位转制消解后,传统"单位人"集中居住区的边界并没有随之而破碎,单位社区呈现出以原有"单位人"为主体,在原有单位社区基础之上重新构建社区的一种新的社会样态。

2. 新世纪以来,社区体制的探索性发展为社区精英的形成提供了活动平台。在新时期的社区治理体系中,政府依然占据着主导地位,居民、社区、社会组织、驻区单位等社会性群体参与的积极性不高,导致社区治理主体的多元化存在明显的缺失,社区自治组织在治理体系中尤其居于弱势地位。社区体制发展的不健全为社区精英的生成及其发挥作用提供了特殊契机。

(三) 单位社区精英的资本构成的实证分析

如前所述,从一般意义上来讲,我们所说的"精英"指的是社会上层"拥有大量经济财富、享有较高社会地位和具有较高文化水平的群体和亚群体"[1],因其具有优秀禀赋和领导才能,往往在一定的领域范围内占有重要的领导支配地位。此种类型的社会精英拥有他人所不及的统治地位和大量经济、文化财富,并且享有丰富的社会网络关系。因此,一般意义上的精英资本主要由权力资本、政治资本、经济资本、文化资本以及社会资本所构成。相比于社会上层统治精英而言,隶属草根精英序列的单位社区精英因其所在的单位社区场域特殊性,其资本构成形式自然与之有较大差异。在对单位社区精英展开研究的过程中,需要运用实证研究的方法对特定社区进行微观的把握与探讨。本文拟选取 C 市典型单位社区 H 社区,结合该社区特点对其精英人物 W 主任展开案例式分析,从中把握其单位工作时期的资本积累情况。

1. H 单位社区的主要特点

H 社区是典型的单位社区,其前身是一个位于大山深处,在生产、生活上高度重叠的三线军工企业家属区。20 世纪 60 年代,在国家三线国防建设的背景下,该军工企业 S 零件厂于 1966 年建成,选址极为隐蔽,直接隶属于中央兵器部,主要从事子弹的生产与加工工作。到了 80 年代,因国家三线建设战略调整,大批三线工厂回迁到城市。1987 年,S 零件厂开始着手筹划进城事宜,最终选址 C 市并开始修建单位家属区,即现在 H 社区所在地。1989 年 9 月,S 厂与其他 7 个三线工厂同

---

[1] 谢岳:《市场转型、精英政治化与地方政治秩序》,《天津社会科学》2005 年第 1 期。

时进行搬迁，在一年内陆续完成搬迁工作。进城后 S 厂的经营领域由军工转向民用，主要生产加工汽车打片机和刹车片。

　　H 社区作为典型的单位社区在空间上具有鲜明特征：（1）H 社区是一个相对封闭的熟人社会。相比于一般城市社区的陌生人之间流动化状态，单位社区的生产、生活重叠性较高，人员流动性不大，是一个与外界联系程度低的相对封闭的社区环境。尤其是大山深处的三线企业，其封闭性特征表现得更为明显，H 社区居民之间形成血缘、姻亲、同学、师徒、战友等关系交织成的密集的社会关系网络，高度的熟识也使人们更加看重关系与人情，呈现出明显的"熟人社会"样态。（2）H 社区居民的价值取向趋近，便于形成单位小公共性。H 社区居民的构成简单，多数来自原三线工厂，长期以来接受同一单位的文化价值熏陶并受其动员与控制，对单位具有强烈认同感，价值观念取向具有较强的趋同性。（3）H 社区资源相对匮乏，缺少支撑与保障。H 社区是单位消解后，在原始单位生活空间内整合而成的社区，故传统性的单位保障不复存在，成为企业单位"弃管"社区。同时，H 社区没有及时被城市治理体系所覆盖，未吸纳物业管理公司进驻，处于城市治理的边缘真空地带，导致社区环境、基础设施极差。另外，政府资源分配具有绩效收益倾向，更加不利于"衰败"的单位社区获得来自政府的资源支持。

2. H 社区主任资本构成的分析

　　H 社区以上特点决定其精英人物 W 主任在资本构成上亦具有独特之处，主要表现在以下几点：

　　（1）单位社区精英虽然不具有乡村精英赖以存在的亲缘与宗族资本支撑，但其拥有来自于单位时期依托于企业"单位人"共同生产、生活体验而形成的"熟人社会"资本优势。W 主任生长于单位社区之中，在企业单位经历了多次工作调动和岗位变化，前后担任过仪表工、成本统计、幼师、幼儿园园长、计划生育主任等职务，在中层干部岗位工作多年，不仅拥有丰富的工作经验，更对社区环境及邻里关系非常熟悉。用她的话来说："社区的事对我来讲就是老太太摘豆角——手拿把掐！"① 正是这种长期共同生活、工作的经验，使 W 主任与社区居民之间形成了紧密且复杂的强关系网络，有助于其利用社会关系网络的良好

---

① 资料来源：2015 年 12 月 H 社区调查访谈。

传递性，对已有优势资本在熟人之间加以传递，间接地形成新的社会资本，从而使其"熟人社会"资本优势得以不断巩固与扩张。

（2）W主任具有来自H社区居民对社区高度依赖和强烈集体认同而形成的社区文化资本。H社区所在地原本是单位职工家属住宅区，单位人对原有单位具有强烈组织依赖性。在企业破产和单位解体后，单位人将这种传统的组织依赖惯习转移到单位社区之中，呈现出对单位社区的高度依赖。由于H社区与原单位生活空间相重叠，且具有接续性，使得H社区居民在集体认同转换上不同于"单位制度的变迁必然需要一个根本性的集体认同的转换过程"①的模式，更多地表现为一种接续，而非崩塌。因此，居民对社区的依赖和认同为单位社区精英提供了宝贵的社区文化资本。

（3）伴随单位解体，单位管理人员在单位居住区生活服务领域撤场，W主任成为社区居民自治平台中联结居民与政府对话的唯一代理人。其社区公共意识、工作成效、权威形态成为H社区争取政府资源投入的重要条件。W主任作为介于"个人—社区—政府"的中间节点，身处城市基层治理序列之中，身份灵活，且具有重层性，使其拥有了获取政治资本的可能。

（4）W主任的个人特质也是其资本构成的重要部分。在访谈中W主任对自己有这样的总结："我这个人自尊心、上进心比较强，责任心很强，是一个敢担当的人。"②回望其工作经历，无论是单位制时期还是社区治理环节，W主任都能够最大限度发挥自身实力，形成了良好的社区工作效益。特别是在单位向社区转换过程中，W主任不仅善于把握成长机遇不断升级自身资本，在众多社区工作者中脱颖而出，更帮助H社区实现建设与发展，在基础建设、环境资源、政策帮扶等各方面实现了"从无到有"的质的飞跃。W主任担当奉献的工作作风、独特的个人领导魅力以及勇于争先的性格是其个人特质最直接的体现，同时也是其重要的资本构成成分。

---

① 田毅鹏：《单位制度变迁与集体认同的重构》，《江海学刊》2007年第1期。
② 资料来源：2015年12月H社区调查访谈。

二 单位社区精英的资本运作

20世纪八九十年代以来，伴随着多维制度的剧烈变迁，单位社区精英的工作场域经历了从企业向社区的转换。更深层次上讲，其工作的性质及组织结构发生了根本性的改变。在这一过程中，单位社区精英不仅巧妙地将其既有的资本类型与存量加以系统整合，同时又采取一系列实践策略，展开了其资本运作的过程，呈现出独特的实践形态。本文主要从条件契机、运作手段、资本转换以及精英自我资本升级等角度，对H社区精英W主任的资本运作加以分析探讨。

（一）W主任社区精英地位确立的特殊契机

如前所述，H社区是典型的单位社区，其发展经历了三线军工、进城适应、企业衰败以及社区重建等不同历史发展阶段，不同时期单位形态的转变，对社区发展都产生了深刻的影响。在三线进城初期，受企业经济能力的限制，城市企业家属区环境与基础设施建设极差，加之企业长期地处闭塞偏僻的山区，其在计划经济时期形成的企业经营理念难以与现代性市场经济体系相对接，致使S厂始终经济效益低下，职工工资、福利待遇水平较差，在进城后十几年的时间里，职工每年工资所得最高时为7个月工资，最少的时候一年只能领到两个月工资，职工生活十分困难，企业家属区更是破败不堪。伴随改革开放进程的不断加快，S厂生产经营步伐无法跟上快速发展的经济形势，不可避免地走向消解，2007年1月1日，长期经营不善的S厂宣布破产。单位组织的终结虽然使企业退出了经营的舞台，却给社区发展以更大的空间，社区由单位空间以外的边缘存在而走向社会治理的前台，但作为老三线军工企业的家属区，其面临着企业破产后出现的社区"弃管"问题，在既没有单位的保障又缺乏政府资源支持的情况下，H社区建设发展问题十分严峻。

单位衰败、社区重建成为H社区主任W得以凸显的重要条件与契机。W主任在担任H社区党委书记、居委会主任之前，是S厂中层干部，长期工作、生活于单位社区环境之中。在单位组织制度性依附的结构中，社区被单位组织所覆盖，不具备产生社区精英的条件。但在单位场域内长时间的工业主义生活实践,却为 W 主任积攒了一般性城市社区主任难以掌握的工作经验,同时也积累了"熟人社会"的资源优势。1995 年时任工厂医院专职计划生育主任的 W 主任,在"机关精简"过程中被调到单位居委会,即便当时依然保留了单位身份待遇,但仍属于一种"边缘性"的移动。虽然如此,W 主任却在工作中获得了展现自我能力的重要平台,开始独立展开工作,并发挥领导作用。企业倒闭,单位解体后,社会普遍出现了"单位人"的群体性困顿,脱离了单位组织的个人开始走向"原子化生存",被组织分解出来的个人无论在资源还是在能力上,都无法与国家政府进行直面对话。由此,社区成为居民自治的重要平台,成为代表居民与政府链接沟通的重要通道,W 主任在与街道等其他基层部门互动的过程中,其个人能力开始得到更大程度的展示与发挥,她凭借其居于社区治理岗位的特殊身份和个人能力禀赋,充当了中间代理人的角色,在这一意义上,可以说单位消解、社区重建的过程正是 W 主任单位社区精英地位确立起来的重要契机。

(二) W 主任魅力权威的塑造过程

在对 H 社区进行调研时我们得知,H 社区居民对于 W 主任的认可程度极高,在历次社区主任选举中,W 主任均以满票当选。社区居民对 W 主任的这种高度认同,具有"卡里斯玛"跟随者对领袖所表现出的遵从的特点。韦伯在对这种魅力型的权威领袖研究中指出,"卡里斯玛"主要是用来表示某种人格特质。"某些人因具有这种特质而被认为是超凡的,禀赋着超自然以及超人的,或至少是特殊的力量或品质。这是普通人所不能具有的。某些人因具有这些特质而被视为'领袖'。"[①]由于单位社区权力难以获得制度性法理的支持,在社区工作各环节中,给予了 W 主任成就"卡里斯玛"权威的空间,其个人领导魅力得到充分突显,魅力权威也得以确立和不断巩固。

1. W 主任"卡里斯玛"式的支配,多仰赖其自身的具体行动对下属所起到的表率作用。H 社区工作人员对 W 主任的工作方法、领导能力和奉献精神高度认同。"我来到社区报到时看到工作起来的 W 主任,觉得她就像一团热情的火,瞬间点燃了我对工作的激情。报到后第二天

---

① [德] 马克思·韦伯:《经济与历史:支配的类型》,康乐等译,广西师范大学出版社 2004 年版,第 353 页。

是我第一次上班，为了给新领导留下一个好印象，我特意提前一个小时到岗，推开办公室的门，W主任早已把这里打扫干净，正在低头整理材料。"① W主任以社区为家，每天7点多来到社区，不分日夜，只要居民有事她总是第一时间赶到现场。H社区一户独居老人暖气漏水找到W主任，她和丈夫赶去帮忙，直至深夜。为照顾其他同事，每年除夕都是W主任在社区值班，她说："社区不就是我家吗，在哪过年不一样。"② 这种超负荷的工作量和以身作则、舍己为人的工作精神，成为W主任获得"卡里斯玛"地位的重要工作原因。

2. W主任拥有自己的"卡里斯玛共同体"。在社区治理诸环节中，W主任特别重视以社区党员为依托，这些党员有些是S企业原来的中层干部，活动能力极强。其主要方式一是接收大量退休党员，给予其组织归属感，实现单位党员的再组织化；二是彰显党员身份，赋予其社区治理权威；三是关心党员生活，时常走访看望；四是定期组织学习，增强党员凝聚力。这些党员组成H社区管理小组，以开会商讨的方式共同决定社区事务，成为协助社区开展工作的中坚力量。W主任的这种用人方法与"卡里斯玛"领袖选择管理人员的方式较为接近，通常，"卡里斯玛"领袖选出的管理人员并非官员，亦非技术人才，更多的是同样具有一定卡里斯玛禀赋的群体。显然，在H社区中，党员即成为这部分群体，其动员影响力高于一般普通居民，更有利于调动其他社区成员成为"卡里斯玛共同体"，来接受社区主任意志，共同参与到社区治理工作之中。

3. "如果领袖无法继续使跟随者受益，他的卡里斯玛支配很有可能因此丧失。"③ 在社区工作中，W主任的突出特点是敢于争取，为了社区居民的利益敢闯敢拼、甘于放低姿态。在H社区兴建之初，由于单位效益差，家属区盖好后就再无能力修建马路，社区里是一片坑洼不平的土路，居民常常是"晴天一身土、雨天两脚泥"。为改变社区面貌，方便居民出行，W主任先到街道讨要红砖铺路未果，后凭借着一股"闯劲"，"越级"直奔城建局争取红砖，最终要到4大卡车红砖。在她

---

① 资料来源：2015年12月H社区调查访谈。
② 同上。
③ ［德］马克思·韦伯：《经济与历史：支配的类型》，康乐等译，广西师范大学出版社2004年版，第356页。

的带领下，社区居民全员参与铺路工作，初步解决出行问题。但是砖路毕竟不是长久之计，在一次区里领导到社区参观检查过程中，W 主任再次"越级"，直接拽着区长胳膊不让上车，说："到现在为止社区都没有修一条路，我请求政府给我修一条路。我有心为老百姓服务，但我没条件啊，你得支持我！"① 正是这次争取，H 社区环境才得以进一步改善。W 主任凭借自己的个人能力禀赋和为居民谋求利益的工作热情，代表社区居民不断与政府相关部门的领导展开极端的对话与表达，最大程度使"跟随者"受益，其治理过程和效果使得社区群体对其产生了信任、认同与仰赖，其"卡里斯玛"权威也得到了进一步巩固。

（三）跨界沟通与资本转换

W 主任在社区工作中，能够有效地与居民、企业、政府三者之间进行良好的跨界沟通。在沟通过程中利用资本的流动性对存在于不同社会网络之间的社会资本进行选择与重构，从而实现有效的资本转换。在 H 社区治理过程中，其资本转换主要表现在以下两个方面：

1. W 主任能够与居民形成良性互动关系，利用现有优势资本与其他社区稀缺资本之间进行积极、有效的转换。20 世纪 80 年代以来，国家一方面通过分权而给市场行为留出了日益扩大的空间，另一方面又保留着对许多重要的经济资源的控制力。② 这种控制力在一定程度上不利于基层社区的发展建设，特别是作为衰败单位企业"弃管"的 H 社区，争取来自政府的经济资源支持更是困难重重。2004 年 H 社区建设伊始，每季度来自政府的下拨经费仅有 200 元，这对一个衰败单位社区的建设而言可谓是"杯水车薪"，社区日常办公经费严重缺乏。W 主任在访谈中提到："说心里话，来自政府的经济支持很少。它只是管你，给的少、管得多。资金上真的是靠我们自己！"③ 经费匮乏成为这一时期 H 社区发展所面临的最大挑战，为了筹措资金以实现最基本的工作运行，W 主任充分利用社区现有的优势资源，"我这里没有经济资源，缺少驻区单位，那我还想发展，怎么办？我就想啊，我有人啊！所以我就在

---

① 资料来源：2015 年 12 月 H 社区调查访谈。
② 李路路：《社会资本与私营企业家——中国社会结构转型的特殊动力》，《社会学研究》1995 年第 6 期。
③ 资料来源：2015 年 12 月 H 社区调查访谈。

'人'的方面下功夫！"① 这里的"人"就是 H 社区最重要的熟人社会资本，多年共同生产、生活的经历使得 W 主任可以深度调动社区居民参与社区建设。W 主任抓住社区地理位置优势——位于道路交叉口，人流车流量较大，组织带领社区居民和工作人员捡矿泉水瓶、卖报纸、卖矿泉水、卖雪糕，以这种最简单的资本积累形式为社区积攒出最初的资金。就这样，在资金紧张的压力下，H 社区依然实现了社区基础建设。

2. 以单位社区"熟人社会"的同质性认同与集体行动能力为依托，与政府形成强有力的沟通对话关系，并与之展开博弈。其中最具有代表性的博弈事件是 2011 年的"暖房子"事件。C 市政府自 2009 年起，对市内老旧住宅进行"暖房子"工程改造，以保证市民冬季取暖。H 社区是 1987 年修建的老房子，到 2009 年已有 20 多年的历史，前几年冬天，因天气寒冷，居民住宅先后出现了水管冻裂的情况，因此，墙体保暖对 H 社区而言十分迫切。居民对"暖房子"工程的实施也甚为期待，"暖房子"能否"暖"到自己的社区成为 W 主任和全体社区居民共同重点关注的焦点问题。然而，H 社区没有出现在政府 2009 年工程计划之列，这使得社区上下颇为不满，但也只能无奈接受现实。2010 年，H 社区依然没有获得"暖房子工程"的惠顾。距离 H 社区不远的 L 新村因为与政府关系亲密，刚盖好 3 年的楼房又做了"暖房子"，而 20 多年房龄的 H 社区依然未在政府计划之列，在气愤之余，社区居民更多的是对基层政府办事机构的不公而心寒。2011 年是"暖房子"工程的最后一年，计划名单中依然没有 H 社区。由此引发了社区居民的"占道集体抗议"行动，把马路堵得水泄不通。很快，政府就得知此事，第一时间联系 W 主任商讨解决方法，W 主任跟随政府领导前往事发地，居民在现场责难 W 主任，称其争取"暖房子"的承诺未予兑现，而 W 主任以辞职为代价向居民保证"暖房子"一定落实，并打"感情牌"成功劝占道居民离场。W 主任和社区居民看似是矛盾双方，但其实更是一种相互保护与支持的关系，即利用熟人社会中特有的默契向政府极端地表达着 H 社区的强烈诉求，此事件向政府领导展示了 H 社区居民的不满情绪及其与社区主任的矛盾，集体抗争消弭的条件是"暖房子"

---

① 资料来源：2015 年 12 月 H 社区调查访谈。

工程的进行，这在很大程度上对政府形成压力。

在这场特殊的博弈中，"熟人社会"资本是 H 社区的重要博弈筹码。从默许居民"堵马路"到协助政府劝说居民，W 主任都巧妙利用了"熟人社会"的优势，使政府感受到来自社区群众的巨大压力和公共服务诉求，同时还巧妙把握时机，以"熟人社会"的情感效应劝说居民。在事件解决的进程中，W 主任向政府展示出自己的控制调节能力，从而在政府层面得到认可。同时因其行动实实在在为社区争取到了政府公共服务资源，让社区居民看到她同政府周旋的能力，展示了卓越的领导魅力与个人权威，获得了社区居民进一步的信任和拥戴。

（四）W 主任个人资本升级

在社区治理推进的实践过程中，W 主任个人能力得到了充分的体现，也不断获得来自政府及社会各界的认可和赞扬，使其以个人魅力建立起的不可替代的领导地位得到进一步巩固与提升，在为社区工作开辟有效路径的同时，也完成了自身资本的转换与升级。

2000 年至今，W 主任共获得荣誉 117 项，其中区级荣誉 20 项、市级荣誉 66 项、省级荣誉 18 项、国家级荣誉 13 项，颁奖部门涉及各级党政机关、学校、医院、公安及司法等多个职能部门。由于受到各级政府的认可，W 主任的影响力也越来越大，成为社区工作领域的国家典型，获得了各级政府更多的资源投入和倾斜照顾，为社区及其个人的日后发展提供了更广阔的空间。同时，社区工作涉及多个领域，W 主任在此过程中拓展了自己的交往世界，获得更为广泛的人际关系，有助于其突破体制限制，增强链接社会性资源的能力，更使其得以直接与更高层级政府部门展开对话。另外，伴随知名度而来的媒体报道日益增多，国家和地方各大新闻媒体都对 W 主任的个人事迹及贡献做出大量报道。W 主任的事迹还被搬上了大荧幕，以其为原型的电影在电影频道播出。这种"滚雪球"式的扩展效应都直接促进 W 主任个人资本的不断巩固与升级。

三　分析与讨论

通过以上研究，我们可以对以 W 主任为代表的单位社区精英的资本构成及资本运作有了初步的理解,并对其在基层社会"在地性"治理中的角色扮演有了更为清晰的认识。

(一)从资本构成的视角探讨单位社区精英的基本特征

1. 就其身份而言,单位社区精英是对"单位人"身份的某种延续与转换。本文所界定的单位社区精英主要是指其早年拥有较长时间的单位工作经历,具有典型"单位人"禀赋的个体。在从事社区管理工作之前,在原单位内部扮演着"单位人"角色,对单位有比较强烈的认同,在一定意义上可以说其行为方式、价值取向很大程度上都是在单位塑造形成的。这里所说的"单位人禀赋",主要是指其在现代工业企业内工作,接受了工业主义的陶冶和训练。2000年前后社区建设勃兴时,正是大量国企转制、下岗买断盛行之时,部分拥有国企管理经验的单位人转而进入到社区管理岗位。单位解体后,在由单位管理者向社区治理者的角色转变过程中,单位经验身份为其进入社区场域从事社区治理工作提供了重要条件与经验借鉴。从国有企业脱胎而来的管理者们在其原有职业生涯中积累的管理经验迅速转化为支撑社区治理的宝贵资源。[①]

2. 单位社区精英往往拥有较强的单位支持网络。单位社区精英不仅具有体制内身份,在转换过程中能够获得基层政权的认可,同时,基于单位居住区"熟人社会"的支持,其动员力、整合力、号召力较强,拥有强大的支持群体。因此,单位社区精英兼具体制型精英与社区自发型精英的双重身份特征优势,在社区治理过程中能够发挥更大作用。

3. 单位社区精英一般具有"在地性"特征。虽然在单位制走向消解的过程中,昔日的单位大院已发生剧烈变迁,并出现了单位人与外来居住者"混住化"的现象,但从总体上看,单位社区尤其是那些衰败型社区,仍保持着单位时期的旧有格局,保持着"都市熟人社会"的关系特征,单位社区精英"生于斯,长于斯",对社区环境及邻里关系非常熟悉,长期的共同生活体验为精英和社区成员圈定了休戚与共、同甘共苦的共同体界限,使得治理目标契合居民需求,治理过程真实、高效。另外,治理的"在地性"也提升了精英调取在地资源的能力,更便于居民直接发现精英的超凡品质与能力禀赋,催化精英的生成与发展。

---

① 刘建军:《社区精英与基层治理》,《西部大开发》2014年第11期。

(二) 关于精英与社会的互动关系

从理论上看,精英的生成往往与社会的转型变迁轨迹紧密相关,本文所研究的单位社区精英身份正是在城市基层社会发生剧烈变迁的特定社会背景下得以产生并发挥作用的。单位制消解、社区重建、社会治理勃兴等一系列基层结构的转换与变动,为 W 主任精英身份的获取提供了可能条件。具体表现在:

1. 单位制时期,居委会在功能上是单位工作之外的补充者,处于基层工作边缘的居委会无法触及基层工作的实质内容,在上述背景下,不具备发育社会精英的条件。但在单位制逐步走向消解后,原有的"国家—单位—个人"的纵向联结体系因中间环节的断裂而崩坏,社会呈现"原子化"倾向,导致个人与公共世界的疏离。在这一背景下,社区开始承接传统单位所分化出来的一系列基层社会事务,以社区"新公共性"建构的方式,维系社会的基本联结。与此同时,新时期多元共治的治理理念高扬,倡导政府、企业、社区组织、个人等不同主体协同治理,为社会性要素参与到社会治理提供了理论支持。于此,社区精英在基层社区治理主体化的过程中获得了得以施展的空间和新的生长点。特别是单位社区的实然状态,不同于城市商品社区拥有物业保障,其可看作是被单位"弃管"社区。其社区的实际运行面临基础设施不足、卫生环境较差、缺乏资金支撑等严重问题,然而正是上述这些困境为精英施展其能力、禀赋提供了"逆风"式的动力。

2. 虽然单位制业已走向消解,但单位社区精英赖以存在的居住空间依然存在。玛利亚·乔纳蒂曾对"转型"的复杂性进行了概括:在令人眼花缭乱的转型进程中,"构成体制根本特征的基本运行原则和连接原则以及在其基础之上建立起来的制度系统也消失了。但是,一个体制的基本连接原则的消失并不一定意味着体制运行过程中发展起来的所有经济和社会结构、传统、观念、行为方式和策略也随之消失"[1]。单位时期的共同生活经历,高度一致性的集体认同,"单位人"对组织全面依赖的传统,致使传统的单位社会资本得以凭借惯性留存,如何最大限度地将其转移到社区治理过程中,为单位社区精英的资本运作提供具

---

[1] [匈] 玛利亚·乔纳蒂:《转型:透视匈牙利政党—国家体制》,赖海榕译,吉林人民出版社 2002 年版,第 1—2 页。

有基础性和独特性的资源优势，是进一步推进单位社区建设的关键。

3. 处于城市基层社会"重层结构"中的社区为单位社区精英的资本运作与转换提供了空间依托和关系支持。所谓"重层结构"，主要是指在社会组织中国家与社会力量对接、交互作用过程中所形成的关系，并不是指在其中国家与社会如夹层蛋糕一样界限分明，而是指政府与民间力量之间不同程度的协作、妥协、合作，使得社会组织的运作兼具行政性与自治性，从而其衍生出一种双重性质及兼容式的运作方式。[1] 二者在频繁互动中所达成的均衡状态，此状态并非是指两种力量对比均等，而是指两者在国家力量与社会力量相互吸纳并糅合，在相互磨合、渗透中达至一种稳定状态。社区作为居民与政府对话的中介，处于微妙的重层结构之中。在此场域中行政与民间力量相互交错，使得社区精英在社区治理当中得以获取更为丰富的资源，实现不同资本间的转换。

4. 社区虽然在性质上属于居民自治组织，但实际上却经常以政府行政末梢的角色出现，深受行政系统制约。受地方政府政绩建设取向的影响，在社区与政府的互动关系中，政府往往通过打造典型社区，为其提供政绩效益，这一过程需要自上而下地培养社区精英，使之成为"经营典型"。这为社区精英实现其发展目标提供了重要的契机。与此同时，被行政力量挤压的社区也需要精英自下而上与政府部门展开博弈，以争取社区发展资源，拓展社区发展空间，在此背景下，社区精英的个人能力与禀赋可以得到较为充分的彰显。

（三）关于 W 主任精英属性的讨论

一般说来，草根精英的生成应具备以下几方面条件：一是特定的社会背景，即所谓"时势造英雄"，草根精英的生成同样离不开与特定的社会场域结构的互动；二是草根精英需要"熟人社会"的社会资本的依托与支持，以实现社区动员和社区资本的积累转换；三是要求精英个人具有链接资本的能力和超群的个人禀赋，能够发挥个人魅力形成良好的支持群体。本文所研究的单位社区精英 W 主任就是具备以上条件的草根精英，其虽然身处城市，却是具有乡村精英特质的精英人物，其精英属性值得我们进一步的讨论。

---

[1] 田毅鹏、薛文龙：《"后单位社会"基层社会治理及运行机制研究》，《学术研究》2015年第2期。

贺雪峰曾对乡村精英进行过具体划分，认为乡村精英具体由传统型精英和现代型精英两种特质的群体构成，①虽然这两种精英各具特点，但在依靠乡村文化根底、宗族亲缘关系等社会网络资源方面，却是共同的。不过，这两种属性的精英在城市社区内一般难以找到生成要件与之完全对应的群体，因为在城市社区内几乎不存在乡村式的由宗族、乡约和乡绅所构成的传统社会治理模式所构成的社会力量及关系。而以W主任为代表的城市单位社区精英之所以能够有效地推动社区居民自治，使社区成为真正意义上的共同体，主要是因为这些精英身上不同程度地存在着一些乡村精英的特质和禀赋。

W主任成长、工作于单位之中，其所在的以"单位人"为主体的"熟人社会"是一个集生产与生活于一体的组织空间，其本人三线"工业村庄"的生活经历和价值理念，使其获得了与乡村精英相似的生成环境和成长空间，在很大程度上具备了乡村精英的禀赋和特质。在这一意义上，我们可以认为，W主任具有乡村精英的诸多特质，其虽身处城市社区的治理结构之中，实际上却是兼有乡村精英和城市社区精英双重特质的精英类型，是一种典型的"乡村版城市社区精英"。由此可以解释了为什么W主任作为城市社区体制内管理者依然具有高度的权威与拥护群体。

（四）对卡里斯玛型权威再认识

韦伯曾将支配概念定义为"一群人会服从某些特定的（或所有）命令的可能性。权力使某个人可以在特定的情况下，贯彻自己的意志"②。并将权威划分为传统型、法理型、卡里斯玛型三种类型。其中，卡里斯玛型权威又称魅力型权威，是一种私人性的权威类型，在法理社会统领的现代社会的组织中，一般行使的都是法制型的支配。在成熟的组织治理结构中，成员一般服从于结构、科层身份，而非统治者个人。然而，社区精英体制外的身份使得其权力具有天然的残缺性，无法在合法性上获取足够的法理支持。无论在整合社区工作人员队伍，还是在与居民的互动中，社区精英又必须凭借权威，实现有效的社区治理。在掌

---

① 贺雪峰：《村庄精英与社区记忆：理解村庄性质的二维框架》，《社会科学辑刊》2004年第4期。

② [德]马克斯·韦伯：《经济与社会》（上卷），林荣远译，商务印书馆1997年版，第81—82页。

握丰富熟人社会资源的前提下，W主任依靠其担当奉献的工作精神，勤奋上进的性格特点，以及丰富的工作经验与技术性工作方法获得了卡里斯玛型权威，并在社区内形成了"卡里斯玛共同体"，为社区工作的开展开辟了一条有效路径。

作为卡里斯玛权威的提出者，韦伯对其权威的效度始终怀有一种忧思，他认为，卡里斯玛人物的合法性来自于服从者作为信徒的虔诚态度或产生于激情、困顿和希望而致的信仰上的献身精神。[①] 因而，它是一种极其不稳定的政治统治形态。主要表现在：（1）卡理斯玛权威完全依赖领袖与追随者相互之间的确证与承认作为基础，社会组织中的卡理斯玛领袖一般为组织成立的先驱，组织发展的奠基人和组织运行的掌舵者。[②] 缺乏法理性和公共性权威的刚性，私人性的卡里斯玛领袖无法持续性地使其追随者受益，其权威的有效性存在贬损的风险。（2）卡里斯玛型权威往往会随着卡里斯玛人物的撤场而失效。依托卡里斯玛权威生成的精英，个人色彩浓重，特殊性极强，接班人难以选拔。对于H社区而言，W主任可谓社区的灵魂，居民对社区的归属感和认同感多是基于对W主任个人的信任和感怀而生，H社区服务与治理也都是在她的运筹中不断获得更快更高的发展，W主任一旦离开社区工作，社区治理将面临存续危机。（3）卡理斯玛具有高度个人化的特质，可能导致组织发展呈现初级化，难以向更加成熟的组织结构发展。社区工作人员在工作上虽有分工，但在真实的治理过程中，H社区治理在诸多层面都是贯彻W主任的个人意志，不利于组织结构的稳固和组织现代性的生成。（4）特别是对于H社区这种典型的单位社区而言，目前的社区居民以具备熟人社会特征的传统"单位人"为主要群体，成为W主任权威得以生发的关键条件，但随着时间的推移和人口流动，社区居民将不可避免地转换为以陌生群体为主，故未来W主任权威的持续性将面临挑战。

从理论上看，依赖社区精英卡里斯玛型权威的社区治理模式缺乏稳定的规章制度支持，其权威效力具有不确定性和一定限度。但笔者认

---

① ［德］马克斯·韦伯：《经济与社会》（上卷），林荣远译，商务印书馆1997年版，第270页。

② 崔月琴等：《社会组织治理结构的转型——基于草根组织卡里斯玛现象的反思》，《学习与探索》2014年第7期。

为，在现阶段的社区治理中，卡里斯玛权威具有天然合理性与不可替代性。中国"古代皇权止于县，县下皆自治"即是面对政府权力难以渗入基层地域社会，借由乡绅作为中介所构建的统治模型。在现代城市基层社区治理中亦然，政府的刚性权威难以覆盖犹如毛细血管般精细且复杂的基层事务，法理型权威在基层的展开往往面临着内卷化的风险，而持有卡里斯玛权威资本的社区精英成为柔性治理的中间转换器，在将政府的意志向下传递时，借由"魅力"资本赢得社区工作人员和居民的认同，维持了基层社区治理的秩序；同时，当今的社区参与性较为低落，社区精英以"魅力"资本得以号召社区工作人员积极工作、居民积极参与，对社区公共性的构建起到了不可替代的作用。

（该文刊于《学习与探索》2017年第11期，第二作者康雯嘉）

单位制度变迁与集体认同的重构

自单位研究作为一个学术话题进入学界视阈以来,多数学者都强调单位制度的中国特性和本土意义,认为无论是资本主义市场经济社会,还是在其他社会主义再分配经济社会,都不存在"单位现象","单位体制是中国社会主义社会的一个独特和关键的方面"①。这样,单位制度及其运行过程中衍生出的单位现象,便成为中国社会走向现代化进程中独有的产物。笔者认为单位制度固然具有极强的中国特色,但如果我们过分强调其特殊性,则很容易将其"另类化",进而导致我们对单位性质的误解。事实上,如果我们将单位制度置于工业主义、民族国家、意识形态建构的历史背景下进行考察,便会发现单位制度与现代性间天然的内在关联。"现代性带来了集体和集体认同边界建构的独特模式。"② 作为中国现代民族国家建构进程中的产物,单位制度既是一种特殊的制度组织形式,同时其中又蕴涵着一种强调整体性和"一致性"的意识形态。1949 年以来,"单位空间"作为中国民族国家的"集体认同"确立之平台,与主流意识形态保持了高度一致。20 世纪 90 年代以来,以单位制度发生剧烈变迁为背景,"集体认同"重构之问题应运而生,并成为当代中国转型发展过程中的一大关键问题。

一 工业主义、民族国家、意识形态与单位制度之构建

17 世纪以降,以资产阶级革命、工业革命、民族国家建立为背景,

---

① 路风:《中国单位体制的起源和形成》,《中国社会科学季刊》1993 年第 4 卷。
② [以] 艾森斯塔特:《反思现代性》,旷新年、王爱松译,生活·读书·新知三联书店 2006 年版,第 43 页。

西欧率先实现了由传统向现代社会的转变。此后,伴随着西方工业文明扩张的浪潮,民族国家成为地球上最具普遍意义的"认同空间",民族国家观念也随之成为一切现代国家意识形态最强大、最持久的核心话语,现代人类社会一切的进步、发展、冲突、断裂,实际上都是围绕着民族国家这一"空间"展开的。在这一意义上,把握了工业主义、民族国家、意识形态之间的内在逻辑关联,我们便理解了现代社会。

早在20世纪30年代,美国学者海斯便指出:虽然有些乐观主义者认为:"工业革命根本上是反民族主义的……以为工业革命终究必须日渐产生一些必要的经济力量和物质力量,使各民族在绝对互相依赖的环境里生活,因而用国际主义和世界主义去替代民族主义。"但实际的情况是,伴随着经济国际主义超越政治国界的大伸展,"民族主义也有同样的传播,也同样地强烈化。"[①] 一种特定的社会经济形式必然需要一种特定的文化和意识形态,民族主义自然被视为工业化现代性所必需和根本的因素,由此,学术界一般把民族主义定义为"一种为某一群体争取和维护自治、统一和认同的意识形态运动"[②]。

把握工业主义、民族国家、意识形态之间的内在逻辑,可以帮助我们更加深入地理解现代世界的起源、基本构成及其实质。迄今有关现代世界起源的理论,多从西方文明的特殊性立论,带有浓郁的西方文明优越论色彩,但却未能洞悉现代世界的实质。在此问题上,美国社会学家里亚·格林菲尔德的观点颇具启发性,她通过对英国、欧洲、美国、日本等资本主义强国发展历史的比较研究,提出:"赋予现代经济之现代性的独具特色的'资本主义精神',其存在的本身应归功于民族主义。一般而言,'资本主义精神'是民族主义固有的集体竞争意识的经济表象——而民族主义本身是民族国家成员对国家尊严或威望的情感投入的产物。"[③] 美国史学家马克斯也断言:"现代世界的基本要素不是'文明',而是民族国家和全球资本主义。……现代西方世界从这样一个按

---

① [美]海斯:《现代民族主义演进史》,帕米尔译,华东师范大学出版社2005年版,第186—187页。
② [英]安东尼·史密斯:《民族主义:理论、意识形态、历史》,叶江译,上海人民出版社2006年版,第10页。
③ [美]里亚·格林菲尔德在《资本主义精神——民族主义与经济增长》,张京生译,上海人民出版社2004年版,第628页。

民族国家和工业资本主义构建起来的世界中受益颇多，而其他国家则不然。"① 所谓"美国体制"，决非建立在清教伦理或个人主义基础之上，而是一种以"国家认同"为核心内容的主体意识形态的建构。西方现代社会之起源，其实质不能仅仅以个性解放和个人权利伸张加以概括，而应视为以民族国家建构为主题的"凝聚"过程。谁在民族国家建构进程中捷足先登，便把握了现代化的先机。故究其本质，现代性是由民族主义来界定的。

而就中国而言，这一民族国家的"凝聚"过程，主要表现为"国家—单位—个人"纵向体系的建立。在中国社会，"单位之所以被看做一种制度，是因为它是在主流意识形态和价值观念基础上建立起来的一种特殊的组织和机构形态"②。所谓单位制度建立的过程，实际上就是克服中国人传统散漫劣根性，将原子化的"臣民"改造为"国民"，整合到民族国家体系之中，造成现代民族国家，形成新的"集体认同"的过程。

（1）考察近代社会政治思想的基本发展脉络，我们可以清楚地发现，清末民初以来的中国思想界的主题便是克服中国传统社会"一盘散沙"的局面，建立以民族国家为主体的"集体认同"。当时，面对中国传统社会的总体性危机，最令思想精英痛心疾首的是中国传统社会的一盘散沙和"涣散无力"。在他们看来，一般国民知家族而不知国家，有私而无公，涣散至极，根本无法回应来自西方的挑战。他们认为："吾国齐民，公共观念至薄弱，曾不知团体之利害即己身之利害。故于欧人所谓自治之条理，未尝梦睹。"③ 如不尽速更改上述恶习，必被文明进化之通例所淘汰。而具体展开分析之，"自我主义""家族主义""乡土主义"乃中国传统社会的三大病症，家族主义的缺点为"知有家族而不知有正义""知有家族而不知有国家""知有家族而不知有他人"④ "自我主义的社会，不但没有秩序，同时也没有办法建立健全的

---

① ［美］罗伯特·B.马克斯：《现代世界的起源——全球的、生态的述说》，夏继果译，商务印书馆2006年版，第1页。
② 李汉林：《中国单位社会》，上海人民出版社2004年版，第7页。
③ 梁启超：《欧洲政治革进之原因》，《饮冰室合集·文集》之三十，中华书局1980年版。
④ 李树青：《蜕变中的中国社会》，商务印书馆1946年版，第42页。

组织。"① 有些激进的看法甚至不同意用"散沙论"来形容中国社会"无组织"的散漫状态，认为："人们常说中国是一盘散沙，我要否认这一点。我比它作一团面粉，由于滴水及虫蛀混成一个个发霉的或虫蛀的小团，连沙子都不如，不能再有一点用处。"② 体现出当时知识界改造中国传统社会的激进态度。

（2）当时对传统社会的批判意识也可以表述为一种"解放精神"。在激烈的批判意识和激进的解放精神背后，潜藏着一股建设"新社会"的渴望。认为："现在的时代是解放的时代，现代的文明是解放的文明。……这解放的精神，断断不是单为求一个分裂就算了事，乃是为完成一切个性脱离旧绊锁，重新改造一个普遍广大的新组织。"③ 可见，这些政治精英的政治批判意识是双重的：在他们看来，无论是"治乱循环"的中国传统社会，还是西方的资本主义社会，都不是理想的社会，我们应该建立一种理想的制度。这种新制度不仅仅是作为城市社会的整合方案提出的，同时也是作为一种改造旧社会建立新社会的总体方案而提出的。在中国革命推进的过程中，共产党人提出的"组织起来"的设想，便与上述思想有着密切的联系。"我们应当进一步组织起来。我们应当将全中国绝大多数人组织在政治、经济、军事、文化及其他各种组织里，克服旧中国散漫无组织的状态。"④ 可见，毛泽东提出的"组织起来"的建国方略恰恰是建立在对旧社会批判的基础之上的。在一定意义上，单位制度的建立，实际上就是这种否定传统社会，建立现代民族国家思潮演化的必然产物。

考察工业主义、民族国家、意识形态与单位制度起源之间的内在关联，实际上是为了回答"单位是什么？"这一最为基本的追问。

虽然单位制度的建立有其复杂多元的特殊背景，但不容否认的是，民族国家认同实际上是以单位制度为直接依托建立起来的。单位制度是20世纪中国在回应西方工业文明挑战，建立现代民族国家的过程中产生的。在这一意义上，单位制度不属"另类"，而是现代性在中国本土别开生面的展开。

---

① 李树青：《蜕变中的中国社会》，商务印书馆1946年版，第33页。
② 潘乃穆、潘乃和：《潘光旦文集》，北京大学出版社2000年版，第10册，第61页。
③ 李大钊：《平民主义》，《李大钊文集》下，第569页。
④ 《建国以来毛泽东文稿》第1册，中央文献出版社1992年版，第11—12页。

二 单位制度变迁背景下"集体认同"问题之发生

20世纪90年代以来，伴随着改革开放的进程，人们开始意识到，单位制度虽然在一定时期内可以通过举国"一致"的模式创造高效的人间奇迹，但其所面临的最大挑战却在于不能将这种高效持久化。循着这一思路，很多学者发现了"单位体制"的诸多弊端，断言单位社会是一种"被制度锁定的社会""丧失活力的社会""平均主义的社会"。在这一意义上，推进单位制度变革，走出"单位社会"便成为中国现代化的必然选择。但如果我们承认单位制度是在主流意识形态基础上建立的，以形成整个社会"一致性"为目的的制度安排，那么，就应意识到在新的社会历史条件下，单位制度的剧烈变迁，决不仅仅是简单的组织体制转换，而是一个复杂的结构转型。其实践运行过程，为我们探索制度变迁与意识形态间复杂的互动关系提供了一个很好的样本。

(1) 单位制度变迁带来"单位认同"的式微和变异

在计划经济时代，单位人对单位的认同是无条件的。当时，在资源匮乏的情况下，"国家—单位—个人"是一种全面的、单向的依赖关系。国家作为资源的全面控制者和占有者，居于绝对优势地位，单位依赖国家，而单位人依赖单位。由此，国家主流意识形态所强调的价值观念和行为规范，通过这一纵向的控制体系，在单位空间得以贯彻并全面展开。同时，由于单位间基本上处于一种平均主义状态，差异甚小，也自然不会产生"相对剥夺感"。因此，单位人对单位持有较强的认同感。改革开放以来，伴随着住房、医疗、人事制度等方面改革计划的陆续出台，单位制度不可避免地走上了变革的道路，这一过程具体表现为单位体制外组织的萌生、单位成员向体制外流失、单位职能向社区转移、以企业为主体的单位自身大量破产、改制，导致单位社会的最终解体。单位人的"单位认同"也自然随之发生变化。李汉林等选取1987年、1993年、2001年三个时段，对单位组织变迁进程中的"失范"效应展开调查，结果显示："就失范所涉及的各个层面来说，单位成员的强度都高于非单位成员，而且，改革相对滞后的事业单位中的成员，与其他类型的单位中的成员相比也表现出了更强的失范倾向，表现出带有反常性质的去道德化特征。"① 在"国家—单位—个人"依赖结构发生变动的情况下，单位人的"不满意度"和"相对剥夺感"持续增强所表现出来的失范倾向，必然会产生对制度本身的不信任感和对主流意识形态的拒斥，以致在"单位认同"日益弱化之后，新的"集体认同"难以确立，社会呈现出严重的失范状态。

（2）转型期社会呈现出明显的"原子化"动向

这里所说的原子化与原子主义不同。原子主义是社群主义者指称自由主义的个人主义的术语，指的是把个人放在首位，认为个人及个人权利优先于社会；把个人看作是完全自足的自我，是处在社会之外并独立于社会的。② 而这里所说的"原子化"主要是指在单位制度变迁过程中单位人社会联结状态发生变化的过程。主要表现为个人之间联系的弱化、个人与公共世界的疏离以及由此而衍生的个人与国家距离变远等情形。

从宏观结构看，1949 年以来中国的社会宏观结构是在"国家—单位—个人"这一纵向结构中实现的。在非西方国家走向现代化的进程中，民族国家认同是其意识形态体系中最具核心意义的环节。因为通过单位制度，国家与个人之间得以建立起内在的制度性关联。然而，当我们决意告别单位体制，并通过种种改革措施，努力促进单位制度走向消解时，必须注意转型过程中"集体认同"模式的转换问题。我们对"国家—单位—个人"体系进行改革，决不意味着我们要建立起一个以个人主义为基础的"国家—个人"模式。法国社会学家涂尔干在《社会分工论》中曾揭示上述模式潜藏的巨大危险：国家与个人之间距离的拉大。"如果在政府与个人之间没有一系列次级群体的存在，那么国家也就不可能存在下去。如果这些次级群体与个人的联系非常紧密，那么它们就会强劲地把个人吸收到群体活动里，并以此把个人纳入到社会生活的主流之中。"在涂氏看来，如果在国家与个人之间失去了初级社会群体为中介，那么"国家与个人的距离越来越远，两者的关系也越

---

① 李汉林、渠敬东：《中国单位组织变迁过程中的失范效应》，上海人民出版社 2005 年版，第 207 页。

② 潘小娟、张辰龙：《当代西方政治学新词典》，吉林人民出版社 2001 年版，第 409 页。

来越流于表面，越来越时断时续，国家无法切入到个人的意识深处，无法把他们结合在一起"①。涂尔干在这里所说的"初级群体"，主要是指职业群体和法人社团。从表面上看，"单位"也是职业群体，但认真分析，会发现：与中国语境中"单位"的封闭性、同质性、人为性不同，初级群体是开放的、异质的、自生自发的。因而，单位制度的变迁必然需要一个根本性的"集体认同"的转换过程。由国家、初级社会群体和个人构成的体系内部的各要素之间的互动关系非常复杂。包括职业群体、法人群体在内的初级群体是作为个人与国家联结的中介而存在的，同时它可以对国家构成制约从而保证个人不受国家的暴政压迫；但"国家自身的意志并不是与个人截然对立的。只有通过国家，个人主义才能形成"②，这主要表现在：通过国家可免于次级群体的压制。从而建立起"相应的平衡机制"，为个人解放的实现提供了根本条件。可见，在这一平衡体系中居于中间位置的初级集团占有重要的位置。

（3）社会规范"失灵"

集体意识乃是社会控制的基础，其迅速走向消解，必然引发严重的社会失范。"集体意识的衰落无疑会使社会陷入道德真空状态，社会成员失去了社会的凝聚力，在意识领域内各处闲散游荡。"③ 在单位社会时代，每个单位人作为单位的一分子，他们生于斯、长于斯、乐于斯，单位成为覆盖其全部生活和事业的坛场。在单位，人们不仅得到了物质生活的保障，同时也享用了丰富的公共精神生活资源。而在今天，当传统意义上的单位制开始走向消解之时，人们虽然可以通过市场获取有形的物质资源，但在社会结构发生剧烈变动，社会成员日趋原子化，新的公共生活空间尚未确立的背景下，却无法获得公共精神生活资源，主流意识形态向下传输的管道亦受阻，从而引发严重的公共精神生活的危机。毫无疑问，道德失范的诊治对策是多元的，但初级社会群体建设应是其中的关键。现代社会体系中的初级群体和法人群体不仅扮演经济生

---

① ［法］涂尔干：《社会分工论》，渠东译，生活·读书·新知三联书店 2000 年版，第 40 页。
② ［法］涂尔干：《职业伦理与公民道德》，渠东、付德根译，上海人民出版社 2001 年版，第 69 页。
③ 李汉林、渠敬东：《中国单位组织变迁过程中的失范效应》，上海人民出版社 2005 年版，第 8 页。

产的功利的社会角色，同时也是道德规范形成、强化的空间。诚如涂尔干所言："集体的角色不仅仅在于在人们相互契约的普遍性中确立一种绝对命令，还在于它主动积极地涉入了每一规范的形成过程。……社会置身于舆论的氛围里，而所有舆论又都是一种集体形式，都是集体产生的结果。要想治愈失范状态，就必须首先建立一个群体，然后建立一套我们现在所匮乏的规范体系。"[①]

（4）"社区认同"与"单位认同"的复杂互动。

社区概念与单位制度变迁几乎同时登场，并成为热门话题。人们引进社区概念，其主旨乃为在社会转型的背景下，以"社区认同"替代"单位认同"，实现集体认同模式的转换。如果我们将社区视为是聚居在一定地域范围内的人们所组成的社会生活共同体的话，那么，社区应包括地域因素、地域内的人群、共同体（核心为组织制度、归属感、认同感）等3个重要因素。其中，最具实质意义的是"共同体"要素。但从目前社区建设的情况看，最为艰难的便是社区居民对社区的"认同感"和"归属感"形成。

在计划体制下，政府通过单位，对社会实施全面的管理和控制。政府的权力触及了社会的各个方面，一个外在于国家的社会实际上并不存在。因此，近年来，在社区研究的热潮中，很多学者发出了"社会在哪里？""社区在哪里？"的感叹。在典型的单位体制之下，几乎所有的社会公共事务都由企业包下来。从社会关系角度看，所谓"单位办社会"实际上是以"单位"覆盖了"社会"，用"单位空间"代替了"公共空间"。从单位与其外部世界的关系看，更具有极其强烈的封闭性。单位将几乎所有的人都吸纳进单位体系的内部，其活动，其社会交往关系，都直接与单位发生关系。无论是职工，还是其家属，都对企业产生一种强烈的依附，这种"依附"所带来的对"企业的内部认同"也是非常强烈的。这种对单位的认同，实际上替代了对社区的认同。在这些单位人及其家属看来，单位乃是一种绝对性的、更为理想的存在。这种强烈的单位意识，决定了"集体认同"转换道路的曲折漫长。我们要注意寻求中间性过渡环节，而避免社区"空壳化"，堕入"行政社

---

① ［法］涂尔干：《社会分工论》，渠东译，生活·读书·新知三联书店2000年版，第17页。

区"的误区。

三 单位制度变迁背景下"集体认同"重构之限制

不知从何时起,单位作为计划经济时代的符号似乎已成为一个负面话语,无论是在报章之上,还是在坊市之间,均成为人们批评声讨的对象。这种倾向实际上是非历史主义的,忽略了单位制度变迁的复杂性。如果我们将单位制度变迁置于社会转型这一宏观的历史背景之下,进行认真的分析省察,就会发现这一"转型"进程的艰难、复杂和长期性。与制度变迁形影相随的"集体认同"重构也自然要接受这一进程的影响和制约。

(1) 单位制度变迁的丰富蕴涵及其复杂性决定了"集体重构"进程的复杂和艰难。

东欧转型问题研究专家玛利亚·乔纳蒂曾对"转型"的复杂性有一形象的概括:在令人眼花缭乱的转型进程中,"构成体制根本特征的基本运行原则和连接原则以及在其基础之上建立起来的制度系统也消失了。但是,一个体制的基本连接原则的消失并不一定意味着体制运行过程中发展起来的所有经济和社会结构、传统、观念、行为方式和策略也随之消失"[①]。循着上述思路对"单位制度"及其"组织结构"进行分析,我们会发现单位制度也是一个生命体,一旦生成,便会循着自己的运行逻辑向前发展,即便是遇到来自外部强力作用,它也不会"突然死亡",有时甚至还会获得令人惊奇的发展。因此,我们在单位制度变迁背景下看到的是截然相对的情形:一方面是单位消解、单位意识的衰落;另一方面还会发现,在一些民营的、外企的企业中,出现"单位化"的动向。而如果我们将单位社会的终结视为一个"社会空间"模式转换进程,就会发现"单位社会"这一独特空间决不仅仅意味着从摇篮到坟墓一系列诱人的福利体系和制度,它实际上承载了 19 世纪中

---

① [匈]玛利亚·乔纳蒂:《转型:透视匈牙利政党—国家体制》,赖海榕译,吉林人民出版社 2002 年版,第 1—2 页。

叶以来中国回应西方列强挑战的全部历史,也寄托了20世纪先进中国人追寻大同社会的理想。单位不是一个简单的"经济空间",也不是单纯的"政治空间",而是19世纪中叶以来中国人理想社会的构建与选择。毫无疑问,这决定了"单位空间"结构转换的复杂性。我们需要认真地反思追问:单位制度承载的功能哪些需要"终结"?哪些需要"转换"?而且,这种"转换"过程不是一种平面衔接,而是一种立体的、多层次的复杂转换。如何在单位制度变迁,"国家—单位—个人"模式转换的背景下再造新的"集体认同"空间,是最值得深入研究思考的问题。

(2) 本土文化对集体认同重构的影响和制约。

任何意义上的集体认同都是在本土文化的情境中发生和展开的,都要受到本土文化传统的影响和制约。如前所述,一个健全的现代社会需要在国家和个人之间建立一个较为发达的职业群体和社团组织,但因各国的历史文化传统之不同,其具体的展开形态也往往有较大差异。如:"在美国和其他许多国家,社会存在于国家之前。也可以这样说,社区形成于人们处理他们共同的问题的政府或政府机构以前。当人们要自己处理各种问题时,他们通常发现在志愿组织中与别人一起行事是有用的。这样的结果产生了消防部门、学校、领养协会等许多志愿者团体。甚至在政府产生后,美国人通常不愿意使用它,担心会重新形成专制制度或官僚化。因此,市民们仍然自己解决问题,直到大家同意需要政府的帮助。"[1] 正是在上述意义上,当代新儒学派代表人物学家杜维明认为在世界范围内市民社会真正发达的只有美国社会,包括德、法、意、英的整个西欧社会市民社会的发展都不全面。[2] 而在中国,NGO 和 NPO 的成长也要经历更为漫长、复杂的阶段。儒家思想背景下的中国传统政治社会理念是以突出"私德"为先,以"忠孝"为其核心。官在公共事务中多扮演重要角色,"官与民显然划分为公私两界,民除其家之私事而外,一切有公益于一乡一邑者,皆相率退而诿之于官。"[3] 上述思想观念自然制约着以"公德"为基础,以"公共理念"为特征的现代

---

[1] 李亚平、于海:《第三域的兴起》,复旦大学出版社1998年版,第35页。
[2] 哈佛燕京学社:《儒家与自由主义》生活·读书·新知三联书店2001年版,第9页。
[3] 《论立宪当以地方自治为基础》,《东方杂志》1905年第12期。

公民社会的生成。2003年，当非典在中国大地肆虐之际，我们发现：非政府组织、非营利组织等被赋予重任的第三部门并未发挥重要作用。陷于恐惧的一般公民的公共自救能力也令人难以恭维。真正扮演主角的是中国政府，在危机面前，正是政府以"人民战争"的形式，从操作层面强有力地回应 SARS 危机。而政府回应危机的最重要手段仍然是其传统的国家—单位—国民的社会动员模式。一方面，从中央到地方的垂直的行政系统被最大程度地调动起来；另一方面，作为国家与国民之间的最重要的连接点——单位更发挥了关键作用。当是时也，所有的单位都动员一切人力、物力和财力，将防范非典作为第一要务。霎时间，社会上一个个单位都变成了封闭的堡垒，如同古代中国战乱时筑垒自保的"坞壁"。当然，在抗击非典的进程中，刚刚诞生不久的自治意义上的社区也扮演了特殊的角色。值得注意的是，在社区尚未具备"自下而上"社会组织动员能力的情况下，其主要是以政府组织的延伸机构和单位功能的补充力量而发挥作用的。上述分析也从另一个侧面反映了"单位社会"走向终结和新的"集体认同"生发的复杂性。

（3）西方思潮对集体认同重构的影响。

19世纪中叶以来，在西学东渐的总体背景下，西方思潮深度地影响着中国社会发展。而单位制度变迁恰与全球化时代同步，西方各种思潮纷至沓来。以西方理论思潮及其社会发展为参照系，中国的社会发展获得了众多弥足珍贵的启示。但不容否认的是，一些对西方理论思潮的误读也会给中国社会发展带来严重的误导。在单位制度变迁和集体认同重构的问题上，以民族国家理论表现得最为突出。

在人类文明走向全球化的背景下，一种占据主导地位的观点是"去国家化"，即在全球化的进程中，民族国家开始走向衰落甚至终结。有的观点认为今天的资本主义似乎已经决定性地摆脱了民族—国家的束缚，成为无边界和无身份特征的跨国家现象。而且，随着全球化背景下居民跨越国界、跨地区行为的增多，一般民众的国家认同也将大打折扣，导致民族国家这个"想象的共同体"的地位开始下降，最终出现所谓"空心国家"、"无边界社会"。

上述观点对于非西方国家是一种危险的"明示"。的确，全球化的进程使民族国家面临前所未有的挑战，但这并不说明国家政府的软弱无力和落伍。国家绝不是全球化进程中的旁观者，它仍然负有重要使命。

从整体上看，当代世界的本质没有变，仍然是一个由民族国家构成的无政府社会。而在全球化背景下，由于历史的原因和现实条件的限制，使得全球化对于发达国家和发展中国家具有不同的意义。由于发达国家在经济、技术、政治等方面所占有的压倒性优势，使得在全球化伊始，发展中国家便处于被动地位。全球化进程中民族国家权力和各项职能受到削弱的恰恰是这些弱小的国家，而以美国为代表的发达国家的国家主权非但没有衰弱，相反却呈现出无限扩张的趋势。2004年，美国著名学者亨廷顿教授自称是以"爱国者"和"学者"的双重身份，推出《我们是谁？美国国家特性面临的挑战》一书，他认为历史上，"美国人看到自己的国家遇到危险时所具有的对国家高度的认同感"[①] 正在衰落，从而大声疾呼："我们是谁？"以增强国民的国家认同。对于非西方国家而言，全球化所带来的弱肉强食的险恶环境使其民族国家认同不但不能走向消解，相反却仍将扮演重要的角色。此外，全球化背景下居民跨越国界的流动虽然越来越自由，但并未导致国民"国家认同意识"的弱化和消解。民族学研究中已经证实，"携带本国护照跨越国界流动的人，同时也带着自身的民族认同意识。而不法出入境者因为没有护照可带，其民族认同意识则更强烈。事实证明，势如破竹的全球化进程不是淡化而会强化民族认同意识。"[②] 明乎此，我们应该清楚地意识到，虽然建立于主流意识形态基础上，以形成整个社会"一致性"为目的的单位制度正逐渐走向消解，但并不意味着民族国家观念的弱化。相反，在新的"集体认同"重构过程中，作为现代观念的核心，民族国家观念仍将长时间地存在并发挥作用。

（该文刊于《江海学刊》2007年第1期）

---

① ［美］塞缪尔·亨廷顿：《我们是谁？美国国家特性面临的挑战》，程克雄译，新华出版社2005年版，第1页。
② ［日］平野健一郎：《全球化进程中亚太地区的社会·文化演变与区域研究》，载中国社会科学研究会编《全球化下的中国与日本》，社会科学文献出版社2003年版，第37页。

"后单位社会"基层社会治理及运行机制研究

新中国成立后至20世纪80年代，单位制一直是我国城市社会治理的基本体制，整个城市社会围绕着单位制度形成了一整套以"国家—单位—个人"为核心的刚性结构的社会管理运行机制。这套机制随着改革开放后单位制的走向消解而逐渐失去效用，从20世纪90年代至今，以中国社会由计划经济向市场经济过渡为背景，单位体制的变革已经成为一个不争的社会事实。但值得注意的是，单位制度的变迁并不是一个简单地单向直线运行的过程，而是充满了复杂性，主要表现在：第一，单位制度变迁的"多向性"，即一方面单位制在走向消解，但单位制的某些方面却在新的条件下得到强化，出现了所谓"单位返祖"或"新单位制"现象。第二，就中国社会的宏观结构而言，由传统的"国家—单位—个人"的纵向控制体系逐渐转换为"国家—单位、社区、社会组织—个人"复杂的格局。由于基层社区组织"自下而上"自治力量比较弱小，使得"自上而下"的政府行政力量并未退场，仍是实际发挥作用的主导力量。第三，就社会整合的对象范围而言，当下拥有单位的"职场人"基本上没有社区生活，没有有效的社区参与，故介入社区生活的基本上还是老年人及社会弱势群体。在这一意义上，"单位"在社会治理体系中并未退场，而是以新的身份和角色在发挥作用。正是在上述若干要素的作用下，转型期的基层社会治理出现了极其复杂的"重层结构"。而上述这些变化似乎都可以从"后单位社会"这一命题中得到更为复杂的理解。

那么，这些新型的管理模式在本质上与原有的城市基层管理体制有何不同？它们在"自上而下"的政府管理诉求与"自下而上"的居民自治诉求两个治理维度之间究竟能起到何种作用？对于原有基层社会"国家—社会"关系会产生哪些影响？与当前的街居制改革和社区自治力量能够产生何种体制互动？在后单位社会基层社会治理运作机制的构建中又占有什么样的地位？上述这些问题都亟须学者从理论层面上做出解答，笔者认为，在当前基层社会治理格局中，政府力量与自治力量间"不均衡"的相互渗透与互动是其显著特点，因此，带有政府行政性与社会自治性"双重性质"的基层社会治理机制对于构建后单位社会治理及运作机制有着非常重要的意义。笔者拟从这一视角出发，就上述问题展开初步的研究探讨。

一 "单位社会"基层社会管理运行的基本传统

研究当前我国基层社会治理运作机制，"单位社会"是一个无法绕过的命题。从历史上看，单位社会的形成可以被看作是近百年来中国社会在面对总体性危机、建设现代国家的探索中而做出的体制选择。这种社会运行机制曾在中国现代多民族国家的建构中发挥过非同寻常的作用，并与当下中国基层社会的治理困境存在着千丝万缕的联系。因此，在对后单位基层社会管理运行机制的探讨中，对于"单位社会"概念的梳理及变迁轨迹的探寻就显得尤为重要。

19世纪中叶以来，在中国由传统皇权专制王朝向近代民族国家转型过渡的进程中，思想精英与政治精英出于对一盘散沙式传统中国社会的痛心疾首，试图通过带有强烈组织化特征的单位体制的构建，来实现社会的根本改造。[①] 从新中国成立后至20世纪80年代，在"动员型集体主义"的发展模式下，中国形成了一个组织化程度极高、内部结构分化程度极低的单位社会。在单位社会中，国家的基层社会管理运作机制主要由纵向管理体系和横向连接体系构成，形成了"两纵一横"的社会治理体系结构。

（一）纵向管理体系

单位社会的纵向管理体系是从国家到个体的、依靠自上而下行政权力运作的管理机制。国家通过对自身权威与再分配能力的强化，将一切社会行动控制在组织化范围之内，以便使国家能够在人均资源匮乏、国际环境恶劣的条件下走上快速工业化的道路。这一运作体系可分为居于核心地位的主线运作机制与居于辅助地位的辅线运作机制。

---

① 田毅鹏、刘杰：《"单位社会"起源之社会思想寻踪》，《社会科学战线》2010年第6期。

1. "国家—单位—个人"：纵向管理体系的主线

从纵向管理体系的主线看，单位机制是其主要的制度载体。一般认为，单位制度的起源可追溯到根据地时期所形成的党对"革命队伍"的特殊管理体制。中共在战时条件下，形成了以供给制为核心的一元化组织结构，这种带有军事共产主义色彩的组织形式涵盖党、政、军团体与机构，其内部公私界限极为模糊，使其成员全面依赖组织。这种严密的组织结构与长期艰苦的革命斗争形势密切相关，并在党夺取政权过程中发挥了重要作用。中华人民共和国成立后，中国共产党参照这种根据地建设经验开始了对城市社会秩序的大规模重组，社会上几乎所有的企事业机构都纳入了国家体系而成为单位。[①] 单位集政治、经济、社会管理等功能于一身，是具有高度合一性的社会管理体制。在单位内部，严格的身份制使单位人与非单位人截然区分，逐渐建立了新的群体身份认同。同时，终身固定就业与单位内部全面的福利保障制度相联系，使单位建立起对成员生、老、病、死、衣、食、住、行的全面掌控，而单位边界之外的社会流动极为困难，单位之间几乎相互隔绝，从而使中国社会在横向上形成了一种蜂窝状的社会结构。除此之外，单位还被赋予了行政级别，成为国家行政体系的一部分，因此，单位人对单位的"组织性依赖"实际上是对国家体系的依附，[②] 从而形成了极为牢固的"国家—单位—个人"的纵向联结机制。通过单位，国家不仅消灭了市场空间，而且渗透进了私人生活领域。当然，作为一种典型的动员体制，单位制不是极权主义观点所描述的那种阴森的、不近人情的统治和控制制度，也不是多元主义理论所阐释的多种派系对立和竞争的格局，而是在主流意识形态基础上建立的，通过社会动员实现的，"以形成整个社会'一致性'为目的的制度安排"[③]。作为一种总体性社会设计，单位将社会的行政组织化程度和国家动员能力提高到了前所未有的程度。

单位社会的建立彻底终结了传统中国政权悬浮于基层社会之上的松散局面，建立了独具特色的中国式现代多民族国家的结构模式。这种总体性社会的设计在新中国成立之初的工业化建设中表现出极强的体制优

[①] 路风：《单位：一种特殊的社会组织形式》，《中国社会科学》1989 年第 1 期。
[②] 李汉林、李路路：《资源与交换——中国单位组织中的依赖性结构》，《社会学研究》1999 年第 4 期。
[③] 田毅鹏：《单位制度变迁与集体认同的重构》，《江海学刊》2007 年第 1 期。

势。可以说，中国真正建立独立的现代民族国家是从单位社会的形成开始的。单位社会的秩序设计重塑了单位人的行为模式与心理认同，直到今天仍是国家在应对社会危机、掌控社会秩序时不可或缺的体制资源。

2. "国家—街居制—个人"：纵向管理体系的辅线

从纵向管理体系的辅线来看，则主要是"国家—街居制—个人"的联结运作机制在发挥作用。此体系主要是通过处于国家行政末端的街居组织来控制那些无法被纳入到单位体制之中的城市居民。尽管街居制处于单位体制的辅助地位，但其在基层社会整合中的作用却不容忽视。街道办具有完整的行政组织结构，其管辖的事务从宣传党和政府的各项政策和法规，到开展治安保卫、民事调解、公共卫生、公用事业、优抚救济及消防等等，几乎涵盖了基层社会生活的所有方面，居委会虽然其组织化程度不高，但仍具有承接政府派出机构街道办分派任务的协动能力，从而实现了对属地基层社会的非单位人口进行全面的组织化管理。

街居制的建立源于新中国成立后新政权在城市基层社会中的权威重建，是一种以街道办事处与居民委员会制度相结合的基层社会管理体制。在其最初的设计中，街道办被定位为"市或区政府的派出机关"，而居委会则是城市中"群众自治组织"，其成员完全来自属地居民，居委会的工作须接受街道办的指导，二者相结合共同保证了国家权威向城市基层社会的延伸。在以党政机关和企事业单位为主体的"单位社会"形成后，城市中绝大多数人口被纳入到单位组织之中，街居制的作用空间急剧缩小，在三大改造后直到20世纪80年代，它基本上是作为单位制度的辅助机制而发挥作用的。由于预见到城市中"工人阶级以外的街道居民将日益减少"[①]，最初在1954年颁布的《街道办事处组织条例》中对于街道办的定位十分简单，之后又历经多次变动，如1958年"大跃进"高潮时，街道办被改为"城市人民公社"。1966年"文革"开始后到1978年间，又被改为"街道革命委员会"，街道办在职能和性质上的不确定性，从侧面反映了其在单位体制中的从属地位。而作为城市居民自治组织建立的居民委员会，由于按照规定要接受街道办的指导，实质上与街道办一直被绑定在一起，其自治能力不强，加之自身的

---

① 彭真：《城市应建立街道办事处和居民委员会》，中共中央文献编辑委员会编《彭真文选（1941——1990年)》，人民出版社1991年版，第240—241页。

弱小、与主流人群绝缘，更是处于边缘从属地位。

但街居制毕竟代表了一种常态社会背景下政权力量向基层社会的延伸，国家对于社会组织化的过分强调，使街居制的作用在被不断加强，街道办所承担的任务不断增多，逐渐具有了行政性质甚至作为一级基层政权而发挥作用。而居委会逐渐被视作街道办的派出机构，接受了大量来自街道办下放的任务，其行政化色彩也日趋浓厚。在1978年后，街居制经历了短暂的恢复调整期（向"文化大革命"之前的状态恢复），其职权有所缩小。但随着单位社会的逐渐消解，从单位中释放出了众多的社会职能，街居制的作用也就变得越来越重要，逐步摆脱了社会辅助机制的地位，成为城市基层社会管理及运作机制的主要制度依托。但由于暴露出了众多问题，20世纪90年代末期"社区建设"开始后，街居制的改革成为城市基层社会管理体制创新的核心。

综上所述，单位运作机制和街居运作机制二者共同构成了单位社会中城市纵向管理运作模式，二者的相互结合将国家行政权力渗透到基层个体的社会生活之中，是单位社会成为一种高度组织化的运作模式。国家能够依靠强大的资源分配与社会动员能力，实施有选择的、赶超型的现代化方案。尽管二者都是社会组织化的产物，但其结构和运作方式却有很大不同。由于单位兼有行政管制和利益传输双重功能，在其内部存在极强的以资源交换为基础的依赖性结构，单位对个体的控制更为彻底和全面。而街居制则更接近于淡出的基层社会行政管理体制（尽管街道办与居委会的最初定位均不是行政机构），不拥有利益依赖的结构，因此对社会个体的控制要弱于单位体制，这也决定了其辅助地位，纵向管理体系的主线机制与辅线机制的互动与交叉很少，二者仅在组织化的社会职能上出现了重合。

（二）横向联结体系：跨单位组织

单位社会的横向联结主要是通过"跨单位组织"来承担的。所谓"跨单位组织"，主要是指在"单位组织之外横跨各个单位之间、将单位中的同类成员联结在一起的组织"[①]。跨单位组织的作用在于能够穿越单位边界，将跨越单位的社会要素组织起来，通过开展各种组织活

---

① 刘建军：《"跨单位组织"与社会整合：对单位社会的一种解释》，《文史哲》2004年第2期。

动,在单位之间开辟制度化通道,促进社会的横向整合,从而与单位社会的纵向管理体系结合构成一种纵横交错的运作机制。其中最重要的跨单位组织便是政党组织,作为执政党的中国共产党在各个单位及各个管理层次都建有党支部、党小组,通过严密的人事制度及仪式化运作对单位领导群体及基层群众进行有效领导,从而避免了内部社会功能完善的单位组织成为孤立封闭城堡的可能。同时,在党管干部的体制下,一定级别的干部亦具有跨单位调整使用的可能性。此外,工会、共青团、妇联、青联、学联、台联、侨联以及各种学术性联合会和协会也将各种特定群体涵盖其中,通过各种组织化活动,拓展了单位外部的社会联结空间。尽管跨单位组织与单位机制、街居机制结构、要素互不相同,但其运作动力却同样来自行政权力。在单位社会中,几乎所有的跨单位组织都具有官方或半官方的性质,其目的在于强化国家对社会的控制能力,带有社会自主性质的跨单位组织事实上只是在单位社会开始消解之后才逐渐发展起来。

二 "后单位社会"基层治理的模式实践及其困境

(一)"后单位社会"的基本内涵

在承认单位社会业已走向"终结"的前提下,学界开始使用"后单位社会"概念来表述中国社会当下的变迁。值得注意的是,该概念虽然已为众多学者所使用,但其涵义却不尽相同,学界一般都是将其作为一个背景性概念而提出的,缺少明确的界定。在这里我们认为,后单位社会主要是指 20 世纪 90 年代全面市场化改革以来,中国社会表现出来的一种特殊的社会结构及其运行状态。主要表现在:首先,在后单位社会中,旧的社会运行机制开始逐渐消解,而新的社会运行机制尚未成型。因此,它不是一个完整的社会结构形态的概括,而是一种对原有社会体制消解过程中那种"剪不断,理还乱"的复杂蜕变过程的描述及概括。其次,从静态角度看,单位制虽然开始走向消解,但作为社会治理的一个重要单元,单位组织并未退场,而是以一个新的角色和身份继续发挥作用；再次，从社会运行的角度看，在后单位社会中，市场化进程的开启使得在原有体制中被压抑的经济发展能量被释放出来，并在社会的经济建设方面取得了举世瞩目的成就。在原有社会管理运行机制逐渐萎缩的背景下，只有新的能够有效填补原有体制真空、克服原有单位体制遗留问题的制度形态不断被纳入到社会体系之中，才能有效应对后单位社会的管理困境，保证社会的合理运行。我们正是在这一意义上来讨论后单位社会基层治理问题的。

（二）后单位时期社会运行机制的特点

"后单位社会"的运行并非与"单位社会"截然分开，旧的社会运行机制在瓦解过程中同时夹带着巨大的体制惯性依旧在发挥作用。正如前文所言，单位社会在中国的形成具有深刻的历史根源，其对中国社会的影响自然也难以在短时期内消除。同时，单位制消解的过程中不断衍生出新问题。这都使得后单位社会运行机制的建立面临着众多挑战。如政府与社会自治组织之间的衔接问题、资源垄断与责任推诿问题等。如何在过渡时期建立起一种新的社会联结，实现创造性转化，成为严峻的挑战。从总体上看，后单位社会的基层社会治理运作具有以下几个特点：

1. 单位制的消解及其反向运动

从20世纪90年代开始，伴随着中国走向市场化的进程，传统的单位体制开始走向消解，在"权力下移"的总体背景下，单位体制变革和社区建设成为社会各界的聚焦点。主要包括老工业基地衰退背景下"企业办社会"功能的分离及社区建设勃兴等。在单位体制下，"单位同时兼有生产职能、职工生活职能及大量社会政治职能，是一个职能和设施相对完备的、能满足其成员各方面需要的社会复合体"[①]。这种呈"蜂窝状"的、多元化的职能安排使单位的边界相对封闭，割裂了作为统一有机体的社会的内部联系，造成了城市基层社会运行的僵滞。在单位制度变迁的背景下，各种社会功能开始从单位中剥离并重新释放了社会本身的活力，社区重新被定位为社会生活共同体，逐渐在城市基层社会的整合中发挥越来越重要的作用。大量的基层管理任务被下沉到社

---

① 华伟：《单位制向社区制的回归——中国城市基层管理体制50年》，《战略与管理》2000年第1期。

区。社区服务、社区建设逐渐成为城市社会工作的重要内容。但社区并非单位的简单替代物,从单位剥离出的众多社会职能也并非可以简单地"嫁接"到社区体系中。社区只是重新成为国家、社会、个人之间交互作用的场域,而后单位社会基层良性的运作机制的形成,实有赖于整体意义上社会联结机制的建立与稳定。

值得注意的是,在单位走向"去社会化"过程的同时,出现了一些"反向运动",主要表现在:(1)尽管单位制的松动肇始于1978年后的改革开放,但在现实中,改革开放初期城市社会秩序的恢复也正是单位体制重建的结果。此后实行的近十年的"双轨制"[1],建立了一种"分割式"的社会结构,即在保持单位制相对完整的前提下,对市场空间进行开拓与培育,以打破僵化的经济结构。即使在90年代全面市场化改革之后,国家出于经济安全的考虑,仍对一些超大型国有企业实施保护。可以说,市场化改革的实质是将市场经济体制嵌入到原有社会结构之中,经过国家与市场的双向形塑,某些超大型国有企业和行政事业机关的单位特征被保留了下来,甚至有所加强,形成了与市场机制并存的新单位制现象。[2](2)单位体制下的党政双重体制仍在延续、各种形式的单位福利在市场经济中得以继续。尤其是拥有垄断限制地位的大型国有企业,其单位福利膨胀,制造出较为明显的社会不平等。(3)在某些重大危机事件面前(如非典等事件),单位组织仍是国家实施社会控制的重要阵地,而在社会个体"地位资源"的获得方面,单位的壁垒效应也仍然存在。[3]在这一意义上,即使"构成体制根本特征的基本运行原则和连接原则以及在其基础之上建立起来的制度系统也消失了。但是,一个体制的基本连接原则的消失并不一定意味着体制运行过程中发展起来的所有经济和社会结构、传统、观念、行为方式和策略也随之消失"[4]。所有这些这都使得后单位社会的运作机制转换充满了复杂性。

---

[1] 渠敬东、周飞舟、应星:《从总体支配到技术治理——基于中国30年改革经验的社会学分析》,《中国社会科学》2009年第6期。

[2] 刘平、王汉生、张笑会:《变动的单位制与体制内的分化——以限制介入性大型国有企业为例》,《社会学研究》2008年第3期。

[3] 边燕杰、李路路、李煜、郝大海:《结构壁垒、体制转型与地位资源含量》,《中国社会科学》2006年第5期。

[4] [匈]玛利亚·乔纳蒂:《转型:透视匈牙利政党—国家体制》,赖海榕译,吉林人民出版社2002年版,第1—2页。

2. 社会治理主体的多元交错

后单位社会中诸社会职能从单位中剥离,但这并未导致国家对基层社会控制力的实质性减弱,只是在控制方式上由单位社会中的总体性支配逐渐转变为科层化的技术治理,[①] 将行政权力纳入到法制化与规范化的轨道,大大提高了治理效率。这里所说的"科层化",其一是指政府公务员系列的科层化体系;其二是指自治组织的科层化;国家权力还通过与各种社团组织的互动协作,使得基层社会的运作越来越呈现出"法团化"特征。此外,单位制的残留使得依托于大型国企和行政事业单位的单位社区仍然大量存在,单位家属在住宅区的共住模式形成了拥有清晰边界的新共同体形式。但值得注意的是,社区议事委员会、业主委员会等一批新的带有民主协商色彩的社区自治组织被逐渐建立起来。社区治理主体的多元化削弱了原有居委会对社区自治主体的垄断,并促使其自身也开始做出一些变革(如居委会直选)。此外,单位壁垒的打破,促使基于血缘、业缘、地缘关系而建立的民间组织开始大量出现,它有效地弥补了单位组织封闭、狭隘等缺陷,使社会中非政治化的要素在社会联结中开始发挥作用,为更广泛的社会团结提供了多元途径。同时,社会个体的思维方式与行为方式也发生了变化。带有权利和民主意识的"公民观"逐渐取代了传统的"人民观",公民的社会参与意识大大加强,非政府、非盈利的行为被初步认可和接受,并走向正规化,从而为多样性的社团组织的广泛建立提供了坚实的基础。所有这些都使得社会的自组织化程度大大提高。政府的技术治理与法团化治理、单位制社区的残留、社会自组织能力的增强,这种多元化的社会管理主体遵循着不同的运作逻辑且相互交织,共同构成了后单位社会管理运作机制最为纷繁复杂的一面。

3. 国家与社会相分离

在后单位社会,政府权力从大量原属于社会的领域中退出,将原属社会的事情还给社会,使社会自身的活力被逐渐释放出来,使得社会管理运行机制的行政化色彩被逐渐淡化,政府管理走向精练化和专业化。在单位社会中,从单位到街道,行政权力渗透到了社会的各个方面,整

[①] 渠敬东、周飞舟、应星:《从总体支配到技术治理——基于中国30年改革经验的社会学分析》,《中国社会科学》2009年第6期。

个社会的管理运行机制呈现出一种"刚性运作"的特征。自改革开放以来步入"后单位社会"之后，社会在自身的分化发展壮大中逐渐形成不同的利益主体，形成与国家协商、合作的格局。因此，中国"小政府、大社会"格局的展开，并未形成西方意义上的"国家与市民社会"分立、对抗的局面，而是形成了政府与社会在相互渗透中走向协作的局面。但是，国家与社会之间的这种复杂微妙的平衡在社会运作机制的建设中往往难于把握，一旦走向失衡，则会在社会中酿成诸多不稳定因素，因此，在建设"小政府、大社会"的背景下，政府基层权力与社会有机体如何良性对接和有效协作，是构建后单位社会管理及运行机制所面临的难题。

（三）基层治理的模式实践及其困境

后单位社会基层社会治理模式的构建，从理论上看仍是如何处理国家与社会关系的问题，国家与社会力量的消长及"单位社会"消解的复杂性，都使得城市基层社会治理格局呈现出巨大的变动性。因此，面对后单位社会治理困境，国家与社会应如何联结以形成整体良性的运作机制，是当前基层社会治理的核心问题。在这方面，"单位办社会"的消解，社区建设背景下街居制的复兴，都构成了构建后单位社会基层运作机制的有益实践。

1. 强调行政管理的"上海模式"

社区建设的"上海模式"形成于20世纪90年代中期，并很快被推广到众多城市。此种模式的基本特征被概括为"两级政府、三级管理"，即在市、区两级政府的基础上，形成市、区、街道三级纵向管理体制。试图通过扩大街道办事处管理权限，充分发挥其管理功能。向街道办下放权力、建立街道财政，街道办内部机构科室化，对社会性、群众性、公益性的工作负全责，从而使其在社区管理中真正负起领导的职责，同时克服"全能政府"的传统观念，引进"小政府、大社会"、"小机构、大服务"的行政理念，使政府行政行为、社会自主行为和市场行为相结合，最终形成一种高效、有序的社区行政管理体制。

"上海模式"的优势在于明确街道作为一级管理层次的地位，使街道办成为城市基层社会运行机制的重心。实质上是对街道办在城市基层社区统筹与协调职能的强化，使街道办真正成为城市街政的中心，保证了城市基层社会运作机制的上下畅通与高效率。此外，由于这种模式是在保持原有基层社会治理格局的前提下进行的体制调整，故牵涉面较窄，体制变革成本较小，在实践中操作起来也较为容易，因而得以在众多城市中得到了广泛推行。其在城市基层社会管理中的功能优势在举办北京奥运会、上海世博会等大型活动中得到了检验。但此种模式设计也仍然存在着一些不足之处，表现在：（1）以"两级政府，三级管理"为基础的基层社会管理模式事实上并未从根本上解决街道办的定位问题。"两级政府，三级管理"的模式设计虽使街道办作为一级管理的地位得到明确，改变了其办事无权的局面，但其做法仍然隐含着将其作为一级准政府的定位设计，行政管理任务的重负必然使其内部职能部门逐渐膨胀，人员增多。这无疑与现代城市基层社会运作机制中要求减少管理层级、推动管理扁平化的趋势相悖，使城市社区管理的行政成本加大。（2）易形成城市基层社会运作机制中行政科层化的趋势，制约社区自治力量的发展，造成城市基层社会被过度行政化，使基层社会运作机制演变为一种僵化的行政科层机制，社区自治空间逐渐趋于萎缩与板结化。

2. 强调社区自治的"沈阳模式"

沈阳模式形成于20世纪90年代末，主要以"社区自治、议行分离"为特色。沈阳模式对社区性质、功能、区域进行明确定位，将基层社会运作机制改革的方向定为发展社区自治，并以此为标准，重塑社区边界及组织管理体系，试图通过社区建设塑造以利益为纽带、以认同感和归属感为核心要素的自治共同体。沈阳模式在社区自治运作机制的设计与实践方面做出了有益尝试，其价值主要表现在：（1）通过明确社区定位、调整社区边界，为居民自治性基层治理模式提供了运作空间。（2）通过"议行分离"进行组织创新，塑造了一套权责明确、议行分离、相互制约的社区运作机制。但面对基层社会中复杂的"重层结构"，以沈阳模式为代表的社区自治运作机制也存在着明显的局限，表现在：在城市社区居民社会参与意识孱弱的情况下，基层自治存在着严重的空壳化现象，其直接后果是导致社区自治流于形式，而无实质内涵。

除了上述两种模式外，还存在着以取消街道办、减少行政层级为主要特征的"铜陵模式"、以居站分离为主要特征的"深圳模式"等。但事实上都未破解后单位社会重层结构背景下基层社会治理的迷局。无论是强调基层民主自治的沈阳模式，还是突显基层行政派出机构的上海模式，抑或是以减少行政层次，为社区自治让渡空间的"铜陵模式"，其体制构架及其运行都面临着重要的局限。在此种情形下，其所面临问题的实质是，如何在基层社会的重层结构中，使政府行政组织（派出机构）与基层自治组织之间建立起应有的关联。社区运作机制仍是在政府主导下自上而下建构的结果，自治内生性不足。社区自治组织几乎全部是按照整齐划一的标准建立并与政府管理体系对接，几乎难以避免行政运作的影响。持久化的社区自治运作机制应更能发掘社区自身资源，增强运作机体的活力，以真正实现社区运作的自我发展、自我完善、自我管理。这就需要在培育社区文化、提高社区参与和居民认同感等方面做出更多努力，相较于外在组织结构的搭建，这些社区内在联结机制同样重要。

因此，后单位社会基层运作机制的建构，主要包含两个方面：组织要素和结构的搭建、持久化运作动力的解决。前者需要基层社会管理组织结构的创新，而后者则需要深层次的国家与社会的互动方式的改变。无论是上海模式还是沈阳模式，或强化基层行政管理，或培育社区自治，都在基层社会管理组织结构创新方面做出了有益探索，但二者均是在原有街居体制基础之上做出的调整，仍代表了街居运作机制在后单位社会管理中的复兴，但社区的本质在于内在社会性关系联结，而非单一的制度性关系联结。街居体制的改革事实上对于社区参与和凝聚力不足、社区机体内在活力欠缺等问题并未予以根本解决，仅仅局限于外在制度结构的搭建。这就使得在基层社会运作方面仍无法摆脱行政化的影响，其运作动力仍以行政权力为主，缺乏社区内在自治自主力量的推动。不过，在后单位社会"强政府、弱社会"格局下，西方式地方自治类型的社区运作在中国存在着先天不足，在避免单向维度的行政运作的前提下，国家行政力量与社区自治力量的协作与互动才是构建基层社会持久化运作机制的关键。

三 基层社会"复合治理"策略的实施及其评价

（一）作为"复合型"社会治理的网格化管理模式

近年来，政府技术治理逐步展开的背景下，"数字城市"建设中诞生的网格化管理模式逐渐表现出一定的治理功效。网格化最初的目标主要是对原有的社区资源、信息、服务体系进行重新整合与协调，其主要着眼点是在技术、社区资源及公共服务之间建立起密切的联结关系，故在某种程度上我们可以将其看作数字技术服务平台在制度上的配套设施。但当数字技术逐渐融入城市基层管理体制之后，很快被原有的体制所形塑和修正，逐渐开始作为一种新的治理方式和治理层级，在整合社区资源、沟通信息、强化服务等方面均发挥了明显的作用。在具体做法上，是"在保持原有街道—社区管理体制不变的基础上，按一定标准将城市社区划分为若干个单元网格（一般一个网格内常住人口为4000—5000人），并搭建与统一的城市管理数字化平台相连接的社区信息化平台，通过加强对单元网格的部件和事件的巡查，建立起一种监督与处置相分离的新型基层管理体制"[1]。网格化既有政府管理强力下沉的一面，又有社区多元参与的一面。近年来在维稳任务凸显和社会管理体制改革创新的背景之下，网格化管理显示出极强的横向拓展和复制的能力，很快扩展到社会的其他领域，逐渐在社会管理中发挥了重要作用。与以往基层社会运作模式相比，它在运作结构、要素和方式上都体现出明显的优势。值得注意的是，网格化治理模式在上海模式、沈阳模式、铜陵模式等多种类型的模式中都有较为广泛的运用，并且取得了较为理想的效果。故作为一种复合式治理策略，网格化不是作为一种"替代策略"出台的，而是作为一种"补充策略"登场的，对于后单位社会重层结构背景下基层治理的展开发挥了重要作用。

首先，通过网格将政府行政力量与社区自治力量加以绑定，使网格成为城市社区中多元主体的联动空间。在单位社会中，城市基层社会管理中自治力量的缺席是其显著特征。进入后单位社会以后，社区自治力量虽得到一定程度的发展，但在街居体制行政化色彩浓厚的背景下，社区自治发展仍不充分，社区居民参与程度不高。即使在自治主体之间也存在着"官方化"的自治主体与"自主性"的自治主体之间的"二元区隔"的现象，[2] 这一切都使得城市基层社区的治理结构较为单一。而

---

[1] 田毅鹏、薛文龙：《城市管理"网格化"模式与社区自治关系刍议》，《学海》2012年第3期。

[2] 闵学勤：《社区自治主体的二元区隔及其演化》，《社会学研究》2009年第1期。

在网格化管理中，不同性质的多种力量被配置在同一网格空间中，包括"以区街公务员为主体的政府行政力量，以社区干部为主体的社区自治力量、社区党员和一般志愿者、民间组织"①。这种多元行动主体的交互作用打破了原有社区治理主体的单一化，在政府力量与社区自治力量之间提供了联结点，为后单位社会基层社会运作机制中多元力量的协调合作创造了条件，为"善治"的实现提供了新的路径。

其次，通过网格建立了快捷精准的信息"收集—反馈"机制，为行政科层制中信息的纵向和横向流动提供了新的平台。在单位社会中，中国的政治体制是一种垂直一体化体制，"这种体制非常适合于命令下达，却对资讯上传这种良性流动的必要性缺乏敏感"②。这是在总体性社会中对国家动员能力的过度强调所导致的必然结果，这一特征往往会导致体制在缺乏基层社会准确信息的情况下运转。在后单位社会中，媒体资讯的发达、基层自治的初步发展都在一定程度上缓解了这种状况，但却并没有形成根本性的改变。"市—区—街"仍构成了一套完整的垂直层级行政体制，其对于基层社会信息的掌握仍是被动的，而且，信息流动经常面临上下阻隔、横向沟通困难的现象。而网格化管理可视作为数字信息技术嵌入到行政科层制过程中技术与制度互动的产物。依托于数字城市的建设，网格在技术层面具有信息流动快捷、规范、精准等突出优势，数字技术与行政体制的集合使网格成为新的社区管理信息平台，在网格之间实现了信息的快速流动与共享。通过网格工作人员的定时巡视与排查，及时掌握第一手的社区信息，做到"发现及时、反应灵敏、处置有方"。这有助于打破原有城市基层社会运作机制中信息在封闭体制中流动的局面，为城市基层社会由被动式、静态式的管理向主动式、动态式的管理转变创造了条件。

再次，由于网格化模式是在保持原有基层社会体制稳定的前提下进行的体制调整，网格化管理并未突破原有的社区边界，因此体制变革成本较小，牵涉面较窄，在实践中操作起来也较为容易。其在城市基层社会管理中的功能优势在北京奥运会、上海世博会等大型活动中得到了

---

① 田毅鹏：《城市社会管理网格化模式的定位及其未来》，《学习与探索》2012年第2期。
② [美]李侃如：《治理中国：从革命到改革》，胡国成、赵梅译，中国社会科学出版社2011年版，第198页。

检验。

但是这种运作机制设计也仍然存在着一些局限,表现在:(1)网格内部社区自治力量与行政力量之间存在着张力。网格化管理和社区自治的关系,与社区形态息息相关。在以往的街居体制之下,社区被定位为居委会辖区,完全被视为城市基层管理单位,行政化色彩浓厚。而在此基层上展开的网格化管理,也难免会受其影响而被视为行政力量。(2)在网格的定性上,"管理的网格"与"服务的网格"之间存在着张力。

(二)网格化模式与复合治理理论的生成

1. 网格化管理模式的复合性特质

将网格化管理模式置于后单位社会重层结构的背景下,我们会发现其突出价值在于,它兼具管理与自治的"复合型组织"性质,网格内部的多元行动主体的参与,包括政府力量、社区组织、个人(志愿者)等,为国家与社会的联结与互动提供了微观平台。同时,网格边界之间社区资源的整合、信息共享与流动,更有利于推动社区内部联结的培育。但其内部多元行动主体地位的不均等也使得网格的性质呈现出了不确定性,这就需要网格的构建与推动城市基层管理体制扁平化、促进社区自治、提升基层服务水平、培育共同体价值等方面结合起来。在后单位社会中社会个体的原子化、社会主体的多元化、社会关系复杂化、社会阶层分化逐渐加深的背景下,后单位社会基层运作机制的构建也是一个系统工程,它需要政府与民间、个人与社区、服务与管理、行政与自治等几个不同维度和方面上的探索和革新,"其中最重要的是实现政社分开,探索如何增强社会自我管理、自我服务、自我教育的力量,将减少政府成本与提高社会运行效率统一起来,将减少行政层级和社区服务去行政化结合起来,将政府自觉限权和公众参与社区治理结合起来,理清政府管理服务和居民自治的边界和关系,合理划分基层行政管理和服务机构的职责权限等等"[①],只有这样才能完成"小机构、大服务"的管理格局的塑造,将行政管理机制、社区自治机制、市场配置机制结合起来,形成完善的治理型、网络状的城市基层社会运作机制,从而使这一机制能够持久化。

---

① 彭向刚:《撤销街道办会成为趋势吗》,《人民论坛》2011年第36期。

2. 基层社会中的重层结构——自治性与行政性之间的嵌合

对于当前中国基层社会的运作机制而言，国家与社会的相互交织而使基层社会治理及运行机制带有明显的"重层性"，并对基层社会治理的性质及运作方式产生了重大影响。具体言之，国家与社会力量互动过程中在基层社会中所形成的"重层结构"，并不是指在其中国家与社会如夹层蛋糕一样界限分明，而是指政府与民间自治力量之间不同程度的协作、妥协、合作，使得基层社会的运作兼具行政性与自治性，从而其衍生出一种双重性质及兼容式的运作方式。而且，这种行政力量与自治力量之间的交互作用也并非均匀式地平衡分布，这就造成后单位社会基层运作难以形成一种协调、稳定的状态。迄今已有不少学者运用不同的概念试图对这一特征加以把握。其中，黄宗智的"国家与社会之间的第三领域"概念尤为典型。黄氏认为，在国家与社会之间存在着一个国家与社会力量均参与其中的"第三领域"，在其中国家联合社会进行超出正式官僚机构能力的公共活动，从而在基层社会形成了一种依靠政府与民间谈判协商、任命非正式官吏等方式进行治理活动的运作机制。并指出"这里很可能是更具协商性而非命令性的新型权力关系的发源地"[1]。后来，他又将这一理解更新为"集权的简约治理"[2]，即基层行政中的半正式治理机制，更进一步阐明了基层社会中第三领域的运作方式。而郭伟和则将"第三领域"理论引入到当前中国的城市社区研究中，他认为"伴随着街道体制的撤退，新出现的社区公共治理组织结构不是西方政治学中讲的地方自治体制，而是比较符合黄宗智所说的国家与社会之间的第三领域的属性——在原来的街道层面上出现了一种既不是原来的行政架构，也不是完全的地方自治社会的混合属性的公共领域"，并将这种城市基层社会国家与社会的互动模式称为"掩映在民主形式下的国家意志对社区公共事务的柔性控制"[3]。笔者认为，第三领域及其衍生概念较之充满西方化价值判断的市民社会理论，无疑更为贴

---

[1] 黄宗智：《中国的"公共领域"与"市民社会"？——国家与社会间的第三领域》，黄宗智主编《中国研究的范式问题讨论》，社会科学文献出版社2003年版，第282页。

[2] 黄宗智：《集权的简约治理——中国以准官员和纠纷解决为主的半正式基层行政》，《开放时代》2008年第2期。

[3] 郭伟和：《街道公共体制改革和国家意志的柔性控制——对黄宗智"国家和社会的第三领域"理论的扩展》，《开放时代》2010年第2期。

近当前中国城市基层社会的实际情况。但是，作为一个价值中立概念，它是对现实的描述与理解，却难免缺少价值取向的路径构建和引导。因此，笔者更倾向于用"基层社会的重层结构"这一概念来理解基层社会"行政性"与"自治性"互嵌式运作方式。所不同之处在于，笔者将这种重层结构看作一种动态的结构。其产生主要是由于国家权力与社会的公共权力在对接过程中，"自上而下"的政府权力向度倾向于将其力量尽量向下推进，而"自下而上"向度的社会自治力量则倾向于尽量向上推进，二者频繁互动的结果，就是形成了国家与社会交汇处的权力"重层结构"。

国家权力通过"下派干部"（挂职锻炼，下派）和"赋予资格"等方式，使社区自治组织与政府之间并非截然两分，而是存在着联系紧密的"通道"。在这个权力"重层结构"的场域中，虽然国家权力与社会存在着明显的不对等性，但二者都倾向于将自身势力最大限度地向对方渗透，以求获得充分的作用空间。因此，在权力的设计上，双方都出现了将自身"对方化"的倾向，但两种力量的交互作用不是均衡的。即代表社会的公共权力倾向于一定程度上在形式上将自己转化为政府权威，以求将自身意志通过间接的方法影响政府权力，即"公共权力的权威设计"。而政府权力则倾向于在形式上转化为带有民间色彩的公共权力，以求尽量将自身影响向基层渗透，即"国家权力的社会性设计"。二者都体现了当自身作用发挥到极限时，通过间接的方式发挥影响力的权力设计方法。基层权力重层结构的场域，能够存在的核心要素，就是这种权力运作"对方化"的行为倾向。这种权力对方化的倾向往往在民间力量比较弱的社会存在较为明显，因为，面对国家权力的强力扩张，民间力量弱小不得不借助于间接的方式来实现自身诉求，维护自身权益。而国家在将权力推进到底层时，也会受到民间力量的强烈抵抗，需要通过权力"对方化"来渗透，正是因为如此，这种权力的重层结构主要存在于社会基层。

一般而言，基层权力的重层结构位于政府行政权力的末端，和社会个体权利的顶端。如果将国家与社会之间的权力看作是一个呈上下梯次分布的结构，那么国家力量往往倾向于将这个重层结构向下推，以求使国家力量占据更大的势力范围，而民间力量则倾向于将这个重层结构向上推，以求使民间力量获得更大的活动空间。如此一来，重层结构就形成了一种动态的"国家—社会"结构，它会随着国家与社会力量的不断消长而改变发生移动，同时它内部双重性质力量的相互交织又能保证这一过程中国家与社会的联结不会发生断裂，最终使国家与社会形成一种比较合理的布局。故在后单位社会基层运作机制的构建中，应为民间力量的培育留有活动空间，以保证这种重层结构能够在国家与社会之间的"权力梯次结构"中随着社会的发展逐步向上移动，最终形成理想的"小政府、大社会"格局。

3. 网格化与基层社会结构的重组

基于城市基层社会中动态的重层结构视角，笔者着眼的不仅仅是网格化管理的现实状态，更看重它所具有的制度潜力。在后单位社会基层运作机制的构建中，判断一种基层社会管理模式优劣的重要标准，一方面是看它能否很好地容纳与整合重层结构中的两种力量，另一方面是看它能否为国家行为与社会自身的成长留有弹性空间。而"网格化"管理的"复合型"性质，无疑在上述这两个方面具有一定的优势。但是，任何机制的实际作用都受制于它所依赖的具体制度环境和社会环境，网格化管理也是如此。后单位社会基层治理所面临的种种难题决定了网格化模式的走向存在着不确定性。

第一，关于传统基层组织在现代社区建设过程中的作用。毫无疑问，20世纪下半叶世界范围内两次社区发展的热潮，其目的都是在现代经济高度发展的背景下，试图通过政府"自上而下"社区发展的路径，抗拒来自市场对社会的冲击，以维持社会的秩序和稳定。在这一意义上，社区是现代性的产物。但应该指出的是，这一现代居民自治组织真正意义的发展不是凭空的，而是需要将其发展深深地植根于本土。

第二，关于社区在社会宏观结构中特殊的"联结"作用。近年来，在东亚社区发展过程中学术界普遍关注所谓"社区行政化"问题。在这里，所谓"社区行政化"，主要是指："城市政府为寻求经济增长与社会稳定的平衡，依靠行政权力，自上而下地实现社会再组织化的过程。其基本标志是：社会空间行政化、社区组织行政化、社区事务行政化。"[①] 人们普遍对社区行政化提出批评，认为它有碍真正意义的居民自治。从而提出"去行政化"的社区发展目标。笔者认为，社区行政

---

① 陈伟东等：《社区行政化：不经济的社会重组机制》，《中州学刊》2005年第3期。

化固然会扼杀社区的自治精神，但完全的意义上的社区"去行政化"实际上既不可能，也不可行。因为在相当长的历史时期内，社区实际上是作为"政府"和"居民"之间的联结组织而存在的。社会是一个超级复杂的联结系统，以至于我们很难用简单的话语完全揭示其中的奥秘。但我们必须注意那些最具关键性的联结环节，因为一个社会如果关键的联结处被破坏了，便会发生社会解组的悲剧。正如默顿所言："在社会系统中，人们之间的沟通渠道在结构上的不当或部分中断，也会导致社会解组。处于一定社会关系、地方社区或国家社会中的人必须能够沟通，因为他们相互依赖，以实现社会对他们的期望和他们个人自己的目标。"① 因此，我们应从社会联结的角度来理解社区性质，这样就不会简单地将社区置于与政府相对的立场之上，简单地提出"去行政化"的思路了。

社区建设可视为一个基层社会的重层结构在国家与社会间的梯次结构中不断向上推的过程。因此，在中国后单位社会基层运作机制的构建中，政府与社会在互动过程中形成一种合作、协商、互惠的机制是其关键。在城市基层社会管理中，政府不能缺席而应通过法制化来规范自身行为，同时积极引导和培养社会自主力量与公共意识。比较理想的状态是，网格化管理与城市基层管理体制革新相配合，在网格内部形成比较稳定、平等的多元互动方式，去除行政化影响，同时通过网格间资源整合与信息流动，提升社区自治水平。随着社区内部的发育，网格空间也逐步扩大，直到最终网格的边界与社区边界重合，社区有能力在城市基层社会治理中形成有效的支撑，最终形成持久化的后单位社会基层运作机制。

（本文刊于《学术研究》2015 年第 2 期，第二作者薛文龙）

---

① ［美］罗伯特·K. 默顿：《社会研究与社会政策》，林聚任等译，生活·读书·新知三联书店 2001 年版，第 79 页。

后单位社会背景下单位"隐形在场"与基层社会治理

20世纪90年代以降，伴随着单位社会的迅速走向消解，社区发展和社区建设成为当代中国基层治理极为重要的实践议题。转型视域下的社区如何发展、选择何种模式，成为基层社会治理的难点和关键。在基层社会治理问题上，一个主导性的趋向是单位的"退场"和社区的"入场"与"升级"，转型中的中国社会正面临着一个由单位社会向以社区为载体的新的基层社会样态的深刻转变。在迈向社会主义市场经济的前提下，基层社会具有实质性意义的变迁，实际上是一个以告别单位为主要内容的"单位去社会化"的过程。对于单位社区而言，如何恰当地处理好单位与社区之间的关联，成为新时期基层社会治理的关键。

一 单位制度消解背景下的单位"隐形在场"的发生

众所周知，新中国成立以来在单位总体性社会的构架之下，具有极强复合性特征的单位共同体几乎覆盖了整个社会，构成了所谓"蜂巢状"的单位社会，形成了"国家—单位—个人"的总体格局。改革开放以来，在面向社会主义市场经济的转变过程中，学术界开启了激烈而持续的"单位批判"，其中，"单位办社会"成为最为集中的批判点，一个以"单位去社会化"为特征的改革运动也随之兴起。这场改革着力强化企业单位作为市场经济主体的主导性作用，努力推进企业与其所长期承担的众多烦琐的社会事务实现切割分离。应该承认，在当时的历史条件下，这场单位批判运动的勃兴带有较强的必然性与合理性，也起到了明显的积极进步作用。因为从理论上看，"中国从计划经济体制向市场经济体制的转型,实质上意味着从以抽象整体利益为主的单位组织转向以具体个人利益为导向的契约组织的运动过程。随着资源配置手段和社会结构的变革,单位体制的解体和个人化的发展是同样不可避免的"[1]。而从实践上看,"单位办社会"改革打破了封闭的"单位堡垒",实现了企业单位组织与其长期承担的社会事务的分离,减轻了企业沉重的负担,从而真正成为市场主体。但值得注意的是,在相当长一段时间里,我们在理解这一根本性的社会变迁时,在强调变迁必然性的同时,忽视了单位制度变迁的长期性和复杂性,主要表现在:

(一)忽略了单位体制总体转型变迁的复杂性

长期以来,我们往往循着以经济建设为中心这一话语,更多地强调由"计划经济"向"市场经济"的转型过渡,而忽略了由"单位体制"变动而生发出的社会体制总体转型和变迁,没有意识到单位体制的变革,牵涉到政治、经济、社会、文化等多个领域,各领域的变迁密切相连,同时其变动表现出明显的"不同步性"。其实质上是一个社会总体性构造转换和不断调适的过程。匈牙利学者玛利亚·乔纳蒂在分析东欧20世纪90年代以来社会转型的复杂性时曾指出:在令人眼花缭乱的转型进程中,"构成体制根本特征的基本运行原则和连接原则以及在其基础之上建立起来的制度系统也消失了。但是,一个体制的基本连接原则的消失并不一定意味着体制运行过程中发展起来的所有经济和社会结构、传统、观念、行为方式和策略也随之消失。崩溃意味着所有这些因素的运行环境发生了剧烈的变化,其结果造成这些要素要么逐渐消失,要么发生深刻的转变"[2]。其分析观点对于我们深入理解当代中国社会变迁具有有益的启示。

(二)对单位场域的复杂特性及其作用机制的延续性估计不足

从场域视角审视单位,我们会发现,与一般的现代制度不同,单位制度是一种带有极强"复合性"特点的总体性制度体系。在社会学家的笔下,所谓"场域",一般被定义为"在各种位置之间存在的客观

---

[1] 曹锦清、陈中亚:《走出"理想城堡"——中国"单位"现象研究》,海天出版社1997年版,序言。

[2] [匈]玛利亚·乔纳蒂:《转型:透视匈牙利政党——国家体制》,赖海榕译,吉林人民出版社2002年版,第1—2页。

关系的一个网络，或一个构型"①。场域的结构基础是社会关系，故"场域"可以看作由社会行动者、团体机构、制度和规则等因素相互联结而形成的表现形式多样的社会场合或社会领域。在关系网络中，社会成员或者社会团体通过信息沟通交换、交往互动和社会资本的占有，不断利用、创生、展开、摄取和改变着各种社会网络及其资源。同时场域也具有构型的功能，对社会行动者及其实践的外在力量有着明显的自主形塑机制，深度地影响着组织及个人心理、个人行为等等。

单位社会时期，中国社会呈现出"高度整合"和"低度分化"的特点。国家全面占有和控制着各种社会资源，循着"国家—单位—个人"的路径实现了整体性的社会整合，由此，单位作为一个复杂场域存在并发挥作用，表现出极强的覆盖性。从场域的角度审视单位组织与单位社会，单位的制度体系与控制系统时刻处于"在场"的位置。单位人在单位场域中积淀而成的单位共同体情结，形成单位意识，浓缩为与单位社会相匹配的行动逻辑与行为惯习。单位场域在空间上是弥漫的，扩展到社会生产和生活领域的各方面。同时，这种场域又具有超强的渗透力和覆盖性的，个体的思维与团体行动都打上了"单位"的深刻烙印。可见，运用场域理论透视单位制，可以更为复杂地估价单位现象的产生与消解过程。但在现实中，我们更多地从"经济视角"审视评估单位组织的结构与功能，对单位场域的复杂特性及其作用机制的延续性估计不足。

（三）对单位"隐形在场"现象缺乏深刻认识

正是在上述复杂机制的作用之下，在社会转型期的中国，虽然企业单位已经实施了"单位办社会"改革，基本上完成了"社会剥离"，但在典型的单位社区空间内仍然存在着复杂的"隐形在场"现象。所谓单位"隐形在场"，主要是指在后单位社会背景下，实体性的"单位组织"虽然业已走向消解，但诸多单位元素仍然通过一定的形式发挥其影响和作用。在这一意义上，我们将这种单位并未完全"撤场"的现象，称之为单位的"隐形在场"。

以笔者展开田野调查的若干单位社区为例，随着企业改制和单位制

---

① ［法］布迪厄、华康德：《实践与反思》，李猛、李康译，中央编译出版社1998年版，第34页。

的消解，这些单位社区的原驻区单位绝大部分已破产倒闭、荡然无存，仅存的几家企业也经历了资产重组、更新改造，已风光不再。此时的"单位社区"已不再作为单位的有机组成部分而存在。在这一意义上，"单位"对于社区生活"场域"而言，似乎已完全处于"离场"的状态，但我们在这些单位社区却发现，很多单位元素仍然以"隐形在场"的形式存在并继续发挥作用。传统单位社会时期所形成的单位惯习深深植根于"单位人"的意识、情感和行为之中，生成了一种强大的惯性。这些成员与单位不仅存在较为深厚的感情上的联结，还能够"自觉将单位的组织性规范内化为自我认知和行为之中"①。其直接后果是，单位时期延续下来的各类组织传统和文化传统在社区层面依然发挥着一定的效用。

针对当前的单位社区公共性建构过程中"单位"并未完全"离场"的状态，本文认为应将单位内部的组织资源、文化资源和关系联结等这些"单位"资源重新整合进公共性构造转换的认知图式里，摒弃其消极影响，使其在新的社区公共性建构过程中发挥积极正向的功能。场域往往与资本相联系，社会资本产生于特定的场域，反过来又不断支配、生产与再生产特定场域的结构性特征。社会资本是场域变化的原动力。场域中的行动者通过占有社会资本，从而占据某些资源，产生足以支配场域的权力。

二 后单位时期社区中单位"隐形在场"诸形态

通过对东北老工业基地几个典型的单位社区展开的实地调查，并运用资本的基本理论框架展开分析，我们发现，在典型的单位社区场域内，虽然因单位制度的变革而发生了剧烈的变迁，但"单位"并没有随着单位制的消解而完全退场，而是以"隐形在场"的形式继续发挥影响。这种单位"隐形在场"大致可以划分为"权力资本"的潜在运行、"文化资本"的历史积淀和"关系资本"的内在延续三种主要

---

① 芦恒、蔡重阳：《"单位人"的再组织化：城市社区重建的治理创新——以长春市C社区为例》，《新视野》2015年第6期。

形态。

(一) 单位"权力资本"的潜在运行

"权力"是社会科学中的重要概念。在一般的情况下，学界通常将权力界定为一种控制力，即"在一种社会关系里哪怕是遇到反对也能贯彻自己意志的任何机会，不管这种机会是建立在什么基础之上"[①]。当然，权力概念也经常被用于与其他概念相配合来加以使用，如从资源与权力关系的角度来理解权力，通常的观点认为权力往往是通过对资源的配置而施展其能量的。在这一意义上，权力可以看作"是连接一定社会关系的重要纽带，是大量社会关系得以存在和延续的维系条件"[②]。

作为按照工业主义原则建立起来的现代组织，单位组织内部的权力结构一般呈现出以下几个特点：(1) 单位组织中的权力是建立在科层意义上纵向体系基础之上的。计划时期单位内部各层级成员的身份显示出其资源占有明显的差异性。(2) 单位权力体系的扩展性，即其权力不仅仅局限于工作场所，而是具有扩散性。由于生产与生活的空间高度的合一性和集聚性，导致其在工作场所建立起来的权力关系，在生活居住区也有比较明显的体现。(3) 在单位制走向消解的背景下，这种权力体系虽然发生了剧烈的变动，但并未完全解体，而是以隐形在场的形式继续发挥作用。

在后单位社会的时空背景下，单位权力资源在社区层面的"隐形在场"存在着多种作用形态：

1. 在那些干群关系较为和谐的单位社区，社区原属单位的权力分层体系仍然具有明显的延续作用。对于单位社区的居民来说，虽然单位因转制或倒闭而走向终结，但因干群关系比较和谐融洽，原单位领导的权威力量依旧带有一定程度上的延续性，依然是工人们瞩目的核心人物。其在社区的影响力主要表现在：(1) 原企业领导在社区公共议事空间中仍扮演着重要角色。部分社区居民对单位老领导关于国家大事、社会热点的议论比较认同。(2) 成立了小型共同体。社区中自发成立的各类协会，其发起人或倡导者也绝大部分来自单位时期的中层以上领

---

① [德] 马克斯·韦伯：《经济与社会》（上卷），林荣运译，商务印书馆1998年版，第81页。

② 周旺生：《论作为支配性力量的权力资源》，《北京大学学报》2004年第4期。

导干部。这些单位精英不仅具有艺术特长，还具有较强的组织力和号召力，依托个人魅力能够很快动员其原单位职工和社区邻里，形成新的小共同体。（3）单位社区的社区工作者通常会挖掘单位精英或核心人物，采取电话邀约或者登门拜访等方式，邀请老干部、老领导为社区建设献计献策，也委托这些领导干部担任楼长，帮助社区工作者将社区职能延伸至每户居民。而社区居民遇到日常生活中的难题，很多情况下也是通过这些楼长反馈给社区工作者，由此获得较高的办事效率。（4）在活动形式上，原单位管理者阶层在晚年时能够延续年轻时期的兴趣爱好和艺术特长，并自发成立书法、绘画、歌唱、舞蹈、模特、乐器演奏等活动协会。他们既担任活动组织者，又是活动的重要参与人。原单位管理者就通过为协会找寻各种资源的形式，通过整合物资为协会持续活动提供经济保障。

2. 在那些因改制分流、下岗倒闭而干群矛盾极其紧张的企业单位中，其紧张关系在社区事务中同样有着较为集中的体现。在笔者展开调查的此种类型的社区中，我们发现：在企业转制下岗分流及倒闭的过程中，职工与企业主要领导人之间积累了较深的矛盾和积怨，而且这些矛盾并没有随着企业的倒闭而终结，而是延续到社区中，持续发酵。值得注意的是，对这些企业"主要领导"的批评和"声讨"，并不是由基层工人发起的，而是以部分企业中层干部为实际带头人展开的。在这里，我们依然可以发现原有的企业权力网络在社区的延续和发展。可见，无论是干群关系和谐的企业，还是干群关系交恶的单位，虽然其单位组织自身业已终结或已完成转型，但在其所在社区，旧有的权力网络依然存在，并在基层社会治理过程中发挥一定程度的作用和影响。

（二）单位社区"文化资本"的历史积淀

将文化作为资本来考察，始于法国社会学家布尔迪厄。布氏将"资本"划分成经济资本、社会资本（或社会关系资本）和文化资本三种形式。在三种类型的资本概念中，尤以"文化资本"概念最为重要。它与"惯习"和"场域"共同构筑了文化社会学的理论体系。[①] 文化资本的积累是一个艰苦而漫长的积淀过程，从"文化资本"视角研究考

---

① ［法］布迪厄、华康德：《实践与反思》，李猛、李康译，中央编译出版社1998年版，第160页。

察单位社会，我们发现，单位社会时期单位人形成的单位记忆、对于单位光荣岁月的共同回忆以及"劳模"精神的传承发扬，均可作为单位社区"文化资本"来加以看待。

1. 劳模精神。在笔者展开调查的典型单位社区中，都不同程度地拥有以劳模文化为内涵的极其丰富的文化资本。其中，位于沈阳铁西区某中心社区是一处特殊的劳模社区。该小区此前是政府专门为奖励铁西区那些曾获得过省级以上"劳模"荣誉的老领导、老工人而建造。最终筛选出83位劳模入住劳模社区。在小区建造上，铁西区委、区政府出资上千万元建设经费，并且举办了隆重的奠基仪式。建设劳模社区一方面为了肯定省级劳模的特殊贡献，另一方面则希望通过劳模的集聚效应以传承劳模的工作精神。

该单位社区在以"劳模精神"为主要内容的"文化资本"的传承上，展开了多方面的工作：（1）通过新闻媒体宣传报道劳模的故事。利用"五一"国际劳动节、中秋节、重阳节等节日，组织开展老劳模联欢活动、诗歌朗诵活动，通过社区微博，发布新闻，记录劳模在社区生活中的事件。（2）成立文学社，书写劳模感人事迹。（3）建立校外辅导站，请劳模在学校、机关企业宣讲"劳模精神"。（4）老劳模自发成立社区安全巡逻队、社区卫生巡逻队、社区除雪队，展开社区志愿服务。

2. 社区成员的单位记忆。整理社区成员的单位记忆，是单位社区文化资本的又一种重要形态。单位人高度同质性的生活轨迹，构成了他们共同的生命体验，也凝聚成一生中难忘的共同回忆。从生命历程的角度来看，当前年龄在60以上岁的社区成员，基本上都经历了较为完整的单位塑形。他（她）们成长于单位社会的初建期，童年和青少年时期在单位庇护下的早年经历，深深地镌刻在脑海中。可见这部分社区老人经历了较为完整的单位社会变迁历程，童年与少年期恰好是单位社会初创期，青壮年事业发展时正是单位的快速发展期，到中年以后遭遇了单位的衰败和单位社会的解体。单位社区成员的单位记忆，几乎覆盖了其一生的生命跨度，承载着生命中的悲喜与转折。

对于单位岁月的共同回忆，亦构成社区重要的文化资本。集体记忆是人们在集体中共享的一种记忆。哈布瓦赫认为，集体记忆是构成群体认同的活生生的过去。不过哪些特定的社会事件被集体记忆选择或遗忘，影响因素是多重的，其中之一便是建构这些记忆的群体。

(三) 单位社区"关系资本"的潜在运作

"关系资本"是 20 世纪 80 年代以来欧美社会学界普遍使用的分析概念。作为社会资本的重要内容，关系资本存在并产生于关系网络中。学术界一般将社会资本定义为"实际或者潜在资源的集合，这些资源与由相互默认或承认的关系组成的持久关系网络有关"。嵌入理论的研究表明，经济、政治等行动都是嵌入在社会关系之中的。从关系资本的角度来考察单位社区的发展，社区中单位的"隐形在场"主要表现为"实体交往圈"和"虚拟交往圈"两种形态，二者既相互联系，又相区别。

1. 实体的关系交往圈

典型的单位社区成员间的日常互动具有明显的单位色彩，除家人之外，互动最频繁的便是原单位的老同事、拆迁前的老邻居等。美国著名的汉学家傅高义曾使用"朋友式关系"和"同志式关系"来概括1949年后中国的社会关系的变化，他认为："朋友关系代表着一种特殊主义的人际关系和道德准则，而同志关系则代表着一种普遍主义的人际关系和道德准则。这种同志式的普遍主义的人际关系基础，就是共同的社会主义与共产主义的价值标准和理想。这种普遍的价值标准和理想超越了在传统的血缘和地缘基础上形成的特殊主义的道德、规范和伦理，从而为一种特殊的普遍主义的人际关系的形成奠定了基础。"[①] 很显然，傅高义对社会关系变迁意识形态基础的强调有些片面，不过他对于新中国成立之后社会关系的根本性变化的观察却是敏锐的，看到了由于理想道德信念的确定，从而实现了单位人之间的新型团结以及新型社会关系的构型的转变。付氏上述界定区分虽然有些绝对，但却具有一定的道理。因为单位组织中形成的实体性的交往圈不同于传统乡土熟人社会中的朋友关系，其特殊之处表现在：（1）打破了传统宗法血缘和乡土熟人关系，建立起基于单位组织的新的社会关系；（2）这种社会关系联结是基于工业主义的协同、协作基础之上的现代意义的社会关系；（3）通过党的组织领导体系，实现了目标动员与整合。单位社区成员以原单位同事、老邻居为主要互动对象，更多基于共同的单位社会生产、生活的

---

① 孙立平：《"关系"、社会关系与社会结构》，《社会学研究》1996年第5期。

经历，他们生活经历相仿，身份背景趋同，所以在交往中"跟谁都不认识……就跟原来单位的老同志、老工友聊聊天"①。访谈中遇到一位81岁的老者，患有胃癌、肠癌多年，身体健康状况较差，但还是每天坚持步行15分钟去探望曾经一起工作的老姐妹，"以前在一栋楼住，后来动迁回迁的时间不一样，（住处）隔了好几栋楼。但还是可以经常见面，她瘫痪在家里，我过去陪她看她，一起说会儿话"②。两个丧偶的孤老，就在这般相互慰藉下度过了最困难的时期。

2. 虚拟交往圈

除了直接的面对面的互动方式之外，单位人还通过微信群和QQ群等线上聊天平台，实现了广泛的参与互动。很多基于单位的"群"被激活。在新媒体使用方面，技术工人具有一定操作技能上的优势。他们本身在工作中就具有较强的动手能力，擅长加工和操作，因此在新媒体的学习和使用方面接受能力较强。"刚退休时离开了单位，心里空落落的。后来通过跳舞，认识了许多同年龄段的老人，时间长了谁原来是哪个单位的叫什么名儿就都知道了。虽然原来都在同一个厂子，但在不同车间，都不认识，现在反而熟悉了。大家还建了个QQ群，在里边讨论聊天，交流各种事情，一天忙得很。""退休后同事之间见面不容易了，现在好了，通过加微信，聊身体，聊家里不顺心的事情。没事发点照片，孙子孙女的、自己的；发些外出旅游的照片。原来大家伙都是一个单位的工友，G社区动迁以后住的就分散了。这个微信群真好，我们这些人又都联系上了。"③ 网络虚拟空间的互动，使得促使线下的交往联系转移到线上，突破了单位人因健康状况变差、身体出行不便等行动上的限制，也突破了居住空间分散、无法经常见面的沟通上的不便，以网络为媒介实现了参与互动的社交新方式，在一定程度上对于单位时期亲密关系的维系有所增强。

---

① 2016年10月在S市单位社区的访谈。
② 同上。
③ 同上。

三 单位"隐形在场"对基层社会治理的影响

如前所述，在单位制度走向消解和"后单位"时代来临的情况下，单位元素虽然开始褪色，但仍然通过"隐形在场"的方式影响着社区建设和基层治理的推进过程，对于新时期社区公共性的建构及其功能发挥，产生了重要影响。

（一）单位"隐形在场"背景下"单位—社区"间新关联的建立

对于单位社区而言，如何在新的社会历史条件下建立起"单位"与"社区"之间新的关联，成为新时期中国基层社会治理活动展开的关键。20世纪90年代以来，在基层社会管理和治理的问题上，社会各界基本上都循着"单位—社区"分离论的取向向前推进。在"单位办社会"改革的背景下，努力实现单位与社区的分离。在当时的历史条件下，上述选择具有一定的合理性。因为只有坚定地展开"单位办社会"改革，推进总体性的单位组织走向消解，才能实现市场经济背景下的国企改革。但此种实践取向的缺憾在于对传统单位与现代社区的内在关联关注不够，从而没有将基层社会治理植根于地域社会过去既有的社会关系基础之上。"单位"是中国社会独有的现象，且此种社会架构体系存在和延续了长达半个世纪之久。"单位"对于中国社会的影响可谓极其深远，即使单位社会走向消解的背景下，单位时期形成的价值理念、行为模式、交往规则等等不可能随即消散。尤其在单位制贯彻比较彻底的"典型单位制"地区，"单位"色彩更是难以在短时间内消除。故"单位"与"社区"不是后者简单地取代前者的替代关系，二者之间存在着较为复杂的交互性、共生性和谐变性。新时期的社区建设和社区治理应遵循多样化视角和多元化路径，尤其是在典型单位制色彩较浓的地区，更需尊重历史本身的衔接与承递，实现创造性的转换。从比较的角度看，国外一些大企业所在的城市空间无不深受企业的辐射与影响。笔者曾经赴日本丰田企业所在的丰田市考察，发现在作为丰田公司"城下町"的丰田市在其基层町内会的建设中，企业及员工都积极参与，深度进入，使得该地域充满了丰田企业文化的色彩。由此可知，企业文化及其产业发展与其所依托的城市地域社会并不是截然分开的，而是水乳交融在一起的。

（二）单位"隐形在场"与中国基层社会治理模式选择

改革开放以来单位制度的消解和变迁，使得中国社会的基层组织模式呈现出根本性变化。如何在变迁过程中实现中国基层社会的再组织化，成为当前中国基层社会治理的难点和关键。在以往的研究中，人们每谈及基层社会治理，都在强调由"单位"向"社区"的直线转变过程。而事实上，新时期中国社会的再组织化并不是一个简单的线性替代过程，而是一个复杂的交相作用和双向互动。因此，如何利用城市单位社会固有的社会基础性资源，加强单位资源与社区建设之间的结合交融，便成为转型期中国社会再组织化的关键问题。

具体言之，转型期的中国以社区建设为重点的基层治理业已呈现出不同的模式选择。这种多元的模式选择并非凭空而生，而是有其现实社会历史基础的。尤其是就典型单位社区建设而言，其积淀已久的单位权力资源、文化资本和关系资源虽然已失去了其实体性基础的支持，但却没有随着单位社会的消解而完全退场，而是以新的形态继续发挥其影响和作用。单位及其所遗存下来的组织资源和文化资源，通过单位人的惯习在社区生活场域中展现出来。单位的权力资本依然在社区中产生影响，单位的关系资本也影响着社区成员的互动形式，单位的文化资本亦为新社区文化的塑造提供重要的精神来源。以单位制变迁背景下社区精英的成长为例，20世纪90年代以来，以社会主义市场经济体制建立和单位体制消解为契机，大量企业单位干部和员工告别单位，转移到社区。经过一段时间的社区实践，很多单位出身的社区工作者成长为社区精英。单位精英之所以能够在这一转变过程中扮演重要角色，主要是因为：单位精英在企业中接受工业主义主导下现代企业管理的熏陶，具有较高的管理素质。同时，包括单位权力结构的延伸、熟人社会的资本依托等单位"隐形在场"现象的支撑，使得其在基层社会治理的实践中扮演了重要角色。故我们应重新评估单位制的价值，深刻理解社区公共性建构的内在机理。

（三）单位"隐形在场"与基层社会新公共性建构

运用公共性理论审视新时期单位社区的公共性建构，我们会发现，单位"隐形在场"对基层社会新公共性建构的制约和影响也是非常明显的。如果我们将社区视为是聚居在一定地域范围内的人们所组成的社会生活共同体的话，那么，在社区构成诸元素中，"共同体"是最具实质性意义的。20世纪50年代，在联合国发表的《通过社区发展促进社会进步》的专题报告中，即认为社区的实质性特征主要表现在这种"聚合体带有公共生活的特征，表现为风俗、习惯、传统和讲话的模式"①。故社区建设高远的主旨亦在于"培养公共的习俗和制度，好让不同传统习惯的人和睦相处"②。但从目前的情况看，最为艰难的也是社区居民对社区的"认同感"和"归属感"形成。正如有的学者所指出的那样："一段时间以来，我们更多地强调了社区的地域、组织因素，而忽略了共同体的因素。社区是一个外来的概念，原意本来是指社会生活的共同体。但在我国，由于将其翻译成社区，人们往往较多地重视其中的'区'或'地域'的含义，而对于其中的社会性涵含往往忽视了。实际上，最难实现的便是如何将社区的共同体特质激发出来。"③

就单位社区的情况而言，其在历史上形成的以"单位办社会"为基本特征的单位聚居区实际上并不缺乏"共同体"的特征，但这种共同体是封闭的，不具有公共性和开放性等基本特质。在这一意义上，基于单位共同体而形成的组织、制度、文化对于新时期的基层社会公共性建构便产生了明显的滞阻效应。但值得注意的是，在单位制业已走向消解，传统的单位居住区与单位之间的联系已被切断的情况下，那种从单位体系中分解出来的"单位共同性"却可成为新的以社区为载体的基层公共性构建的最为重要的材料。正是基于此，我们认为，单位"隐形在场"的诸要素对于新时期基层社会新公共性建构具有积极作用。由此，在这一空前复杂的转型中，我们所强调的不再是从"单位认同"到"社区认同"，而是二者间复杂的互动和转换的过程，这便是我们关注单位"隐形在场"现象的真正价值所在。

（该文刊于《中国特色社会主义研究》2017年第2期，第二作者王丽丽）

---

① 陈启能：《中国和加拿大的社区发展》，民族出版社2002年版，第189页。
② 欧阳景根：《背叛的政治——第三条道路理论研究》，上海三联书店2002年版，第132页。
③ 孙立平：《社区、社会资本与社区发育》，《学海》2001年第4期。

转型期"单位意识"的批判及其转换

20世纪90年代以降，转型期特殊社会历史契机下发端的单位批判，将单位意识定性为单位人在单位体制下形成的一种与计划经济相匹配，带有封建性的落后观念，并对其展开了全面而激烈的批判。在当时特定的历史条件下，上述批判的发生具有一定的必然性。但值得注意的是，无论是单位批判发生之前，还是在进行过程之中，我们都未对单位意识的构成及其功能展开严格的界定和客观分析，其批判的学理性不强，其中难免存在着偏颇和极端之处。由此，在单位制度业已走向消解的今天，我们应对单位意识构成的复杂性给予充分重视和重估，并在客观公允评价的基础上，探讨其继承和转换的可能性。

一 转型期"单位意识"批判发生的特殊历史契机

众所周知，在20世纪四五十年代中国社会的命运抉择中，中国政治精英为克服旧中国社会的涣散性，在革命武装斗争胜利的基础上建立起单位制这种集"经济—社会"为一体的总体性社会的范式。虽然单位制建立于20世纪50年代，并几乎成为计划时期"天下皆一式"的体制和模式，但长期以来学界并没有将"单位意识"作为一个学术话题来加以探讨。改革开放初期，以联产承包责任制为核心内容的农村改革迅速取得成功，极大地改变了农村社会的面貌。在此背景下，人们开始产生将农村改革的经验转移到城市工业企业组织中的设想，并由此揭开了国企单位组织改革的序幕。但国企改革相较于农村改革的复杂性也由此开始凸显。

（一）单位意识批判是在国家由计划经济向市场经济转型过渡的进程中发生的

从20世纪90年代开始，伴随着建立社会主义市场经济的进程，社会各界对以国企为代表的单位生产组织的低效率普遍感到不满。经过十余年的改革探索，1993年，以中共中央颁布《关于建立社会主义市场经济体制若干问题的决定》为标志，国企改革进入了一个新的发展阶段。改革中人们在强调社会主义市场经济对于计划中国的意义及影响时，明确提出："社会主义市场经济确定了人的主体地位。在过去单纯的高度集中的计划经济体制下，国家是经济运行的主体，企业和从事经济活动的人仅仅是国家意志的执行者。经济的发展与企业和企业人员的切身利益脱节。这种缺乏独立性、主动性和创造性的状况，必然限制人的个性发展。在社会主义市场经济条件下，因为其本性是以个人为本位的自主性经济，其最大功能就是激发人的积极性、主动性和创造性；其精神实质之一，是把从事经济活动的人从对指令性计划的人身依附中解放出来，按照商品平等竞争的原则，使他们走向市场并成为经济活动的主体。"[1]

当时，鉴于国企在改革开放初期效益低迷，国家先后出台了一系列改革措施，如企业承包制、工业企业中的"砸三铁"。在企业管理领域，则先后推出"党委领导下的厂长负责制""党政分开""以厂长为中心的经济责任制"等改革措施。但其效果依然乏善可陈。国企改革的困顿遂成为单位意识批判发生的直接背景。改革以来国企各种改革方略的受挫，激起了社会各界对单位制的全面批判和清算，由此引发出对单位制度、单位组织及单位意识所展开的一场空前激烈而全面的批判。可见，在当时特殊的社会历史背景下，单位意识批判是作为单位制总体批判的一部分而展开的，其发生的特殊的历史契机，决定了这种批判具有突出的激烈性和全面性。

（二）单位意识批判视角的确立

社会主义市场经济体制的确立，需要一系列重大改革和剧烈的制度变迁相伴随。但值得注意的是，在单位批判的浪潮中，单位意识批判以及由此衍生出的"人的观念更新与改变"，成为其中最为重要的核心主

---

[1] 高静文、雷念曾：《社会主义市场经济的人文精神》，北京出版社2005年版，第81页。

题之一。

（1）就与现代中国思想批判的传统关联而言，关于单位意识批判思潮实际上是继承了五四以来"从思想文化入手"的批判视角及国民性批判的思想范式，即将人的思想观念的更新和改变作为改革开放得以展开的基本前提条件。也正是在此时期，美国社会学家英克尔斯的《人的现代化》被译为中文，列入"走向未来"丛书，由四川人民出版社出版。该书提出了一个颇具影响的观点：

"如果一个国家的人民缺乏一种能赋予引进先进国家现代制度以真实生命力的广泛的现代心理基础，如果执行和运用着这些现代制度的人，自身还没有从心理、思想、态度和行为方式上都经历一个向现代化的转变，失败和畸形发展的悲剧结局是不可避免的。再完美的现代制度和管理方式，再先进的技术工艺，也会在一群传统人的手中变成废纸一堆。这表明：先进的现代制度要获得成功，取得预期的效果，必须依赖运用它们的人的现代人格、现代品质。无论哪个国家，只有它的人民从心理、态度和行为上，都能与各种现代形式的经济发展同步前进，相互配合，这个国家的现代化才能够真正得以实现。"[①] 由此，从人的观念意识的更新改造，成为推进现代化社会改革及进步的重要方式。

（2）学界对单位制及单位人特性的研究也在一定程度上为单位意识批判提供了学术支持。一些单位研究的著作中提出："人们行为的惯性，融入为单位制度的结构，作为了人们的行为规范。人们在这种制度的结构中生活，根据这种行为规范社会化，从而更加深了人们行为的惯性。如此循环往复，使单位制度在其深层的结构上具有了一种抗拒变迁的能力，其变迁的滞后性具有了深刻的制度基础。"[②] 一部题为《告别单位》的著作也针对单位意识发出批判性质询，提出"单位制培养了我们什么？"等问题，认为"被动性""僵化""不肯承担责任""唯命是从"都是单位人的根本性的性格特征。[③] 上述这些特征均为单位意识负功能的集中表现，对经济社会发展起到了严重的阻滞作用。很显然，

---

① 殷陆君：《人的现代化——心理·思想·态度·行为》，四川人民出版社1985年版，第4—6页。

② 李汉林：《中国单位社会：议论、思考与研究》，中国社会科学出版社2014年版，第9页。

③ 栗陆莎：《走出单位——中国员工单位心态研究》，北京出版社2006年版，第54页。

没有激烈的反思批判，国企单位组织的改革便很难得以顺利启动和推进。

（3）值得注意的是，在单位批判全面展开的同时，各种大力度的单位制度改革措施也陆续出台。如1992年有的地方在改革企业"三项制度"时，提出砸"三铁"，叫作以"三铁"（铁面孔、铁心肠、铁手腕）砸"三铁"（铁饭碗、铁交椅、铁工资），① 这种系列的激进改革措施，其批判锋芒直指单位组织内部的低效率，并通过具体的激进改革措施，将单位批判推向了高潮。

二　单位意识批判的展开及其局限

自20世纪90年代前后发轫的单位意识批判思潮，主要是围绕着单位意识的性质判定及功能分析加以展开的，对其展开过程的研究和评价，对于我们深入理解单位意识批判的性质及作用具有重要意义。

（一）单位意识批判的展开

1. 关于单位意识的性质

对单位意识性质的界定，决定了单位意识批判的深度、广度及发展路向。在单位批判展开的过程中，人们对单位意识的性质做了如下的界定，认为："所谓单位意识，是指人们在单位体制下形成的一种基本观念。它表现在单位生活的各个方面。单位意识无论从社会体制还是从文化心理来说都有其存在的客观依据，然而其主流与现实社会中改革开放的目标又充满矛盾，并成为现代化的障碍之一。"② 可见，在学界比较权威的界定中，是将单位意识看作由单位人承载的一种与计划经济相匹配的落后的意识与观念。单位意识的落后性使其直接成为国企改革的无形阻力，并成为巨大的精神束缚，"单位社会培养了我们独特的行为规范和行为方式。这一套规范和方式只适用于单位环境，并且与我们正在建设的市场和民主制度的规范和方式相冲突"③。

---

① 《袁宝华文集》（第5卷）中国人民大学出版社2003年版，第59页。
② 于显洋：《单位意识的社会学分析》，《社会学研究》1991年第5期。
③ 栗陆莎：《走出单位——中国员工单位心态研究》，北京出版社2006年版，第54—56页。

此外，单位意识还带有封建性，有的研究者将其定性为是一种传统封建宗法家族意识的现代延续。在这一意义上，单位组织是传统家族的放大。"在传统社会的差序格局中离自己最近的关系是家庭，家庭是人们获得社会稀缺资源的唯一社会基本组织。但随着工业化的推进，家庭的变迁，人口流动的频繁，大多数社会成员被组织到一个个具体的'单位组织'中，单位组织对个人越来越重要。在单位组织中，人们获得资源，获得地位、权力、利益及个人身份和合法性。结果，单位群体的出现取代了单一的家庭群体作为离个体最近的关系，构成了城市个体对单位的依赖，形成了中国人的'单位意识'。这种对单位和家庭的'双重依靠'，正是我们考察中国社会'单位人'构建社会关系的基本着眼点。"[1] 对单位意识性质的认识和界定，为单位批判的展开提供了最为直接的合法性论证，同时也构成了单位批判的核心组成部分。

2. 单位意识的特质及其功能

在单位意识性质界定的基础上，此时期的单位意识批判基本上是循着单位意识的特质及功能的分析而进一步加以展开的。作为计划体制观念形态的基本表征，单位意识具有以下特征：

一是以群体意识淹没个体存在。作为高度组织化的单位组织，强调集体意识的决定性作用。"中国文化的思想内核——'群体意识'，在'单位'上确实得到了充分的体现，而且发展到了一种无可挑剔的极致境界……'单位'绝不仅仅是一个人的工作场所，而可以说是强化群体意识、维系群体关系的一种'机制'。"[2]

二是依赖性强。与现代人的开放流动等现代性禀赋不同，单位人具有极强的依赖性，这主要是因为"国家的全能主义造成了单位人顺从和依赖的性格。由于单位体制下，所有社会成员都隶属于单位，而所有单位又都隶属于国家，这种分配体制，只需要个体的顺从和依赖。顺从和依赖构成了单位人的基本性格"[3]。此外，单位人的依赖品性还与从摇篮到坟墓的单位福利制度密切相关。

三是大锅饭式的平均主义。"在单位内部由于缺乏普遍和客观的评

---

[1] 赵建国：《中国式关系批判》，新华出版社2013年版，第66—67页。
[2] 王彦等：《城镇宜居住区整体营造理论与方法》，东南大学出版社2013年版，第8页。
[3] 曹锦清，陈中亚：《走出"理想"城堡——中国"单位"现象研究》，海天出版社1997年版，第89页。

价标准，也只能采用平均分配方式，才能缓和内部紧张，保证单位结构的稳定和秩序。所以，平均主义意识既是人们喜欢的，也是单位结构所必需的。"①

四是损公肥私的劣根性。在单位人的观念意识中，"个人与单位有着直接的权利义务关系，个人应为单位做贡献，同时单位又必须关心职工福利。于是，企业领导把扩展职工福利作为重要的目标，甚至将其凌驾于企业发展之上。由此，单位体制下企业对职工的福利责任称为'家长主义'，认为企业就像个大家庭，企业领导必须像家长那样为成员提供各种福利"②。"损大公而肥小私"是单位组织一种常见的现象。

五是封闭性。单位体制是一种封闭式的组织体制，其特征是行政主导与条块分割，单位管理体制造成单位之间疆界痕迹明显，身份等级固化，培育的是单位人身份和人的单位意识。单位制是建立在"大政府、小社会"基础之上的，是一定条件下和特定发展阶段上的产物，有悖于现代社会组织的运行原则。单位功能的混杂性，单位制造成的单位人封闭性、依附性以及单位资源的不可流动性极大地阻碍了现代社会体系的正常发育。③

（二）"单位意识"批判之偏颇与缺憾

如前所述，20世纪90年代以来，学术界基于中国由计划经济向市场经济转型过渡的基本进程，对单位组织、单位制度和单位意识展开了空前激烈的总体性批判。从批判发生的背景看，具有一定的必然性。而就其后果而言，其对于中国社会完成由计划经济向社会主义市场经济的转换，实现"制度解锁"，推进单位制变迁和国企改革，起到了一定意义上的推动作用。但必须指出的是，前述的这场对单位意识所展开的批判是在短时间内发生的，无论是单位批判发生之前，还是在进行过程之中，我们都未对单位意识的构成展开严格的界定和客观分析，其批判的学理性不强，因此其中难免存在着偏颇和极端之处。由此，在今天我们应对单位意识的构成展开具体分析研究，并在客观公允评价的基础上，探讨其存在和转换的可能性。

---

① 于显洋：《单位意识的社会学分析》，《社会学研究》1991年第5期。
② 孙炳耀、常宗虎：《中国社会福利概论》，中国社会出版社2002年版，第24页。
③ 张永理：《社区治理》，北京大学出版社2014年版，第36页。

1. 关于单位意识性质的判定

在单位意识性质判定的问题上,我们不能简单地将单位意识视为是与计划经济相匹配的、带有封建性、落后性的观念,这主要是因为。

(1) 就单位制度、单位意识的发生而言,"单位体制是在建构现代民族国家的进程中形成的,它寄托了中国人强烈的乌托邦情结。同时,单位社会是作为'非资本主义化'的版本而出现的。在这一意义上,我们不能割断历史,而应该给单位社会以一定的历史地位"①。具体言之,单位制是在新中国建立的过程中,为体现社会主义企业与资本主义相比较的优越性的基础之上,按照"非资本主义"的原则建立起来的。在这一意义上,植根于单位组织基础之上的单位意识是一种带有社会主义特性的企业组织文化。在人类精神文化史上,"社会主义与资本主义精神分野的论争,集中体现为社群主义与个人主义之争"②,其突出特点在于强调产业劳动者在企业内占有中心地位。虽然受极"左"思潮影响而走向僵化保守的单位意识曾极大地限制甚至窒息了社会主义企业优越性的发挥,但我们在研究分析单位意识性质的过程中,仍应考虑上述因素的存在及其作用。

(2) 将单位意识的分析评价置于中国传统文化和社会体系之中,我们首先想起的是"家国一体"的传统。其中,单位人对"国家—单位"高度的归属认同,可以概括为由"家"到"国"的演进发展路向。而国家对单位及其成员的庇护,则是一种由"国"到"家"的温情关怀。很显然,单位意识充满了由"国"到"组织""家"的"情感"和"温情"。美国哈佛大学教授裴宜理在研究中曾发现,在民主革命过程中,"中国共产党无论在其新成员还是在其骨干中,都强调每个党员对情感工作所负的责任",这种基于情感而发起的动员,会使得革命队伍中的每一位成员都是"衷心地想要投入到一种高度情感化的正义的事业中去"。③ 同样,在典型的单位组织中,我们也可随处发现这种"情感化"的工作和动员方式从而使得单位的组织、制度和文化都充满"温情"。在这一意义上,单位意识与中国传统家国传统紧密地结合在

---

① 田毅鹏、刘杰:《单位制起源之社会思想寻踪》,《社会科学战线》2010年第6期。
② 周翼虎、杨晓民:《中国单位制度》,中国经济出版社1999年版,第376页。
③ 裴宜理:《重访中国革命:以情感的模式》,《中国学术》2001年第4期。

一起，形成了一种特殊的文化—组织结构体系，并激发出超强的内聚性，对于克服中国社会的涣散性，发挥了重要作用，故我们不能简单地斥之为封建性。

2. 单位意识构成分析的偏颇

如果我们将单位组织及单位意识的形成放在19世纪中叶以来中国社会总体性危机的历史背景之下展开分析和研究，将对单位意识的评价置于特定的组织空间和关系空间内加以展开，就会发现单位意识具有非常复杂的构成，其中有基于工业主义而形成的协作观念和集体意识；有基于民主革命时期政治动员传统而形成的服从意识和参与观念；有基于传统家国思想而形成的以单位为家的归属认同感；当然，也有基于计划经济积淀而成的保守狭隘的平均主义、依赖观念等。

以单位意识中的协作观念和集体意识为例，我们认为单位意识中的协作、统合、集体主义等观念实际上是工业主义组织和制度本身所具有的基本特质，主要表现在：（1）工作场所内建立起来的协作意识。在单位制企业建立初期，由于技术上的匮乏，促成了工人之间广泛的学习与交流，这种协作不是一般意义的倡导，而是基于工业主义生产程序的必要需求而产生的。（2）车间生产中基于工业主义而建立起来的科层化的组织架构以及威权性的制度设置，将单位人有序地统合于单位有机体中。在工业化生产的组织方面，技术理性内在要求企业将权力依职能和职位进行分工和分层，按照规则组织生产和管理企业。通过生产中分工协作，所有单位成员被嵌装于工厂这一大有机体中。（3）车间内部师徒关系构成了单位内部极为普遍的团结机制。师徒之间长久、稳定甚至是终身的关系，是对科层制下具体职位的流动性的重要补充。师徒之间所组成的亲密群体，在科层制所规定的业务群体之外又发展出了更深一层的关系，这种关系也成为企业治理中不可忽视的一个重要力量。[①]可见，我们应对单位意识的构成做复杂性分析，不能以偏概全。

3. 对单位意识社会功能批判的片面性

如果我们承认单位意识构成的复杂性，便应该意识到，简单地将单位意识看作是一种落后的仅具有负面效应的观念意识实在是忽略了问题

[①] 傅春晖、渠敬东：《单位制与师徒制——总体体制下企业组织的微观治理机制》，《社会发展研究》2015年第2期。

的复杂性，这在单位意识社会功能的影响和评价问题上表现得最为突出。

众所周知，在单位批判中最为集中的批判锋芒，指向了由"单位办社会"而衍生的"国家—单位依赖"观念，这构成了单位人保守消极，不思进取的典型特征。应该承认，过度的"国家—单位依赖"和小群体的特殊主义，对于单位企业组织发展的影响必定是消极负面的。但应该强调指出的是，这并非单位意识功能的全部，因为：从理论上看，单位组织的社会性不仅体现在"企业"与"社会"之间的关系，同时企业组织本身也是一个真实的社会实体，其内部存在着密切的同质性的社会关系，一个完全将社会关系抽离出来的企业组织在现实中是不存在的。在现实中，计划时期企业单位组织内部各种社会联结的建立构成了单位真实的社会关联，这种社会关联构成了单位社会的真实存在，为单位组织内部的组织动员、关系调解、互帮互助，提供了真实的社会关系支持基础。

4. 单位意识的阶段性变化

从时间上看，单位意识的特质及影响也呈现出阶段性变化。在单位制形成发展的初期，因单位组织内部各种制度初建，执行起来比较严格。加之新中国成立初期，刚刚摆脱剥削压迫的劳动者表现出积极进取的劳动热情。故此时期的单位意识带有积极向上的进取意识和较强的集体归属感。而在单位制发展的中期和后期，受极"左"思潮影响，单位组织和单位人深深陷入平均主义，干好干坏一个样，单位意识的负功能逐渐占据主导地位。

此外，国家一些相关的社会政策的出台，也使得单位意识呈现出阶段性变化。如在子女接班的问题上，根据笔者的研究，备受诟病的单位子女接班制度在改革开放前基本上是"作为一种补偿性、照顾性的福利政策提出的，涉及面较窄，社会影响不大，基本上没有作为一种正式制度出台，是一种'有原则'的父爱主义。70年代末，为解决'文革'时期长期积累的就业重压，国家全面启动子女接班顶替和厂办大集体制度，使得子女顶替和内招制度弊端丛生，国家文件及政策原有的制度设计被消解"[①]。故植根于单位家族化基础之上的单位封闭意识和

---

① 田毅鹏、李珮瑶：《计划时期国企"父爱主义"的再认识——以单位子女就业政策为中心》，《江海学刊》2014年第3期。

近亲繁殖实际上是在20世纪80年代后才广泛滋生并走向泛滥的，并不是一直存在的。

三 单位制消解背景下单位意识批判的转换

如果我们承认作为体系性的单位意识构成的复杂性，以及单位意识中"家国一体"的基本架构，就应对其功能和影响展开客观分析，既不能盲目地对其顶礼膜拜，也不能简单地将其斥之为负面的东西，而应展开客观的评价。

1. 关于单位意识的批判与转换

如前所述，本土社会科学话语体系中的单位研究，从其发轫之时起，便是循着一个激进批判的路向展开的。将这种批判思潮置于打破计划经济束缚，转型开放的特定背景下来加以审视，我们会发现，在当时特定历史条件下，此种批判的发生带有一定程度上的必然性，也发挥了其特定的作用。尤其是围绕着单位意识中的平均主义、不思进取、损公肥私、封闭性等劣根性的批判，对于新时期开启以国企改革为核心的单位制度变革，具有重要意义。但值得注意的是，在缺乏科学界定的背景下所展开的单位批判存在着明显的片面性，在加快发展速度，提高效率的目标下，将单位意识中的集体认同、团队协作互助、一致性动员等单位意识中的有价值的观念也一并去除，使得单位组织内部的组织文化发生了严重的逆转，对此后的企业组织发展产生了诸多不利的影响。

计划经济时期，在特殊的体制和制度框架之下，形成了颇具特色的单位意识和单位文化。就单位人所承载的单位意识的性质、内容构成及功能而言，具有特殊的复杂性和多元影响制约关系。从工业主义视角审视单位意识的构成及性质，我们则会发现单位制度所带有的工业主义禀赋赋予单位组织以高度组织化等诸多现代性特质。表现在单位意识的构成问题上，便是单位人对单位组织所具有的高度的组织归属认同感等诸多表现形态。毫无疑问，与农业主义的分散性相比，工业主义是高度整合和密切协作的。故如何在批判继承的基础上，建立起新时期组织发展及组织文化建设，便成为迫在眉睫的事情。

因此，在新的社会背景下，我们应对单位意识的构成展开分析，并在总体评估的基础之上，对单位意识中具有现代性元素的部分给予应有的继承，进而寻求"单位意识"转化和转换的可能性。

2. 从单位与社会关系角度对单位意识展开再评价

对单位与社会关系的再审视，是单位意识再评价和再认识的关键。在单位体制下，单位组织带有总体性、复合性，是一种集政治、经济、社会、文化为一体的总体性组织结构。这种超级的总体结构使得作为生产单位的企业组织具有极强的组织动员力和社会覆盖性，在一定条件下可以释放出巨大的能量。但在单位衰减律的作用下，[1] 单位组织动员力不具有持续性，从而使其不可避免地走上了组织效率衰减的发展道路，背上了沉重的负担。鉴此，单位制批判与改造一开始便选择了"单位去社会化"的改革批判路径。认为只有打破"单位办社会"的堡垒，去除单位组织所承载的种种"社会性"，才能回归企业的"生产本位"和"效率本位"。因此，企业单位组织的"去社会性"乃是其发展的最为根本的前提条件。

循着上述思路，近年来，伴随着单位制度变迁的进程，中国社会经历了一个"去单位化""去组织化"的过程，在打破单位平均主义的条件下，企业的绩效有所提高，但值得注意的是，在企业社会性衰减的背景下，企业的社会动员力和凝聚力都开始走向式微。主要表现在：（1）下岗分流、企业车间班组的"末位淘汰"，导致企业组织内部成员之间的关系高度紧张；（2）劳动过程监控的加强，削弱了劳动者对企业的基本认同。由于开始以严格的规章制度对工人实行强制的劳动控制，国企正在从"新传统主义"向"去组织化的专制主义"制度模式转化。[2]（3）有些国企聘用较大数量的派遣工，同工不同酬，使得劳动者之间发生严重分化，难以产生整体的认同；（4）以单位企业为单元的企业文化建设长期被忽视，从而失去了组织认同的文化基础。

因此，如何在单位体制转换的过程中实现中国社会带有继承性的再组织化，便成为一个异常重要的话题。笔者在近年来的企业单位调研中也发现，一些富有活力的国有企业获得高效发展的一个重要原因，在于

---

[1] 刘建军、赵彦龙：《单位体制生命力衰减的根源及其后果》，《文史哲》2000年第6期。
[2] 佘小雄：《构建新的认同：市场转型期国有企业的劳动控制》，社会科学文献出版社2007年版，第24页。

其继承并激活了计划时期单位组织的班组动员等高度组织化的运作模式，同时注意利用师徒关系等情感动员模式，并加以创造性地提升和转换。因此，我们不能将单位人所具有的集体意识、团队精神以及由此而产生的组织归属感统统斥之为落后的单位意识而加以摒弃，不能以"去社会性"为主题的单位意识批判替代基本的组织认同，而应努力推动其在新的背景下实现积极的创造性的转换。

3. "单位认同"与"社区归属"的互构性

对单位意识的批判还指向了其与"社区归属认同"对立的问题上。学界在此问题上一个基本的观点是，将"单位意识"与"社区认同"对立起来，设置出一个告别单位组织归属，走向社区认同的单向转换模式。的确，在计划经济时期闭锁社会的改革转型过程中，单位意识往往成为社区归属认同感产生的障碍，需要破而化之。但笔者认为，在开放的条件下，社区归属感与单位意识之间不再是一种简单的此消彼长的替代关系。在单位社会时期，社区镶嵌于单位体制的框架之下，基本处于消失状态。但从20世纪90年代前后开始，伴随着单位制的逐步解体，社区建设勃然而兴，开启了一个单位之外社区组织和"社区人"不断成长和壮大的过程。故在这里，我们一方面应大力推动单位组织以外新的社会主体力量的生长，另一方面，在现实生活中，不应将单位意识与社区认同视为天然的对立物，不再将二者对立起来看待。单位意识和社区认同虽然在空间上有所交叉，但却分属于不同的空间场域，它们不是简单的替代关系，前者意在增强组织的归属，后者则意在增强社区人之间的社会联结及社会责任，二者的关系是平行的，具有明显的互构性。我们不能以砸碎单位场域为前提，来建构其社区场域。总之，在今天我们应对单位意识构成的复杂性给予充分重视和重估，并在客观公允评价的基础上，探讨其继承和转换的可能性。

（该文刊于《山东社会科学》2017年第5期，第二作者王丽丽）

城郊"村落单位化"的社会管理功能及其限度

转型期的中国社会,伴随着快速城市化进程的展开和城乡二元结构的不断走向消解,经济结构和社会结构发生了剧烈的变动。社会的流动化和利益关系的复杂化,导致人与社会组织的依存关系大大减弱,出现了以"城中村"、"城乡接合部"为代表的值得特殊关注的社会管理"盲区"和薄弱地带。在探讨城乡接合部社会管理模式诸问题时,一些学者注意到,在快速城市化的背景下,许多城郊村落出现了以组织化、福利化为特征的"单位化"现象,对城乡接合部社会管理产生了复杂的影响。如何估价城郊"单位化村落"的社会管理功能及其限度,成为当下社会管理体制改革创新探索中的重要难题。笔者从 2011 年开始,对 J 省 C 市周边的 Q 村、S 村、T 村、Y 村、H 村、F 村等村落进行了初步的田野调查和个案访谈。通过调研我们发现,在城市化的直接刺激下,城乡过渡区域的村落社会及其组织形态发生了变异,催生了一类比较特殊的村落样态——"单位化村落"。与城市社会的单位组织不同,走向单位化的城郊村落,生发出一些特殊的形态及功能,导致村落内部社会关系和组织形态的重构,促进村落共同体利益分配的再调整,使得城乡接合部社会管理开始面临一些特殊的社会因素制约。

一 城郊"村落单位化"的生成及基本特征

在单位制研究的传统话语下,所谓单位,主要是指城市范围内的企业和党政事业单位。在以往的研究中,学术界一般将单位制的基本特质概括为以下几个方面:(1)特殊的"国家—单位—个人"的纵向联结控制机制。即单位成员依赖于单位组织,单位组织乃政府控制社会的组织手段;(2)单位组织体制的高度合一性,即单位的党组织和行政管理部门不仅是生产管理机构，同时也是政治、社会管理机构，具有高度的合一性；（3）终身固定就业与"包下来"的单位福利保障制度；（4）基于单位组织的自我封闭性而形成的具有浓厚伦理色彩的"熟人社会"。值得特殊说明的是，在上述几个特征中，"国家—单位—个人"的纵向联结控制机制最具核心意义。[①] 相比之下，农村则通常不被视为正规意义上的单位研究范畴，从而很自然地将其排除在单位范畴之外。当然，也有观点认为，在总体性社会的框架下，乡村实际上是一种初级的"单位形态"，是一种以"国家—村落—个人"的形式表现出来的"准单位制"的社会联结形式。但此种观点并未被学界接受，因为在长期的城乡二元结构的框架内，人们更愿意循着城乡分途的思路展开分析，而不愿意将"单位"概念用于农村研究。但从20世纪80年代起，伴随着中国迈向市场化的进程，当城市以国有企业为核心的单位制纷纷走向消解之际，位于城郊的部分集体经济发达的村落却开始出现明显的"单位化"发展趋向，"单位化村落"也由此成为学界不得不面对的新的社会现象。

（一）城郊"单位化村落"的形成背景

20世纪90年代以来发轫的"村落单位化"进程主要是在下面两个社会背景下发生的：其一是在20世纪90年代前后，在那些乡镇企业快速发展的地域内，一些积聚了一定集体财富的村落共同体开始出现某些"单位化"的特征；其二是新世纪初期以来，以快速城市化为背景，城市郊区经历了一个城市快速扩张的发展阶段。在城乡结合或城乡过渡的地区，村落土地资源因为城市扩张而价格节节飙升。在现行土地产权制度背景下，土地开发使得村集体成为重要的获利者之一，许多城市周边的村落凭借开发商与政府的"征地"行为而迅速积累了大量的村集体财富，成为"富村"。在村集体财富迅速积聚的过程中，围绕着村落管理权的争夺也日趋激烈，导致村落组织化程度空前增强。同时村落管理者为争取村民的支持，也努力构建起为村庄内部人服务的福利体系，出现了新一轮的"村落单位化"现象。

大约从2000年初开始，学界在对中国沿海较发达地区城乡接合部

---

① 田毅鹏、吕方：《单位社会的终结及其社会风险》，《吉林大学社会科学学报》2009年第6期。

展开经验研究的基础上，提出了"村落单位制"或"单位化村落"等相近的概念。如李培林在 2001 年研究广州市"城中村"时即发现，村社共同的社会关系网络，村集体行政管理制度的约束，村落集体经济的分红和福利构成了类似于城市"单位"的村落组织的特殊样态。他认为，这种村落的组织样态是村落非农化、工业化、城市化链条中的最后一环，集体产权界定，共同体利益划分，及社会关系网络重构等一系列非常复杂的问题有待于在这一环节中进行妥善的处理。① 毛丹则以浙江萧山市尖山下村的变迁为例，从组织资源、生态环境资源、政策资源等视角考察了村落单位化现象。② 但学界迄今尚未就村落"单位化"的社会影响做出进一步的深入研究。笔者通过对 J 省 C 市城郊若干单位化村落的调研，发现随着城市化步伐的加快，村落"单位化"现象不仅限于发达地区的典型个案，而是在城市化进程中出现的更具普遍意义的村落组织变迁样态。我们应从城乡一体化的过程中，去认真探讨这类村落组织形式所具有的社会管理功能及其自身局限性。

（二）城郊"单位化村落"的基本特征

毫无疑问，与典型的城市单位组织相比，"单位化村落"仍存在着明显的差异。但不容否认的是，在村落组织形态、成员福利、社会关系形态等方面，单位化村落已具备一些明显的"类单位制"特征。

首先，在村落组织形态上，虽然位于城郊的"单位化村落"业已在城市化进程的推拉下发生了较为剧烈的变动，但其村落实体仍保有较为突出的"组织化"特征。

从历史上看，传统的村庄秩序是在城乡二元体制背景下形成的。新中国成立后城市社会很快通过"单位制"将城市居民组织起来，形成了"国家—单位—个人"的纵向社会结构。而当时的农村虽不具备实行城市"单位制"的条件，但在人民公社时期却也基于"三级所有，队为基础"，以"准单位制"的形式将村集体组织建立起来，实现了国家政权对农村地区的初步组织化管理。80 年代后，农村告别了"集体经济"时代，走向家庭联产承包，从此时期开始，国家对农村"自上

---

① 李培林：《村落的终结》，商务印书馆 2004 年版，第 7 页。
② 毛丹：《一个村落共同体的变迁——关于尖山下村的单位化的观察与阐释》，学林出版社 2000 年版，第 24 页。

而下"的管理逐渐减少,而"由下至上"的农村基层自治管理模式得到了发展,在实现"自家人管理"的同时,作为管理村集体事务的农村基层组织—村委会的地位和职权也得到了进一步的巩固和强化,在农村形成了国家行政系统—村基层自治组织—村民的三级社会结构。而村委会作为连接国家行政权力和基层农村社会的中间环节,掌握着农村的集体资源,在维护农村基层秩序等方面发挥着重要的作用。但步入90年代,在社会流动化的背景下,乡村精英和青壮年人口的大量外出,使得妇女、老人、儿童成为乡村世界的主要留守者,乡村社会出现了严重的"空心化"现象。村落社会在失去大量人口的同时,也丧失了自我调节能力,最终走向"崩坏",其后果是乡村世界丧失了物质生产和人口再生产的基本能力,乡村公共事务亦处于瘫痪状态,村落组织化的程度大大减弱。

值得注意的是,在乡村组织化程度普遍下降的情况下,近年来走向单位化的城郊村落却逆向而动,其组织化程度得到明显的加强。这主要是因为单位化村落借助其地缘优势控制了较为丰厚的资源,导致在城市化的进程中,村集体组织非但没有直接解体,反而是以村集体为组织架构,来实现与城市融合。这些村落的村集体组织结构依然健全,村委会组织能力也没有减弱,村民在利益分配、资源获取等方面对村委会组织有较强的依附性。同时,围绕着村基层换届选举,村民的村务参与意愿较强,选举竞争也日趋激烈。村落内部传统的社会关系被最大限度地激活,并在村落事务中发挥重要的作用。

其次,单位化村落的社会福利普遍比较发达,其类型主要有两种:其一是村委会利用村集体企业的经营所得对村集体成员在子女升学、医疗卫生、住房、文娱生活、婚丧、养老等方面给予福利补贴。虽然村庄福利仅是一种非正式的制度,由村委班子商议而定,缺少正式制度的稳定性、持续性和保障性,但仍具有较强的影响力。其二是村民根据所持集体公司股份获得分红。近年来单位化村落福利的进一步发展主要与村落公司化和股份制密切关联。即依据村民的身份及贡献大小,可购买相应的股份,依照每年的盈利情况分得红利。股份具有可继承性。因此村民的后代可以股份继承人的身份一直享有村集体的福利。作为村落"单位化"发展的一种类型,村落公司化、股份化使得村落利益共同体联结极为坚固,村集体作为利益共同体的解体过程必然更加缓慢。

再次，在社会关系上，单位化村落在混住化的社会空间内保持着清晰的利益共同体边界。村民、村干部、外来人口三者之间构成了复杂的社会关系。村民与村民之间基于共同利益结成松散的邻里社会生活网络。村民与外来人员以房屋的租赁关系为基础结成低度的邻里社会联结。村干部与村民之间的互动频繁，无论是作为村集体组织的代理人，还是个体的村民，村组织的公共目标与村民的利益获取都依赖于村干部和村民之间这种基于日常生活的，拟亲情化的互动方式来实现。并且在这种互惠的交往互动中，村委会干部权威的合法性得以巩固。村干部与外来者之间是一种基于社区的管理服务关系，基本没有交往。

如上所述，村落"单位化"是城市化过程中村落变迁的必然产物。在快速城市化的背景下，城市周边的原有村落社会形态发生了重要的变化，这些变化既是塑造村落"单位化"的环境基础，也是村落"单位化"呈现多样态、复杂性的一个重要原因。

二 "村落单位化"的社会管理功能

如前所述，"单位化村落"是在快速城市化背景下城郊村落社会发生剧烈变迁的过程中产生的一种特殊的社会现象，作为村落社会共同体的一种表现形态，单位化村落具有凝聚村落共同体，提升村集体社会福利等功能，对城镇化背景下的城乡接合部的社会管理产生了重大影响。

（一）单位化村落为村民提供的多种福利保障，减轻了由村民向市民角色转换的压力

在调研中，我们发现，包括 T 村、Y 村、J 村在内的典型的单位化村落，都有强大的实体产业作为村集体一系列福利制度的支撑。如 T 村拥有劳模会馆、生态园、物业公司、房地产开发公司、敬老院、托儿所等企业及社会服务机构，每年可带来近亿元村集体收入。Y 村拥有综合大市场、小区物业公司、铁路专营线、某玉米加工企业、电力厂等产业及股份，每年利润达 400 万元。J 村拥有供暖公司、物流公司、大型车队、开发公司、物业公司、商业网点、三层停车库、幼儿园、大众浴池、矿产有限公司等企业及营业项目，每年可带来村集体收入达 500 万元。

在此基础上，村集体通过为村民提供房屋、医疗、养老、教育等多方面的福利保护，实现村落内部成员的利益分配，使得村落利益共同体性质更为明显，单位化特征显著。Y村、T村、J村分别为其村民提供了如下表的福利待遇。

福利待遇村	Y村	T村	J村
福利房	1998年600元/米^2	2002年650元/米^2 2006年850元/米^2	2007年1450—1550元/米^2
养老金	500元/月	1300—1700元/月	2004年300元/年 2011年70岁1200元/年 80岁1300元/年 90岁1400元/年 100岁1500元/年
医疗补助	2000元/年	2000元/年	2000元/年
子女升学	考上大学奖励2000元	考上大学奖励10000元	考上高中奖励500元；中专400元；上大学1000元；大专600元；清华北大1500元
文娱活动	组织郊游	秧歌队、健身活动中心	村举办的和谐大舞台文艺演出；组织参加文化节目比赛；老年协会
婚丧嫁娶	丧葬费2000元嫁娶村干全部到场随礼	数据的统一性	500块钱火葬费，买两个花圈，出车；红事出车
其他	老人生日组织宴会；1998年为止，18周岁的村民子女给补偿两万八，18周岁以上的，多一岁多补1000元	90岁老人奖励10000元；60岁以后老人过生日有蛋糕票；1个月4张澡票	逢年过节发放200元或300元

在村集体实业发展的基础上，村民还被吸纳进入村集体企业，成为企业的职工。

Y村副主任说："以前有六百多户。等我们到村里面来啊，比方说，前期呀，油厂征地、面粉厂征地，陆续的，还有一些省委征地，陆续的就把咱们村（征完了），村里面啥意思呢，地没了，产生一些失地农民，后期一看这样不行了，就宁可少要点儿钱，也把村民带进厂子里，转成职工了。有很多原来的村民都上客车厂了，现在还在客车厂呢。他们都是正式的职工,待遇跟别人都是一样的。他们的户口都变了。"①

J 村村主任说:"目前我们企业已经给安排了 300 多个员工了,300 多个员工在企业上班。剩下的劳动力有的在外面打工的,有的在做买卖的,自己企业的。占完地以后有的手里得到钱了就更出去做买卖去了。有的比如说他没有什么能力,做买卖本钱也不够,或者他再有什么想法,他想上村里上班,上村里上班的这些人非常多,非常积极。所以奔村里集体企业的人非常多,都想往这里来。我们现在是咋的呢?我现在就采取一些个措施。比如说他们家一个在村企业的也没有,就给他们家安排一个上村集体企业。"②

即或是村集体企业发育不充分,没有形成规模的 Q 村,村集体财力不足以为非农化村民提供全面的福利保护,仍利用热电二厂、东郊煤气公司对该村的土地征占,对村里 800 多户村民的工作予以安置。同时利用冷弯钢厂、饭店、塑料厂等固定资产房屋出租获得的租金,村集体为村民提供路面维修、公共基础设施建立、特殊困难村民慰问、村民子女奖学金等有限的、非全覆盖的公共服务及福利保护。

众所周知,新中国成立以来中国社会长期存在着"城乡二元体制",城市与乡村在户籍管理、土地制度、粮食、副食供给制、教育制度、医疗制度、养老保险制度、劳动保护制度、兵役制度、婚姻制度、生育制度等一系列制度体系都有所不同,城市社会与乡村社会处于实际上的分割状态。在城乡二元体制下,乡村和城市存在着诸多的不平等,并演化为城乡间一道深深的鸿沟。在此背景下,农民要获得市民身份,享有市民同等的待遇,几乎是不可能的事情。但在快速的城市化的背景下,随着城市周边村落空间迅速被挤占,使得村民在较短的时间内在所属身份、职业、生活方式上开始面临向市民化的转变,在没有良好的社会资源和政策性保护措施的情况下,这些失地农民很容易陷入生活的窘境,直接影响农民的未来生计。而村落"单位化"在对村民的补偿和福利上体现出独有的优越性。Y 村、T 村、J 村为例,都在村集体企业发展的前提下,为村民提供多种福利待遇,使得村民在市民化的进程中得到了必要的经济扶持,角色适应和"村落单位制度"内的体制保障,

---

① 2011 年 11 月对 C 市 Y 村村委会副主任的访谈记录。
② 2011 年 11 月对 J 市 J 村村主任的访谈记录。

维护了村民的利益，减少了农民失地上楼的后顾之忧，客观缓解了从农民角色向市民角色快速转变的压力。

（二）村落单位化在一定程度上保证和延续了"村落共同体"的长期存在，避免了由村落迅速解体而导致的原子化危机

众所周知，近年来在快速城市化的推动下，城市扩张的步伐大大加快，那些位于城市边缘的村庄，不可避免地率先走向终结。这些即将被城市吞噬的地带一般被学界称为"城乡边缘带"、"城市边缘带"、"城乡连续区域"、"城市蔓延区"、"城市阴影区"等。虽然城市边缘地带往往会在很短的时间内被迅速纳入城市空间，但村落的"终结"并非是通过一个简单的空间转换所能完成。如果在村落终结的进程中同步出现了村落社会解组及社会原子化现象，则会给城乡接合部的社会管理产生难以估量的消极影响。因为任何意义上的社会管理都必须嵌入到一定的社会关系体系内，依托于一定的社会组织系统方可展开。正是在这一意义上，我们可以说，村落单位化在一定程度上保证和延续了"村落共同体"的长期存在，避免了由村落迅速解体而导致的村民原子化危机，使得城乡接合部的社会秩序成为可能。

首先，村落单位化进程对维持村落集中居住状态和村民间传统的社会关系具有重要意义。从居住形态和社会关系形态的角度看，传统村落的人员构成比较单一，主要是由土生土长的本地村民组成，是一个基于血缘、亲缘的熟人乡土社会。但在城市化进程中，城乡接合部居住者的构成逐渐变得非常复杂，不仅有本地村民，还有相当比例的自理口粮、非农户及外来打工人员。特别是21世纪初随着城乡户籍管理制度的松动，大批的农民到城里来打工，城市中心地带昂贵的房租令其望而却步，而只能以外来户的身份长期聚居在城乡交界的村落中，造成了该居住区域的混住化样态。给该地域的社会管理带来挑战。在此背景下，维持本村人口相对集中居住，保持传统的社会关系，具有重要意义。

以J村为例，虽然该村业已完成征地拆迁，基本上实现了非农化，但仍维持着集中居住的状态，村组织没有因城市化变迁而走向解组。除了拥有本村村籍，参加过集体劳动作为发送村民福利的标准外，村集体还鼓励村民继续在本村购房居住。

"从前有的是户口始终在村，但是人已不在这儿。现在村里要求大家一律回来住，凡是户口在这儿的，都回村住，都上村买楼。现在人是往回来。福利这么好。就冲这个福利，他们都往回跑。八月节，我们给老百姓搞福利，老年节，给老百姓搞福利，过春节，给老百姓搞福利。待遇非常优厚，他能不回来么？现在是只要你户口在这儿，没有一个不想回来的，都想回来买自己村的房子。"① 通过这种村民福利分享身份的确定，J 村实现了村落居住的集中性和再组织化。

与 J 村村成员集中居住模式不同，Y 村是一种村成员分散居住的模式。在引进房地产业对村落土地开发的时候，部分村民因故没有回迁，导致村成员居住的分散化。但因村落的一系列单位化福利，使得村民间仍保持着较为密切的交往关系。

"我们村现在也就是三百多户吧，一千来人。都属于村民，咱们社员。但是现在将近一半的人口由于土地开发搬出去居住了。但因为咱村的企业效益好，大家不愿意解散。我们村委会选举的时候打电话找他们回来，通知他们时间，大家都能到位。另外，虽然有些村民不住在一个小区了，但乡里乡亲的联系没有断。"②

其次，从就业形态看，随着城乡接合部地区的非农化，专门从事农业生产的劳动者所占比例迅速下降，村民非农化比重加大。不过，值得关注的是，在多数的单位化村落，因其村落经济的发展而使其村民长期获得相对充足的村落福利。虽然这些村集体企业经过了公司化改革，部分与村落实现分离，但在土地、人员等因素与村落长期的联系，加之村集体成员都握有一定的股份，使得这些企业依然与村落保持着难以剪断的关联。

以 C 市的 S 村为例，由于地处大型国有汽车企业生产加工区域外围，受到生产企业的辐射强度大，因此带动了周边中小加工企业以及服务业的发展，大部分城乡接合部释放的劳动力被吸纳进来，从事第二、三产业的工作。而 C 市 T 村、Y 村村民的非农化过渡是以本村集体企业为依托的，扩大规模的村集体企业以村民的职工化作为福利从而帮助本村村民进行就业。

再次，城郊单位化村落组织化程度的提高还表现在其组织管理体制的双轨化上。传统的村落社会的基层管理机构是村委会，而在城市化进

---

① 2011 年 11 月对 J 市 J 村村主任的访谈记录。
② 2011 年 12 月对 C 市 Y 村副主任的访谈记录。

程中，城郊村落又往往设立城市管理的基层管理机构——社区居民委员会。在村改居实施尚面临困境的条件下，出现了村委会和社区居委会两块牌子并存的局面，即用村委会来对应管理传统的涉农事务，如新农保，新农合，农业补贴等等，其对应的上级国家管理部门是农委，直接的行政管理部门是乡镇政府；用社区来对应管理城乡接合部扩充进来的非在籍人口，处理非农事务，对应的国家管理部门是民政，直接管辖的行政单位是街道办事处。村委会与社区是两个并行的基层社会管理机构。虽然这仅是过渡时期的暂时现象，但却强化了单位化村落的组织化特征。

总之，在村落快速城市化的背景下，如果集体组织在短时间内迅速解体，一方面使得村里遗留的集体资产难以得到妥善的处理，另一方面村民在过渡阶段将因失去组织归属而走向原子化。由村落"终结"带来的原子化危机必然给当地的社会管理带来极大的压力。村落"单位化"把村集体组织合乎情理地保留下来，并以村民的利益为联结纽带把村民凝聚起来，形成新的利益共同体，这既可避免村集体因利益分割而带来的直接冲突，缓解了利益矛盾，同时，村集体的存在也有利于村民的关系互动和人情往来，在一定程度上维系着村落社会血缘、亲缘、业缘、地缘基础上的社会联结，维护着当地的秩序，避免村落社会的原子化危机。

三 "单位化村落"社会管理功能的限度

从社会管理的角度看，"村落单位化"实际上是一个包括政治、经济、社会、文化多重要素复杂互动的过程，其作用于城乡接合部的社会管理，既能表现出突出的正功能，也具有其内在无法克服的局限性。而且，问题的复杂性在于，单位化村落在社会管理视域下的正负功能往往是杂糅在一起的，是一个过程的两个方面，很难做简单的二分式处理。

（一）"内外有别"：福利的偏执化与城乡接合部社会管理的非均衡性

众所周知，城郊村落在人员构成上非常复杂，既有农民、菜农、自理口粮、也有大量的外来务工人员。故单位化村落在展现出内部福利分配时，对其利益共同体的界定也十分清晰，一般都规定享有村集体福利者都必须是本村集体组织成员,即在 1984 年家庭联产承包责任制实行之前参加过该村"集体劳动"的社员。在村民看来,这些人具有真正意义的村民身份,对村集体组织的财富积累做出过重要贡献,是纯粹的本地人,自然应该享受村集体福利待遇。而仅拥有村民户籍,并未参与村集体劳动的住户以及在村所辖范围内其他户籍性质的人则不应在分享福利待遇范围之内。作为一种村集体内部的利益分配机制,单位化村落的福利设置严格地遵守着"内外有别"的原则,导致村集体多种福利设置具有明显的封闭性和排他性。

应该说,上述区分界定具有一定的历史合理性。但在此格局之下,"单位化村落"的各种服务和管理便自然存在明显的"内部人"与"外部人"之分,与之相伴随,在社会管理的运作体制上表现出明显的"非均衡性"。首先,对于本村村民,管理和服务活动常规化,内容丰富,各种福利待遇全面。而对于以租房户为主体的外来人口来说,村委会的管理主要是实施登记管理等程序化的措施,根本谈不上服务。以 J 村为例,该村以组织文娱活动见长,通过多种文娱教育和活动,给村民增添生活乐趣,增进村民间的沟通与交流,提高了村落的组织化程度,但该村的福利待遇分配及文娱活动始终是围绕着"本村人"展开的,"外来人口"不能参与。

"我们村经常举办的和谐大舞台,玉玲珑杯,还有一个后期叫作什么杯我就忘了,两次和谐大舞台都是我组织的,从题材创作到演出,都以本村村民为主,一个外人也没有。"[1]

"我当村长那年,就最先成立一个老年人协会,就最先把村里的这些老年人给组织起来了。我们一共四个分会。然后组织了三百多个老年人成员,每年给他们下达任务,排节目,就是老年节的时候演,春节的时候演,把老年人首先给调动起来。我们也舍得给这些老年人花钱。我们村每年都给他们发养老金,60 岁以上的发养老金,2004 年的时候起点是 300,不管是多大岁数的老人,只要是 60 岁以上就一年给三百。后期呢,我们越干越好,等我们这届班子的时候,我们就把这个养老金涨到每年一千二百块钱,然后呢,七十岁是一千二百块钱,八十岁就一千六百块钱,九十岁以上一千八百块钱,有百岁老人的呢,一年就给两

---

[1] 2011 年 11 月对 J 市 J 村村干的访谈记录。

千五,这就是咱们村的福利,我们自己给老年人定的。"①

其次,对于外来人口,"单位化"村落普遍不愿意投入过多精力和成本,实行的是"低度社会管理"。单位化村落对外来暂住人口普遍实施的低度管理,导致对城郊村落的社会管理呈现出明显的"二元特色",留下诸多严重的管理死角和隐患。

(二) 村落权力集中与选举固化

在村落"单位化"生成的过程中,村干部对村落权力和资源的控制也得到空前的加强,这加速了村落自治权力的集中化,导致村落自治选举机制渐趋固化,其运行更是充满了风险。

在传统的乡村体制框架下,村干部作为乡村精英和农村基层自治组织的管理者,扮演着国家行政系统"上传下达"的"代理人"的角色。近年来,随着国家对"三农问题"的重视以及从"汲取"到"给予"的政策性转变,村干部的角色也开始由"代理者"向"服务者"转变。此外,在流动化的背景下,农村社会普遍出现了所谓"过疏化""混住化"和"半熟人化"的变化趋向。在那些远离城市的偏远乡村,甚至出现了严重的村落精英外流现象,导致村干部在权力和职能范围上都有所"缩小","传统权威"也在一定程度上开始减弱。但值得注意的是,就在远离城市的大农村村干部面临"守摊儿"角色的尴尬窘境时,城郊"单位化村落"则因快速城市化背景下土地、厂房等资源的价格暴涨,使得村干部获得更为广阔的施展平台,其权力和权威反而得到了进一步的增强。同时,围绕着村两委班子换届而展开的争夺也不可避免地走向白热化。

T村的村书记是该村企业的董事长,而担任总经理的王总则在村子里已连任过两届的村主任。更为典型的J村,在村委会任职的各个村干部几乎全部都是村集体公司和企业中的管理者,出现了村两委班子与村办企业领导高度重合的现象。

"我们这个班子里面的人,一个顶好几个。我们村主任又是我们企业集团的老总,我们那个五队的队长,是物业公司的经理,绿化队的队长,什么都管。我们二三社的社长,也兼任治保主任,民兵连长,供热公司的经理。我是两委班子成员,党委成员、村委成员、社保主任,同

---

① 2011年11月对J市J村村干部的访谈记录。

时任公司经理。法人是我们书记,所有企业都是他做法人,我们六个单位统称 J 实业公司,书记是老总,我是副总,我协助他这六个公司的事。"①

这种基于村落"单位化"的模式而产生的"政经合一"的双重角色扮演,都使得村干部的权力和威信得到了加强和提升。

"我们这个班子已经三届了,没有动一个人。其他的村子在换届的时候都得下去拉选票,我们村子不用。我们班子成员根本就不用下去。老百姓能买班子的这个账。"②

"选举这块就更热闹了。选举非常平稳,平稳过渡。就这次选举我们班子,几乎满票,就有几票否定的,再没有就不正常了。你干得再好也得有点儿个别的,各种心态的。我们这些个人,都是高票当选。都达到 90% 以上。老百姓都熟,都认可,而且他们一看,就像一个家一样,老百姓也愿意都把领导整的非常和谐,能为他们多干点儿好事儿。"③

相对于城市单位制而言,村落单位化衍生的一系列福利保障制度安排,并不是国家角度制定的一项制度安排,而是村落内部根据自身情况制定的可以随时变更的非正式制度。正是由于其制度的非正式性,故与其配套的监督机制也极不健全。故村落"单位化"的形成及运行存在着严重的腐败、纠纷及冲突的隐患。

(1) 作为村民自治制度的重要内容,民主选举、民主决策、民主管理、民主监督,本来是为适应农村经济改革的需要,进一步放权于民的一种制度性安排。虽然这一制度体系具有较规范的选举方式和议事程序,但因村干部自身在村落场域中占据了上联系政府、下接触百姓的独特位置,在权力、信息、资本不对称的情况下处于权力的中心地位,故在具体的实践过程中,村民往往无法保证其权益的保护和实现。同时国家针对城乡接合部地区建立的相关制度管理和监督体系并不完善,在资源、利益分配的环节中给村干部留有很多的操控空间。在"单位化村落"中,村干部为掌握村集体企业的经营管理和分配权,必须得到村民的支持信任。故村干部往往运用手中的权力对一些事情做灵活处理,

---

① 2011 年 11 月对 J 市 J 村村干部的访谈记录。
② 2011 年 11 月对 C 市 Y 村村书记的访谈记录。
③ 2011 年 11 月对 J 市 J 村村主任的访谈记录。

向村民们买好,借以换得村民的支持。这种工具性的"互利"做法往往使村落成员获得的是皮毛,潜在失去的是更多的权益。

(2) 在"单位化村落"中,村干部既是村落的管理者,也是企业的负责人,拥有支配村集体财务和制定分配方案的权力,这直接影响着村民的利益。故在某种程度上讲,村落"单位化"与村民自治制度存在着一定的内在冲突。因为在村落"单位化"的过程中形成的是公司化的上下级科层关系,而村民自治制度则是一种体现平等、民主的共同体关系性质。两者混同在一起,在缺乏强有力的正式制度监督保障的情况下,村落"单位化"的维系是非常困难的,因为它仅仅依靠于当政村干部的个人能力与道德品格。毫无疑问,在缺乏有效监督的情况下,依靠个人道德品格来约束权力是脆弱的,而一旦权力失控,必然会给村落共同体造成难以估量的损失。

(3) 由村集体财产分割、土地征占及村集体债务而引发的纠纷导致村落终结的难产。村落"单位化"的一个基本前提是村集体企业发达,集体资产雄厚。作为拥有本村村籍的村民,该如何享有这些村集体财富和福利,目前我国在此领域并没有明确的产权界定,往往由各村根据各村的情况由村民自主协商而定。这种模糊的产权界定就造成了村集体财产分割的困难,村民往往以"己"为中心,以邻村为参照,确定标准。故在村集体分割财产时往往存在严重纠纷,不能顺利地达成一致,陷入无休止的争执和纠纷之中,难以自拔。

四 几点结论

综上所述,我们可以对村落单位化现象给出一些结论性认识和评价。首先,我们应对快速城市化背景下城郊所发生的村落变迁的长期性和复杂性有一个充分的估计。虽然城郊村落单位化现象集中体现出时代的"速变性"特点,但我们必须承认,作为一个复杂的生命体,村落的变迁是一个复杂的渐变过程,具有长期性。无论是由村落向城市社会空间转换,还是由村民到市民的身份转变,都不可能一蹴而就,尤其需要一个较长的时间缓冲来进行制度和机制性的调适。在这一意义上,村落"单位化"应被视为村落走向终结整体进程的一个过渡期,相较于快速而剧烈的"灭村运动",村落"单位化"这种变迁形式更为和缓,在保护村民利益,增强和维系村庄的组织化程度,维护村落社会秩序等方面具有积极作用。故村落"单位化"可以被视为一种推进村落变迁的可行性路径。

其次,加强对城郊单位化村落发展的制度规范和约制。如前所述,村落"单位化"并非一个正规意义上的制度设计,而是在村落自身变迁实践过程中的一种意外后果,不可避免地存在着明显的局限性,需要我们通过制度建构来加以完善和弥补。众所周知,与真正意义上的城市社区相比,村落本来就是一个集生产性和组织性为一体的存在。近年来,与远离城市的偏远农村的衰落不同,城郊村落非但没有走向衰落,反而呈现出强劲的发展势头。但围绕着城郊村落经济社会管理的制度却不甚完备。有些地区往往采用收缴和代管村落印章等方式来代替管理,效果极不理想。故关于"单位化"村落集体企业的股份制改革及实践应尽快到位。在近年来村落"单位化"生成的过程中,村干部对村落权力和资源的控制也得到空前的增强,导致村落自治权力的集中化,自治选举机制渐趋固化。为此,我们应严格依据法律程序进行彻底的股份制改革,明晰产权关系,促进村集体企业的正规化,从而防止权力的集中化和固化,增强村内民主氛围,避免权力滋生腐败,减少产权纠纷和矛盾冲突,鼓励、扶植村集体企业发展。通过合理开发村集体企业项目,积极发展壮大村集体企业,使其健康并可持续发展,这样既可为村庄开展公共福利事业提供可靠和稳定的财力支持,同时又能规避腐败,保持健康发展。通过完善和丰富村集体公共福利事业,增强村集体组织化程度。稳固国家—村集体组织—个人的纵向社会结构,节省复杂地区的社会治理成本。

再次,关于城郊村落公共性的构建。在现实中,城郊单位化村落在社会管理及服务领域往往体现出明显的"残缺性"和"非均衡性"。由于城郊村落存在着大量的外来务工人员,这里不可避免地存在着混住化形态。而当前村落"单位化"实行的一系列福利制度保障,全部面对的是本地村民。同时,村庄的集体性社会活动也将外来人员排除在外。这种福利的偏执化和社会管理的非均衡性导致了在同一社会空间中人们依据身份的不同而二元分化:利益在场者与利益缺场者,造成了社会管理的复杂性与潜在危机。其主要原因在于政府在城乡公共服务等领域的制度设计方面明显滞后。如现有的公共服务项目基本上都是以户籍为基础展开的。在此制度条件下，我们很难要求城郊村落超越政府制度范畴，实现公共服务和社会管理的领域拓展。故政府应为外来人员，为非在籍人口提供更好的管理和服务。城郊区的公共服务应纳入到地方政府的管理范畴中，提高该地区社会管理与服务的整体水平，促进其公共服务的均衡发展。

（《社会科学》2014年第1期，第二作者齐苗苗）

第三篇 乡村过疏——都市过密问题研究

村落过疏化与乡土公共性的重建

自人类步入现代社会以来,伴随着工业文明的勃兴和巨型城市的崛起,以乡村为中心的传统文明结构开始发生根本性变动。在工业化和城市化的拉动下,农村人口不断流入城市,城乡人口结构发生巨大变化。都市的人口密度越来越高,而乡村尤其是那些偏远村落,则成为人口稀少的过疏地域,并由此而走向衰落。无论是欧美早发现代化的发达国家,还是后发的非西方发展中国家,都大体经历了这一过程。正是在这一意义上,我们可以说"都市的兴起和乡村衰落在近百年来像是一件事的两面"[①],成为时代变迁的重要标记。在现代工业社会,"对农民来说,农业的历史是痛苦的发展史,因为他们的精神状态和传统制度很难适应工业社会的需要,似乎有一种经济的和社会的衰退规律在威胁着农村社会"[②]。那么,工业化和城市化背景之下的乡村地域过疏现象为什么会发生?其进程到底会对现代社会产生哪些影响?则是学术界多年来密切关注的问题。本文试从公共性的研究视角,探讨村落过疏化背景下乡土公共性危机的发生及表现,并寻求重建之道。

一 村落过疏化与乡土社会的衰落

所谓过疏,主要是与"过密"或"适疏"相对而言的概念,是指因地域人口的减少,导致维持此地域最为基础的生活和生产的人口条件出现了困难。学界一般将这一变化过程称之为"过疏化",把处于此种

---

① 费孝通:《乡土中国》,上海世纪出版集团2007年版,第254页。
② [法]让·雄巴-德洛夫:《法国农业趣史》,马四丘等译,农业出版社1985年版,第59页。

状态的地域称之为过疏地域。

(一) 村落过疏化的发生

1. 工业化、城市化对乡村人口的吸纳

一般说来，过疏化现象的出现是以工业化和城市化进程为直接背景的，其发生具有一定的历史必然性。无论是早发现代化的英国、法国，还是后发外生型现代化的发展中国家，都必然经历这一进程。历史上，作为工业革命的发源地，英国是世界上最早针对工业化进程中的人口流动而实行城乡区域政策的国家。而在小农众多的法国，"城市和矿区的工业化，它引起劳动力的大量集中，使乡村的手工业和一切以木材为燃料的工业归于消灭"①。工业主义的触角所至，使得农村人口剧减，并迅速走向凋敝。在东亚，日本大约是在20世纪60年代经济发展奇迹后出现了乡村过疏化现象，到70年代和90年代，韩国和中国部分偏远的乡村也先后走向过疏化。

除了工业化和城市化对乡村社会的冲击和破坏之外，随着土地制度的变革、农业技术的进步，以及农业经营规模的大型化，也导致大量农业人口的离农化，从事农业经营和生产的农家的户数逐渐减少，进而引发农业地域的衰落。"农村人口减少，不仅由于城市和工厂的招工，同时也受到乡村内部农业变化的刺激。一向吸收大量劳动力的作业，如葡萄种植、养蚕业、经济作物（亚麻，大麻），几乎一个接着一个消失或紧缩。"②

2. 乡村居民对城市生活的向往和认同

乡村过疏化现象的发生，不仅是经济快速发展背景下工农业产业间差别扩大的结果，同时也与乡村农民自身生活和文化观念的城市面向的变革直接相联系。由于交通发达，电视及网络的普及，有关城市文化和生活的信息可以毫无障碍地传播到乡村世界，农民足不出户，便可体验到都市生活方式和文化的魅力。此外，乡村昔日自给自足的自然经济逐渐被商品经济所打破，农民的日常生活开始与城市建立起较为密切的关联，村落的经济结构和消费结构都发生了巨大变化。工业与农业间的收

---

① [法]菲利普·潘什梅尔：《法国》上册，漆竹生译，上海译文出版社1980年版，第137页。

② 同上。

入差距在明显拉大，尤其是后发现代化国家为实现现代化，采取优先发展重工业的策略，致使城乡之间长期存在着二元结构，更扩大了城乡间的差距。在城市与乡村强烈的对比反差中，农民的思想、行动和生活方式都发生了面向都市的变动，从而使农民尤其是青年农民产生了强烈的脱离乡村，面向城市观念。正是在这一意义上，可以说乡村过疏化现象的发生，不仅仅是现代城乡社会经济结构直接作用下的产物，同时也是农民主动选择的结果。

（二）村落过疏化的后果及性质

乡村过疏化现象发生的初期，主要表现为人口数量减少。但随着过疏化问题的不断走向严重，出现了"经济凋敝""就业机会缺乏""村落世代维系困难""村落组织崩坏"等现象，导致乡村社会走向衰落，主要表现为：

（1）地域产业和经济发展停滞。伴随着乡村农业生产的衰落和人口的大量外流，地方财政逐渐恶化。全球化背景下的贸易自由化，大量农作物从国外输入，导致农产品价格低迷，农产品生产经营收益极低；（2）乡村公共服务设施落后。因政府的公共事业投入急剧减少，包括医疗、教育在内的各种公共服务事业开始萎缩，经常为医生不足和教师不足等地域问题所困惑，为了追求更好的医疗和教育条件，大量乡村人口开始外流；（3）乡村的老龄化。在这场由传统乡村向现代城市的空间转移过程中，青年人是当然的主力，其离乡入城的行动将过疏地域送入高龄化的世界；（4）过疏地域公共交通系统的危机。由于人口减少，过疏地域的交通系统也面临挑战。一些客运线路因乘客剧减而无法运营，开始减少甚至废止。由于公共交通的废弛，居民购物也极不方便，过疏地域的商业街也走向萧条；（5）农村村庄聚落的荒废。因房屋大量闲置，导致作为人类文明重要存在形态的乡村聚落景观也面临着存废的挑战。

由此可见，过疏化背景下的乡村社会衰落，其性质极其复杂，我们不能简单地将其视为是一种经济衰退现象，也不能将其理解为一种单纯的人口流失问题。要把"过疏"概念作为生产和生活组织机构——村社会崩坏现象来加以总体把握，同时关注村民意识衰退现象的发生。在分析过疏问题时，要特别注意从地域的产业、生活和意识三个方面来加以分析理解。① 可见，这一城乡社会的剧烈变迁乃是人类社会步入现代社会后在工业化和城市化的背景下所面临的一种根本性的文明变局。在此变局之下，城乡"两种生活方式的这种分道扬镳，愈来愈形成了两个社会的分离"②。早在民国时期，即有学者指出乡村过疏化的直接后果造成了乡村社会衰落："故都市之发达，常伴以农村倾危，凡农村之人口，都市收之；农村之才智，都市用之；农村之储蓄资本，而都市攫取之；农村之生产物品，而都市消费之，农村之利得，而都市垄断之；然其所贻赐于农村者，则仅老弱之人，与奢侈之习，以及放纵之行为耳。以农村之牺牲，求都市之发达，其不落于倾颓衰灭也，乌可得哉！"③

二　村落过疏化与乡土公共性危机的表现

如前所述，过疏化村庄走向衰落不是一种单纯的经济现象或人口移动现象，而是现代社会所面临的一种总体性结构变动。在人类文明史上，任何一个称得上"文明"的社会，无论是发达的城市社会，还是偏僻的乡土共同体，都应拥有较为发达的"公共性体系"。公共性之所以能够作为文明社会存在和发展最基本的条件而存在，主要是因为就公共性的性质而言，其对社会具有极广的利害和影响。而且其影响不是限于特定的集团，而是面向社会全体，是"某一文化圈里成员所能共同（其极限为平等）享受某种利益，因而共同承担相应义务的制度的性质"④。从一般意义上讲，公共性的内涵比较复杂，既包括其共同体内部自生的公共性，也包括由政府承载的公共性。在现实中如果一种公共性的体系结构被破坏，那么，其共同体公共性的结构必然遭到严重的削弱。值得注意的是，走向过疏化的乡土公共性危机的特殊性在于，因短时间内的人口大量外流，其地域足以支撑起社会正常运行的人口数量和

---

① [日] 安达生恒：《村庄和人间的崩坏》，三一书房1973年版，第19页。
② [法] 菲利普·潘什梅尔：《法国》上册，漆竹生译，上海译文出版社1980年版，第139页。
③ 曲宪汤：《乡村衰落之原因及其救济》，《并州学院月刊》1933年第3期。
④ 李明伍：《公共性的一般类型及其若干传统模型》，《社会学研究》1997年第4期。

社会关系状态发生了变化，出现了"过疏地域的社会何以可能"的问题。

（一）村落共同体内部自生公共性的危机

在漫长的农业文明发展岁月里，村落作为一个真实的生活共同体和生产共同体，在乡土公共性构建进程中发挥了重要的作用。村落共同体自生的公共性主要是围绕着村落共同体"共助"体系而展开的，既包括村落生活中的"共助"，也包括生产中的"互助"。值得注意的是，村落共同体的公共性构建功能的发挥实际上是以村落的人口、土地、生产及生活体系健全的前提下存在的，如果村落因人口大量减少而陷入危机，基于生活和劳动过程而建立起来的社会联结走向解体，其公共性生产的能力势必要大打折扣。

1. 村落共同体生活"共助体系"的危机

从理论上看，村落共同体的"共助系统"主要是借助于"家共同体"和"邻人共同体"而展开的，它构成了乡土社会最重要的社会关联。这里所说的社会关联，主要是指村民之间的具体关系及建立在这种关系上的行动能力。[①] 在乡土社会常态运行的条件下，依靠这些社会关联，村落社会的秩序得以实现。而在村落过疏化的背景下，村落共同体中那种源于生活中的"共助系统"则不可避免地走向危机和衰落。

早在公元纪年前，孟子在其"井田"遐想中即描绘出"乡里同井，出入相友，守望相助，疾病相扶持"（《孟子·滕文公上》）的温馨图景。19世纪80年代，德国社会学家滕尼斯关于共同体的基本理论建构实际上是以村落共同体为原型而展开的。在滕尼斯看来共同体应该是"持久的和真正的共同生活，社会只不过是一种暂时的和表面的共同生活"[②]。"一切亲密的、秘密的、单纯的共同生活，被理解为在共同体里的生活。社会是公众性的，是世界。人们在共同体里与同伙一起，从出生之时起，就休戚与共，同甘共苦。人们走进社会就如同走进他乡异

[①] 贺雪峰、仝志辉：《论村庄社会关联——兼论村庄秩序的社会基础》，《中国社会科学》2002年第3期。

[②] ［德］斐迪南·滕尼斯：《共同体与社会——纯粹社会学的基本概念》，林荣远译，商务印书馆1999年版，第54页。

国。青年人被告诫别上坏的社会的当。"[①]"在共同体里,尽管有种种的分离,仍然保持着结合;在社会里,尽管有种种的结合,仍然保持着分离。"[②] 稍后,韦伯论及社群互助基础的问题时,在承认"家共同体"是最为普遍分布的一种"经济共同体",具有相当持续且紧密的共同体行动能力的同时,[③] 率先提出"邻人共同体"概念,认为:"家是一种满足一般日用的财货需求与劳动需求的共同体。在自给自足的农业经济里,遇到紧急的状态、极端的匮乏与危机而有非常需求时,其中很重要的一部分必需仰赖超越家共同体之上的共同体行动,亦即'邻人'(Nachbarschaft)的援助。""基于长期或暂时的居住或停留而形成近邻关系,从而产生出一种长期慢性或昙花一现的共同利害状态。"[④] 这种"邻人共同体"构成了"社群"的原始基础。[⑤]

在传统的农业时代,村落共同体生活的"共助体系"具有超强的稳定性,它在很大程度上维持了村落活力与秩序的存在。但在工业化、城市化背景下的乡村过疏化则瓦解了这一"共助系统"赖以存在的基础,导致"家共同体"的走向凋零。虽然在村落人口外流的过程中,存在着举家迁徙的类型,表现出家共同体超强的"连带"和"内聚"特性。但不可否认的是,更多的家庭所面临的情况是,青壮年劳动力离乡进城打工,而老人、妇女、儿童在乡村"留守"这样一个更为复杂的"分离"过程。

(1)"家共同体"的凋零

在城乡关系发生剧烈变迁的过程中,农民兼业问题值得特别关注。走向兼业的农民,在保有农民身份的同时,也是某项非农职业的从事者。伴随着兼业行为的发展,兼业化的一个重要社会后果是,"家"的结构发生了重要变化,进而对传统的村落结构产生巨大冲击。在通常情况下,城郊农民可以通过通勤方式实施兼业,并不影响其家庭结构的完整性。而过疏地带的农民选择兼业,则必然要以破坏"家庭"的完整

---

① [德]斐迪南·滕尼斯:《共同体与社会——纯粹社会学的基本概念》,林荣远译,商务印书馆1999年版,第52—53页。
② 同上书,第95页。
③ [德]韦伯:《韦伯作品集Ⅳ——经济行动与社会团体》,康乐、简惠美译,广西师范大学出版社2004年版,第259页。
④ 同上书,第261—262页。
⑤ 同上书,第265页。

性为代价。因为进城兼业打工地点距离较远,过疏化村落的兼业者无法回村居住,必须离开村落,长期居住在工作地。由此,兼业者需要长时间离家,导致村落中的青壮年不能照顾家庭,也无法参与村落事务,成为村落社会的"缺场者"。此外,兼业者的空间和场域是交错的,久而久之,农村的场域逐渐开始服从城市工作的场域,兼业者的观念将发生巨大变化。

由于常年外出打工兼业经营者基本上是青壮年劳动力,势必导致过疏化村落家共同体的残缺和凋零,出现大量留守人群,严重地破坏了村落共同体内部的"共助"体系,出现了"共助"能力的危机。据全国妇联发布的我国农村留守儿童、城乡流动儿童状况最新的研究报告,目前全国农村留守儿童数量为6102.55万,占农村儿童总数的37.7%,占全国儿童总数的21.88%。与2005年全国1%抽样调查估算数据相比,5年间全国农村留守儿童增加约242万。[①]

(2)邻人共同体的解体

村落过疏化的另一重要后果是村庄空心化。由于村民大量外流,导致很多村落房屋的大量空置化,一些外出打工的农民纷纷把家安到了城(镇)里,造成农村的旧宅子"人去屋空"。村庄房屋大量闲置不仅仅是资源的浪费,更使昔日的村落邻里关系联结遭到破坏,甚至走向解体。由于村庄青壮年劳动力的奇缺,使得村路传统的礼俗活动无法正常举行。

2. 基于劳动生产而生成的互助体系的解体

在传统的乡土熟人社会,基于生产劳动而形成的村落互助行为非常普遍。主要表现为农户间的自愿互助、帮工帮畜、帮农具等形式。

在村落走向过疏化的过程中,因劳动力短缺,生产停滞,土地荒芜,村庄长期基于劳动生产而生成的互助体系也开始走向解体。主要表现为:(1)在乡村劳动力大量外流的过程中,伴随着家族的衰落和凋零,传统的基于血缘的生产互助行动被大大弱化;(2)由于乡村精英和青壮年劳动力的大量流失,"造成了乡村结构的进一步疏松,使得分

[①] 苏婷:《全国妇联:独居留守儿童超200万人》,《中国教育报》2013年5月11日。

散的小农在资金、技术、信息等资源的获得方面都处于不利地位"①。(3) 过疏化村庄的农业生产衰落凋敝，村落集体经济不发达，村共同体的共同利益大大弱化。在乡农民逐渐变为孤立的、原子化的"理性小农"，合作能力下降，包括水利灌溉、道路硬化等乡村公共问题都无法得到有效解决；(4) 农业生产经营规模的大型化和农业技术的普及和应用，虽然对于农村劳动力紧张局面有所缓解，但却消解了农户间传统的合作机制。

3. 村落老龄化与村庄"共助"能力的衰退

村落年轻人大量外出的直接后果是村落的老龄化。在年轻人大量流出，家族崩坏的社会背景下，作为现代性直接后果的老龄化问题没有首先在现代文明的中心地城市出现，而是在传统村落的穷乡僻壤率先发生。家共同体的凋零，导致基于家庭的"私的抚养"体系已大大弱化，过疏地域老人社会生活支持体系将不可避免地面临严重的危机。结合过疏地域老龄化演进的一般趋向，我们会发现过疏地域老人问题的严重性在于：长期以来村落社会赖以存在和发展的"依赖结构"已被严重破坏，而危机中的村落又很难在短时间内走向"终结"，从而将过疏地带的村落置于进退维谷的窘境，这或许是过疏地域老人问题认识及解决艰难之所在。应该说，老年群体间也存在大量的互助行为，但毫无疑问，这种构成要素单一的互助行动具有明显的局限性。由于老年群体自身所具有的诸多不可克服的局限性，其互助、共助的能力亦大打折扣。

(二) 以政府为载体的"公助系统"的危机

在现代国家体制下，政府有义务为其城乡居民提供包括医疗、教育、社会保障等基本的公共服务，构成了一个庞大的"公助系统"。但在村落过疏化的背景下，因村庄人口急剧减少，包括学校、医院等由政府承载的"公助系统"将不可避免地发生运行危机，陷入进退维谷的窘境。

1. 过疏乡村公共服务体系运行的"人口门槛"

在城乡公共性建构的问题上，人口居住密度指标一直是一个最重要的影响因素。著名的城市研究者雅各布斯曾专门论述"密度"对于城

---

① 武小龙、刘祖云：《村社空心化的形成及其治理逻辑——基于结构功能主义的分析范式》，《西北农林科技大学学报》2014年第1期。

市的重要性，她认为，对于城市来说，"人流的密度必须达到足够高的程度，不管这些人是以什么目的来到这里，其中包括本地居民"①。对于雅氏的上述观点，我们可以有多样的解读，但有一点是不可否认的，即密度对于城市的公共事业运行和市场消费的展开提供最为基本的支撑条件。如果没有一定程度的人口作为支撑，城市社会的存在几乎是不可想象的，事实上乡村社会也是如此。20世纪60年代，欧洲一些国家曾确定乡村公共服务设施的人口数量基准，其基本情况是：一所小学需要的门槛人口大致在5000人左右，一个医生需要至少为2000人服务才能有规模效益，一个由3个医生组成的医疗小组可服务8000人，一个化学药剂师需要的门槛人口约为4000人。②

以人口门槛理论来评价过疏乡村以政府为载体的"公助系统"，我们会发现，在村落人口大幅度减少的情况下，政府设在乡村的公共服务设施难以充分利用，公共服务的人均成本也空前增大，其应用效能也直线降低。同时，那些公共服务设施的维护也存在着困难，消解了农村社区公共服务发展的现实基础。以过疏化地域的医疗服务体系为例，由于人口大幅度减少，导致政府主办的医疗服务机构难以为继。据统计，20世纪60年代，在日本典型的过疏地域岛根县，"共有国民健康保险诊疗所49个，但其中有5个因缺乏医师而无法开业。此外还有29个诊所因交通不便和经营困难等问题虽表面上开业但实际上处于休诊状态。这样，49个诊所中至少有34个难以发挥作用"③。由此，日本社会虽然已实行70岁以上老人医疗免费的制度，但因山区医生短缺，医疗设备不足，使得这一制度在"过疏地带"形同虚设。根据日本厚生省的定义，所谓"无医地区"主要是指没有医疗机构的地域，具体言之，即是以此地域的中心场所为圆点，其半径4公里的区域内居住50人左右，不容易利用医疗机构的地区。据昭和48年的统计，京都府下自昭和44年迄今，共有83个无医地区，其中有30个属于过疏地域。今天这种无医

---

① [加] 简·雅各布斯：《美国大城市的死与生》，金衡山译，译林出版社2005年版，第221页。
② 龙花楼：《中国乡村转型发展与土地利用》，科学出版社2012年版，第197页。
③ [日] 内藤正中：《过疏化与新产都》，今井书店1968年版，第13页。

地区的数目虽然在减少，但地域医疗供给不足的现象却依然存在。①

人口过疏化同样威胁到乡村教育的正常发展。在乡村走向过疏化的背景下，随着人口大量外流，导致农村学校难以保持基本的生源和优质师资，注定要走向衰落。而农村学校的衰落反过来又推动更多的求学者告别乡村进入城市教育机构。由此，乡村学校将面临不可调和的危机。虽然乡村走向过疏化是一个短时间内发生的现象，但其走向终结却是一个长期性的问题。由此，过疏地带农村中小学的发展面临着两难困境：一方面，由于学龄儿童的大幅度减少，导致学校生源不足，教师资源匮乏，教学质量急剧下滑，难以为继；另一方面，如果政府主管部门采取合并策略，整合资源，可以在一定程度上提高教学质量，但又会导致因撤校而产生大量失学儿童。

2. 过疏化乡村公共服务市场化路径的阻滞

近年来，在新公共管理的理论视域下，城乡公共服务市场化改革成为一种值得注意的新趋向。在新时期的中国主要表现为，大力推进政府向社会力量购买公共服务。凡是社会能办好的，尽量交给社会力量承担。凡适合市场、社会组织承担的，都可以通过委托、承包、采购等方式交给市场和社会组织承担。采取这样的形式，既能加快解决公共服务产品短缺问题，又能形成公共服务发展新机制。② 毫无疑问，改变城乡公共服务提供主体一元化的格局，发展服务提供市场化和多元化的供给格局，有利于改变政府垄断服务资源、公共服务低水平徘徊的局面。但值得注意的是，在公共服务市场化改革的进程中，我们必须区别城乡差异、一般农村与过疏化乡村之间的区别。因为在人口大幅度减少，村落组织走向衰败的情况下，过疏化乡村缺少市场化操作的必要条件。正如有的学者所言："市场化的目标是要激活公共服务的供给机制，使公共服务的提供具有竞争性。而农村的公共服务体制，目前恰恰很难出现多元的提供主体，因此无法形成竞争格局。实际上，很多公共服务和公共物品，在农村是很难形成竞争格局的。因为农村消费能力有限，市场几

---

① ［日］益田庄三：《村落社会的变动和病理——过疏村庄的实态》，垣内出版株式会社 1979 年版，第 150 页。

② 李苑、邱小敏：《政府购买公共服务将开放市场和调结构有机结合》，新华网 2013 年 7 月 31 日。

乎没有主体愿意为农村的这些设施或服务承担经营风险。"① 可见，由于过疏化地域的消费缺少足够的居民数量支撑，难以形成发展规模，一般的市场化机构很难进入，现有的服务业也会因亏损而退出。

（三）村落价值认同的式微

在滕尼斯的笔下，包括村落在内的前工业时代的共同体拥有某种共同价值观，"精神共同体在同从前的各种共同体的结合中，可以被理解为真正的人的和最高形式的共同体"②。共同体内部成员的集体认同既建立在对其乡土自然环境、人文景观传承而萌生的自豪感的基础之上，同时也是伦理本位下熟人社会教化和相互约制的结果。但在乡村走向过疏化的进程中，这些千百年来培育起来的村落价值认同却受到前所未有的冲击。

1. 对现代城市文化及生活的崇拜，使村落成员对故乡失去了应有的信心和认同，产生了大量的"故乡丧失者"

关于乡村文化自信丧失的发生机制和演化进程，已有很多学者论及，其观点认为城市文化相较于农村文化而言，具有无可比拟的优势，正是在这种强烈的反差中，乡村丧失了其固有的优势和自信，"今之教育机关，所设立于都市，高深学府，故无论矣，即同一之中小学校，亦以立于都市者，较之立于乡村者设备完善，教授适法，因之欲高深而完美之教育者。势不得不离乡村而之都市，此教育都市化之足致农村于衰退也"。"乡村人才，均负笈都市，久惯都市生活，对乡村风况，自生鄙弃心理，掉头弗顾，而蛰伏乡村之较智分子，亦思一展胸怀，趋赴都市，待价而沽，以期发回能力，农村人才，闾巷一空"，其他如娱乐之设施，备之都市，医药之精良，集于都市，交通之中心，必以都市，语言之通行，亦不能根据于方言俗音，而准行乎都市之口音也。至礼仪节文，在都市与乡村，文野判然，是故一举一动，一采一汰，莫不以都市为准，而乡村之甩脱，乃自然之结果也。③

法国社会学家布迪厄结合历史上法国农村的溃败，揭示了农民的自

---

① 汪锦军：《农村公共服务体制改革：由市场化到参与式治理》，《学习时报》2013年3月4日。
② [德] 斐迪南·滕尼斯：《共同体与社会——纯粹社会学的基本概念》，林荣远译，商务印书馆1999年版，第65页。
③ 曲宪汤：《乡村衰落之原因及其救济》，《并州学院月刊》1933年第3期。

卑心理是如何作用于乡村衰败过程之中的:"人们往往哀叹这种农村人口的流失是一种社会灾难。将集团的女孩嫁给———一般是高攀———城市居民,这一事实表明,这个集团有意无意之间接受了城里人对农民的实际价值和预期价值的看法。城里人心目中的农民形象虽说有时受到压制,可总是一再出现,这种形象甚至强加到农民的意识之中。……在每个个体的层面上,都可以感受得到这种内部溃败,而这种溃败正是这些人相互孤立的背叛(他们所属的集团)的根源。"①

2. 从"熟人社会"到"无主体熟人社会"

由于村落人口大量减少,导致乡村传统的"熟人社会"变成了"无主体熟人社会"。众所周知,传统的乡土社会是典型的熟人社会,村民生于斯、长于斯,通过血缘、地缘和业缘关系,建立起密切的互动关系。但乡村社会的过疏化,却使村庄熟人社会的主体结构发生了变化,出现了"无主体熟人社会"。

所谓"无主体"在这里主要有两层含义:一是指"主体长期缺场",即指"目前乡村大量青壮年劳动力长年的异地化生活,已导致乡村社会的日常生活运作不具'熟人社会'的特征,我们不妨将这种'病态'的熟人社会称为'无主体熟人社会'"②。"主体长期缺场"的社会后果在于,乡土社会内传统的社会互动关系遭到破坏,社会联结残缺化,对村落的文化价值认同亦必然走向错乱;二是指"主体继承者"的缺失。近年来,农村研究界提出了新生代农民工概念,认为自 20 世纪 90 年代中期以来,农民工群体已经出现代际分化,他们的流动动机存在着很大的差别,社会特征也不尽相同。故我们可以将 20 世纪 90 年代开始进城务工的人称为新生代农民工。③ 从发展的视角审视新生代农民工现象,多数学者的结论是,无论在关系上还是生活上,新生代农民工都已不属于乡土社会场域,他们基本上生活在城市,有时也游走于城乡社会之间。从其未来发展的轨迹看,他们已不可能成为乡土文化的"认同者"和"继承者"。故在乡村走向过疏化的进程中,传统乡村世

---

① [法]皮埃尔·布迪厄、[美]华康德:《实践与反思》,李猛、李康译,中央编译出版社 1998 年版,第 319 页。
② 吴重庆:《无主体熟人社会》,《开放时代》2012 年第 1 期。
③ 王春光:《新生代农村流动人口的社会认同与城乡融合的关系》,《社会学研究》2001 年第 3 期。

界那些无形的文化遗产将失去承载的基本载体，导致文化传统及技能代际传递链条的中断。

三 过疏对策与乡土公共性的重建

面对工业化、城市化背景下人类文明结构的空前剧变，各国学界都给予了密切的研究和关注。法国社会学家孟德拉斯曾提出"农民的终结"等命题，断言："20 亿农民站在工业文明的入口处：这就是 20 世纪下半叶当今世界向社会科学提出的主要问题。"[①] 学界之所以关注此话题，主要是因为人类在农业时代生活已有数千年之久，农业文明承载了人类漫长而丰富的文化及生活经验智慧，而步入工业时代实际上只有几百年的时间。在这一根本性的转型和变革中，人类会丢失什么？能收获什么？自然令人格外关注。为了降低转型代价，我们应弄清过疏社会的生成背景、过程及其运行机理，充分意识到村落变迁的长期性，加大城市反哺农村的力度，切实推进过疏化村落的转型和振兴。

从总体上看，世界各国为维持城乡协调发展，不断推出所谓"过疏对策"，试图在政策干预和调适的基础上，最大限度地保持乡村活力。这些过疏对策主要包括：经济对策、人口对策、文化对策、组织对策等。与学术意义上的"过疏"概念不同，政策层面上的"过疏"概念主要是将现象发生地域作为具体的政策对象，注意政策对策执行过程中的可操作性和有效性。

（一）经济对策：从单一的经济开发，到内在的开发策略

既然乡村过疏地域衰败最主要的表现是经济凋敝，那么，各种过疏对策自然首先将政策目标指向了经济开发领域。试图通过招商引资，兴办企业等经济对策，以实现过疏地域的发展和振兴。如在日本 20 世纪六七十年代以来陆续推出的过疏对策中，"积极开发论"都占据了主导地位，主要包括离岛振兴法和山村振兴法等，希望通过建立企业，投入大型公共设施项目等方法，以扭转乡村衰落的事实。应该说，经济开发

---

① ［法］孟德拉斯：《农民的终结》，李培林译，社会科学文献出版社 2005 年版，第 1 页。

意义上的过疏对策在初期发挥了一定的作用，但随着时间的推移，经济开发意义上的过疏对策的局限性逐渐显露出来，主要表现在：（1）现代经济集中化、过密化发展趋向，使得企业的流向并不趋近于过疏地域，从而给过疏地域的经济振兴方略蒙上一层阴影；（2）很多开发要求强烈的过疏化地域因其环境、资源、交通等方面的弱点，使其并不适合走经济开发之路；（3）过疏地域劳动力的普遍缺乏。对于年轻人来说，无论过疏地域的公共设施如何整备，但那些没有工作场所的地方都不可能成为青年人的理想居所。

总之，从宏观视角展开分析，我们会发现，在单一经济取向的过疏对策遇到障碍的情况下，20世纪晚期各国的过疏地域治理已发生了一些值得注意的变化：

第一，重视"内在的开发"，其最具典型意义的事件是"一村一品"运动。由于过疏地域面临人口减少，交通闭塞，信息阻滞等不利条件，导致其地域已不可能通过引进企业从事大规模的"外在的开发"，而被迫转向所谓"内在的开发"。"一村一品"是日本大分县知事首倡的一种过疏地域振兴活动，主要是指每一地域（町村）都运用其智慧，开发独具地方特色的产品。这些特色产品或者是古时流传下来的建筑旧居遗迹，可以是口耳相传的民谣，民间歌舞，也可以是地方出产的有形的土特物产，结果大获成功。"一村一品"运动实际上是在从外部引进企业已不可能的过疏地域，转而走向挖掘和激活地域传统内在资源、人才，凸显地域个性，以地域居民独具的智慧和理念创造出富有特色的地域文化产品，这是典型的内在的开发策略。

第二，从仅关注过疏地域的"经济变化"到重视其"社会变化"，即由"硬件"转向"软件"。从进行所谓土木工程治理，转变为建成"居住愉快"的场所，培养良好的人际关系。也就是说，其主旨在从经济学领域不断转向社会学领域。[①]

（二）人口对策：地域振兴主体的多元选择

在过疏对策推进的过程中，人们发现过疏地域的衰落并不仅仅是因医疗、教育、交通、消费、购物等公共服务设施的运行障碍和维护困

[①] ［日］鸟越皓之：《日本社会论：家与村的社会学》，王颉译，社会科学文献出版社2006年版，第206页。

难，而是该地域因青壮年劳动力大量外流而缺乏地域振兴适当的承担者。

1. 设法留住年轻人

无论是基于何种考虑，过疏地域振兴的首要任务都是要遏制人口持续减少的态势，尤其是设法留住年轻人。但此项人口对策却始终面临着严峻的挑战。如果我们承认现代社会中人口从农村向城市的移动，乃是一种历史的必然的话，就会发现，简单地通过行政手段阻止人口离开农村是不可能的，也是有害的。因为阻止人口流动的后果只能加大地域差距。既然各地域发展速度是不均衡的，那么，如果我们想要缩小地域差别的话，就不能抑制人口移动。须知，乡村的衰落，不是由于乡村人跑去都市。正是由于乡村的衰落，人们才跑去都市。① 因此，如何在城乡开放的氛围下，给农村青年人以本土发展创业的机会，才是问题的关键。

2. 以老年群体为载体的公共性构建

虽然各国在应对过疏地域衰落问题时，都提出将农村打造成一块对年轻人有吸引力的磁铁，以吸引年轻人在地就业或返乡就业，但此项举措很难在短时间内奏效。因此，在相当一段时间内，老年人仍将作为农村振兴的主要力量而存在。

关于老年人社会角色扮演问题，欧美学界较有影响的理论是所谓"社会脱离理论"。此种理论认为："老年人减少他们的活动水平，寻求较消极的角色，减少与他人的交往，越来越关心他们的内心生命却被看作是正常的、不可避免的和令人满意的。"② "脱离理论被认为不仅适应老年人，而且对社会也有利。所有的社会都需要井然有序地把老年人的权力传给年轻一代。"③ 但近年来学界关于过疏地域振兴的实证研究却告诉我们，对于走向过疏化的乡土社会来说，积极老龄化似乎是一种更为现实的策略选择。因为在过疏化村落里，老年人占据多数的情况短时间内不可能改变，故我们必须正视其在地域振兴过程中的特殊作用。

---

① 罗荣渠主编：《从"西化"到现代化——五四以来有关中国的文化趋向和发展道路论争文选》，北京大学出版社1990年版，第873页。

② [美] N. R. 霍曼：《社会老年学》，冯韵文、屠敏珠译，社会科学文献出版社1992年版，第68—69页。

③ 同上书，第69页。

有研究成果证明，老年人持续的社会参与对于提高其主观幸福感和社会地位具有重要作用。积极的社会参与使老年人仍然在社会上创造价值，同时因老年人仍然处于社会关系结构之中，得以获得真实的社会角色扮演。据日本学者研究，伴随着过疏地域人口老龄化的进程，老人的社会地位和权威角色发生了深刻的变化。在过疏化现象发生之前，在封闭的乡土共同体内，老人因其在生产和生活中的特殊地位而扮演着乡村家族家长和村落权威的角色。但是在经济高度发展和人口快速流动的背景下，村落昔日的经济生活和社会生活中都发生了剧烈的变化，其突出表现便是乡村老人权威的衰落。老人权威地位的丧失使其社会地位下降，并迅速走向边缘化，其生活笼罩在浓重的孤独感之中。新潟县东颈城郡的6个町村以老人自杀率最高而闻名日本列岛，其老人自杀率达到全国平均数的5倍。据调查，该地域自杀老人多为中等以上家境的农家，值得注意的是，老人自杀的时间选择不是在子女外出打工的冬季，而多发生在5月或10月的农忙季节。据研究，"老人冬季自杀现象之所以很少发生，主要是因为此期间子女多外出打工，老人需要承担清雪等重任。而在农忙时节自杀事件频发，则主要因为在农业机械化时代，老人在农业劳动中已无角色可以扮演，事实上已被排除在劳动体系之外，由此老人在生产和生活中的地位和价值很自然被消解"[①]。可见，过疏地域老人的自杀事件与其过疏社会老人的孤独感有着密切的关联。

（三）文化对策：由重视物的开发到精神价值的重构

1. 地域自信心的重建

如前所述，地域过疏化的背景下的地方空洞化、人口外流，资金缺乏、经济活动停滞等，固然是地域衰落的重要影响因素，但地域居民对地方长时期积淀起来的自信心的丧失，是其中更为重要的因素。在居民故乡意识衰退的情况下，政府有再大的公共设施和项目投入，也难以取得真实的发展效果。

2. 重视地域资源的开发利用

这里所说的地域资源，既包括基于自然环境和地理条件在内的自然资源，也包括植根于地域历史发展进程之中的社会资源和文化资源。重视地域资源的开发利用，就是实现由单纯地追求"物"的丰富性，到

[①]［日］安达生恒：《村落与人类社会的崩解》，三一书房1973年版，第156页。

追求居民生活及其价值的丰富性。有的学者从"儒学下乡"的视角，强调地域传统文化复兴的作用。认为从"无主体熟人社会"中"熟人社会特征的周期性呈现"这一特征出发，农村社会的"主体"成员虽然常年离乡，但这不仅不妨碍反而是进一步激发了他们参与诸如元宵、祭祖等乡村传统仪式性活动的热情。所以，今天的儒学"下乡"，可专注于推动符合儒学精神的宗族文化复兴、乡村重大节庆及家户婚丧嫁娶、祭祖认宗的礼仪文化建设，通过仪式的铺陈和对仪式的参与，以仪式现场的集体氛围而非个体式的道德自觉，唤起乡民对儒学所宣导的基本价值理念的敬重。[①]

（四）组织对策

1. 激活过疏化村落的自治传统，加强村落组织建设

与城市社会相比，乡村社会从来就是人口密度较低的社会，在政府和市场力量作用有限的情况下，其社会内部自治性力量一直就比较发达，表现出乡土文明超强的韧性。在城市化进程中，虽然乡村社会在逐步走向解体，但地域社会中人们的社会关联不可能完全丧失。为了更好地把握到这一社会联结的存在，我们有必要引入"共同性"概念，以发现日常生活中显在的和潜在的共同性的存在，重建过疏地域居民的社会联结。要注意加强地域特殊群体的组织建设。基于过疏村落中留守人群的主要构成，应加强老年协会和女性组织的建设，发挥其组织内部的互助功能。同时，鉴于过疏化村落组织衰败和村民参与不足的现实，应注意发挥村落精英的统帅和内聚作用。

2. 村落合并与组织重建

迄今为止，村落合并是各国应对过疏化村落组织衰败的最常用的方法，即通过行政手段，对那些因人口外流严重，已难以正常维持运行的村落实施迁徙与合并，形成新的中心村落进而居住区。由于合并后的村落人口密度大大增加，其原来由过疏化而带来的问题似乎可以迎刃而解。但值得注意的是，过疏化村落基本上是由留守老人、妇女、儿童等弱势群体构成的，其抗风险和持续性发展的能力极弱。故政府合并村落的政策选择应该格外慎重，以避免产生雪上加霜的意外后果。

总之，在反思过疏社会治理对策时，我们应深入理解其复杂性和总

---

① 吴重庆：《农村空心化背景下的儒学"下乡"》，《文化纵横》2012年第2期。

体性：（1）由乡村过疏化而带来的地域社会衰落为我们展示出一种特殊的社会衰落类型。由于人口中有效劳动力突然大规模地减少，使得过疏化地域的社会关系、社会组织、群体文化发生剧变，最终提出了"过疏地域社会何以可能？"的话题。（2）此种社会衰落的类型是在现代化进程中发生的，凸显了传统与现代之间的矛盾冲突，其变迁具有总体性，故过疏地域治理对策是一个综合作用的结果，我们在实施相关政策时，应注意各种力量之间的相互调适，不应简单冒进。（3）不能仅仅将过疏化社会的治理看成是一个经济振兴的问题，而应发现其问题的复杂性。在国家—市场—社会这一三角力量关系中，既要发挥政府的支撑作用，同时也不能忽略社会和市场力量的存在。如在乡村社会走向衰落和村庄公共性危机的背景下，政府责任之履行至关重要。政府是运用自身所拥有的权力和资源加速这一进程，还是逆向而动，努力减缓这一进程所产生的社会震动，成为问题的关键。

2001年，哈佛大学经济学家爱德华·格莱泽出版了题为《城市的胜利》的著作，提出："城市是人类最伟大的发明，寄托着人们对未来最美好的希望。高度的城市生活不仅有利于保护环境，而且能够带来创新与发展，推动人类文明的进程。"[①] 但在这里我们必须指出，所谓"城市的胜利"，并不意味着乡村将在衰落中退出历史舞台，而是应在城乡一体化的理念之下，实现人类文明空间结构的重建，诚如英国城市学家霍华德所言："城市磁铁和乡村磁铁都不能全面反映大自然的用心和意图。人类社会和自然美景本应兼而有之。两块磁铁必须合而为一。这种该诅咒的社会和自然的畸形分隔再也不能继续下去了。城市和乡村必须成婚，这种愉快的结合将迸发出新的希望、新的生活、新的文明。"[②] 这是我们在理解乡村过疏化问题时所应该采取的立场。

（该文刊于《社会科学战线》2014年第6期）

[①] ［美］爱德华·格莱泽：《城市的胜利》，刘润泉译，上海社会科学院出版社2001年版，序言。
[②] ［英］霍华德：《明日的田园城市》，金经元译，商务印书馆2000年版，第9页。

20世纪下半叶日本的"过疏对策"与地域协调发展

20世纪50年代中后期，伴随着战后日本"经济奇迹"的出现，其产业化和城市化进程也大大加快。日本社会走向现代化的进程，同时也是其"空间关系"的生产与"再生产"的过程。从20世纪60年代开始，日本社会出现了史无前例的人口大迁徙和大流动，大量人口举家离村，进入城市，遂导致城市和农村同时出现了所谓"过密"和"过疏"问题。面对这一空前变局，日本学界掀起了一股强劲的"地域研究"热潮，受此影响，如日本社会学界早在昭和四十五年（1970）秋，便将"现代日本的都市化和城市问题"作为学术研讨的主题。但值得注意的是，经历了产业化、城市化冲击波的日本已不能简单地运用"城市—乡村"范式来加以解释，这便提出了既包括城市，又包括农村，而又超乎其上的具有更广范围的"地域问题"，在此基础上，"地域社会学"研究勃然而兴。在学科分类问题上，地域社会学研究不是城市社会学和农村社会学的简单叠加，它包括城市社会学和农村社会学的共同部分，同时也有自己独立的实体性分野。[①]

在地域社会学的研究视角之下，日本社会学界对"过疏化"、"过密化"等问题展开了系统研究，取得了非常丰硕的研究成果，使得地域研究成为战后日本学术研究的一大热点话题。尤其值得注意的是，战后韩国的经济社会发展虽较日本晚进大约20年左右的时间，但由于韩国亦采取以大都市为据点的外向型经济增长战略，导致大量农村人口流向城市。因此，继日本60年代出现"过疏现象"之后，韩国从70年代开始也患上了这种"经济高度增长的后遗症"。在这一意义上，过疏问题也是东亚主要国家经济社会发展进程中所共同面临的问题。其间的

[①] ［日］高桥勇悦：《都市社会论的展开》，学文社1993年版，第25页。

相互借鉴和启迪也就显得具有特殊重要的意义。

本文仅就战后日本过疏对策的提出及其对地域发展的影响作一论述，以为当代中国的城市化进程和地域发展提供有益的鉴戒。

一 "过疏"概念的提出

所谓"过疏"，是与"适疏"一词相对而言的，与"过密"一词的涵义完全相反。"过疏"一词的最早使用，开始于昭和四十一年三月（1966年），在经济审议会发表的报告中，率先提出了与"过密"相对的"过疏"问题。认为在日本经济高速的发展进程中，"无论是民间部门的地域动向，还是人口的地域移动，都呈现出强劲的由后进地域向先进发达地域快速流动的趋向。这一流向虽然反映了经济社会向更高水准发展变化相适应的过程，但同时这一经济的地域发展变化也在很多层面引发了无数的地域问题"①。在理解过疏一词时，人们往往首先将其与人口问题相联系，往往表现为地域内人口和户数锐减，而且，由于离乡者大多为年轻人而使得这些过疏地域较早地进入到"老龄社会"，地域活力严重不足，生产规模缩小，地方町村财政能力低下，教育、医疗服务低下，消防活动难以为继，一些传统的冠婚葬祭也面临前所未有的困难。日本过疏化町村的特点为：分布面广；自然条件和经济条件差；町村政府财源少；高度高龄化。

过疏现象出现后不久，立即成为学术界研究的热点话题。很多学者对"过疏"做出了自己的研究界定。东京女子大学伊藤善市教授认为："一般而言，所谓过疏地域，是指由于人口大幅度地减少，导致社会生活发生障碍和困难，难以维持一定生活水准的地域。"② 岛根大学农学部安达生恒教授根据在岛根县的村庄调查撰写了《过疏地带的农业经营和生活》一文，刊于《地上》昭和四十二年六月号。他把生产和生活机构——村机构的崩坏称之为"过疏状况"，即"随着举家离农现象的大量出现，给予农户生产、村落生活、町村行政财政、教育、医疗、

---

① ［日］内藤正中：《过疏和新产都》，今井书店1968年版，第29页。
② ［日］伊藤善市：《过疏地域的几点看法》，《中央公论》昭和四十二年六月号。

防灾、商业、交通等设施、机构以广泛影响。其连锁反应的结果，便是迄今的生产和生活机构功能崩解"。

1968年，内藤正中在其出版的《过疏和新产都》一书中将"过疏"定义为："以人口急剧减少这一环境条件为前提，在农村山村地带生活的居民意识消沉衰退，以地域的基础单位——部落（村落）为中轴的地域社会，在生产生活的基础条件的崩坏，地域居民的生产生活难以为继的现状，定义为过疏。"[①]

同年，今井幸彦出版《日本的过疏地带》，认为过疏是"因向城市激烈的人口移动，而导致人口减少而引发的种种问题。我们把人口减少地域的问题在相对于过密问题的意义上，称之为过疏问题。将过疏视为是因人口减少而导致维持一定生活水平所面对的困难状态，如防灾、教育、保健等地域社会的基础条件维持之困难。如果把资源的合理利用的困难，理解为地域生产功能显著低下的话，那么，我认为在人口减少的结果——人口密度低下、年龄构成老龄化推进，在以往生活类型维持发生困难的地域产生过疏问题，而且正在深化"[②]。

在过疏概念的提出和演化过程中，人们对其理解不断走向深化：

首先，过疏不仅是在谈论人口的数量问题，从过疏产生的现实背景看，过疏实际上是战后日本产业化、城市化以及随之而来的"空间重组"进程中的必然产物。

不能简单地将"过疏"理解为人口的减少，而应该将其置于特定的产业化、城市化背景下来加以理解和分析。如在奈良县野迫川村，"昭和28年，因大水灾修复工程而有大量人力工入村，昭和30年的国势调查其人口达到3359人。但那些人在工程完毕后大多离去，使得昭和35年的人口数为2880人。到昭和38年，因该地域的千原矿山关闭，遂使40年的国势调查中，其人口数减少为1982人。其后五年间又减少500人，昭和45年人口数为1405人"[③]。如果仅仅从人口流出的现象而论，从大正末期到昭和初期即有所谓"过疏"问题，但当时并无此概念。因此，在这里我们所说的"过疏"，实际上是指日本在工业化、产

---

① ［日］内藤正中：《过疏和新产都》，今井书店1968年版，第49页。
② ［日］今井幸彦：《日本的过疏地带》，岩波书店1986年版，第26页。
③ ［日］大岛襄二：《近畿的过疏》，关西学院大学文学部1972年，第1页。

业化特定的社会变迁背景下产生的社会现象。

其次，就"过疏"的内容和指标来看，过疏实际上是一个带有综合性的概念。岛根大学农学部安达生恒教授认为，应把"过疏"概念作为生产和生活组织机构——村社会崩坏现象来加以把握，同时包括孩子们在内的住民意识的衰退现象来加以把握的。在分析过疏问题时，要特别注意从地域的产业、生活和意识三个方面来加以分析理解的。①

再次，以往人们在定义过疏时，往往强调其人口减少方面的意义，这样很容易引起人们对问题的简单化、表面化理解。过疏化是一种极其复杂的社会现象，它不仅表现为人口数量和地方财政危机的问题，同时也是人口质量问题，应该包括"老龄社会"到来的问题。

有的学者认为，在确立衡量过疏化尺度时，除了考察地方人口外流数量及地方财政收入情况之外，还应该对人口的质量进行"质"的评估。因为"人口外流停止的大部分地域中，都是年轻人外出，仅剩老人的地域。也就是说，由于这种地域已突进到老龄社会，必定会产生很多问题。表现为：在过疏基准确立的问题上，应该加上'老龄化比重'"②。

复次，在理解"过疏化"概念时，要注意学术性和操作性角度的差异。韩国学者金科哲在梳理"过疏"概念时，认为："过疏的概念，是将农山村人口减少问题与都市过密问题相关联的统合性的空间概念。"在理解这一概念时，要注意究竟是在政策性意义还是学术性意义上使用。"作为政策性意义上的过疏，主要是评价其限定性的有效性。即作为政策性概念的过疏，一定是将现象发生地域为具体的政策对象，其过程是将'过疏指标'作为一个操作性的概念具现化。而且这一'过疏指标'同时也是政策目标的，随着时间的推移，其数值会发生具体的变化。但作为学术性的概念，'过疏'则不具有那样的伸缩性，而是必须尽可能地注意从普遍的、一贯的角度去捕捉其现象的本质。因此，过疏一词与政策性的有效性相区别，作为学术概念必须对其进行深度反思。"③

---

① [日] 安达生恒：《村庄和人间的崩坏》，三一书房1973年版，第19页。
② [日] 伊藤善市：《地域活性化的战略》，有斐阁1993年版，第27页。
③ [韩] 金科哲：《过疏政策和住民组织》，古今书院2003年版，第9页。

在上述学者研究、理解的基础之上，到20世纪90年代，日本学术界对"过疏"基本上有了比较一致的理解。这主要体现在1993年出版的《新社会学辞典》中对"过疏问题"所做的比较全面的解释："所谓过疏，是农村人口和农家户数发生急剧大量外流的结果，导致其地域居民的生产和生活诸种发生障碍，使地域生产缩小，生活发生困难，最终导致村落社会自身崩坏过程。也就是说，过疏是作为生产和生活之场所的村落社会的解体过程而存在的。在1960年代的经济高速发展时期，由于人口大量集中于城市，使得过疏问题成为日本农村，尤其是山村地域严重而深刻的问题。"[①]

可见，就过疏现象的实质而言，它实际上是在现代社会急剧变动的背景下，中心城市（过密地带）与"边缘乡村（过疏地带）"空间关系的重构。作为现代文明集聚的空间——"中心城市"对边缘乡村构成了空前严重的"挤压"。而与外部"城市世界"发生联系的"过疏"的乡村，则根本没有能力正常地回应来自外部的挑战，从而使村落社会在失去大量人口的同时，也丧失了自我调节能力，最终走向"崩坏"。在这一意义上，所提出的"过疏对策"，实际上就是乡村社会在步入"过疏状态"的背景下，其社会何以可能这样一个带有根本性的问题。

二 过疏对策的演进与地域发展

1968年，在岛根县知事和县议会议长的倡议下，成立了有20个县知事参加的"过疏地对策促进协议会"和"全国都道府县议长会过疏对策协议会"。进而又成立了有28县198位众参两院议员参加的过疏地域对策自民党国会议员联盟。以此三个团体为中心，展开了"过疏地域振兴法制定促进运动"，这标志着过疏对策的开始。

在过疏对策的演进过程中，日本政府相继制定、颁布了《过疏地域对策紧急措置法》（1970年）、《过疏地域振兴特别措置法》（1980年）和《过疏地域活性化特别措置法》（1990年）等法规，构成了战后日本过疏对策演进的三个阶段。

[①] [日] 森冈清美等编：《新社会学辞典》，有斐阁1993年版，第193页。

战后日本过疏对策演进的三个阶段

全称	《过疏地域对策紧急措置法》	《过疏地域振兴特别措置法》	《过疏地域活性化特别措置法》
略称	《旧过疏对策法》	《旧过疏振兴法》	《新过疏法》
期间	1970—1979	1980—1989	1990—2000
实施目的	对人口剧减的地域采取的紧急措施,以保障国民生活环境得以最低限度的维持,整备产业基础,防备人口的过度减少	解决过去人口剧烈减少所带来的后遗症,尤其对于地域社会的老龄化和功能低下等问题。增加居民就业机会和社会福利	伴随着老龄化的进程,地域社会的活力低下,人口减少率增加,为解决过疏地域后进性问题,以通过发掘过疏地域自主的、主体力量的努力,以实现活性化发展
过疏化指标	1. 1965年人口普查数字同1960年相比,五年间减少10%以上;2. 1966—1968年的财政力指数3年平均低于0.4	1. 1960—1975 十五年间人口减少率在20%以上;2. 1976—1978年财政力指数平均在0.37以下的市町村	1. 1985年人口普查数字同1960年相比,减少25%以上;1985年人口普查数字同1960年相比,减少20%以上,但65岁以上者比例为16%以上;1985年人口普查数字同1960年相比,减少20%以上,但15岁以上30岁以下者比例为16%以下。2. 1986—1988年平均财政指数三年平均低于0.44
过疏化市町村数量 公布时	776	1119	1143
过疏化市町村数量 失效时	1093	1157	1230

  与上述过疏对策演进的三个阶段相对应,形成了复杂多元的"过疏对策"体系。据日本学者伊藤善市概括,20世纪70年代以来日本的过疏对策形成了"现状维持论""据点形成论""集团移动论""自由放任论"等类型。所谓"现状维持论",就是不直接触及过疏地域的经济构造和生活基础,通过生活保护及其他社会保障制度,为地域居民提供最低限度生活保障的措施。这虽然比较符合居民的保守心理,但不属于前进的决策。所谓"积极开发论",主要包括离岛振兴法和山村振兴法等。但这种积极开发论要想变为现实,必须具备经济上的可行性和居民定居这两个条件。所谓"据点形成论",是在过疏地域或其附近形成据点,在那里建立完善教育、医疗、行政、福利设施等城市功能的同时,整备过疏地区与该据点之间的交通、通信体系。所谓"集团转移论",是将过疏地域的居民作为一个自然村的整体,直接转移到据点地区。所

谓"自由放任论",是作为行政主体,不采取以上诸项措施,而任其自然发展,政府只向其提供信息情报,供地区居民自由选择。①

毫无疑问,过疏对策是以过疏问题解决为直接目标的,根据过疏法,日本政府实施了产业振兴、公共交通通信体系整备、教育文化设施整备、生活设施整备等计划。上述对策体系的直接展开,使日本地域间的不平衡发展的现状有所改善,直接推动了日本的地域发展。主要表现在:

首先,过疏地域振兴战略:由"外在的开发"到"内在的开发"。

过疏对策的提出,是以"外在的开发"开其端绪的。在昭和三四十年代的经济高速发展期,主要采取了诸如地域生活基础及公共设施的整备、企业的引进、扩大就业、防止产业资本外流、增强地域财政能力等措施。这些过疏对策主要是通过行政手段推进的。

旧过疏对策法实施后不久,日本即遭遇1973年的第一次石油危机,经济发展转入低增长阶段,企业的发展陷入低谷,工厂转入地方经营的更是极为罕见。在这种从外部引入企业的"外发的开发"已不可能的条件下,重新认识自己的地域,并从中挖掘、发现地域振兴策略,成为地域发展最为现实可行的路径。这被称为"内发的开发"。与之相适应,旧过疏法的内容框架也发生了变化。即由"外在的开发"转为"内在的开发"。表现为:"第一,伴随着从经济高速增长到平稳增长、从经济优先到生活福利优先、从大都市集中到地方分散这一国策基调的变化,出现了从国土保全和健全的娱乐休闲的立场出发,对过疏地域进行'价值的再认识'的情况。第二,不仅包括农林渔业基础设施的建设和整备,还包括组织重建和地方自治;第三,倡导根据行政主导的居民参与振兴计划和过疏化地域的特性进行多元化的工作展开。"②

"内发的开发"最具典型意义的事件是"一村一品"运动。所谓"一村一品",是平木公大分县知事倡议,即每一地域都运用其智慧,开发其独有特色的产品。这些特色产品可以是名所旧迹,也可以是民谣歌舞或有形的物产,这是典型的"内发式开发"。日本学者在《现代地域开发论》一书中,对这种地域发展模式进行了比较全面的概括:第

---

① [日]伊藤善市:《地域活性化的战略》,有斐阁1993年版,第26页。
② [日]佐藤俊一:《战后日本的地域政治》,敬文堂1997年版,第425页。

一，地域开发要以推进地域居民及其组织建设为中心。地域开发不能仅仅限于物的条件的整备，而要考虑到地域居民和其组织的自主的行动创意、自发性的活动所产生的成果。这实际上是强调地域开发的自主性和主体性。第二，地域经济自立的形成。第三，建立在其地域特性基础之上的地域文化的创造。第四，以非经济的观点估价地域开发的环境问题。地域开发的关键在于激活"地域民间"的内在的力量。①

过疏对策并非都是开发取向的，而应该从过疏地域的实际情况出发。日本学者伊藤善市指出："事实上，开发要求强烈的地域，未必适合于开发。虽然对希望维持现状的居民的深层心理有较为充分的理解，但那大多是生活于'过去'的老人心理，而瞩望于未来的年轻人对于这种矛盾的温存毋宁说是持批判态度的。对于年轻人来说，无论生活环境怎样整备，那些没有工作场所的地方是无法居住的，这似乎是一个不得不适应的事实。"②

其次，过疏地域振兴的关键：地域"住民组织"的重组和再建。

如前所述，过疏的实质是由村落社会整体功能的失调而导致的村落的崩坏。其中的核心问题主要表现为村落"住民组织"的解组。以漆村为例，即可对过疏地域村组织的崩坏情况略见一斑。漆村位于多山地带，夏日温差大，冬季寒冷，积雪极厚，自然条件非常恶劣。但在漫长的岁月里，漆村的居民却维持了较强的组织能力。漆村在村长之下设有上中下三位组长，负责传达事项。组长多由30—47岁左右的比较年轻者担任，任期两年，从很早的时候开始即由选举产生。组长之下还设有道路委员4名，此外还有会计、书记、国民年金组合长、纳付年金组合长、农业实行组合长、农协总代、神社总代、寺总代等职位。担任这些职务的多是20—40岁之间的男子，大约有22人左右。伴随着产业化、城市化的进程，这种村组织较强的组织力开始面临强劲的挑战，表现为很多年轻人离乡进城务工，导致村内人口结构发生了重大变化。一些传统的民俗活动开始废弛，个人主义和拜金主义的渗入使旧有的淳朴风俗荡然无存。而由于女青年的外流，使得一些本不想外出的男青年也因婚

---

① ［日］久留岛阳三等：《现代地域开发论》，明文书房1987年版，第263页。
② ［日］伊藤善市：《地域活性化的战略》，有斐阁1993年版，第4页。

姻困难不得不离开农村。① 在这一意义上，所谓"过疏"实际上是指地区组织功能失调的状态。要想实现地域振兴，就必须首先保证过疏地域组织健全地发挥作用。

而过疏地域"住民组织"的重组和再建的难点在于：

（1）大量年轻人的外出，导致过疏地域的社会活力丧失，居民的生活开始笼罩在低靡的氛围中，难以自拔。

（2）随着老龄化社会到来而出现的地域振兴主体力量的匮乏。

按照一般理论推断，伴随着产业化和城市化进程，城市的医疗条件和生活条件将大幅度提高，由此城市居民的寿命将大大提高，城市将率先进入老龄化时代。但日本战后的发展却为我们提出了相反的结论。率先步入"老龄化时代"的不是那些"过密化"的大都市，而是"过疏地带"。当然，这并非是过疏地域社会发展整体水平提高的结果，而是由于大量年轻人外流所致。据日本国立社会保障—人口问题研究所2002年测算，到2010年，日本的高龄化率将超过20%，到2025年，可达到28.7%，而在日本农村早在1990年其高龄化率已经达到20%的水平。高龄化率比全国平均水平先行20年。② 在这一意义上，所谓"过疏对策"，实际上就是"老龄对策"。

如果从过疏地域的社会生活环境看，"在消防、医疗、交通、学校以及购物等诸多所谓生活基础方面，过疏地域背负了诸多不利条件。而且，那不仅仅是量与质方面的问题，而是其诸种功能的实现缺乏适当的承担者的问题"③。由于过疏现象出现的原因是大量年轻人外流，导致农村尤其是山村因失去年轻人而丧失活力。因此，在过疏化地域提早进入"老龄社会"的条件下，寻找过疏地域振兴的主体力量，就成为一个具有决定性意义的问题。

再次，过密—过疏与地域发展差别之间的关系

在过疏对策提出的过程中，一个不容回避的问题"过疏"与"过密"的关系以及过疏对策与地域不平衡发展之间的关系问题。在推出过疏对策的过程中，无论基于何种原因，恐怕都必须从阻止人口减少开

---

① ［日］大岛襄二：《近畿的过疏》，关西学院大学文学部1972年，第78页。
② ［日］高桥严：《高龄者和地域农业》，家之光协会2002年版，第1页。
③ ［日］综合研究开发机构编：《地域问题事典》，学阳书房1980年版，第105页。

始。但如果承认从农村向城市的人口移动,乃是近代化历史的必然的话,简单地阻止离开农村的人们是没有意义的,也是有害的。① "既然各地域发展的速度是不平衡的,那么,如果想要减低其地域差别的话,就不能抑制人口流动。而且,如果将过密—过疏的消解置于核心目标,如抑制人口流动,地域差别必定扩大无疑。"② 战后日本地域之间的收入差别之所以没有扩大,反而呈现出缩小的趋向,主要的原因在于人口的社会流动。

第四,过疏对策是伴随着过疏化的形态变化而不断发生演变的,其目的在于实现地域均衡发展。

从20世纪70年代以来日本政府三次颁布的过疏法所使用的指标看,可以发现,过疏对策随着过疏化形态的变化而不断发生着演化。70年代出台的《旧过疏对策法》,是以过去五年内的人口减少率和过去三年间的财政力指数为指标来确定过疏地域的。很显然,这是针对20世纪60年代末70年代初日本农村人口剧减和基层财力不足的情况而采取的措施,其直接目标在于减少农村人口外流。对此,日本政府采取了以道路建设为中心的基础设施整备对策,大力投资,使过疏地域人口外流的情况得到减缓。

而自20世纪80年代以来,过疏化现状发生了重大变化,一方面,过疏地带的人口外流虽然得到抑制,但农村尤其是山村却因年轻人的大量外出而提前进入老龄化阶段。另一方面,随着日本经济的高速发展,出现了国土构造的"偏极化"趋向。其具体表现是东京"一极化"的趋向,地域发展的不平衡再次扩大,不仅是农村山村,就连地方中小城市也被卷入到"过疏化"的旋涡之中,出现了所谓"新过密—过疏化"问题,这种"新过密—过疏化"实际上开始带有"城市过密社会和城市过疏社会"的含义。在这里,都市—农村的二元构造已经趋向消解,代之以"都市过密社会"和"都市过疏社会"之间的对立。面对过疏含义的新变化,日本的过疏对策在努力解决过疏地域老龄化问题和恢复"住民组织"固有功能的同时,也开始注意解决"都市过疏社会"问题。

---

① [日] 内藤正中:《过疏和新产都》,今井书店1968年版,第52页。
② [日] 伊藤善市:《地域活性化战略》,有斐阁1993年版,第3页。

三 过疏对策与地域发展理论的建构

在一般意义上，举凡是与地域社会空间相联系的社会问题，都属于地域问题的范围。几乎所有的社会问题均带有不同程度的地域问题的特性。但值得注意的是，伴随着资本主义产业化、城市化的进程，可以说社会问题的地域特性大大地增加了。从历史上看，举凡是走上现代化道路的国家，在其工业化、城市化的行程中，都会出现国土空间的重组和地域发展不平衡问题。英国是工业革命的发源地，也是世界上最早实行区域政策的国家。而且，随着英国经济兴衰发展，其区域政策不断调整，以保持其国土的均衡发展。

东亚的日本也是对地域变化极为敏感的民族。国土的狭小、资源的匮乏，使其对国土资源的利用非常注意。同时，传统的幕藩统治体制也对当代日本的地域发展研究产生了极大的影响。"日本具有长时间的幕藩统治体制，拥有比较自立的经济、自立的政治和武力。这一幕藩体制的传统虽历经百余年，依然存在其影响力。"[①] 20世纪60年代以来，日本的过疏对策的提出及其实践，标志着日本的地域发展进入了一个新的历史发展阶段。从整体上看，日本的过疏化的态势虽然以新的形态在继续发展蔓延。但不容否认的是，日本将近半个世纪的"过疏对策"向我们展示了一种具有极强借鉴意义的"地域主义"发展模式，对于地域发展理论的丰富做出了一定贡献。

1. 在建构地域发展理论的过程中，我们首先应该对"地方"、"地域"、"区域"等基本概念进行深入理解。应该承认，在学术研究中，地方、地域、区域，往往可以表述相同的空间意义。在一定条件下可以互用。但同时这些概念又具有一定程度上的相对性。如："对于全球而言，国家就可以算是一个地方。而以欧盟为代表的区域一体化，也被视为全球一体化条件下的地方化倾向。如果我们将视野放在一个民族国家

[①] [日]矢田俊文：《国土政策和地域政策——探索21世纪的国土政策》，东京：大明堂1996年版，第6页。

之内，相对于国家而言，省（州、大区等）就构成地方。"[①] 但如果我们在限定意义上使用上述几个概念，其间的区别也是显而易见的。这主要表现在："地方"这一词是与中央相对称的概念，中央和地方之间带有"中心—边缘"，"支配—从属"的关系。也就是说，"地方"概念包含有对中央的周边性和从属性的关系。与地方一词带有极强的政治性和行政性特色不同，地域在很多场合往往是带有功能的、政策性的意味。所有的地方都可以称为地域，而所有的地域未必都能称为地方。从学术上看，地域的概念可以被从多种角度加以认识。在地理学上，可以根据气候、地形、植物的分布形态为基准定义地域概念。在经济学看来，可以以统治的经济力为基准进行地域分类。从文化学看，可以根据区分周边地域的文化特性为基准来定义地域。[②] 关于区域概念，北京大学地理学家陈传康结合英语世界的定义，为区域下了一个最通用的定义："区域是用某个或几个特定指标划分出来的一个连续而不分离的空间，这个空间是指地球表层的一定范围，它的界限是由这些指标来确定的。这些指标可以是均质共性（如气候区、植被地带等）；也可以是辐射吸引力（如运输枢纽、流域、贸易区等）；也可以是一定的管理权（如行政区、教区等）；还可以是起着一定职能作用的功能分区（如城市规划中的功能分区）"。

2. 地域发展模式：在中央—地方关系的背景下衍生出来的一种开发模式，是中央主导型的开发模式。振兴东北，乃属于中央主导下的地方振兴，其推动力主要来自外部。而从地域主义角度出发而推出的发展主义，则是以地域居民自身生活为基础，致力于改善其生活世界的一种发展理念。"从具体的层面看，追求地域的、政治的、行政的自律性和均衡性。避免使人口、产业、资本技术以及文化过度地集中于中央。减轻中央政府过重的责任，培育地方自主的、自生的社会力量，激活地方发展活力的一种积极的手段。"[③] 这种被称为"地方化时代"的发展模式，是将中心行政的部分权力下放到地方，实现地方自治。

3. 地域政策。在民族—国家体制下的地域发展，往往表现为地域

[①] 孙柏英：《当代地方治理——面向21世纪的挑战》，中国人民大学出版社2004年版，第29页。

[②] ［韩］朴仁镐：《韩国地域发展论》，多贺出版社1989年版，第9页。

[③] 同上书，第11页。

政策的制定与推行。在一般意义上，地域政策是指与特定地域相关的政策，其使用具有多样化特点，缺乏严密的规定性。在日本学术界，目前比较普遍的使用方法有两种：其一是意味着政策主体的地域性，在中央集权特征较强的日本的行政体系中，是指以地域主义主张为基础的政策；其二一般是指"意欲推进地域变化的政策，意味着政策内容的地域性。在这一背景下，有时是指推进地域统合，町村合并政策和地方自治政策。有时则是指包括地域开发政策在内的推进地域综合发展的政策"[①]。与初期地域开发政策主要指产业开发不同，近年的地域政策主要是指以与地域生活相关的广泛的领域为对象的综合性内容为主的开发。从历史上看，日本现代意义上的地域政策是以"过疏对策"揭开其序幕的。对地域发展的理性思考为过疏对策的提出奠定了理论基础，而过疏对策的提出和实践则又丰富了地域政策的理论体系，这是我们在系统总结反思战后日本"过疏对策"和地域发展进程之后所应得出的结论。

（该文刊于《当代亚太》2006 年第 5 期）

---

① ［日］森冈清美等编：《新社会学辞典》，有斐阁 1993 年版，第 90 页。

乡村"过疏化"背景下城乡一体化的两难

在世界城市化历史上,城市化与村落终结是一对密切关联的概念。一般说来,所谓城市化,实际上就是城市边界不断扩展和乡村不断缩小的过程。在工业主义和市场逻辑的主导驱动下,城市变得越来越大,而乡村世界则随着人口外流和资源锐减而不可避免地走上萎缩之路,这种两极相对的反向变化似乎已成为城市化进程中的一般法则。在日本,乡村社会的这一剧变被称为"过疏化",而在中国学术界则一般被定义为"村庄空心化"。面对人类文明史上这一城乡关系空前复杂的转换和剧变,迄今各国多采取"城乡一体化"、"城乡统筹"、"地域均衡发展"等作为回应对策,试图通过人为的政策调适,以使由剧变引发的种种冲突保持在秩序的范围内。但作为一场历史性的大转变,城乡均衡发展和一体化绝非可以一蹴而就,而是一个漫长而复杂的转换过程。尤其是在城市过密化发展浪潮的冲击下,乡村不可避免地走向过疏化和空心化,对城乡统筹及城乡一体化进程产生了极大的影响和制约。

一 城市化与乡村过疏化

如前所述,所谓城市过密和乡村过疏,实际上是伴随着城市化进程而出现的一个过程的两个方面。在学术研究领域,较早对乡村过疏化展开研究的是日本学术界。早在20世纪60年代,作为日本经济奇迹的直接后果,乡村过疏化即成为其学界热议的焦点,而中国真正面临此问题则是在20世纪90年代中后期。比较中日两国学界对城市化进程中的过疏现象所展开的研究,我们可以发现:两国学者的理解认识经历了一个由浅入深的过程:

(一)"问题取向"下的过疏现象研究

在乡村过疏化现象显现之初,很多研究者主要是将此看作是由人口减少、收入下降等因素所引发的一系列社会问题。如较早介入过疏现象研究的日本学者伊藤善市即认为:"所谓过疏地域,是指由于人口大幅度减少,导致社会生活发生障碍和困难,难以维持一定生活水平的地域。"[①] 稍后,今井幸彦在《日本的过疏地带》中也把过疏现象定义为:"因向城市激烈的人口移动,而导致人口减少而引发的种种问题。我们把人口减少地域的问题在相对于过密问题的意义上,称之为过疏问题。将过疏视为是因人口减少而导致维持一定生活水平所面对的困难状态。"[②] 近年来中国学界关注村庄空心化问题的一些学者也大多从问题的视角进入研究,如有的学者把空心化聚落定义为:居住在农村的住户,"在空间欲望驱使下逐渐向周边新扩带迁居,导致原聚落成新度下降、非居住房屋增加、废墟面积扩大、人口密度锐减,并与新扩带形成强烈反差的一种聚落形态。由原来成新度相对均质的聚落,发展为新旧二元结构的空心化聚落的过程"[③]。"所谓村庄空心化,就是农村人口、资源从农村内部区位资源禀赋不足地区向外围条件优越地区和城镇转移,造成村庄聚落人口流失、房屋闲置的结果。"[④]

可见,"问题取向"的乡村过疏化研究关注的主要是由过疏化和空心化现象而衍生出的一系列社会问题,并试图通过相应的对策来减缓甚至解决问题。在这一研究取向下,人们固然要注意分析过疏问题产生的原因及其发展的内在逻辑,但其分析所蕴含的主要是一种"对策观念",其潜在的假设是:只要提出一套对策体系,过疏问题便可得到一定程度上的遏制,甚至得到解决,而对于"过疏化"和"村庄空心化"现象背后更具根本性意义的村落社会构造的变化则没有给予应有的关注,难免堕入头痛医头,脚痛医脚的误区。

(二)"社会解组"取向下的过疏现象理解

随着时间的推移,人们对过疏现象逐渐产生了更为深刻的理解认

[①] [日]伊藤善市:《对过疏地域的几点看法》,《中央公论》昭和42年(1967年)6月号。
[②] [日]今井幸彦:《日本的过疏地带》,岩波书店1968年版,第26页。
[③] 程连生、冯文勇:《太原盆地东南部农村聚落空心化机理分析》,《地理学报》2001年第4期。
[④] 何芳、周璐:《基于推拉模型的村庄空心化形成机理》,《经济论坛》2010年第8期。

识，学界开始注意到：过疏现象绝非简单的人口减少和乡村经济衰退问题，而是在城乡关系发生根本性变迁的基础上乡村社会构造的根本性变化。在城市化巨大磁场强大吸力的作用下，乡村社会因青壮年人口急剧外流而不可避免地走向解组和衰败。在这一意义上，只有从社会解组的角度去分析问题，才能对过疏现象给出真正具有深度的理解。如日本岛根大学安达生恒教授即把生产和生活机构——村机构的崩坏称为"过疏状况"，即"随着举家离农现象的大量出现，给予农户生产、村落生活、町村行政财政、教育、医疗、防灾、商业、交通等设施、机构以广泛影响。其连锁反应的结果，便是迄今的生产和生活机构功能崩解"①。1968 年，内藤正中在《过疏和新产都》一书中也注意强调过疏化的社会意义，认为："以人口急剧减少这一环境条件为前提，在农村山村地带生活的居民意识消沉衰退，以地域的基础单位——部落（村落）为中轴的地域社会，在生产生活的基础条件崩坏的背景下，地域居民的生产生活难以为继。"② 1993 年出版的《新社会学辞典》中对"过疏问题"做了更为全面的解释："所谓过疏，是农村人口和农家户数发生急剧大量外流的结果，导致其地域居民的生产和生活发生诸种障碍，使地域生产缩小，生活出现困难，最终导致村落社会自身崩坏的过程。也就是说，过疏是作为生产和生活空间的村落社会的解体过程而存在的。在1960 年代的经济高速发展时期，由于人口大量集中于城市，使得过疏问题成为日本农村，尤其是山村地域严重而深刻的问题。"③

由此我们可以断言，乡村过疏化或村庄空心化不是简单的人口减少和收入降低问题，而是在城市化背景下人类文明城乡关系及村落社会发生的空前剧变。但近年来国内学界在村庄过疏化性质界定的问题上，仍主要从经济功能和生产功能衰退的角度切入，认为："农村空心化本质上是在城乡转型发展进程中，由于农村人口非农化引起'人走屋空'，以及宅基地普遍'建新不拆旧'，新建住宅逐渐向外围扩展，导致村庄用地规模扩大、闲置废弃加剧的一种'外扩内空'的不良演化过程，强调农村空心化是乡村地域系统演化的一种特殊形态，其结果产生了空

---

① ［日］安达生恒：《过疏地带的农业经营和生活》，《地上》昭和 42 年（1967）6 月号。
② ［日］内藤正中：《过疏和新产都》，今井书店 1968 年版，第 49 页。
③ ［日］森冈清美：《新社会学辞典》，有斐阁 1993 年版，第 193 页。

心村。既包括农村土地空心化、人口空心化，也包括农村产业空心化和基础设施空心化，本质上是农村地域经济社会功能的整体退化。"① 由此种认识出发，其所认识到的过疏化和空心化的危害多局限在耕地资源的严重流失、人口严重流失、农村整体面貌难以改变、乡村人居环境受到破坏等方面，而对过疏化背景下的乡村社会存在形态的根本性变化关注得不够。

二 乡村过疏化的实质及其对城乡一体化的限制

如前所述，作为城市化进程的必然后果，乡村"过疏化"和"空心化"实际上是人类自身在发展过程中必须承担的社会后果。在回应此问题挑战的过程中，人们提出了"城乡统筹""城乡一体化""地域均衡发展"等对策和设想，试图以此改变城乡间畸形变态的关系，使之趋于均衡。但值得注意的是，由乡村过疏化和空心化而导致的乡村社会构造的根本性变化，导致城乡一体化的推进面临着一系列严峻的挑战。

（一）人口过疏化对公共服务的制约

作为人类步入文明时代最重要的栖居地，乡村和城市间一个明显的区别表现在人口密度的高低差异。正是在这一意义上，几乎所有的城市研究者在定义城市时，似乎都认同城市一般是作为人类高密度的聚居区而存在的。认为对于城市来说，密度具有一定的必要性，"人群如果过于稀疏，倒是会带来一些变化，但那是不好的变化。……只有人群集中在一起时才会产生便利的价值"②。"人流的密度必须达到足够高的程度，不管这些人是以什么目的来到这里，其中包括本地居民。"③ 密度对于城市来说之所以具有如此重要的价值，主要是因为无论是源于市场的商业服务，还是来自政府"自上而下"的公共服务，抑或是居民间

---

① 刘彦随、刘玉、翟荣新：《中国农村空心化的地理学研究与整治实践》，《地理学报》2009年第10期。

② [加]简·雅各布斯：《美国大城市的死与生》，金衡山译，译林出版社2005年版，第221页。

③ 同上。

的"自我服务",其顺利展开的一个重要的前提条件都是必要的人口密度。但在由城市化和社会流动化的背景下,乡村能人和青壮年人口的大量外出,使得妇女、老人、儿童成为乡村世界的主要留守者,乡村社会出现了严重的"空心化"现象,其后果是使乡村世界丧失了物质生产和人口再生产的基本能力,乡村公共事务亦处于瘫痪状态。当代中国城市化、市场化背景下乡村壮年劳动力大量流失的直接后果,是乡村组织的衰败和村庄公共性的失落。

近年来,在构建和谐社会和解决三农问题的视域下,中国各地方政府都加大了对农村公共服务的投入力度,以期加速实现城乡公共服务的均等化。应该说上述举措在一些地区发挥了比较明显的作用。但必须指出的是,在人口密度较低的地域,其资金投入所发生的效力必定大打折扣。同时,那些市场化的社会服务也因其无法赢利而不会进入。

从比较的角度看,上述情形不仅在中国这样的发展中国家存在,而且,在日本等发达国家也同样存在。如日本在其公共医疗服务体系构建的过程中,就一直面临过疏化的制约。据统计,20 世纪 60 年代,在典型的过疏地域岛根县,"共有国民健康保险诊疗所 49 个,但其中有 5 个因缺乏医师而无法开业。此外还有 29 个诊所因交通不便和经营困难等问题虽表面上开业但实际上处于休诊状态。这样,49 个诊所中至少有 34 个难以发挥作用"[1]。由此,日本虽然已实行 70 岁以上老人医疗免费的制度,但因过疏化的山区医生短缺,医疗设备不足,使得这一制度形同虚设。由此出现了日本当代医疗服务业颇具特色的"无医地区"概念。根据日本厚生省的定义,所谓"无医地区"主要是指没有医疗机构的地域,具体言之,即是以此地域的中心场所为圆点,其半径 4 公里的区域内居住 50 人以内,不容易利用医疗机构的地区。据昭和 48 年的统计,"京都府下自昭和 44 年迄今,共有 83 个无医地区,其中有 30 个属于过疏地域。今天这种无医地区的数目虽然在减少,但地域医疗供给不足的现象却依然存在"[2]。可见,对于走向过疏化的乡村社会来说,单纯依靠政府财政的大力投入或市场化服务,都无法建立起健全有效的

---

[1] [日] 内藤正中:《過疎と新产都》,今井書店 1968 年版,第 13 页。
[2] [日] 益田庄三:《村落社会的变动和病理——过疏村庄的实态》,垣内出版株式会社 1979 年版,第 150 页。

公共服务系统。

（二）过疏地域社会活力丧失对城乡一体化的影响

以往人们在定义过疏现象时，往往将其看作是人口减少问题，这实际上是一种简单化、表面化理解。事实上过疏村落所面临的最具挑战意义的问题绝非仅仅是人口减少，而是由过疏化所引发的社会活力的丧失，主要表现在：

第一，由过疏村落率先步入老龄化社会而导致的社会活力的丧失。众所周知，在人口外流的过疏地域中，都是年轻人外出，老人遂成为村落社会中绝对的多数。由此过疏地域迅速突进到老龄社会，必定会对村庄的活力产生重大影响。故很多研究者都认为，在过疏化和空心化基准确立的问题上，应该加上"老龄化比"，过疏问题的实质是老人问题。日本农村社会学界在界定20世纪晚期日本乡村社会变迁的实质时，多使用"村落解体""村庄再生"等命题，认为当代乡村所面临的危机实际上是农业社会诞生以来见所未见的。在村落终结的背景之下，不仅乡村地域经济被破坏，同时地域社会关系和地域文化亦快速走向解体，具体表现为（1）基于过疏地域农村人口快速高龄化而导致农村社会人口再生产的困难；（2）基于生活过程和劳动过程负担过重而引发的社会联结的解体。上述危机作用于过疏村落的现实生活，集中表现为过疏地域社会活力的丧失。

第二，过疏村庄公共性的衰退。所谓公共性，主要是指："某一文化圈里成员所能共同（其极限为平等）享受某种利益，因而共同承担相应义务的制度的性质。"[1] 其对社会具有极广的利害和影响。众所周知，传统的由村落组织承载的公共性主要包括：传导意义上的公共性，即负责将国家政策性的社会资源配给传递给个体村民；自生的公共性，即村组织承担的社会公共义务，包括村庄内部自生福利的分配和精神文化生活。在乡村能人和青壮年人口大量外流的情况下，那些过疏村庄传导国家公共服务的能力已大大降低，也已无法组织起正常的公共生活，乡村公共事务面临着无人问津的危机。

可见，在过疏乡村急剧衰落的背景下，乡村已不是与城市相并立的一极，只有实现解决过疏乡村社会何以可能的问题，城乡一体化进程方

---

[1] 李明伍：《公共性的一般类型及其若干传统模型》，《社会学研究》1997年第4期。

可启航。

三 "村落合并"的契机与风险

如前所述,通过加大公共财政投入的方式虽然会对城乡间的差距的缩减起到一定作用。但在村民居住分散和乡村过疏化的背景下,其功效仍受到很大制约。故在现实中,通过各种途径将分散的农民调整到一个相对集中的空间内,便成为一种现实可行的选择。因为只有具备一定人口密度的地域,公共服务诸项目方可顺利展开。在中外城市化历史上,采用村社重新规划的方式,实现乡村城镇化及公共服务模式变革的成功案例并不少见。如日本在现代化过程中,就曾多次运用"市町村合并"的手段,重建城乡社会。尤其是进入21世纪,"受地方分权、财政状况严峻、少子高龄化发展及'町村'改'市'必要条件放宽等影响,日本又出现了被称之为'平成大合并'的新一轮市町村合并浪潮。大量撤销'村制'地方公共团体,跳跃式推进农村城市化,涌现出一批城乡一体或以城带乡发展型的田园都市,提高了市町村政府为城乡居民提供行政服务的内容与质量"[①]。但应该看到,"村落合并"并非推进城乡一体化绝对的灵丹妙药,我们在承认此种方式具有一定有效性的同时,必须意识到其选择所蕴含的巨大风险:

第一,由村庄合并形式引发的危机。一般说来,村庄合并有两种形式:其一只是行政区划上的改变,即在农民居住生活不发生空间改变的情况下,只是改变其行政隶属。此种合并虽然也会导致乡村权力结构发生一定程度的变化,但因村民的居住生活相对稳定不变,故其波动较小;其二是通过整村或村庄部分迁居的方式,根本改变村民的居住生活和生产生活;此种方式因其关涉到农民居住方式、生产方式和生活方式的重大变动,其变动幅度较大,易引起严重的利益冲突和危机。

近年来在中国很多省份就曾出现了以行政力量推动的"乡村合并"运动。这一村落合并运动以"公共服务均等化"为目标,借助"自上

---

① 焦必方、孙彬彬:《日本的市町村合并及其对现代化农村建设的影响》,《现代日本经济》2008年第5期。

而下"的行政力量推动,在较短的时间内使乡村世界发生了较为迅速的变化,并产生了较大的社会影响。但这种运动式的集中并村的方式,其弊端在于:(1)就农业的经营方式而言,其生产活动需要较大的空间,如作为产品和生产数据的仓库等,而在农业经营方式未发生改变的条件下,单纯地改变其居住方式,必然对其农业经营活动产生严重影响;(2)农民上楼后,因水电气、蔬菜、生活用品、物业费等的增加而使其生活成本大大提高;(3)宅基地具有生产、生活双重属性。在合并过程中,涉及宅基地补偿等一系列拆迁问题,不可避免地引发诸多社会矛盾;(4)剧烈的空间迁移导致村民社会资本发生一定程度上的折损。

第二,村庄合并目标之错位。就总体趋势而言,所谓城乡一体化,主要是城市要素向农村渗透,城市占据着绝对的主导地位。但应该特别强调的是,城乡一体化绝不仅仅是乡村对城市简单的复制,更不意味着通过从"乡村"到"城市"的直线过渡而实现化乡为城。即或是人类文明发展到极致,作为人类社会最为基础的一极,乡村还应保持其独有的"自性"。那种"认为乡村社会和乡下人将来会变得和大城市的情况一样,这是一种过于简单化的幻想。每个乡村社会都是根据自己的创造力来'实现现代化',同时也获得了一些共同特征"[1]。故在村落合并过程中,希图通过村落终结的方式消灭农村而实现城市化,其设计不符合实际,同时蕴藏着巨大的风险。

第三,村庄合并过程中村民的自主性问题。在这里我们所强调的村庄合并过程中的自主性问题,其实质主要是为了保护农民利益。日本的平成年间组织的町村合并,之所以比较成功,其原因主要在于以民主的议决的体制来处理问题。故我们在推进村落合并的过程中,不宜以运动的方式展开,其进程应遵循个人自愿,循序渐进的原则,不能追求一步到位式的轰动性变革。

综上所述,我们发现,过疏化背景下城乡一体化的进程实际上面临着一种两难的选择:一方面,由于乡村过疏化,导致城乡公共服务均等化的推进面临着严峻的挑战,在人口密度低下的背景下,农民根本无法享受现代城市的种种现代服务,而由乡村过疏和空心化所导致的村落社

---

[1] [法] 孟德拉斯:《农民的终结》,李培林译,社会科学文献出版社 2005 年版,第 261 页。

会的衰败，更使得其社会丧失了应有的"秩序"与"活力"；另一方面，如果我们以国家行政力量作后盾，采取并村的方式将分散的农民在短时间内集中起来，亦因其对农民居住方式、生产方式和生活方式的剧变而蕴涵着巨大的冲突和风险。城乡一体化推进过程所面临的两难，充分说明城市化背景下城乡关系的复杂性和中国现代化进程选择的艰难。故当我们指点江山，斥巨资实施社会工程时，都应慎之又慎。

（该文刊于《浙江学刊》2011年第9期）

乡村过疏化背景下村落社会原子化及其对策
——以日本为例

长期以来，学界关于社会原子化的研究多局限于一般性的原理探讨和理论概括，而未将其置于特定的社会样态下展开具体研究。事实上，社会原子化不仅仅是一个抽象概念，而是通过特定的社会样态表现出来的。如果说都市的社会原子化主要是基于社会个体化而衍生出的一种现代社会关系的"畸形化"，那么，乡村社会的原子化则从其发端之时起便与乡村社会衰败直接联系在一起。因过疏化村落人口严重外流，使得乡村不存在足以支撑政府公共服务和市场化服务所必需的人口密度，而直接导致发自政府的公共服务无法下沉，而来自市场的服务也无法在村落中展开，加之老龄化和村落熟人社会的消解，使乡村过疏社会面临空前的危机和困局。

一 乡村过疏化与村落社会原子化

(一) 乡村过疏化背景下村落社会原子化的发生

在世界现代化历史上，伴随着工业化和城市化的进程，城乡关系必然发生根本性的变动，其中最值得注意的变化趋向便是乡村人口向城市大规模地转移和流动，其后果直接导致城乡之间发生了"过密—过疏"两极式的变化。与欧美早发式现代化相比，东亚后发现代化国家的城市化进程往往表现出更为剧烈的变动。如日本从20世纪60年代经济发展奇迹出现后，便发生了极为典型的乡村过疏化现象。

在衡量评估过疏化状况的过程中，学界和政府主管部门一般认为，过疏村落的经济衰退、人口减少、自信心低迷等指标是度量地域过疏化状况最为重要的表现。但随着时间的推移，人们越来越意识到相对于那些有形的经济指标而言,那些隐秘的社会指标似乎更具有根本性价值,但在现实中这些社会指标及相关元素往往被人们所忽略。由此,过疏地带社会的原子化构成了地域衰败的核心表征。故我们在这里可以说,村落过疏化所衍生的危机,与其说是一种经济危机,还不如说是一场集经济危机、社会危机为一体的典型意义上的总体性社会危机。

(二) 城乡社会原子化现象的不同特征

面对城市化和城乡关系剧烈变迁所引发的社会关系的畸形化现象,学术界往往使用"社会原子化"来加以概括。日本学界则除了使用社会原子化概念之外,还使用"社会孤立""无缘社会"等概念对此加以理解和界定。近年来笔者持续关注东亚20世纪下半叶以来快速城市化背景下城乡社会所面临的社会原子化问题,认为以新世纪社会剧烈变迁为背景,人类社会长期以来形成的各种基本的社会联结开始走向松懈,从而导致社会走向原子化。[①] 而在社会原子化界定的问题上,笔者认为:"社会原子化不是指一般性的社会关系的疏离,而是指由于人类社会最重要的社会联结机制中间组织(intermediate group)的解体或失缺而产生的个体孤独、无序互动状态和道德解组、人际疏离、社会失范的社会总体性危机。"[②]

随着研究的深化,笔者逐渐意识到,理解社会原子化概念,固然需要一般性的理论提炼和概括,但更应将其置于不同的社会样态背景之下,探讨其具体社会表相。具体言之,在过密化的都市空间,由于人口的高度集中辐辏,人们之间的物理距离大大接近,但值得注意的是,都市社会中道德密度和关系互动却没有随着人们身体的接近而增长,相反却面临着严重的社会关系疏离,最终导致都市市民面临"原子化生存"的窘境。我们必须承认,城市社会虽然面临严重的社会关系疏离,但在城市快速扩张和人口高度集中的背景下,城市社会并未走向衰败。因城市拥有一定密度的人口,导致无论是政府主导下的公共服务,还是基于

[①] 近年来笔者先后发表《社会原子化:理论谱系及其问题表达》,《天津社会科学》2010年第5期;《转型期中国社会原子化动向及其对社会工作的挑战》,《社会科学》2009年第7期;《后单位时期社会的原子化动向及其对基层协商的影响》,《南京社会科学》2015年第6期,等等。

[②] 田毅鹏、吕方:《社会原子化:理论谱系及其问题表达》,《天津社会科学》2010年第5期。

市场化的服务，均可获得一定程度上的展开，使得其社会原子化的病象尚处于一定的制度支撑框架体系内。

相比之下，在过疏化村落，其社会原子化则在其发生之时起，便与乡村社会的整体衰败直接联系在一起，面临着更为严峻的挑战，主要表现在：首先，由过疏地带老龄化而引发的社会衰败现象，决定了过疏化村落社会原子化的发生及其基本特征。因乡村外流的主要是青壮年人口，必定会出现老龄化难题，使得村庄开始面临人口再生产、物质生产和社会生活的全面危机，而必然将老龄化纳入分析话语之中。过疏化村落社会面临着一种严重的社会原子化的危机，主要表现为："家共同体"的凋零、邻人共同体的解体、基于劳动生产而生成的互助体系的解体、村落老龄化与村庄"共助"能力的衰退等方面，导致支撑村落共同体生活的"共助体系"发生危机。[1] 尤其是以年轻人的大量外流为契机，乡村面临因老龄化问题而引发的社会衰败，使得乡村社会的原子化表现出更为明显的残酷性。如果说都市社会的原子化主要是一种典型的现代社会关系的"畸形化"，那么，乡村社会的原子化则是以"社会衰败"为基本特征的。

其次，从国家、市场、社会三者互动关系的角度看，与城市社会相比，在乡村过疏化村落，因其人口密度稀疏，使得乡村不存在足以支撑政府公共服务和市场化服务所必需的一定密度的人口，而直接导致发自政府的公共服务无法下沉，来自市场的服务已无法在村落中展开。

再次，都市社会虽然出现了社会原子化现象，但其社会成员依照业缘、趣缘等原则而展开的社团活动却可以获得不同程度地展开。与之相反，在过疏化村落中，因年轻人的大量流失和超前的老龄化，使得乡村社会除老年协会比较活跃之外，缺少其他类型活跃的社会组织，无法实现社会的再组织化。

在人类迈向现代社会的历史上，包括日、韩和中国在内的东亚国家因其"压缩式现代化"的背景，使其城乡关系变迁最为剧烈，乡村社会所经历的过疏化进程也最具代表性，其中又以日本最为典型，故本文拟以 20 世纪 60 年代以来的日本社会为例，试图将社会原子化问题置于过疏化村落的场景之下，探讨村落的社会原子化问题的表现形态，并提

---

[1] 田毅鹏：《村落过疏化与乡土公共性的重建》，《社会科学战线》2014 年第 6 期。

出相应对策。

二 过疏化地域村落社会原子化的表现

20世纪60年代以来，日本各种人口统计数据均显示，日本乡村过疏地域人口的外流和剧减构成了日本社会有史以来空前剧烈的变动。以那贺郡弥荣村为例，"昭和三十五年至四十年间，该村人口减少了1842人，相当于该村总人口的1/3。其户数也由1176户减少到917户，减少了22%，其中举家离村者达144户，502人之多……当然，在流出人口中年轻人占据了绝对多数，弥荣村有两所中学，昭和41年时仅有2人就读"①。村庄年轻人外流情况非常严重。而就日本全国的情况而言，昭和五十年，日本全国65岁以上的人口仅占7.9%，而农村则约占13.7%，可见，作为现代性直接后果的老龄化问题没有首先在现代文明的中心地城市出现，而是在传统村落的穷乡僻壤率先发生。

政府和学界逐渐发现，乡村过疏化现象的性质实际上是一种深刻的社会危机，乡村社会不可避免地面临社会原子化的挑战。日本农村社会学界在界定20世纪晚期日本乡村社会变迁的实质时，多使用"村落解体""村庄再生"等命题来加以概括，认为日本乡村当时所面临的危机实际上是农业社会诞生以来见所未见的，在村落走向终结的背景之下，不仅乡村地域经济系统被破坏，同时地域社会关系和地域文化亦快速走向解体，"基于过疏地域农村人口大量减少而发生的急速的高龄化而导致农村社会人口再生产和物质生产的困难；基于生活过程和劳动过程负担过重而引发的社会联结的解体"②。上述危机作用于老人现实生活，集中表现为过疏地域社会支持体系的总体危机。可见，乡村过疏化村落的社会原子化现象从其发生之日起，便与老龄化问题紧密关联，二者交错在一起，使得乡村过疏化问题表现得格外复杂。

（一）过疏地域村落家庭共同体的凋零

如果我们把过疏地域村落的社会支持系统和赡养体系分为以家族力

---

① ［日］内藤正中：《过疏と新产都》，今井书店1968年版，第2页。
② ［日］中田实等：《日本的社会学·农村》，东京大学出版会1986年版，第257页。

量为主体"私的支持"、以村落组织、邻里为主体的社群支持和以政府福利政策和福利机构为主体的"公的支持"三个方面的话，就会发现，20世纪七八十年代前后的日本过疏地域村落的老人仍然对"私的支持"怀有极其强烈的期待。日本学者在过疏化地域关于村民年老后生活意识的各种调查都充分地证明了这一点。但是，在城市化进程中开始走向兼业化的农民，随着其兼业空间的扩大，村落最基本的社会细胞——家庭，不可避免地走向凋零。很多家庭出现严重的分居和留守问题，有的家庭则举家离村，走上了流动迁徙之路。在家庭急剧变迁的背景下，长期以来对老人传统的"私的抚养"体系已经变得残缺不全。

伴随着过疏地域人口老龄化的进程，老人的社会地位和权威角色发生了深刻的变化。众所周知，过疏化现象发生之前，在封闭的乡土共同体内，老人因其在生产和生活中的特殊地位而扮演着乡村家族家长和村落权威的角色。但是在经济高度发展和人口快速流动的背景下，村落昔日的经济生活和社会生活中都发生了剧烈的变化，导致老人权威地位衰落。老人昔日权威地位的丧失不仅使其社会地位迅速走向边缘化，同时亦使其生活笼罩着浓重的孤独感。

据岛根县厚生部1971年的统计，"该县境内平原农村65岁以上的独居老人约占2.0%，而山村则达到8.9%，二者相比相差大约5倍"①。新潟县东颈城郡的6个町村以老人自杀率最高而闻名日本列岛，其老人自杀率达到全国平均数的5倍。可见，过疏地域老人的自杀事件与其过疏社会老人的孤独感和原子化有着密切的关联。

日本著名人类学家中根千枝在谈及"家"与日本社会独特构造时，曾指出，"在现代社会中，家这种事物也许解体了，但'家'的集团的存在方式脱离了家庭再现于现代社会的各种集团中"②。中根千枝所言的这种"家文化"的现代复制和变迁在城市社会中或许是一种真实的存在。但应该指出的是，在走向过疏化的乡村世界，当家族体系逐渐崩溃并走向解体时，因过疏乡村已成为"老人世界"而丧失了社会再生产能力，其"家文化"也自然失去了现实世界的依托而必然走向消解。

---

① [日] 安达生恒：《村落与人类社会的崩解》，三一书房1973年版，第156页。
② [日] 藤井胜：《家和同族的历史社会学》，王仲涛译，商务印书馆2005年版，第47页。

（二）村落的组织系统和邻里支持系统遭到严重破坏

在传统的村落社会中，由于村落居住者共处于同一生产和生活共同体之中，彼此之间构成了典型的熟人社会，村落组织和邻里支持系统都是健全的。但在人口大量外流的背景下，村落组织却开始面临严重的解组危机，主要表现在：（1）年轻人的大量外流，使得村落中的一些管理岗位缺乏壮年人口来加以承担，农业生产也只能由老年群体担任，使得村组织面临老龄化的危机。（2）由于有的家庭举家离村，有的家庭则处于离散状态，从而使得乡村传统的"守望相助"的邻里互助格局被破坏殆尽，出现邻里支持系统的严重危机。在这一意义上，所谓"过疏"实际上是指地区组织功能失调的状态。

（三）村落公共服务衰败

20世纪晚期，在年轻人大量流出、家族崩坏的社会背景下，来自"私的抚养"的体系已被破坏，而"公的抚养"系统在日本乡村尤其是边远的过疏地带尚存有严重缺憾，主要表现在：（1）人口大量减少，使得源自政府的一系列养老公共服务缺少必要人口数量的承载者；（2）过疏化村落大多远离行政区域中心，使得政府各种服务的辐射力量大减，成为辐射边缘末梢地区；（3）政府公共服务中的大部分都需要一定程度的社会机制承载，而过疏化村落恰恰缺乏这一基本的社会机制，从而无法完成应有的转换。

以过疏化地域医疗机构的设置为例，在过疏化地域的村落，虽然政府建有设备较完好的医院，但却因该地域的人口急剧减少而无法展开工作，从而沦为无医地区。据统计，在典型的过疏地域岛根县，"共有国民健康保险诊疗所49个，但其中有5个因缺乏医师而无法开业。此外还有29个诊所因交通不便和经营困难等问题虽表面上开业但实际上处于休诊状态。这样，49个诊所中至少有34个难以发挥作用"[①]。由此，日本虽然已实行70岁以上老人医疗免费的制度，但因山区医生短缺，医疗设备不足，使得这一制度形同虚设。

---

① ［日］内藤正中：《过疏と新产都》，今井书店1968年版，第13页。

三 过疏地域"社会联结机制"的重建及其对中国的启示

综上所述，我们可以发现，如果说都市社会的原子化一般是以现代社会关系的个体化和疏离化为主要表现形式，那么，乡村社会的原子化则主要是社会衰败背景下的社会关系断裂为特征的。因此，如何在抗拒过疏化和村落社会原子化的背景下，遏制社会衰败，重建"社会联结机制"，使村落社会在一定程度上恢复其活力，便成为问题的关键。

在日本，抗拒过疏化进程的启动比较及时迅捷。在乡村过疏化发生后十年左右的时间，便出现了由政府发起，社会各界响应、以地域振兴为主旨的"过疏对策"运动。1968年，在岛根县知事和县议会议长的倡议下，成立了有20个县知事参加的"过疏地对策促进协议会"和"全国都道府县议长会过疏对策协议会"。进而又成立了有28县198位众参两院议员参加的"过疏地域对策自民党国会议员联盟"。以此三个团体为中心，展开了"过疏地域振兴法制定促进运动"，这标志着过疏对策的发端。从动态角度审视上述过疏对策，我们会发现增强过疏地域的社会活力是解决过疏地域社会原子化问题的关键。既然老龄化已成为过疏化进程中极为严重的社会问题，那么，克服社会衰败进程中的社会原子化，老人救助的一系列措施就应该成为过疏化对策体系中的核心内容，最为重要的措施主要包括以下这些方面。

（一）加强过疏化乡村以基础设施为中心的硬件体系建设，为克服过疏化村落社会的原子化提供物质支持

一般说来，乡村过疏地带往往处于交通偏僻的边缘地区，由于人流稀少，经济落后，其基础设施必然发展滞后，处于落后状态，故加强包括交通系统、教育医疗设施等基础设施的建设，便成为解决过疏地域社会原子化问题的关键。就过疏化乡村交通系统建设而言，这其中既包括作为满足通勤、上学等生活需求的"生活的道路"，同时也包括灾害、救急医疗不可缺少的"生命的道路"，还包括促进地域资源活化、招徕企业不可缺少的"活力的道路"等。此外，智慧社区建设对于克服过疏化村落社会原子化问题具有重要意义。因为通过互联网及其衍生产品,可以为过疏地域生活的居民之间的信息沟通提供便利。乡村过疏地带基础设施建设的难点在于:既然此地域业已人烟稀少,基础设施使用率非常低下,那么,是否有必要耗资投入。在此问题上,日本政府采取了逆势而上的过疏对策,加大了过疏地域基础设施建设的投入,对过疏地带的存续和发展提供了条件。

  在过疏对策推行的初期,人们比较重视招徕企业,试图通过振兴过疏地域的经济,增加就业机会等办法,以增强地域活力。但随着时间的推移,人们发现,这种通过发展产业为核心内容的过疏对策具有很大的局限性。因为在全球化背景下,资本的跨国流动空前活跃,大量企业迁往海外,使得一些传统的产业都市开始面临空心化的窘境。相比之下,过疏地域因其在区位地缘上的劣势,使得其产业发展步履维艰,很多产业发展战略都很难奏效。但值得注意的是,过疏地域在生态领域和文化资本领域的优势却是其他地域无法比拟的。在这一意义上,建立起过疏地带交通、通信系统,对于克服过疏问题和社会原子化具有根本性意义。在社会基础性资源整合的过程中,包括移动电话、公共交通、住宅上下排水设施等交通通信基础设施和社会环境基础设施的建设具有至关重要的作用。除此以外,还应该在政府、地域居民、民间组织、NPO等承担者之间建立起真正意义上的协动关系。

(二)增强过疏地域村落的社会组织活力是解决过疏地域社会原子化问题的关键

  按照常理推断,伴随着产业化和城市化进程,城市的医疗条件和生活条件将大幅度提高,由此城市居民的寿命会大大延长,城市应率先进入老龄化时代。但日本战后的发展却完全得出了相反的结论。率先步入"老龄化时代"的不是那些人口"过密化"的大都市,而是"过疏地带"的乡村。当然,这并非是过疏地域社会发展整体水平提高的结果,而是由于大量年轻人外流,老人、妇女、儿童留守所致。据日本国立社会保障—人口问题研究所 2002 年测算,到 2010 年,日本的高龄化率将超过 20%,到 2025 年,可望达到 28.7%,而在日本农村早在 1990 年其高龄化率已经达到 20% 的水平。高龄化率比全国平均水平先行 20 年。[①] 由此,所谓"过疏对策",实际上就是"老龄对策"。由于过疏现

---

① [日]高桥严:《高龄者と地域农业》,家の光协会 2002 年版,第 1 页。

象出现的主要原因是大量年轻人外流，导致农村尤其是山村因失去年轻人而丧失活力。因此，在过疏化地域提早进入"老龄社会"的条件下，寻找过疏地域振兴的主体力量，便成为一个具有决定性意义的问题。

为了村落功能的维持和延续，对村落展开适当的合并和重组是必要的。在日本，距离地方政府所在地或地方集市较远的村落，因其位置处于区域的边缘末梢，规模较小，而不可避免地率先走向过疏化。为了遏止过疏地域村落衰败的过程，需要设法将年轻人留在乡村，以改变村庄的年龄结构，延缓老龄化进程。随着城市中战后初期出生的就职者的大量退休，使得城乡之间移住成为可能，尤其是通过建立乡村空房信息传播系统，使得城市退休者居住到农村成为可能。同时也应该对村落展开合并重组，实施"空间的再编"。通过"村庄唤醒"活动，发掘村落历史文化、民俗资源，吸引大量外来观光者和短期居住者的到来，可以赋予村落以一定活力。此外，通过促进中心村落与边缘村落之间合作关系的建立，使得各个村落之间建立起功能互补的关系，实现协动和联动，以使村落获得新的生机和活力。

（三）建立过疏化地域的社会服务系统

在人口减少和老龄化问题比较严重的地区，必须整合资源，建立起必要的社会服务机构，使得过疏化地域陷于严重原子化状态的居民能够获得包括饮食、医疗、邮政、交通、金融、福利等基本的公共服务，这实际上是过疏地域居民得以在原居住地继续生活最为基本的前提。否则，由于过疏化地域公共服务系统的危机，将使得该地域的人口危机雪上加霜，引发愈加严重的问题。日本心理学家土居健郎曾提出："依赖不仅是理解日本人精神结构也是理解日本社会结构的一个至关重要的概念。"[①] 他之所以将"依赖"概念与特定的社会结构联系在一起，是要证明这种依赖心理是在一定的社会结构体制内发挥作用的。循着土居健郎上述的分析思路，结合过疏地域老龄化演进的一般趋向，我们会发现过疏地域社会原子化问题的严重性在于，传统的依赖结构被破坏殆尽，而新的互动关系和依赖结构尚未建立起来，形成了一种特殊的困境。

由于20世纪60年代以来日本社会的过疏化现象在东亚范围内具有

---

① ［日］土居健郎：《日本人的心理结构》，阎小妹译，商务印书馆2006年版，第16页。

明显的先发性，其围绕着过疏化现象所推出的一系列过疏对策便更具有典型意义，对当下的中国社会具有重要的启示和借鉴价值：（1）应对过疏化现象的复杂性给予充分的估价，不能简单地将过疏化现象看作是一种现实世界中单纯的"社会问题"，要意识到乡村过疏化是人类社会由传统走向现代进程中所面临的具有根本性意义的挑战。作为衰败型社会的典型代表，过疏社会的出现和存在具有一定的长期性。因此，我们不可能幻想通过单一的过疏对策，在短时间内迅速解决问题。因为过疏村落所面临的核心问题，是互动关系的修复和重建问题，具有长期性。（2）从日本的经验看，虽然过疏化现象的发生具有一定的必然性，其发生和演化进程似乎是不可逆转的，但为保证过疏村落社会变迁的稳定性，降低社会风险，政府必须直面过疏社会的长期存在，有针对性地制定出系统而持续的抗拒过疏化的对策，以减缓过疏村落变迁的力度，为其平缓地完成转换提供条件。（3）在对过疏现象理解认识的问题上，我们必须清楚地意识到，长期以来村落社会赖以存在和发展的"依赖结构"已被严重破坏，而危机中的村落又很难在短时间内走向终结，从而将人类置于进退维谷的窘境，这或许是过疏地域社会原子化问题认识及解决艰难之所在。在破解此难题的过程中，20世纪晚期日本的过疏对策已发生了一些值得注意的变化，即从关注过疏地域的"经济变化"到关注其"社会变化"，"由'硬件'转向'软件'。从进行所谓土木工事治理、建立良好的职业场所，转变为建成'居住愉快'的场所，培养良好的人际关系。也就是说，其要领在于从经济学领域不断转向社会学领域"[①]。（4）由于乡村过疏化与村落老龄化进程紧密地交织在一起，使其乡村社会原子化现象表现出空前的复杂性。如何破解老龄化背景下的社会原子化、社会孤立现象，已成为世界性难题。虽然我们可以通过成立老年协会等社会组织，增强老年人的社会自主性，但在年轻人大量外流的情况下，如何提升乡村社会的活力，仍然要面临严峻的挑战。总之，注意界定不同社会样态背景下社会原子化各具特色的表象，辨析乡村过疏化进程中社会原子化的诸种表现形态及性质，是提出合理对策的关键。

---

① ［日］鸟越皓之：《日本社会论：家与村的社会学》，王颉译，社会科学文献出版社2006年版，第206页。

"过密社会"的来临及其挑战

——以日本东京为例

一 从"过密问题"到"过密社会"

自人类步入现代工业社会,开启城市化进程以来,便开始面临"过密问题"。在这里,所谓"过密",实际上是相对于"适密"而言的。城市社会学的理论告诉我们,适当的人口密度为城市文明所必须。在某种意义上我们甚至可以说:适当的高密度恰恰是现代城市社会的基本特质。如《不列颠百科全书》即将城市定义为"相对永久性的和高度组织起来的人口集中的地方。"世界公认的当代城市研究和规划大师级人物简·雅各布斯也特别强调"密度"对于城市的重要意义,她在那部题为《美国大城市的死与生》的名著中,专设"密度之需要"一节,强调指出:对于城市来说,"人流的密度必须达到足够高的程度,不管这些人是以什么目的来到这里,其中包括本地居民"[①]。在她看来,如果说"都市过密"会导致城市问题发生的话,那么,都市人口密度不足则往往会导致城市发展停滞甚至走向衰败。在这一意义上,城市一般被定义为一个人口众多、密集且成分复杂的居住区域。

迄今为止,学术界之"过密研究"存在着两个主要的取向:其一是"问题取向"的过密研究,即将"过密"看作是城市化进程中衍生的一个严重问题。如日本学者森冈清美等在《新社会学辞典》中,结合日本情况,以"问题取向"给"过密"现象下定义,认为过密是指:

[①] [加拿大]简·雅各布斯:《美国大城市的死与生》,金衡山译,译林出版社2005年版,第221页。

"在住宅和城市等被限定的空间内,因人类大量集中而发生的各种社会问题。但在判断某地区是否存在过密现象时,又因其文化背景、生活样式、地理条件、技术水准等存在巨大差异。作为城市问题的过密现象,往往发生于经济活动和人口向城市急剧、过度的集中进程中,主要表现为生活条件的恶化和各种城市功能的低下。具体言之,过密问题主要包括住宅不足和过密居住、学校和城市下水系统、公园等城市公共设施整备滞后,道路和公共交通混乱,大气污染和噪音等公害,土地利用形态混乱等众多问题。"[1] 很显然,在上述观点看来,城市的理想状态应是"适密"。

其二是社会形态论意义上的过密研究,可称之为"过密社会论",即将过密现象作为一种总体性、趋向性社会现象来看待,认为过密现象不仅仅是一种问题的存在,而且是一种实体性的、常态性的现象,它代表了一种社会发展的新趋向。1965年,日本学者加藤秀俊在《中央公论》杂志上发表《高密度社会探究》一文,率先提出"高密度社会"概念,将过密现象作为一个复杂的社会总体性问题展开研讨。提出我们"不仅要注意技术进步给日本带来的'物理空间'的变化,而且更应注意'社会高密度化'带来的影响"[2]。

比较上述两种研究取向,我们会发现:第一,"问题取向"的过密问题研究关注的是过密现象及由过密而衍生出的一系列问题,并试图通过一系列的过密对策来减缓甚至解决过密问题。在这一研究取向下,人们固然要注意分析过密问题产生的原因及其发展的内在逻辑,但其分析所蕴涵的多是一种"对策观念",潜在的含义是:只要提出一套对策体系,过密问题便可得到一定程度上的遏制,甚至得到解决,难免堕入头痛医头,脚痛医脚的误区。与问题取向不同,"高密度社会论"不是将"过密现象"简单地视为一个临时性问题,而是将其作为一种新的、现代社会形态看待的,它标志着现代化背景下人类生存形态的根本性变化。在这种观点看来,过密现象虽然也是一种客观存在的城市问题,但却强调我们的认识不能止于"问题意识"。因为"问题"研究视角的潜在意义是"对策性"的,即只要我们寻找到解决过密问题的对策,问

---

[1] [日] 森冈清美:《新社会学辞典》,有斐阁1993年版,第215页。
[2] [日] 加藤秀俊:《高密度社会探究》,《中央公论》1965年4月1日。

题似乎便迎刃而解了。而如果将"过密问题"提升到"过密社会"的高度来看待，便会将其作为一个总体性社会问题来看待。

第二，"问题取向"的过密问题研究多只关注人口过密现象，但实际上，作为日本现代化发展进程中的一个值得特别关注的复杂问题，"过密"不应被简单地视为一种单纯的人口移动迁徙现象，而应注意在人口移动迁徙的背后整个社会构造的变化，主要包括经济结构、文化结构、城乡结构、人口结构、年龄结构、性别结构等方面，发现更为深刻的东西。围绕着过密现象，人们无论持乐观态度还是悲观取向，都需对过密现象产生的社会内在机理给出合乎逻辑的解释。

第三，"过密"与"过大"的区别。在理解"过密"概念时，我们有必要对"过密"和"过大"这对概念进行辨析，日本学者野侣田芳成认为："前者是密度问题，也就是'容器'和'装在里面的东西'之间的平衡问题。后者则意味着超过了适当规模城市状态。东京到底是过密还是过大？根据上述判断，城市政策会存在着微妙的差异。"[①] 伊藤善市也对"过密"与"过大"进行了认真辨析。他认为："过大城市和过密城市虽然存在着密切关联，但其意义却是不同的。过大城市是指超过了一定规模（适性规模）的城市规模状态。主张抑制城市膨胀、发展者往往愿意使用这一词汇。与之相反，过密城市一般是指'容器'和'装在里面的东西'之间的相对平衡的问题。也就是说，如果二者之间失去了平衡，就会出现如交通阻塞、住宅难、大气污染等现象，这种过密状态往往意味着人类的企业活动和社会生活都陷入难以言状的困难状态。"[②] 由此可知，"过大城市论是以城市适当的规模为前提的，而过密城市论则是指'容器'和'装在里面的东西'应有的平衡为前提。但测量适当规模的标准不是单一的而是作为复数而存在的"[③]。"过密问题不只是物理意义上的失衡问题，随着收入水平和教育水平的提高，人们逐渐意识到生活质量的重要性，其过密意识和公害意识也愈加强烈。我们必须对上述心理给予密切的关注。"[④]

[①] ［日］野侣田芳成：《大都市政策——城市的危机与再生》，产业能率短期大学出版部1974年版，第5页。

[②] ［日］伊藤善市：《地域活性化的战略》，有斐阁1993年版，第15—16页。

[③] 同上书，第15页。

[④] 同上书，第16页。

在这里，日本学界对"过大"和"过密"的区别虽然很有意义，但如果我们将分析问题的目光聚焦于东京，就会发现，在东京似乎同时存在"过大"和"过密"问题。在一定程度上，"过大"使"过密"问题变得更加严峻，而"过密"则使城市走上无尽头的"空间过大"的扩张道路。

二 "过密社会"的形成及其内在逻辑

研究"过密社会"，首先应该注意发现其生成的内在逻辑，即揭示现代社会何以必然走向"过密"。在日本走向现代化和城市化进程中，其"过密社会论"是在"东京一极集中"的过程中产生和发展起来的。因此，通过"东京一极集中"的形成过程，我们可以发现"过密社会"生成的内在逻辑。

（一）市场力量在城市过密进程中所发挥的重要作用

美国区域经济学家埃德加·M.胡佛认为："自然资源的优势、集中经济、交通运输成本乃区域经济学的三个基石。这三个基石可分别称为生产要素的不完全流动性、生产要素的不完全可分性、产品与服务的不完全流动性。"[1] 上述三个因素在总体上决定了区域经济集中化的总体趋势。从某种意义上说，伴随着城市化和现代化进程而出现的产业集聚、人口集中等超强的"集中过程"实际上构成了现代社会的一个最为重要的特质。虽然我们可以从很多角度来把握现代社会，但以下的特质是不可缺少的，即流动化、多样化、成熟化、情报化，这五者之间密切联系，不可分割。日本国家土地局的一项调查发现："在其总部设于东京的被调查公司中，有56.3%主要是为了便于筹资和进行金融投资；有45%是需要有一个中心区位以便监督通常处于分散地区的分公司和工厂；有41.7%是为了便于市场营销；有36.4%是为了从商业机构获取信息；还有31.8%是为了从行政机构获取信息。由此可知，尽管东京的土地、薪水及其他成本都很高，但把公司总部设于此，除了便于筹集资本、投资等金融需求外，解决有关信息资源问题，恐怕也是一个重

---

[1] 卓勇良：《空间集中化战略》，社会科学文献出版社2000年版，第47页。

要因素。"① 日本十大商社如住友、三和等关系日本命脉的大公司原将本部设于大阪，但近年来却纷纷将其决策机构迁往东京。很显然，这大大推进了东京一极集中的进程。

（二）作为东京集中化发展—国土偏极化倾向，与近代以来日本国家现代化的整体战略有着密切关联

从历史上看，后发现代化国家在推进现代化的过程中，其"现代性"和"民族性"之间往往充满了激烈的紧张关系。"为争取民族性和现代性的斗争（以及二者之间的斗争）往往发生在城市中。在任何社会里，城市都是现代化的中心。……一个民族要想现代化，城市必须走在前头。"② 因此，在理解城市过密问题时，我们不要将其简单地视为20世纪晚期的现象，而要注意从长时段的角度观察其发生的过程，破解其发生逻辑。如日本学者矢田俊文即认为："明治维新以来幕藩体制的崩溃以及强有力中央集权体制的建立，是东京走向一极集中发展的远因。在这一意义上，东京走向一极构造已经历了近百年的时间。今日所说的东京一极化发展并未发生什么质的变化。"③ 日本历史上具有久远的"中央上位"思想，此种思想不仅表现为中央在军事、政治上的权威和优越地位，而且在文化上也具有压倒的优势。"这种由'都'而发出的文化之波，影响了国民意识，确立了中央优越的思想。对都文化，进而对都人产生了强烈的崇拜。对都这一地理空间也产生一种崇敬感。在日本历史上，早在奈良、平安朝即对都人的支配阶级地位表示承认。"④ 不过，值得特殊注意的是，日本实际上同时也是一个拥有较强地方主义传统的国家，明治维新前的幕藩体制不仅使日本地方保有相对独立的文化特色，同时也使地方经济得以形成相对独立的自我循环系统。这使得在第一轮过密化浪潮中，虽然人口大量集中于城市，但并未形成"东京一极集中"的格局。但由于日本现代国土形成是在中央集权体制的背景下进行的，日本的城市发展主要是在国家主义的理念下进行国家运营的。作为其结果，国民的'首都意识'极强。对中央权力

---

① ［美］萨森：《全球城市：纽约、伦敦、东京》，周振华译，上海社会科学院出版社2005年版，第156页。
② 贺照田主编：《后发展国家的现代性问题》，吉林人民出版社2002年版，第520页。
③ ［日］矢田俊文：《国土政策和地域政策》，大明堂1996年版，第5页。
④ ［日］池口小太郎：《日本的地域构造》，东洋经济新报社昭和42年版，第22页。

的优越性认同较强。① 正是在上述意义上，美国当代著名的城市研究专家萨森即认为："在过去三十年中，日本政府在塑造东京经济中起着重要作用。"② 与日本相同，在亚洲"后发现代化"国家的发展进程中，亦多将城市作为富国强兵的工具和手段，故出现了众多的超大型城市。尽管东京圈在不断扩大，但其空间总是会迅速地被新积聚起来的人群所填充而呈现出一种饱和状态。人们对东京的强烈的憧憬转化为一种住在东京的优越感，企业本部不在东京便不是一流企业。个人不住在东京，当然也不是一流人才。由此，即便多付出几倍的代价，也希望住在东京。当整个日本列岛为上述气氛所左右的时候，东京的过密和过大便很自然地成为不可避免的事情了。

（三）从时间上看，战后日本城市发展过程中的"过密"，主要经历了三个阶段的复杂变化

1. 战前日本的特殊性变化

战后日本虽然较早意识到过密问题，并对大都市的人口增长采取了一定的限制政策，但从总体上看，大都市的人口增长仍然呈现出不可逆转的趋势。这从东京城市长时段的"膨胀史"中即可略见一斑。据日本学者伊藤善市统计，天正十八年（1590 年），德川家康入府江户时，当时的江户不过是一个"寒村"，但到宽文元年（1661 年），江户人口已达 30 万人。到亨保六年（1721 年），已成长为 130 万人（町人 50 万、武家 50 万、僧侣神官约 30 万）的大都市。当时欧洲大城市的人口分别是：伦敦 70 万弱、巴黎 50 万弱，就人口数量而言，东京此时已堪称是世界级的大都市了。明治十三年（1880 年），东京人口仅有 96 万人，20 年后的明治三十三年（1900 年），倍增至 191 万人，20 年后的大正九年（1920 年），又增至 370 万。尤其值得提及的是，到昭和十五年（1940 年），达到 740 万，超过全国人口的 10%。同年的美国纽约人口总数为 790 万，列世界第一位，可见当时东京已发展成为世界第二大城市。③

---

① ［日］远藤晃等：《人类复权的地域社会论》，自治体研究社 1995 年版，第 61 页。
② ［美］萨森：《全球城市：纽约、伦敦、东京》，周振华译，上海社会科学院出版社 2005 年版，第 203 页。
③ ［日］伊藤善市：《地域活性化的战略》，有斐阁 1993 年版，第 18—19 页。

2. 战后初期城市过密与乡村过疏的对立

在战后初期日本发展的历程中,过密问题是与过疏问题相伴而生的,是城乡问题在不同地域空间的不同表现。在战后初期发生的"过密"和"过疏"现象中,主要是指"城市过密"与边远农村、山村、渔村的"过疏"。当时的过密问题可以在"城市—乡村"的范式和框架内加以理解。从20世纪60年代开始,日本社会出现了史无前例的人口大迁徙和大流动,大量人口举家离村,进入城市,遂导致城市和农村同时出现了所谓"过密"和"过疏"问题。在一般意义上讲,所谓"过疏问题",主要是指农村人口和农家户数发生急剧大量外流的结果,导致其地域居民的生产和生活发生各种障碍,使地域生产规模缩小,生活发生困难,最终导致村落社会自身崩坏过程。也就是说,过疏是作为生产和生活空间的村落社会的解体过程而存在的。在1960年代的经济高速发展时期,由于人口大量涌入城市,使得过疏问题成为日本农村,尤其是山村地域出现严重而深刻的问题。在上述意义上,日本的城市过密问题实际上是相对于乡村过疏而存在的。

3. "东京一极集中"与"新过密问题"的发生

第三阶段到来的标志是"新过密问题"的发生。所谓"新过密问题"是指20世纪80年代后期以来过密现象的最新变化。这里所说的"新过密—过疏",并非是指城市和农村之间的地域变化,而是包括了"城市过密社会"和"城市过疏社会"的含义。新过密化最大的特点是东京圈的一极集中化。[①] 即从昭和五十年到六十年,日本出现了"国土东京偏极化"的发展趋向,大量人口流入东京。"与昭和三十年、四十年不同,此次大阪、名古屋圈相对比例有所降低,呈现出东京一极集中的样态。如果说昭和三四十年是'三大都市圈对地方圈'的构图的话,那么现在则是'东京对非东京'。一边是繁荣的东京,另一边则是不景气的地方。"[②]

与东京的繁盛一时相比,地方城市则因"过疏状态"而陷于衰退

[①] [日] 佐藤俊一:《战后日本的地域政治》,敬文堂1997年版,第411页。
[②] [日] 升秀树:《分权型国土的构筑和自立的自治体的形成》,第一法规出版株式会社平成三年版,第97页。

境地，出现了"繁荣的东京和陷于不景气的地方"①。在这一意义上，"新过密"几乎成为东京一极集中发展的同义语。日本学者矢田俊文曾对"东京一极集中"一词的本义进行探寻，认为："东京集中一词被学界广泛使用大约开始于20世纪80年代后期。因此，'东京一极集中'问题可以说是20世纪80年代后期的事情。"②"在昭和三十年前半期，伴随着经济高速增长的进程，人口向东京圈、大阪圈、名古屋圈集中。后来随着经济增长的平缓，流入三大都市圈的人口逐渐减少，而人口向地方圈的流动则格外引人注目。但是，自昭和五十年后期以降，由于产业结构的转换及就业机会由制造业向商业、服务业、金融业的转变而发生变化。其结果是人口移动从地方向东京圈的纯流入再次开始增加。另外，大阪圈的人口连续出现转出超过转入的现象。由此，与30年代不同，东京圈的人口增加最为显著。……迄今为止的'大都市对地方'的格局变为'东京对其他'的新构图。"③ 过密社会成为人类现代社会的一种常态生存模式。

三 "过密社会"之衍生问题及其对策

从问题视角切入，我们发现，由过密社会而衍生出的问题，其表现形态极为复杂，它与现代社会的众多矛盾交织在一起，形成了诸多"变态"，积淀为严重的城市社会问题。由过密化而引发的一系列社会问题不是单数问题，而实际上构成了一个"问题群"。一般说来，主要表现为城市市民居住空间狭小、城市交通拥挤、社会划一化、社区归属感弱化、城市都心衰落、郊区过疏化等方面。

（一）人口过密

到20世纪晚期，日本东京的人口过密问题日益明显，"以东京为中心，由神奈川、千叶、崎玉一都三县构成的东京圈虽然仅占国土全部面积的3.6%，但人口却大约有3000万人，占总人口的四分之一。而且，

---

① ［日］升秀树：《分权型国土的构筑和自立的自治体的形成》，第一法规出版株式会社平成三年版，第98页。
② ［日］矢田俊文：《国土政策和地域政策》，大明堂1996年版，第3页。
③ ［日］《转型期的日本》（提案集），日本经济调查协议会平成4年版，第604页。

近年来，以服务经济化、国际化、情报化的推进为背景，企业的中枢管理机能集中在东京。尤其是需求各种情报的金融、保险业以及与情报相关联的服务业都集中在东京中心，特别是千代田、中央、港区三个都城的中心部位。加之，以金融业为中心的外资系企业大量进入东京，更加快了东京走向集中化的步伐"①。

人口过密问题往往集中表现在都心地区，形成"都心问题"。所谓都心问题，主要是指与大都市心脏部位（CBD）相关联的问题群的总称。在东京都心，城市所应具有的功能已基本消失。作为商务和行政管理机构的都心逐步扩大，而作为居住地、生活地的城市功能则日渐萎缩。夜间人口减少、高龄化、日常生活维持困难、町的界限消失，居民组织与近邻的社会连接几乎荡然无存，从而衍生出一系列城市社会问题。都心是都市现代性的最典型代表。它大体上可以分为前近代共同体型的都市性和近现代的大众社会型的都市性，都是与村落性相对举的。共同体型的都市性主要以高雅的宫殿、城郭、寺庙神社为中心，与卑俗的商工住区结合在一起，其空间构造是典型的"圣"与"俗"的结合。而都市性则是建立在城市对乡村支配的基础之上，超越圣性而成为核心。柳田国男所说的"都鄙的感觉"就是建立在城市对乡村的支配的基础上的。概括起来说，都市性在价值层面上主要表现为"自由与放纵""美与快乐""富与饱和""力与优越"等。在这一意义上，"都心"堪称是都市性的典型代表。② 但是，在最能彰显都市现代性的都心地域，受地价上涨、社会环境恶化、城市社会功能弱化等因素的影响，呈现出由"过密"到"过疏"这一更为复杂的变化，学术界一般把城市都心地区发生的过疏化称为"道纳斯化"现象。

一般说来，所谓"道纳斯化"现象，主要是指都心地域常住人口减少的现象。在都心地域白天劳动者众多，到夜间，因劳动者回到郊外居住而人口骤然减少。此种现象在东京都心表现得最为明显。都心人口减少的原因主要包括地价飞涨、都心地区生活环境恶化等因素。1990年前后，东京千代田区的人口锐减。由于学龄儿童的减少，导致此地区的中小学学生生源大幅度减少，使得一些中小学不得不走向合并。同

---

① ［日］《转型期的日本》，日本经济调查协议会平成4年版，第602—603页。
② ［日］森冈清美：《新社会学辞典》，有斐阁1993年版，第1091页。

时，都心人口减少还直接导致购买力的下降，都心商店纷纷倒闭，使得居住在都心的居民苦不堪言，成为东京城市发展所面临的最为严重的问题，也构成了城市都心地域过密化进程中最为复杂的变化。

(二) 企业过密

作为经济的中枢管理机构的公司本部，大多集中在东京地域内。以平成四年的数据为例，在股份公司上市的企业中，其本部设于三大都市圈的情况是：东京圈占56.2%、名古屋圈占7.7%、大阪圈占24.4%，可见，三大都市圈云集了股份公司本部中的绝大部分。[①] 同时，金融功能的东京集中。以金融、资本市场的全球化扩展为背景，东京成为与纽约、伦敦相匹敌的国际金融中心。与之相伴随，众多的外国金融机构进入东京。值得注意的是，外国金融机构八成弱都集中在东京，尤其集中在千代田区域。

(三) 智力过密与文化划一化

都市过密与"文化划一化"。超大型城市发展的另一直接后果是将绝大多数的文化资源积聚到大都市里，这虽然可以大幅度地提高文化生产的效率，但往往也会因文化资源过度集中而导致学术垄断，进而出现文化的刻板划一的发展倾向。很多学者敏锐地发现，从文化生产的角度看，"东京的一极集中"将导致"文化的全国划一化和创造力的低下"，"东京一极集中必然导致具有特色的地方文化衰退，从而导致全国文化的划一"。[②] 这主要是因为：第一，就城市文化生产的体制而言，在中央集权体制下文化精英过度集中于东京，导致一种思维方式，一种文化居于强势地位，往往会对民族的创造力和批判精神产生压抑。东京一极集中直接导致地方特色文化的衰退，导致文化的全国划一化；第二，作为文化生产的主体——知识精英辐辏于京师，导致地方人才匮乏；第三，"东京一极集中"现象还导致地方大学的衰落，从而使地方社会文化缺乏必要的源泉。"诚然，过去东京即云集了众多的求学青年学子。但值得注意的是，与以往不同，近来的学子来东京上学，其更主要的目的是进入东京，享受四年充满魅力的东京生活。在这一风气主导下，地

---

① [日]《转型期的日本》（提案集），日本经济调查协议会平成4年版，第544页。
② [日] 阪田期雄：《地域活性化及其战略》，株式会社行政出版社1990平成元年版，第16—17页。

方大学日渐衰落是不可避免的。"①

面对过密社会的诸多挑战,自 20 世纪 80 年代以来,日本政府先后推出的"过密对策"主要包括:"第一是抑制产业及人口无秩序地流入大城市;第二是促进城市功能向地方分散;第三是促进地方开发。特别是第三方面,要对过密地域与开发地域之间的交通、通信等方面进行整备,给立足于地方的企业以优厚的待遇。对地方大学进行适当的扩充和整顿。"② 有的学者还提出建立起"多极分散型国土战略",但实际上这也是难以实现的理想模式,因为在中央集权的背景下,既然资源多集中在首都,那么,"地方的公司稍微有一点成就,便开始筹划将发展的重点转移到东京。支撑这种公司本部云集东京的主要原因是中央集权型的政治构造"③。其中,最具代表性的过密对策主要包括:

1. 办事处对策。据统计,"1974 年有 279 家外资公司在东京设立办事处,其中 150 家是非制造业公司。到 1984 年为止,日本的外资公司数量达到 2256 个,其中大约 63% 在东京中心区设有办事处,22% 在东京 23 个行政区域内的其他地方设有办事处。只有 15.6% 的办事处设在东京以外的地区"④。遂导致东京出现严重的办事处集中现象。从 1973 年前后开始,日本成立了"首都圈过密对策研究会",参照英国的许可方式和法国的赋课方式,草拟办事处规制:一是关于城市规划规制办事处的建立;二是固定资产的适当征税。所谓"许可方式",是指在一定地域新增设办事处或变更用途,或试图扩大办事处规模时,需得到行政厅的许可,这可称为直接规制方式。在这种方式下,东京城市中心的三个地区除非是关涉公益不得不做的项目外,原则上予以禁止。所谓赋课金方式,主要有以下两个做法:一是为抑制办事处的无序增加,对办事处增加面积的部分课以一定的赋课金;二是对既存的办事处也课以赋课金。⑤

2. 迁都对策。主张迁都的学者曾提出许多观点,其具有代表性的

---

① [日] 坂田期雄:《地域活性化及其战略》,株式会社行政出版社 1990 平成元年版,第 14 页。
② [日] 伊藤善市:《地域活性化的战略》,有斐阁 1993 年版,第 16—17 页。
③ [日] 矢田俊文:《国土政策和地域政策》,大明堂 1996 年版,第 9 页。
④ [美] 萨森:《全球城市:纽约、伦敦、东京》,周振华译,上海社会科学院出版社 2005 年版,第 156 页。
⑤ [日] 伊藤善市:《地域活性化的战略》,有斐阁 1993 年版,第 18—19 页。

观点主要有"迁都论""分都论""扩都论""展都论""改都论""重都论""还都论"等。作为解决过密问题的主要对策，迁都虽早已作为一个重要内容被提到日程上来，但其实施却远非易事。有调查数据显示，很多民众对那种大兴土木式的迁都表示谨慎，而主张将首都功能适当向地方分解的观点则日益增多。"据东京都民银行以东京都内和东京近县的经营者为对象所进行的有关迁都的调查结果显示，回答'最好稍微向地方分散一些'的占全体接受问卷调查者的60.2%；回答'希望迁都者'仅占5.4%；主张将首都功能的一部分转移的占3.7%；向东京近县转移功能的占26.6%；主张东京再开发的占20.3%。"①

与观点日渐缓和的迁都论不同，反对迁都者的观点似乎更具系统性。反对迁都者的主张主要包括："（1）东京是近代以来日本走向繁荣的引导者，在国内外已经确立了首都的形象，如果将首都迁往他处，将对国家发展产生不利影响；（2）在未发生战乱及自然灾害的情况下，实施迁都，在付出巨额经费的同时，整个迁都过程将旷日持久，势必对国民生活产生重大影响；（3）在中央集权体制没有改变的情况下实行迁都，迁都后将出现新的集中现象；（4）地价高涨并非仅仅因为建都东京；（5）作为迁都重要论据之一的地震的危险在整个日本都存在。"②有的观点还认为通过迁都手段，将东京的政治中心功能分离出去不能根本解决人口过密问题，因为在迁都过程中真正能够实现移动的"实际上仅有56万人左右，不足首都圈3256万人中的2%，无助于首都圈过密问题之解决，同时，迁都从来就是大兴土木的事情，其过程极易发生腐败问题"③。

3. "职住合一"：鉴于"职住分离"背景下东京市民将大量时间用于通勤，苦不堪言的现状，"以至于东京政府颁布一条法令，新建办公楼宇必须兼备住宅的设施"④。但这种"职住合一"的模式对于地价腾贵的东京来说，实在有些脱离实际。

上述过密对策虽然在一定程度上缓解了"过密步伐"，但并未从根

---

① ［日］伊藤善市：《地域活性化的战略》，有斐阁1993年版，第37页。
② ［日］坂田期雄：《地域活性化及其战略》，株式会社行政出版社1990平成元年版，第40页。
③ ［日］市川宏雄：《关于东京再生的认识》，《产经新闻》2001年6月7日。
④ 杨汝万：《全球化背景下的亚太城市》，科学出版社2004年版，第31页。

本上解决问题。人类社会集中化的发展趋势非但没有止步,仍在继续阔步前行。

四 "高密度社会"与现代文明活力

在以"东京一极集中"为主要特点的城市高密度发展的背景下,如何使现代文明保持应有的活力,成为评价城市过密现象的关键。以美国著名的城市研究家芒福德等人为代表,对城市过密表示强烈的批判和质疑。芒氏的观点是在回答"城市是什么?"这一有关城市最基本的追问过程中展开的。在他看来,城市就是"社会活动的剧场"。相较于城市与自然环境、城市与公众精神价值之间的关系,城市设计和经济功能是相对次要的。"在现实生活中,任何事件总是有一个合适的数值,一旦当前的状态超过了这个数值,那么市民每一项需求的增长都会带来困难。同样,地域扩张也有最合适的限度,超出了这个限度,城市扩张所带来的就不是重要的社会关系,而是直接导致城市的瘫痪。……就临时性交往而言,社区是社会生活的单位,但是作为一个被组织起来的单位,如果整个区域都被密密麻麻的人群所覆盖,社区并不能有效地发挥其功用,因为密集的人口不仅会将整个交通动脉阻塞了,也阻断了社会功能的发挥。"[①] 可见,城市过密现象否定论者往往将城市过密与城市衰败联系在一起展开其论述,他们断言城市过密是导致城市衰败的罪魁,主要表现在:

(1) 过密状态下城市人自主支配的"私的空间"和"私的时间"的丧失。有的学者以"城市过密与公私空间的变化"为切入点,认为生活在过密的城市中,人类有可能失去文化创造力的基础。作为现代文明的创造者,人类必须拥有可自主支配的"私的空间"和"私的时间"。但是,"在地价飞涨、通勤时间无限延长的东京,人们失去了思索所必需的'私的空间'和'私的时间'"[②]。从而导致城市文明走向

---

① [美] 路易斯·芒福德:《城市是什么?》,载罗岗主编《帝国、都市与现代性》,江苏人民出版社 2006 年版,第 196 页。
② [日] 村松岐夫:《东京人》,1987 年夏季号。

衰落。

（2）就城市文化生产的体制而言，在中央集权体制下文化精英过度集中于东京，其弊端是显而易见的。表现为"一种思维方式，一种文化居于强势地位，往往会对民族的创造力和批判精神产生压抑。在日本历史上，安定承平时间长久的时期，往往会出现以首都为中心的文化思想划一化、停滞化，导致民族创造力的低下"[1]。

（3）居住空间和职场空间的矛盾。由过密而引发的城市问题反映了人类现代文明的困境。"在东京有理想的职场却无居所，在地方居有所却无富有魅力的职场。"[2]

（4）中央依存思想。如果从广义的角度来审视过密问题，就会发现，这种"中央依存思想"内化于日本人心理深处，直接导致日本列岛的文明发展逐渐走向倾斜。这种依赖政府的国民思想，表现在地域范围内，主要与首都依存相关联，导致地方失去自信和地方经济发展空洞化。

（5）危机论。由地震、海啸等自然灾害、暴力破坏行为、军事攻击等人祸，使首都功能陷于瘫痪的危险。以地方经济停滞为代价，首都圈经济获得了发展，但另一方面，因地方经济陷于停滞，出现了国土均衡发展的问题；地价的高腾，导致拥有土地者与无地者之间不公平的扩大；公共事业费消失在土地费之中，社会资本的整备进展困难；高地价和高租金阻碍了外国企业的进入，已进入的企业则开始逃逸；城市过密化导致市民生活的贫困；资源、能源供给的困难。[3]

自工业革命以来，伴随着城市化的进程，无论是学术界还是政界，总体性的基调是对城市过密的批判和声讨。正是在上述批判取向的基础上，一种"空间分散"的发展战略开始占据上风。"所谓空间分散战略，就是通过消极控制和积极引导的途径，适当地限制中心大城市的经济活动或将其一部分经济活动引向国内较小的城市或其他地区，从而促进城乡均衡发展，缩小地区之间的差别。开发新地区，控制城市—乡村

---

[1] ［日］池口小太郎：《日本的地域构造》，东洋经济新报社1967年版，第276页。

[2] ［日］升秀树：《分权型国土的构筑和自立的自治体的形成》，第一法规出版株式会社平成三年版，第177页。

[3] ［日］坂田期雄：《地域活性化及其战略》，株式会社行政出版社1990平成元年版，第16—17页。

人口转移，建设新城市，分散城市就业等办法。"① 城市过密诚然可以发挥其"巨人效应"，但因城市过密势必使其城市的"可把握性"和"可使用性"降低，而使那种高效率大打折扣。

与上述反对城市过密发展的观点不同，世界公认的城市研究和规划大师级人物简·雅各布斯则对"密度"对于城市发展的重要意义，持一种理性分析的态度。她认为对于城市来说，密度具有一定的必要性。"人群如果过于稀疏。倒是会带来一些变化，但那是不好的变化。……只有人群集中在一起时才会产生便利的价值。"② 都市人口密度不足则往往会导致城市发展停滞甚至走向衰败。在城市过密及其所蕴涵风险评估的问题上，简·雅各布斯是一个典型的乐观主义者，它认为："时代已经不同了。从埃比尼泽·霍华德站在伦敦的贫民区前，得出结论说为了拯救这些人，必须抛弃城市生活到现在，时代变了。很多领域的进步（相比之下城市规划和住宅改革倒真的是奄奄一息），比如在医学、公共卫生和流行病学、营养和劳工立法方面的进步都深刻地改变过去曾经与城市的高密度生活密不可分的危险和恶劣条件。"③

由此出发，我们也不能忽视都市过密发展的某些正面效应，表现为：(1) 效率高。由于政府机关、民间企业的总部机构大多集中在东京，使得与政府及其他企业相接触的业务只在东京即可办理完成，保持了较高的办事效率；(2) 因情报的发信源集中在东京，可以迅速搜集到准确的情报；(3) 东京作为第三次产业发展的中心，获得了较快的发展；(4) 东京与纽约、伦敦、巴黎并称为世界性城市，"东京将来自日本全国乃至世界上的人、物、财、情报集中起来，经过加工，又传往全世界。这样，东京既有巨大的'受信功能'，又有强大的'发信功能'。东京的活力来源于由地方进京的人群之中，来源于世界各文明"④。"东京集中化现象一方面赋予东京以活力，使国际情报都市的建立成为可能，但另一方面，也使东京及其附近的房价昂贵，住宅困难，

---

① 王耀东：《第三世界城市发展空间分散战略述评》，《社会科学辑刊》1994年第4期。
② [加]简·雅各布斯：《美国大城市的死与生》，金衡山译，译林出版社2005年版，第221页。
③ 同上书，第218页。
④ [日]升秀树：《分权型国土的构筑和自立的自治体的形成》，第一法规出版株式会社平成三年版，第131页。

交通阻塞等问题相伴而生。""将人口和产业以及文化高度地集中在某些地域，对于增强人们之间或诸文化间的联系密度大有裨益。因为将人口、技术、思想、艺术高度集中于某一地域，便于人们交流思想，建立起密切的协作关系和竞争体制。"① 因此，高密度城市社会已经来临，这种人口的集聚是不可避免的。"上世纪60年代，日本做了第一个空间规划（即国土规划），其理念是：防止经济和人口向特定的大城市集中，缩小地区之间的差距。依据这一理念，日本一共做了五次国土规划，花了几十年功夫，最后还是未能阻止经济和人口向大城市集聚的趋势。可见，集聚是个规律，是阻止不住的。"②

虽然日本人普遍承认"一极集中"的东京城对于支撑日本的发展和保持其在世界经济体中的地位具有不可替代的作用，但城市过密带来的弊端亦使改革过密城市的呼声一浪高过一浪。1985年，在"经济同友会"中举行的问卷调查中，反对东京"一极集中"者达到73.9%，主张培育区域中枢城市的观点占89.8%，而持"地方分散促进论"观点的占75.6%。而在国土厅主持的全国市区町村长的意见调查中，"东京一极集中论"的反对者达76.6%，"地方分散促进论"者占91.9%，主张培育区域中枢城市的观点占80.2%，可见对"东京一极集中论"提出质疑的观点占据了优势。③ 其中，"东京的发展"和"日本的发展"是最值得认真反思的问题。虽然"东京的发展"在很大程度上带动了"日本的发展"，但值得提出的是，"东京的发展"不等于"日本的发展"。一些有识之士断言，将日本的发展完全凝聚在东京这一空间，不仅意味着巨大的国土空间浪费，而且在多自然灾害的日本还蕴涵着巨大的危险。以平成七年阪神—淡路大震灾为契机，唤起了大都市危机管理的重要性，对东京一极集中反思的议论也日益高涨。因此，我们应该对"东京中心主义"进行深刻的反思。

如何看待现代化背景下的城市"过密问题"，在学术界长期存在较大的争议。迄今的观点绝大多数是将城市过密现象作为"问题"加以研究，忽略了伴随着现代化、城市化的进程，"过密社会"实际上已成

---

① ［日］池口小太郎：《日本的地域构造》，东洋经济新报社1967年版，第276页。
② 王胡瑞：《高密度城市不可避免》，《羊城晚报》2005年8月4日。
③ ［日］太原光宪：《都市政治的变容和市民》，中央大学出版部1995年版，第23页。

为现代人一种实际的生存形态。为此，我们应超越"作为问题的过密"，而对"过密社会"展开系统研究。笔者认为：过密问题的实质是现代化背景下的"空间重组"，是人类在工业文明、现代性背景下的"空间生产"，每一个选择了现代化、城市化道路的民族都不可避免，只不过由于许多具体的国情不同而其表现形态有所差异。在这一意义上，我们对日本战后以来"过密"现象的产生及对策进行系统深刻的研究反思，自然会得到许多有益的启示。

（该文刊于《江海学刊》2010年第2期）

"过密社会"视域下城市社会管理的盲点和误区

从长时段的视角俯瞰世界城市化的进程，我们会发现当代城市发展一个值得注意的总体性演进趋向——都市过密化。都市过密首先表现在其人口总量的急剧膨胀，越来越多的人开始集聚到大城市当中。据统计，1990年时上海全市常住人口为1334万人，到2007年则变为1858万人，到2009年末，又升至1921.32万人。而建市不到30年时间，深圳实有人口已从几十万迅速增长到2009年底的1200多万，人口密度位居全球第五、全国第一。在人口迅速膨胀的同时，各种经济、社会、文化资源也辐辏于都市，形成了巨型、特大型城市的胜景。在这一意义上，城市真正成为全球化时代人类文明的中心。

过密都市在以其超强的经济、文化辐射力带动经济社会发展的同时，也带来严重的社会风险，给城市管理者提出了严峻的挑战。在回应过密都市所带来的种种挑战过程中，人们首先想到的是由城市过大、过密所带来的诸多"大城市病"，如交通问题、住房问题、人口增长和车辆增长带来的环境污染等问题，并循着"问题取向"的路径去探寻相应对策。毫无疑问，重视并解决上述这些由城市过密而引发的种种显性问题，构建支撑城市的"硬件体系"，对于强化城市管理，克服城市风险具有重要意义。如通过地铁工程和高架桥，可以在很大程度上缓解交通问题。通过加大投资，社会事业匮乏的危机便可得到一定的缓解。但我们如果仅仅从"问题取向"入手来看待城市过密问题，则势必形成比较明显的认识误区，主要表现在：

以"问题取向"去研究城市过密现象，看到的主要是由过密现象而衍生出的一系列问题。在此研究取向下，人们的研究分析所推崇的多是一种"对策观念"，其潜在的想法是：只要提出一套对策体系，过密问题便可得到一定程度的遏制，甚至得到解决，难免随问题而动，堕入头痛医头、脚痛医脚的误区。与问题取向不同，"过密社会"的研究视角不是将"过密现象"简单地视为一个临时性问题,而是将其作为一种现代社会的总体性问题来看待的,它更关注城市化背景下人类生存形态的根本性变化。过密现象虽然也是一种客观存在的城市问题,但我们的认识不能局限于"问题意识"。当我们将"过密问题"提升到"过密社会"的高度时,便会将其作为一个总体性社会问题来看待。作为城市发展进程中的一个值得特别关注的复杂问题,"过密"不应被简单地视为一种单纯的人口移动和一般意义上的集中现象,而应注意在人口集中的背后包括经济结构、文化结构、城乡结构、人口结构、年龄结构、性别结构等整个社会构造的变化,发现更为深刻的东西。

故笔者认为:在直面现代大城市的社会风险和管理困境时,我们不能仅仅关注那些显性的问题,而忽略了隐藏在问题背后且与问题连为一体的重要的社会总体变化。事实上,随着人口和资源的高度集中,过密城市已成为一种特殊的社会样态。从"过密社会"的视角去分析理解城市的重大变化及其治理之道,我们会发现很多不为人们所重视的带有根本性意义的社会管理的盲点:

第一,从"过密问题"的角度看,过密都市中社会管理的难点在于城市的人口数量膨胀,过多过密。而从"过密社会"的视角研究问题,人口过多过密固然也是严重问题,但这只是问题的一部分,更具有挑战意义的问题在于:过密社会中的人群没有建立起社会所必须的关系联结,从而使我们的城市社会异常涣散,充满了严重的风险和不确定性。

一般说来,社会是一群具有共同文化与地域互动关系的个人与团体组成的。用荀子的话来说,就是"人能群,群有分"。与前工业时代和城市化初期的城市相比,现代大都市尤其是特大型城市,人们聚集于过密都市中,完成了物理空间意义的集聚,但形体的接近并不能意味着社会意义上的接近,更谈不上社会学意义上的"凝聚"。法国社会学家伊夫·格拉夫梅耶尔曾在其《城市社会学》一书中,对"凝聚"这一概念展开了颇具新意的分析,他认为"凝聚"概念本身就揭示了城市现象的两面性:"一方面,凝聚是一种过程,是人们接近、相会和'凝聚'的运动;另一方面,就其常用意义而言,凝聚又是这一运动的稳定结果,是某一地点的持久结构。这种结构是由人们所希望的接近造成的,但反过来又成为接近的根源。"在他看来,没有凝聚力的社会则根本无法维持社会的基本秩序和活力。

　　毫无疑问，在过密社会中，辐辏于大城市内的人们在物理空间业已开始接近，但人们在社会意义上的凝聚却完成得不好。用涂尔干的概念来解释，就是物质密度，即人口密度在拓展，而精神密度，即个人融入公共生活的程度在下降，二者间的不均衡必定给城市带来诸多的不确定性及风险。在转型期的中国城市，具体表现为社会上出现了大规模不从属于任何组织的、无归属感、被原子化的人群，主要包括自由职业者、无业失业者、非正规就业者以及大量流动人口，社会的凝聚力在下降。从历史上看，新中国成立以来相当长的一段时间里，中国是通过单位制度来实现社会凝聚的。在单位体制下，通过"国家—单位—个人"的纵向调控体系，实现了社会的整合控制。而当单位社会开始走向消解的过程中，这一旧体制逐渐开始退出历史舞台，但我们的社会组织建设的步子不够大，新的社会体制并没有建立起来，导致社会上出现了大量的组织以外的人群。近年来下岗人员激增而难以再就业，而无就业和非正规就业的人数也在令人惊异地攀升。据统计，1978 年，全国仅有 1.5 万就业人员处于正规部门之外；到了 2006 年，已经爆发性地达到 1.682 亿人，等于城镇 2.831 亿就业人员总数的 59.4%。此外还有数据显示，全国约有 3 亿人口与常住户口分离。可见，在城市走向过密化的背景下，城市中人与人的关系相反却开始走向"过疏"，在缺乏组织依托的情况下，出现了原子化的趋向。这里所说的"原子化"主要是指在现代社会剧烈变迁过程中人类的社会联结状态发生结构性变化的过程。主要表现为个人之间联系的弱化、个人与公共世界的疏离以及由此而衍生的个人与国家距离变远等情形。对于任何一种社会来说，原子化都是一种险象，是众多社会风险的渊薮，值得我们格外警惕。

　　但长期以来，在社会常态背景下城市管理者对这种无组织归属感的社会原子化现象并未感到多么恐惧。只有当危机真正到来时，人们才会意识到"健全社会"的重要性。如 2003 年，当非典肆虐北京、广州等大都市的时候，人们才真正意识到联结人群的组织、社会网络对于战胜瘟疫的重要性，也才意识到我们的社会的很多人实际上已经脱离了社会组织，被高度地原子化，丧失了社会性，处于一种"去社会化"的状态。而当危机过后，仿佛又登时忘记了曾经的脆弱与伤痛。

　　第二，老龄化社会背景下大批老年"无缘人群"成为典型的脆弱群体，其存在使过密城市的管理运行充满风险。

除了职场上人群的原子化外，颇具挑战意义的还有老龄人群，因为他（她）们似乎面临着更为严重的原子化态势。现有的研究和统计表明：在大都市走向过密的过程中，老龄人口的数量大幅上升。从社会关系的视角展开分析，我们会发现老龄群体虽然置身高密度社会，但其生存状态的突出特点却是社会关系的稀薄化和原子化。

应该承认，现实社会中很多正式社会关系，基本上都是围绕着"职场社会"建立起来的，而当老年人退出"职场"后，其一生中依赖于职场而建立起来的各种正式社会关系不可避免地开始褪色。这也正是迄今为止一些老年学研究者对老年群体社会角色持消极态度的重要原因。如美国学者里查得·C. 克伦塔尔在《老年学》中认为社会上"不断加快的社会变化速度产生了一种重视年轻人的生活方式。各种美的概念首先集中于和年轻人相联系的那些特征之上。社会公认的价值观，往往也就是当时年轻人的价值观。而老年人的价值观和信念，常被称做'旧式'的或被认为是应该抛弃的过时生活方式"。虽然上述观点存在不合理的偏见，但我们在评估老年群体社会关系现状时，却不可忽视其社会关系稀薄化的事实。此外，随着年龄的增长，老年人身体状况不可避免地呈下降趋势，这对于老年群体的社会参与产生了严重的影响。而迄今有关老年群体问题的研究和对策中，人们更多注意的是老人"养"的问题。而对老年社会所面临的原子化现象关注不够。事实上，在城市过密的条件下，其老年群体尤其是"空巢老人"却都处于孤独无助的原子化状态，其中蕴含着不可言状的严重风险。

第三，过密都市中社会空间的封闭化成为城市管理的又一盲点。

处于开放时代，过密城市的人口数量虽然在增长，但其所依托的社会空间非但没有走向开放，相反却越来越趋于封闭，这些闭锁的空间实际上已沦为社会管理的盲区。

在城市的居民区中，装有电子控制装置大门并配有保安的社区如雨后春笋般地出现，居民间缺乏信任，亦无正常的互动关系。在城市中心地带（CBD），则出现了"道纳斯化"现象。表现为在城市中心人口过密地域白天工作者众多，到夜间，因工作者回到郊外居住而人口骤然减少。城市中心人口减少的原因主要包括地价飞涨、生活环境恶化等因素。导致该地域居住人口减少，学校外迁，商店纷纷倒闭，故居住在城市中心的居民随时要接受过疏的考验，构成了城市都心地域过密化进程中最为复杂的变化。而在城市边缘地带，城乡接合部亦因外来人口远远大于土著人口，同时其人口具有极强的流动性，社会管理陷入严重困境，有些城乡接合部只好用封闭村庄的方式来保证村落社区的秩序和安全。

长期以来，高密度大都市一直是城市发展进程中颇具争议的话题，否定论者认为人口过多、过密，必然带来交通拥挤，产生了大量的不可避免的时间和空间的浪费，其后果必定扼杀城市的活力，最终导致城市的自我摧毁。而过密发展的支持者则强调由拥挤带来了颇为可观的经济效果。但近年来的学术界的研究似乎更强调在反思大城市弊端的前提下而接纳过密都市的存在。故如何在过密条件下管理好我们的大城市尤其是特大型城市，是时代赋予我们的艰巨任务。揆诸历史，我们经常愿意以某一重大事件作为社会风险的标志。事实上，风险就孕育在我们外观过密、实质疏离的生活中。此种矛盾的情形是酿成城市社会风险的原因，同时也在很大程度上减弱了人类抵抗风险的能力，因为在缺乏归属认同的社会里，不可能有美好的道德和秩序，亦不可能使社会产生出较强的社会协动力。总之，过密化特大城市的出现，对于人类的社会管理能力和制度文明体系都提出了新的、更高的要求，如果我们还故步自封地沿用传统计划经济时期的掌控手段去管理这些特大城市，将会导致极大的风险。

（该文刊于《探索与争鸣》2011 年第 2 期）

第四篇　城市化与地域社会变迁

城市化与"村落终结"

一 城市化、城乡关系变迁与"村落终结"之发生

虽然早在工业社会前,城市与乡村之间即已存在着多元复杂的关系形态,但我们必须承认,现代意义的城乡关系还是在人类步入工业时代后方才真正到来。无论是早发现代化的欧美世界,还是后发的非西方发展中国家,在其走向现代化的进程中,城乡关系都是最为棘手但却难以回避的重大问题。即便是在城市文明业已占据绝对统治地位的发达国家,其社会总体结构仍存在着城乡两极。在现实中,城乡关系的变化是伴随着城市化的进程而逐步展开的。在城市急剧膨胀和扩张的过程中,社会的生产中心、文化中心和生活中心日益集中在城市,导致大量农村人口流动到城市,从而出现"城市过密"和"农村过疏"问题。在这一意义上,现代城乡关系的总体变化趋向可以用"过密化"和"过疏化"两个相互对立的命题来加以概括。

所谓都市"过密化",主要是指在城市发展过程中伴随着空间的急剧扩张而出现的人口、资源高度集中的现象。早在19世纪上半叶,马克思即发现城市"这种大规模的集中,250万人集中在一个地方,使这250万人的力量增加了100倍,他们把伦敦变成了全世界的商业首都,建造了巨大的船坞,这一切都是这样雄伟,这样壮丽,简直令人陶醉,使人还在踏上英国的土地之前就不能不对英国的伟大感到惊奇"[1]。稍后,韦伯在研究欧洲城市化进程时,也看到:"当前最为显著的社会变

---

[1] 《马克思恩格斯全集》(第23卷),人民出版社1972年版,第552页。

化是人口在城市的集聚……在西方世界，向心或者集聚现象成为普遍的趋势。"① 到 20 世纪晚期，此种趋向愈发明晰，千万人以上的世界级特大城市的出现已经丝毫不足称奇了。现代人之所以陶醉钟情于过密的大都市，主要是因为这些大都市集产业、人口、财富、文化、机会于一身，具有不可比拟的吸引力。同时，国家在规划其现代化整体发展战略时亦努力推进这一"过密"的进程。

而与之相对，乡村衰落背景下的"过疏化"现象已成为世界性问题。近来笔者曾对日本农村 20 世纪 60 年代以来发生的"过疏问题"展开了初步的研究，② 发现学界对"过疏"概念的理解经历了一个过程。在初期，人们多将其理解为一定地域内人口减少及经济收入的降低。但随着研究的深入，人们开始意识到问题的复杂性，发现乡村过疏化的实质是在现代社会急剧变动的背景下，大城市与偏远乡村空间关系的重构。作为现代文明集聚的空间——"过密都市"对其周边乡村构成了强有力的"挤压"。而走向"过疏化"的乡村，则根本无力正常地回应来自中心城市的挑战，从而使乡村在失去大量青壮年人口的同时，也丧失了社会再生产和自我调节能力，必然走向"崩解"。崩坏失序的乡村难以在短时间内"终结"，又丧失了自我调节能力，这便是现代化进程中"空间变换"的复杂性所在。在这一意义上，所谓"过疏现象"，实际上就是乡村在走向"过疏化"的背景下，其社会何以可能这样一个带有根本性的问题。过疏乡村呈现出老龄化发展趋势，导致村落活力的丧失，乡村不可避免地开始走向衰落。此种情形发展到极致，便自然会出现"村落终结"问题。在这一意义上，"村落终结"的发生具有一定的必然性。

由此可见，"都市的兴起和乡村衰落在近百年来像是一件事的两面"③，两种现象密切关联，须臾不可离。20 世纪晚期以来，中国大陆农村因人口外流而面临过疏化挑战的村庄已不可胜数，而面临"终结"的村庄亦不在少数，据学界 2004 年的粗略估计，"由于征地撤村、村庄

---

① ［美］布莱恩·贝利：《比较城市化——20 世纪的不同道路》，顾朝林译，商务印书馆 2008 年版，第 2 页。
② 田毅鹏：《20 世纪下半叶日本的过疏对策与地域协调发展》，《当代亚太》2006 年第 10 期。
③ 费孝通：《乡土中国》，上海世纪出版集团 2007 年版，第 254 页。

合并、村落并入都市等原因，现在在中国行政版图上，几乎每天都有约 70 个村落消失"①。在现代社会快速城市化的背景下，"村庄向何处去"之类的问题已被提到空前紧迫的地位，"村落终结"亦成为当下城乡关系研究领域不能回避的话题。鉴此，法国学者孟德拉斯曾断言："20 亿农民站在工业文明的入口处：这就是 20 世纪下半叶当今世界向社会科学提出的主要问题。"② 在回应城市化和乡村衰落问题的过程中，世界社会科学界业已形成了诸多关于城乡关系的解释理论，为我们当下的"村落终结"研究提供了基本的分析理解框架。

（一）"城乡对立相克"论

此种观点认为在人类社会走向工业化和城市化的进程中，明显地呈现出"城市—乡村"二元对立模式。需要特别强调的是，现代社会发展过程中存在的城乡之间的尖锐对立，并不是一种势均力敌的对抗。因为从经济上看，以大工业充分发展为基础的时代"建立了现代的大工业城市——它们的出现如雨后春笋——来代替自然形成的城市。凡是它渗入的地方，它就破坏手工业和工业的一切旧阶段。它使城市最终战胜了乡村"③。此种倾斜的、不均衡的二元格局，在以下的几种因素的作用之下得到极大的强化：（1）所有制因素。在私有制的条件下，"城乡之间的对立是个人屈从于分工、屈从于他被迫从事的某种活动的最鲜明的反映，这种屈从把一部分人变为受局限的城市动物，把另一部分人变为受局限的乡村动物，并且每天都重新生产二者利益间的对立"④。（2）市场经济。市场经济是以市场为基本联结方式，在这种体系下产品和服务的生产及销售完全由自由市场的自由价格机制所引导，而不是像计划经济一般由国家所引导。它依靠价值规律，通过市场机制自发调节国民经济活动。在现代社会，市场经济一般是以城市为中心向外拓展的，其扩张力对农村构成了全方位的挤压，从此，乡村实际上只能作为城市的依附品而存在。（3）国家政策因素。在城乡关系发生根本变化的情况下，国家关于城乡的相关政策便具有举足轻重的作用。在历史上，多数

---

① 费孝通：《乡土中国》，上海世纪出版集团 2007 年版，第 254 页。
② ［法］孟德拉斯：《农民的终结》，李培林译，社会科学文献出版社 2005 年版，第 4 页。
③ 《马克思恩格斯选集》（第 1 卷），人民出版社 1994 年版，第 114 页。
④ 同上书，第 104 页。

发展中国家在完成民族独立任务后，在严峻的国际环境下，必然选择优先快速发展重工业的发展战略，其社会内部自然长期存在着"二元结构"，通过刚性的制度体系，人为地制造了城乡隔离，导致城乡之间壁垒森严，形成了把城市社会作为一元，农村社会作为另一元的城乡分割状态。此种现象的存在虽具有一定的历史合理性，但其负面影响却是始终存在的。可见，自工业社会发生以来，城市构成了对乡村全方位的挤压，使得"城乡相克似乎是一种常态，特别是在早发内生型国家，城市基本都是作为某种外在的力量而强加于乡村，城市将乡村作为城市的资源供给地，通过剥夺乡村，将各种有价值资源，从物产、资金、土地到劳动力全部都抽离于乡村，最后以乡村的自然死亡来实现城市的扩张"[1]。故在城市文明的剧烈冲击下，乡村注定要走向孤立和分散，与富庶繁荣的都市形成了鲜明的对照。

（二）"城乡融合一体"说

作为与城市压迫乡村进程相逆的一种反向力量，早在十八九世纪，思想界即开始探寻城乡融合和一体化之道。19世纪末叶，英国学者霍华德提出城乡一体的发展目标，并按此原则设计了著名的"田园城市"方案，他试图"把一切最生动活泼的城市生活的优点和美丽，愉快的乡村环境和谐地组合在一起"[2]，形成融"城市—乡村"优点为一体的"第三种选择"。他断言："城市和乡村必须成婚，这种愉快的结合将迸发出新的希望、新的生活、新的文明。"[3] 毫无疑问，此种城乡一体化设计虽然充满着理想化色彩，但却对我们今天统筹城乡，实现城乡一体化提供了诸多有益的启示。

在"城乡融合"的道路选择问题上，学界占据主流的观点是反对简单的乡村城市化，而主张城乡之间在保持自身存在基础上实现平等的互动。有的学者主张"乡村生活的城市化"的思路，认为在相当长的一段时期里，相当比例的农民仍然会生活在农村地区，这是符合中国实际状况的。在这些地区推进生活方式的变革，实现乡村生活的城市化反

---

[1] 冯川：《费孝通城乡关系理论再审视》，《中国图书评论》2010年第7期。
[2] [英]埃比尼泽·霍华德：《明日的田园城市》，金经元译，商务印书馆2000年版，第6页。
[3] 同上书，第9页。

而是一条比较实际的道路。① 廖德凯也在《新华时评》中提出"城乡一体化"并不是"城乡同一化"或者"农村城市化",实现"城乡一体化"不是农村人都成为城市人,农村都变成城市,农民都成为农业工人。而应该是指经济社会的城乡相互补充、协调发展,而不是单纯的"农村城市化"。

二 "村落终结"诸形态及其衍生问题

作为城乡关系的根本性转变,"村落终结"的发生具有一定的必然性。但比较观之,村落走向终结的道路和具体形态又是多元的,所引发的社会问题也因时因地有所不同。因此,我们应对村落终结的诸形态展开研究,因为只有弄清了村落终结的基本形态,才能真正深入理解和把握由此而衍生出的诸种问题,并采取相应对策。粗略观之,当下村落终结的形态可以概括为以下几种:

(一)城市边缘地带的村庄被迅速扩张的城市所吸纳

从历史上看,城市化进程的核心内容主要是中心城市的迅速膨胀和向外扩张的过程。那些位于城市边缘的村庄,将不可避免地率先走向终结。在近年来的城市研究中,这些即将被城市吞噬的地带一般被学界称为"城乡边缘带""城市边缘带""城乡连续区域""城市蔓延区""城市阴影区"等。虽然城市边缘地带往往会在很短的时间内即被迅速纳入城市空间,但村落的终结并非是通过一个简单的空间转换所能完成的。因为城乡结合地带不仅仅是一个单纯的过渡性空间,而且是一种特殊的"社会样态"。受到城市发展和乡村建设的双重影响,城乡接合部不断发生着复杂而动态的变化。原来以农业为主业,以农民为主体的乡村世界逐步发展成为兼有城乡经济结构、城乡建设设施和城乡生活方式并存互动的格局,最终演变为新兴的城市地区。故城乡接合部是城乡一体化的难点,也是其切入点和突破点。

在城乡接合部的社会空间内,农村的终结并不意味着农民的终结,农民能否顺利地融入城市,完成市民化,是一个比空间变迁和居住模式

---

① 李强:《农民工与中国社会分层》,社会科学文献出版社2004年版,第348页。

改变更为复杂的问题。对于绝大多数农民来说，其融入城市或许应该是一个通过代际转换方可完成的问题，其过程充满了矛盾、排斥和冲突。如李培林通过研究广州的城中村，发现人们往往认为，村落的终结便是城市化和市民化的开始，但是面对城中村，我们却看到："一个由亲缘、地缘、宗族、民间信仰、乡规民约等深层社会网络连结的村落乡土社会，其终结问题不是非农化和工业化就能解决的。"[①] 村落终结过程中的裂变与新生以及因拆迁而引发的种种利益博弈，更是蕴含着激烈的矛盾和冲突。

（二）远离城市的偏僻村落在过疏化、老龄化背景下而走向"终结"

如前所述，城市化背景下城乡关系的变迁往往表现为城市"过密"和乡村"过疏"两个相对的趋势。在城市这块具有超强磁力的"磁铁"的吸引下，过疏化的乡村不可避免地走向衰落，甚至走向终结。

关于过疏化背景下村落终结问题的研究，近年来日本学者的研究著述较具典型意义。20世纪六七十年代，日本农村社会学界在界定日本乡村社会变迁的实质时，往往使用"村落解体""村庄再生"等命题，认为当代乡村所面临的危机实际上是农业社会诞生以来见所未见的，在村落终结的背景之下，不仅乡村地域经济被破坏，同时地域社会关系和地域文化亦快速走向解体，具体表现为："第一，基于过疏地域农村人口急速的高龄化而导致农村社会再生产的困难；第二，基于生活过程和劳动过程负担过重而引发的社会联结的解体。"[②] 上述危机作用于老人现实生活，集中表现为过疏地域老人社会支持体系的危机。可见，远离城市的偏远农村之走向衰落和终结，与城市边缘地带城中村之走向终结的道路存在着明显的不同，"城中村的消亡最终将要由外界的强制来实现，虽然是强制但却是上向的改变，然而我们所接触的这些小山村的消亡是自残式的，村民迁出原来村落的行动从来没有什么行政的外在的力量在逼迫着他们，而完全是村民们自愿的而且也是无奈的选择"[③]。

正是基于上述认识，日本学界将老龄化指标作为理解过疏现象最为重要的分析观察基准。1991年日本大学教授大野晃根据其田野调查，

[①] 李培林：《巨变：村落的终结——都市里的村庄研究》，《中国社会科学》2002年第2期。
[②] ［日］中田实等：《日本的社会学·农村》，东京大学出版会1986年版，第257页。
[③] 王振威：《另一类的村落的终结》，《民主与科学》2008年第2期。

提出"界限村落"概念，认为在过疏程度严重的村落，其村落有可能走向终结，其具体标准：（1）就村落的人口结构而言，当其人口中65岁以上老人占据一半的时候，便进入"界限村落"阶段；（2）村落的生产、消费活动难以正常展开；（3）村落的文化、祭祀活动的停顿。即当村庄失去了自我再生产的能力，失去了组织公共经济生活、社会生活和文化生活能力的时候，便将不可避免地走向终结。2007年2月24日《朝日新闻》刊登《过疏地域2641村落面临消逝的危机》的调查报告，披露了1999年和2006年国土交通省关于日本乡村的"村落消灭"的相关数据，认为："在全国大约62000多处于过疏地域的村落中，约有4%强的2641个村落因老龄化情况严重而面临消失的可能。其中的422个村落在10年之内即有消失的可能。这些濒临消失的村落大多集中早中国、四国地域。……类似的调查在1999年也曾实施，当时曾预测走向消失的村落大约有2109个。而迄今实际走向消失的村落有191个（包括未列入预测范围的村落）。其消失的类型有二：一种是因居民迁移或死亡而导致的'自然消灭'，约占57%；另一种则是因政府统一组织下的'集体转移'，约占20%。"[①] 毫无疑问，大野晃"界限村落"概念的提出，对于我们把握和观测远离城市的偏远村落的终结进程以及相关社会政策的制定具有一定的启示和借鉴意义。

（三）在政府社会规划工程主导下，通过村落合并等形式走向终结的村落

在后发外生型现代化国家的历史上，存在着一种以行政为主导推动力的"自上而下"的村落改造建设运动，即通过强大的行政力量，以村落合并等形式，推动村落快速实现变革。近年来我国部分省份为解决三农问题，实现城乡统筹和公共服务均等化等目标而展开的村落改造运动，便是其中的典型代表。

在成都、重庆、山东等地展开的村落改造运动的主要做法是：（1）通过村庄合并、农民上楼等方式，推进人口集中，即工业向集中发展区集中、农民向城镇和新型社区集中、土地向适度规模经营集中。（2）居住方式变革。在人口集中的基础上，建造农民新村，农民告别传统居

[①] [日]《過疎地域の2641集落が消滅の危機，国交省など調査》，《朝日新闻》2007年2月24日。

住方式，住进现代楼房，实现居住方式变革。毫无疑问，此举使农民得以享受现代生活，但因家庭副业生产空间的丧失而使其日常生活成本大大提高。同时，居住空间的转移亦存在破坏传统村落社群关系的可能性。(3) 组织重建，即撤销辖区内全部行政村的建制，合并形成新的农村社区，并逐步选举产生社区党委和社区居民委员会。撤销全部行政村，重新选举产生农村社区党委，同时，依法选举产生社区居民委员会，由此，让农村社区成为农村新的社会基层组织单元。(4) 政策一体化。即通过户籍改革、城乡规划、城乡产业发展、城乡市场体制、城乡基础设施、城乡公共服务等政策体系的变革，实现城乡管理体制一体化。

可见，来自成都、重庆、山东等地的村改试验，堪称是新时期乡村社会最具实质意义的变革，引起了社会各界的热议。其支持者认为：并村迁移是解决农村空心化的一个有效途径，集中居住则使一般公共服务得以展开。此举的价值还在于破除了长期以来束缚城乡居民自由迁徙的制度障碍，全面建立了户籍、居住一元化管理的体制机制；破除了长期附着在户籍上的城乡权利不平等，实现统一户籍背景下享有平等的教育、住房、社保等基本公共服务和社会福利。而对此提出质疑的观点则反对以"运动方式"加以展开，他们将此举称为"灭村运动"、"农民被上高楼"，是政府"土地财政"思想在作怪。而且，从表面上看，农民是实现了居住的集中化，但实际上是"分散"了、"原子化"了。虽然在现代化和城市化背景下，昔日的农村共同体不可避免地要走向衰落，但假之以行政力量的干预下的乡村快速变革则会因共同体的瞬间终结而使农民长期积淀起来的社会资本急剧消减。

三　"村落终结"的实质及评价

在评价发展中国家城市化进程中发生的"村落终结"现象时，我们会发现一些认识和评价的观点往往存在着一种复杂的内在矛盾：一方面，作为现代化进程中设定的社会发展目标，城市数量的增加与乡村的减少实际上是作为社会进步发展的重要尺度和标记而提出的。早在民国时期，知识界在反思近代中国落后的原因时，即将其归因于城市文明的不发达，认为："如以中国与欧洲各国相比较，中国乡村的人口太多，而都市的人口太少，乃是不能否认的事。中国的穷，中国人的贫与弱，这种不合适的人口分配，要负一大部分责任。中国今日，需要更深的都市化，乃是想提高中国生活程度的人，所一致承认的。"而要达到这一步，"只有步先进国的后尘，改良我国的农业，提倡新式的工业，发展机械的运输，供给贸易的便利，行之数十年，中国自然也有像德国或美国那样都市化的一日"①。在这一意义上，村落终结背景下的"化乡为城"进程实际上可以与社会进步发展直接画等号。但吊诡的是，当"村落终结"这一带有进步发展意义的符号真正降临时，却招致社会各界空前激烈的批判和质疑。而要想解开上述理论上的矛盾、困惑与纠结，就必须对村落终结的性质展开深入的辨析。

如前所述，从一般意义上讲，"村落终结"实质上是人类社会由传统向现代转变过程中的特有现象。一个社会现代性的实现程度可以城乡人口比例作为标尺。毫无疑问，只有实现了这一城乡关系结构转换的社会方才是真正意义上的现代社会。但当我们将上述话语置于中国社会特殊的语境下加以展开的时候，便会发现问题的复杂性：第一，中国自古以农立国，拥有数千年农业经营的历史，农民在国民中占据相当大的比例，是典型的农民大国，这决定了由"农民"转向"市民"进程的复杂和艰难；第二，新中国成立后，在将近半个世纪的时间里，中国实行了城乡分治的"二元结构"，使城乡关系处于一种极其特殊的状态中，必定会对当下的乡村变革形成明显的影响和制约；第三，与欧美资本主义国家的城市化和村落终结相比，中国是社会主义国家，其城乡关系变动虽与西方存在相同之处，但二者间应存在根本性差异。如中国当下以解决三农问题为核心的一切有关乡村的改革，其主旨都是在破除二元结构，构建社会主义和谐社会的背景下提出的，这决定了惠农、利农的基本取向。在社会主义的中国，我们应有一整套以进步理念处理城乡关系的基本原则和观念。在中国共产党的七届二中全会上，毛泽东曾提出："城乡必须兼顾，必须使城市工作和乡村工作，使工人和农民，使工业和农业，紧密地联系起来。"② 而同时期，张闻天在率先解放的东北城

---

① 董修甲：《田园新市与我国市政》，《东方杂志》1925年第22卷11号。
② 《毛泽东选集》（第4卷），人民出版社1991年版，第6页。

市工作会议上提出："城市的地位问题，实质上就是城市和乡村的关系问题。……城市和乡村要互助合作。这同旧的殖民地的城乡关系有根本区别，那时是城乡对立，城市剥削乡村。"① 上述看法代表了共产党人关于城乡关系的核心观点，这是我们在关注村落终结性质时所应认真思考的。

与改革开放前相比，转型期的中国城乡关系呈现出更加复杂的样态，所谓"村落终结"已远远不是简单的"空间变迁"和一般意义的"关系变动"，也不是农民群体单一的"去农为工"，而是一个非常复杂的总体变迁过程，其中充满着激烈的矛盾冲突和利益重组。这就要求我们在深入研究"村落终结"现象实质及评价的过程中，应着重理解以下几对重要关系，以更好地把握问题评价的尺度：

首先是主动性与被动性的关系。

与19世纪中叶后欧美早期城市化的渐进性特点相比，20世纪晚期以来人类城市化最为显著的特点表现在：国家规划和市场干预的力量不断凸显，"规划之手"的作用日益增强。尤其是在当代中国快速城市化进程中，"一些地方已经出现了通过政治和行政手段进行强制性城市化。一些地方政府把农村人口集中起来，形成小城镇；一些地方鼓励农民进城买房，强行推进所谓的城乡统筹"②。在此结构和规划力量的作用下，个体行动者必定缺失行动的主动性，产生出一种"被城市化"的体验。如果当下的村落终结不是一个农民主动选择的过程，而是行政力量直接推动的结果，那么势必导致城市化和村落终结进程中那些惠农利农举措大打折扣。

其次是"渐进"与"激进"的关系。

城乡关系是人类文明迄今最为基本的社会关系，其存在具有较强的稳定性。"城市—乡村"的互补性构成了人类社会千百年来最强有力的结构支撑。在由传统农业社会向现代工业社会的转型过渡进程中，城乡结构发生了根本性的转变。相比之下，在欧美社会，这一转变过程是通过数百年循序渐进的变革方式演变而成的，而在发展中国家的"压缩式发展"进程中，多是通过政府威权"自上而下"地完成这一转变的。

---

① 张闻天文集编辑组：《张闻天文集》（第4卷），中共党史出版社1995年版，第10页。
② 郑永年：《中国的强制性城市化：是人还是土地》，《联合早报》2010年11月9日。

这种激进的变迁模式强调一步到位，省略了较多的步骤。虽然短期内或许不会显现出其步骤缺省的后果，但从长远看很多问题不可避免地要通过补课的方式重新提出，其结果可能会使我们付出更大的代价。故在城乡关系问题上，我们应充分地估价问题的长期性，要明确村落变革及终结的限度。那种"认为乡村社会和乡下人将来会变得和大城市的情况一样，这是一种过于简单化的幻想。每个乡村社会都是根据自己的创造力来'实现现代化'，同时也获得了一些共同特征"①。

再次是"发展"和"进步"的关系。

对于处于迟发展状态的发展中国家而言，发展从来就具有天然的合法性。因此，后发国家的发展进程都毫无例外地带有较为浓厚的"发展主义"色彩。从理论上看，"发展主义是一种意识形态，一种认为经济增长是社会进步的先决条件的信念。以经济增长作为主要目标，依据不同的手段，推进经济发展的理论和学说"②。发展主义虽可在一定条件下推动经济发展，但其最大的问题在于其发展观是"线性的"、"直线式的"，否认发展进程的复杂性。同时将效率追求置于公平正义之上，缺少植根于公平正义基础之上的真正意义上的社会进步追求。

在"村落终结"问题上，我们如若以发展主义为准则，忽略问题的复杂性，单纯地追求效率和效益，便会使这一进程充满巨大的风险。尤其是在农村土地产权等核心利益关系敏感而模糊的情况下，村落终结涉及复杂的利益关系调整，容易出现新的、严重的不平等。而在缺乏就业机会的情况下，让农民在短时间内告别农业这一"主业"，并改变其居住方式，容易导致严重的社会分化和新的社会不平等。由此我们有理由追问：那些新建的农民聚居区是否会成为弱势群体的聚居地，并有可能演变为"失控的外围聚落"。

总之，作为由传统向现代的大转变，我们在评估村落终结问题时，应该清楚：乡村与城市的联系不应被简单地切断，须知在人类历史上，"城市正是吸收了这些村庄习俗，它才形成了自身强大的活力和爱抚养

---

① [法]孟德拉斯：《农民的终结》，李培林译，社会科学文献出版社 2005 年版，第 261 页。

② 许宝强、汪晖：《发展的幻象》，中央编译出版社 2001 年版，第 1 页。

育功能；正是在这个基础上，人类的进一步发展才成为可能"①。即便是在现代巨型过密城市居于主导地位的情况下，"这些各种各样的农业生产方式和乡村生活方式，尽管看起来似乎是边缘性的，但并不因此就是过渡性的"②。在人类文明起源和发展的绝大多数时间里，都是在"城市—乡村"的框架内进行的。即便是在工业化、后工业化时代也不能简单地实现所谓城市对农村的全方位替代。

（该文刊于《吉林大学社会科学学报》2011年第2期，第二作者韩丹）

---

① ［美］刘易斯·芒福德：《城市发展史：起源、演变与前景》，宋峻岭、倪文彦译，中国建筑工业出版社2005年版，第13页。
② ［法］孟德拉斯：《农民的终结》，李培林译，社会科学文献出版社2005年版，第261页。

轿车文明对都市社会空间的重塑

十多年前，中国学术界曾围绕着"轿车文明"应否进入中国家庭的问题展开了一场短兵相接式的争论，① 但遗憾的是，那场争论没有充分展开便偃旗息鼓。到今天，当我们真正开始直面翩翩而至的轿车文明时，方才发现：原来我们对其理解还基本上局限于产业利润、速度快捷、环境污染、交通堵塞、资源浪费、人身伤亡等具体的利害层面，而关于轿车文明对我们身居其中的都市社会空间形态的重塑作用却缺乏应有的研究和重视。由此，借鉴美国、日本等发达国家步入轿车文明的历史，超越功利性研究取向，对轿车文明的根性及其对当代城市社会发展的影响进行深度反思，便成为我们把握当代中国社会发展进步的一个关键问题。

一 "轿车文明"的根性

要想深刻体认轿车文明对当代社会发展的影响，就必须首先读懂轿车文明的根性。轿车文明的含义极为复杂，它不仅标志着人类文明在交通方式上的巨大进步，同时它还是现代生活方式及身份地位的直率表达；它既是现代性的符号，也是城市不平等的象征，现代性自身所蕴含的内在矛盾在轿车文明身上得到了最为充分的体现。在这里，如果我们必须使用一个朴素的命题对轿车文明的根性加以概括的话，那么，"流动的现代性"似乎应是最为贴切的称谓，即借助汽车轮子，无论是个

---

① 1994年8月9日，郑也夫在《光明日报》上发表《轿车文明批判》，对轿车进入家庭提出质疑；同年11月8日，樊刚在《光明日报》发表《"文明批判"的批判》，对郑氏的观点作出回应，标志着我国新时期关于轿车文明论争的开始。

人还是社会，均在流动中实现了现代性意义上的剧烈变迁。

首先，轿车文明作为个人一种独特的"现代性体验"，具有一种难以言状的"魔力"。正如日本学者杉谷滋所言："在很多文献中，我们都能看到这样的描写，在美国、德国等国家，当大众车登场时，被赋予了一种奇异的魔力，仿佛社会进入了一种'汽车中毒'症状。对于拥有汽车的个人来说，这种'魔力'包括：无论哪里都可自由行走的'解放感'；得到了憧憬已久的汽车而产生的自我实现感；自由驾驶汽车而带来的支配感；以及由轿车品牌为象征符号的优越感。"① 这种魔力的实质是将轿车作为自己身体的延伸，在流动中实现了现代性。

其次，对社会而言，作为一种现代性的符号，轿车文明往往与郊区化、郊外购物中心等表征城市空间变化的词汇联系在一起，标志着城市社会空间形态和生活方式发生了根本性的变化。美国城市史学家约翰·B. 雷认为："当代郊区是汽车的产物，如果没有汽车，郊区就不可能存在。"② 值得注意的是，郊区化不仅仅是一种简单的空间位移，而是意味着生活方式的根本改变和城市空间的分裂。郊区化背景下的城市病态并不主要表现在交通拥挤等方面，而在于城市构造及其所依托的城市精神构造被无情地撕破了。"郊区是人们从城市迁来隐蔽的地方……它是一个隔离的社会，与城市分开，不仅是空间上分开，而且是从阶层上分开，是一种上流社会的绿色的聚居区。那句维多利亚时期得意洋洋的习惯用语'我们只同自己往来'，表达了郊区精神。"在人类历史上，从来就"不可能存在独立于各种社会关系之外的任何空间策略。前者赋予了后者以社会内容和意义"③。虽然很多学者反对过分强调技术变革对城市结构的决定性作用，认为对技术因素的强调很容易堕入"技术决定论"的泥潭，但在研究审视轿车文明对城市形态的影响时，我们还是要借用著名学者列斐伏尔发明的"空间生产"的概念，特别强调轿车文明在城市空间生产的作用。

再次，轿车文明与资本主义生产方式和消费主义有着不解之缘，其自身蕴涵着现代性固有的矛盾，在现代社会转型发展进程中往往以极端

---

① [日] 杉谷滋：《亚洲国家的近代化与国家形成》，御茶水书房1996年版，第139页。
② 转引自孙群郎《美国城市郊区化研究》，商务印书馆2005年版，第133页。
③ [美] 戴维·哈维：《后现代的状况》，阎嘉译，商务印书馆2003年版，第319页。

的姿态表现出来。

在人类社会发展的行程中,任何意义上的社会空间变化的背后实际上都隐藏着一种复杂的社会关系的变革。在美国资本主义发展史上,轿车文明与福特主义相联系,成为表征那一时代的特殊符号。"战后的福特主义必须被看成较少是一种单纯的大规模生产的体制,而更多的是一种全面的生活方式。大规模生产意味着产品的标准化和大众消费;意味着一种全新的美学和文化的商品化。"[1] 既然轿车文明与资本主义生产方式存在着特殊联系,那么,资本主义社会固有的矛盾必然通过其有所表现。在前不久巴黎郊区的骚乱中,作为骚乱者攻击的对象,轿车文明身上所蕴含的现代性固有的矛盾的根性得到了极为形象的印证。诚如一位分析者所言:"汽车又是现代性社会最为醒目的代表,一个城市只有到处是车时,才会被认为进入了现代境界。……与此同时,也正是车,又造成了城市中一系列的直接、刺激性的公共性问题,如交通拥堵、噪音污染、尾气排放……可以说汽车在公共世界里最明显地展示了现代性的成就和麻烦。因此在平静的、理性占上风的时候,汽车成了人们热爱的对象,而一旦出现骚乱,它就是发泄对现代性世界愤怒的首要目标。"[2] 可见,轿车文明是现代文明的杰作,也是现代性矛盾的聚焦点,这决定了我们不能对其持一种简单的肯定或拒斥态度,而应采取理性分析的策略。

二 轿车文明与都市"空间生产"

法国当代社会理论大师亨利·列斐伏尔在构建其现代性理论的过程中,曾提出"生产空间"的概念。他批评以往的研究简单地从几何学的角度把空间视为空洞的空间或将空间仅仅看作是社会关系演变的静止"容器"或"平台"的传统观点,认为空间从来就不是空洞的,它往往蕴含着某种意义。"任何一个社会,任何一种生产方式,都会生产出自己的空间。社会空间包含着生产关系和再生产关系,并赋予这些关系以

---

[1] [美] 戴维·哈维:《后现代的状况》,阎嘉译,商务印书馆2003年版,第179页。
[2] 曹瑞涛:《现代性城市骚乱以及砸汽车》,《世纪中国》2005年11月30日。

合适的场所。"并断言："既然认为每一种生产方式都有自身的独特空间，那么，从一种生产方式转到另一种生产方式，必然伴随着新空间的产生。"① 在他看来，所谓人类文明变迁的过程，实际上就是"社会空间"的重组过程。列氏的上述观点对我们研究工业革命以来人类社会在剧烈变迁状态下所发生的空间重组提供了深刻的启示。循着上述思路思考，轿车文明的出现，实际上标志着当代城市的"空间生产"进入了一个新的发展阶段。纵观城市发展史，我们会发现：城市形态是与交通的发展相伴随的。在19世纪前的城市大多属于"步行的城市"，"随着工业革命而出现了'公共交通城市'，它是建立在交通通道基础上的一种城市形式。到20世纪40年代，开始出现分散的、使用汽车的'汽车城市'"②。轿车文明对城市的空间形态进行了根本性的重塑。

（一）郊区化与内城的衰落

所谓郊区化，主要是指城市市区在总体上积聚扩张的同时，城市的人口、工业、商业先后从城市由内向外做离心运动的过程。③ 研究郊区化的学者普遍认为郊区化发轫于工业革命初期的19世纪，但学术界似乎都承认直到"轿车文明"出现，才使得郊区化进程获得了持久、稳定的推动力。其发展到极致，直接导致了城市的"空间分裂"。如果说近代以来伴随着工业化和城市化而出现的人口集中于城市是现代社会人口迁徙流动"第一波"的话，那么，以富人阶层"告别城市"为主题的郊区化浪潮则以相反的路向，重塑了城市的空间形态。

工业革命和城市化初期，"拥有特权的人们能够居住在城市中心。他们生活在最有特权的地点，……相反，穷人则局限在更荒凉、更衰败的居住地点。这些区域多在城市外围，且大多远离工作地点"④。那时的城市内城是当然的中心。但在轿车文明出现后，"私人汽车使我们的城市变得更没法居住了：它使空气变得更糟，充满了噪声和废气；它消耗石油，费用高昂。任何严重依赖它的系统都是一个不公平的系统，因

---

① 包亚明：《现代性与空间的生产》，上海教育出版社2003年版，第87页。
② 联合国人居署：《全球化世界中的城市——全球人类住区报告2001》，司然等译，中国建筑工业出版社2004年版，第172页。
③ 周一星：《对城市郊区化要因势利导》，《城市规划》1999年第4期。
④ ［美］安东尼·奥罗姆、陈向明：《城市的世界》，曾茂娟等译，上海人民出版社2005年版，第73页。

为那些没有车的人的可及性必然会比有车的人差"①。同时，更为关键的问题是，轿车为富人逃离城市提供了便利条件。这样，汽车与其所依托的道路系统重新定义了城市旧有的边界，并赋予其以特定的意义。"几乎在每个城市，一度繁荣的中心区的关键部分正在死去。大多数中心城市被遗留给那些更依赖于社会服务的低收入人群，因此实质上影响了税收的基础。……因此在都市中心的主要部分，社会政治、经济模式与种族矛盾一起形成了日渐恶化与封闭的空间。"②

作为人类文明存在的形态，城市从来就是在人类可以把握的范围内展开的。伴随着轿车文明的到来，以工业文明为基础的城市是否必然经历一个由盛转衰的过程。从经济地理学不平衡发展的观点出发，我们应该用这样的视角来看待内城问题的出现："空间、政治和经济发展的不平衡是资本主义社会关系所固有的。"③ 在这一意义上，内城的衰落不过是在生产方式转换期间被资本所抛弃的最后阵地而已。在快速的城市化进程中，人们开始以前所未有的速度集中到城市之中，但集中于城市中的人们却没有也不可能凝聚成一体，而是发生了前所未有的分化和隔离。而且这种分化和隔离并不仅仅表现为富人与穷人、白人和其他人种之间的差异，而是一个整体的对接的过程。"这些城市将它们的活动、社会群体和文化进行内部分离，同时又根据其结构的相互依赖进行重新连接。"④ 构成了一种典型的城市"精神分裂"的进程。如果我们把空间视为一种社会权力的容器的话，那么，"空间的重组就始终是社会权力通过其得以表现的框架的重组"⑤。郊区化的一个最为直接后果便是在现存的权力关系的作用下，社区走向封闭化和城市隔离机制的建立。

迄今为止，美国式的郊区化是在特定社会历史背景下最充分、最典型的郊区化，"郊区几乎代表了美国人心目中的理想空间。在这里，人

---

① ［美］凯文·林奇：《城市形态》，林庆怡等译，华夏出版社2001年版，第193页。
② ［美］莫什·萨夫迪：《后汽车时代的城市》，吴越译，人民文学出版社2001年版，第3页。
③ ［英］R. J. 约翰斯顿：《哲学与人文地理学》，蔡运龙等译，商务印书馆2001年版，第181页。
④ ［美］保罗·诺克斯、史蒂文·平奇：《城市社会地理学导论》，柴彦威等译，商务印书馆2005年版，第13页。
⑤ ［美］戴维·哈维：《后现代的状况》，阎嘉译，商务印书馆2003年版，第318页。

们可以逃离城市生活的喧嚣与紧张，得到他们向往的隐私和私有财产"[1]。而在欧洲大陆，虽然也存在城市社区的封闭和隔离问题，但由于欧洲历史上"长期存在着居住在城里公寓的文化偏好"[2]，而未出现典型的"内城衰落"现象，形成了不同于美国的独特图景，表现出问题的复杂性。由此，我们有理由提出进一步的追问：伴随郊区化而出现的内城衰落的进程在何种意义上体现了城市化的普遍性，本土文化又在何种意义上影响制约了内城衰落的进程，所有这些问题都值得我们进一步认真研究思考。

（二）"公共领域"的私有化

当代美国城市研究者在评估郊区化和轿车文明带来的巨大影响时，往往强调城市形态变化导致公共领域陷落这一直接后果。在他们看来，城市的街道及其人行道，除了承载交通之外，还是作为"城市中的主要公共区域"而存在的。在这个看似全为陌生人的世界里实际上存在着非常复杂的互动关系。作为城市公共区域的人行道和街道的安宁，主要不是由警察来维持，而是"由一个互相关联的，非正式的网络来维持的，这是一个有着自觉的抑止手段和标准的网络，由人们自行产生，也由其强制执行"[3]。但在汽车时代，伴随着郊区化的进程和大量中产阶层迁出城区，城市中心街区行人稀少，沿街商业街区也开始走向衰落。与之相反，郊区大型购物中心则日益兴隆，对于多数美国人来说，已变成"一个同城市市民会面的主要场所。……甚至使传统上独立的市民机构也开始屈从于私人发展商的实力"[4]。这就出现了公共领域私有化的现象。

对于私人开发商作为公共领域构建的主要力量登上舞台，我们在击掌欣喜的同时也有理由表示忧虑，因为开发商行动的目标是效益最大化，其与公共领域的构建存在暂时的一致性，但同时也存在着严重的冲

---

[1] ［美］安东尼·奥罗姆、陈向明：《城市的世界》，曾茂娟等译，上海人民出版社2005年版，第78页。

[2] ［美］保罗·诺克斯、史蒂文·平奇：《城市社会地理学导论》，柴彦威等译，商务印书馆2005年版，第13页。

[3] ［加］简·雅各布斯：《美国大城市的死与生》，金衡山译，译林出版社2005年版，第31页。

[4] ［美］莫什·萨夫迪：《后汽车时代的城市》，吴越译，人民文学出版社2001年版，第37页。

突,"一旦运转的基本要求如充足的停车场、商业面积与高速公路的联系得以满足,私人发展商便无动力去花费金钱、时间来美化场地,设计沥青停车场的景观,减轻对邻里或环境的伤害,或设计任何一点除了标志牌在外的户外环境"①。由此我们有理由对未来的区域城市提出这样的质疑:"如果由私人的商业王国来建立公共领域,并如作家大卫·古特森指出的那样'利用了我们贪利的本能,而未忠实于我们公共的要求。'那么,公共领域如何会被纳入未来的城市之中呢?"②公共领域私有化直接的消极后果为城市"精神密度"和城市凝聚力的降低。因为"按照涂尔干的观点,所谓'精神'密度是根据个人融入公共生活的程度评价的"③。

从表面上看,公共领域私有化似乎是一个典型的美国式问题,但如果认真考察事实,就会发现在大多数出现郊区化进程的国度,也会出现类似的情况。如在日本,尽管城市人口密度很高,但在步入郊区化进程后也出现了城市中心街区衰落的现象。为此,日本的国土交通省决定对郊外的大型购物中心和医院等公共设施的建设进行重新规制,以"防止中心城市街区的空洞化,防止承担都市功能的设施向郊外扩散"④。此种现象值得许多郊区化后来者的国家警惕。

(三)"私"空间的流动性

在轿车文明诞生之前,"私"的空间大体上是静止的,其主要载体为"私宅""私院"。而轿车文明的到来,则使"私"的空间借助汽车轮子开始走向流动。与其他交通工具相比,私家轿车的特点在于它"兼有火车之快捷和马车之轻便,可以保持住个人的独立性与私密感"⑤。因此,在国际上,私车往往被看作是私人空间的延伸。这种带有"流动性"的"私"的空间使传统的"公—私空间"截然二分的局面发生了根本性的变化,产生了"公共"和"私秘"交叠的新格局。

---

① [美]莫什·萨夫迪:《后汽车时代的城市》,吴越译,人民文学出版社2001年版,第37页。
② 同上书,第47页。
③ [法]伊夫·格拉夫梅耶尔:《城市社会学》,徐伟民译,天津人民出版社2005年版,第2页。
④ [日]《郊外への大型店や病院進出を規制·国交省方針》,《朝日新闻》2005年11月2日。
⑤ 郑也夫:《轿车文明批判》,《光明日报》1994年8月9日。

在发达国家，这种穿行于城市之中的流动的"私秘空间"已向城市的传统空间秩序提出严峻的挑战。中国虽然没有进入轿车社会，但一些发达地区已经跨入轿车社会的门槛，城市治理开始面临流动的"私"空间的挑战。据《新京报》报道，2003年11月，"在广州白云山几个地方，一些人利用夜色的掩护，在私家车内进行性活动。白云山派出所有关人士表示，他们也觉得这样的行为'不太好'，但他们只能劝车主下山。有时个别车主认为自己的行为并没有影响别人，也无伤风化，根本就不听劝阻，我行我素"。对于警方的上述处置，传媒给予肯定："如果是卖淫嫖娼行为就是违法之举，那就应当受到治安处罚。但如果不是钱色交易，那就至多是个道德问题。如果是发生在偏僻的地方，并未对他人包括青少年造成影响，就可能连道德问题都称不上，而只是对某种生活方式与性取向的选择。这样一种自我约束对于司法机关来说是非常必要的。我们可以看到，几乎所有侵犯公民权利的行为，都在相当程度上与司法人员不知自我约束有关。可以说，正是在公民权利与法律限制面前没有自我约束，而导致了大量侵权、伤害事件的发生。司法机关不能没有主动出击的精神，但也不能失去冷静与自我约束的习惯。正是主动出击与自我约束的有机结合，才能保证司法机关在作为与不侵权的平衡木上健步如飞。[①] 上述个案给予我们的启迪表现为：一方面，这种流动的"私"空间在使个体人获得巨大的"解放感""自由感"的同时，也向其提出了更高的自我约束的目标，如何在"公共"和"私密"交叠的新格局下建构轿车社会的新公民道德规范体系，成为时代的核心课题。另一方面，对于公共权力而言，这种"公共"和"私密"交叠的新格局也使城市治理的难度大大增加，对公权力的行使运作提出了更高的要求。

（四）轿车文明与空间排斥

距离是城市中社会关系的核心，在轿车文明的直接作用下，城市人之间的距离感发生了明显的变化，基于不同的空间支配关系，产生了不同的城市体验。正是在上述意义上，我们承认，轿车文明体现了人们在现代化背景下建立的对空间的一种新的支配关系，这种表征支配过程的权力关系总是暗含于空间和时间的实践之中。"对空间的支配反映了个

[①] 魏文彪：《不处罚"私车性爱"与警力的自我约束》，《新京报》2003年11月29日。

人或各种强势群体如何通过合法的或非法的手段支配空间结构与生产，以便对间隔摩擦实施更大程度的控制，或者对他们自己或其他人占用空间的方式实施更大程度的控制。"①

在前现代社会，城市的规模很小，人们可以轻而易举地凭借步履穿行城市，那时的城市堪称是真正的"步行之都"。从社会学的角度看，那时的公路在城市文明中扮演异常重要的角色，其功用不仅仅为交通之用，其更为深刻的之意义在于："道路起源于长期以来对日常生活的信任……道路的深层根源蕴涵着人们的公共认同、公共生活中相互尊敬和信任的网络、对个人和邻里需求的资源依托。对这种信任的缺失是城市道路的一种灾难。"② 而轿车社会的到来则无情地吞噬了城市的步行空间。"以洛杉矶、达拉斯、休斯敦为例，这些都市发展的主体都覆盖了四千到六千平方英里的土地，其模式与人的步行毫无关联，取而代之成为决定因素的是区域的高速公路与主要交叉口及地方道路网。"③ 可见，步行空间的消失，其意义不仅仅在于简单的空间位移或转换，而集中表现在城市公共生活的无序。

步行空间的狭小，势必对社会弱势群体产生严重的排挤，进而侵犯和剥夺了公民的步行权。在一定意义上也可以说，这实际上是一个"车优先"还是"行人优先"的问题。一个典型的个案发生在北京，为缓解城市路网的通行压力，北京市交管部门准备启动胡同资源，将具备通行能力的胡同全部纳入城市路网体系中。此举遭到市民的批评。因为"机动车涌入胡同，将意味着胡同居民安宁的生活秩序从此被无情打破，人们将从此与噪声为邻、与尘烟相伴；老人步出院门需多加小心，家长牵着孩子的手会需更紧，依靠轮椅代步的病者也将在亲人的反复叮咛中，把活动区域缩小、再缩小……事实上，胡同更多地被居住在其中的人们赋予了家的含义。对汽车开进胡同这件事，需三思而行"④。

轿车文明还直接导致公共交通事业萎缩，逐渐转向私人自主驾驶，

---

① [美] 戴维·哈维：《后现代的状况》，阎嘉译，商务印书馆 2003 年版，第 277 页。
② [美] 安东尼·奥罗姆、陈向明：《城市的世界》，曾茂娟等译，上海人民出版社 2005 年版，第 158 页。
③ [美] 莫什·萨夫迪：《后汽车时代的城市》，吴越译，人民文学出版社 2001 年版，第 5 页。
④ 付振强：《汽车开进胡同要三思而行》，《新京报》2004 年 8 月 7 日。

遂使城市公共交通线路开始走向衰落。以美国为例，"在洛杉矶地区，68%的交通是由私人汽车解决的，另外24%由租用的汽车，公共交通仅仅占整个城市交通的8%"①。这对于无车或不便于驾车者而言必然产生更大的不平等。据世界银行1999年对有关性别与交通问题的一项研究表明："男性对更方便的交通工具的使用优先于女性，在家庭中男性更经常地使用家庭汽车……这种交通使用上的性别不平等现象是因为妇女承担着家庭中更繁重的家务劳动的责任。交通隔离表现为：妇女被迫采取较低级的模式；她们出行总是有着多重目的（并不像那些男性，往往就是因为上下班的需要）；对出行的权利或者是在交通工具的使用上存在传统以及法律上的限制，以及精神困扰。"②

正是在这一意义上，近年来在欧美颇为风靡的新城市主义主张中一个核心内容是找回"步行空间"，强调应"建设紧密、适合行走和多功能的邻里小区……日常生活应该在步行范围的区域内得以实现，使那些不开车的居民，特别是老人和孩子能得到便利的服务。街道间的网络交通体系应该适于步行，尽量减少机动车交通，并促进节约能源"③。同时注意发展公交专用通道，富人虽然有钱买得起豪华轿车，但这并不意味着他们享有优先行驶权，让每一个人都享有平等的交通权，是轿车文明的应有之意。

三　为轿车社会做准备

对于包括中国在内的发展中国家而言，接受轿车文明已是一种毋庸置疑的选择。但在拥抱轿车文明之前，我们必须进行认真的自我反思和追问，我们是否已洞悉轿车文明的根性？是否已未雨绸缪，为轿车社会的到来做好了准备？现代城市诞生伊始，便是一个倍受争议、充满矛盾

---

① ［美］莫什·萨夫迪：《后汽车时代的城市》，吴越译，人民文学出版社2001年版，第108页。
② 联合国人居署：《全球化世界中的城市——全球人类住区报告2001》，司然等译，中国建筑工业出版社2004年版，第175页。
③ ［美］安东尼·奥罗姆、陈向明：《城市的世界》，曾茂娟等译，上海人民出版社2005年版，第166页。

的角色。誉之者视其为现代文明惟一的承载空间,一个能够违背社会传统而发表各种不同意见的地方,一个神奇的、神秘的、充满创造力的地方,而大加赞美讴歌;贬之者则将城市斥之为"一个物质和道德都腐败、肮脏、堕落的、不干净的地方"①。上述争议伴随着轿车文明的出现而变得更加复杂、激烈,工业革命以来激进的反城市思想和情绪被激活,并更具理论化、系统化色彩。但如果我们承认轿车文明是工业文明的结晶,就不能对其持简单的拒斥态度,而应认真思考如何将其负面作用降至最低?

首先,我们应注意借鉴发达国家的经验,密切关注西方轿车社会和城市研究相关思潮的最新演变。早在20世纪60年代,欧美世界即对汽车社会背景下城市问题展开研究,诞生了《美国大城市的死与生》等代表性著作,对汽车社会背景下的城市发展进行了初步反思。90年代以降,鉴于长期以来无序的郊区化进程,北美又出现了"新城市主义"思潮,对此前发生的郊区化进程进行了总体性清算。与西方城市研究悲凉的情调不同,东亚在现代化的行程中,却在努力造就大都市,并为大都市的快速发展感到无比的骄傲。因为东亚城市不仅仅是工商业中心,同时似乎更寄托了民族国家复兴的无限希望。这种发展思路在制造繁荣的同时也潜藏着高度风险。对于中国而言,既然我们已经义无反顾地选择了城市化和"车社会"的发展道路,那么,我们就必须加强对轿车文明的总体研究,为车社会的到来做好准备。令人欣喜的是,类似的问题已引起国人的重视,如加拿大著名城市专家雅各布斯1961年出版的代表作《美国大城市的死与生》刚刚被译成中文出版,便在《新京报》2005年图书评比中名列畅销书榜首。

其次,研究轿车文明与当代社会复杂的互动关系,要超越简单的功利、利害性研究取向,将轿车文明作为工业文明发展的一个特定的发展阶段来分析认识,深刻地认识到轿车文明对人类文明形态发展转换所产生的重大影响,要将轿车文明的出现置于人类文明发展的希望和当代困局的高度来加以研究和认识。如前所述,作为工业文明发展的特定阶段,轿车文明通过其对人类生活的深度介入,从根本上改变了人类社会

---

① [美]保罗·诺克斯、史蒂文·平奇:《城市社会地理学导论》,柴彦威等译,商务印书馆2005年版,第5页。

的传统生活，形成了新的存在形态。对于人类文明空间形态的剧变，我们应有清醒的研究和认识。正如戴维·哈维所言："如果控制和组织空间的惟一方式真的就是通过它的'粉碎'和分裂，那么我们就应该确立这种分裂的原理。"①"在汽车文明的假象中，汽车所代表的功利哲学和阶层文化被无限制地放大，它像是一张精心编织的网，诱惑着每一位对汽车充满梦想的人，心甘情愿地接受捆绑。汽车文明的来临，也许正是当代社会的悲哀。"② 在现代城市初生之时，城市曾是一个充满奇迹和幻象的地域，但不知从何时起却变成了令人绝望的空间。在20世纪晚期出版的西方城市社会学的著作中，大都洋溢着一股悲观的气氛，对城市的批判占据了绝对的主导。值得注意的是，对城市病态的分析并不主要表现在交通拥挤等方面，而在于城市构造及其所依托的城市精神构造被无情地撕破了。车社会矛盾冲突的实质是个人与社会关系的问题，用社会学的命题来加以概括，这实质上是一个"车社会何以可能"的问题。我们应睹其祸害于未萌；对轿车文明有可能带来的负面影响做出及时的回应。

再次，要注意研究探讨影响制约中国轿车社会发展的本土因素。如果我们承认轿车文明起源于西方，是资本主义机器文明发展到一定阶段的产物的话，就应该意识到，随着轿车文明在世界范围内的播散，必然发生本土文化与轿车文明之间的接触和碰撞，化生出不同的模式。著名学者李亦园曾立足中国本土文化对现代社会的"行文化"发出质问：为什么华人在餐桌上讲究长幼秩序，礼让有加，而到马路上则争先恐后地互不相让？他认为：说到底这涉及一种文化对群己关系的理解，在"私"的空间内，谨遵规矩，不越雷池，而在公共空间范围内则无所顾忌。以此德行，是难以真正拥有轿车文明的。"汽车实是一种西方的文化，这种汽车文化除去有形的汽车体及机器之外，更重要的是尚包含一套无形的驾驶汽车的规则与伦理……这种困境就是在文化采借过程中只顾到硬体的好处，而忽略了硬体背后的一套软体规则才产生的，没有那一套软体，硬体的存在有时是会引起更大的灾害的。"③

---

① ［美］戴维·哈维：《后现代的状况》，阎嘉译，商务印书馆2003年版，第318页。
② 王超：《汽车文明的悲哀》，《中国青年报》2004年12月30日。
③ 李亦园：《文化与修养》，广西师范大学出版社2004年版，第60页。

此外，如果将转型期的当代中国社会与日本放在一起进行比较，就会发现："尽管日本今天是世界上第二大汽车拥有国，尽管日本汽车普及率极高，但是私车在日本人的财富构成中并非占很大比重；而从价值角度看，日本人对汽车也并非十分重视。其中理由很多，既有负面的限制如空间狭小、存车场地昂贵等原因，同时又有积极的一面，即公共交通极发达方便，以至许多家庭的汽车成为休假工具。"[1] 而中国的轿车文明则具有明显的"私车财富地位"的取向，穿行于街市之间的轿车演绎出层次鲜明的贫富分层空间。鉴此，我们应谨防轿车文化演化一种"霸道文化"的可能，出台相应的城市政策，建立起一个相对完备的社会调节机制。

（该文刊于《思想战线》2007年第2期）

---

[1] 刘迪：《私车财富地位》，《21世纪经济报道》2004年7月28日。

中产阶层郊区化与城市公共文化的衰落

近代以降,伴随着人类社会走向现代化的行程,"中产阶级"这一由古希腊哲人始创的概念被赋予了越来越丰富的蕴涵。中产阶级之所以被世人寄予如此厚望,不仅在于其头上戴有商业革命、工业革命与全球市场的缔造者、民主政治的推动者等桂冠,而且还在于其作为一个阶级实体,其性格温和持中,"既不像穷人那样希图他人的财物,他们的资产也不像富人那么多得足以引起穷人的觊觎。既不对别人抱有任何阴谋,也不会自相残害,他们过着无所忧惧的生活"①。这是上流社会与底层社会间矛盾冲突最重要的平衡力量,亦是现代社会公共文化最主要的承载者。但值得注意的是,人们在对中产阶级极尽褒扬之力的同时,却忽略了中产阶级置身其间的现代社会空间是流动性的。现代性自其生发以来便天然地具有"流动"的特质,具体表现为由城市化、郊区化等社会空间复杂而剧烈的变动。毫无疑问,包括中产阶级在内的一切现代社会阶级、阶层在这一空间变动中都将改变其自身性格和社会作用。本文拟以中产阶级的郊区化为背景,以城市郊区化进程中城市公共文化变迁为主题,探讨中产阶级郊区化对现代城市公共性构建的直接影响。

一 中产阶级与郊区化

作为现代性的产物,中产阶级与城市化和郊区化之间存在着近乎天然的密切关联,以至于在诸多的郊区定义中即有观点认为:郊区是由特定的政治、经济、阶级关系所支撑的特殊空间,对郊区化进程的透彻理解,必须建立在对中产阶级的起源、发展、变迁的基础之上。因为作为

---

① [希]亚里士多德:《政治学》,吴寿彭译,商务印书馆1965年版,第206页。

中产阶级的居住区，郊区排除了除奴仆以外的几乎所有的下层居民。在这一意义上，从阶层视角透视、解读郊区特性也就成为理解现代城市社会变迁的关键。虽然世界各国的郊区化进程及其阶层结构变化各具特色，如美国的郊区化堪称最为典型，而"由于欧洲大陆长期存在着居住在城里公寓的文化偏好，因此许多西欧城市中的中产阶级郊区邻里只占整个郊区邻里相对较小的比重"①。但这并不影响我们从总体上研究审视中产阶级与郊区化之间一些共性的关联。

（1）中产阶级是郊区化的发起者。众所周知，所谓郊区化，主要是指城市市区在总体上积聚扩张的同时，城市的人口、工业、商业先后从城市由内向外做离心运动的过程。②研究郊区化的学者普遍认为郊区化发轫于工业革命初期的19世纪，但学术界似乎都承认直到"轿车文明"出现，才使得郊区化进程获得了持久、稳定的推动力。虽然世界各国的郊区化进程及其表现形态各异，但其发动者当首推中产阶级。"郊区，它不在城市中也不属于城市，它在城市的边缘和顶端浏览和俯视着这个城市。居住在'丛林之巅'中的居民都是中产阶级，他们的经济生活依靠城市，但他们有能力购买私人领地与阳光，购买郊区的大房子、花园、汽车，他们有旅游的闲暇，拥有占有时间与空闲的感觉。"③如果说近代以来伴随着工业化和城市化而出现的人口集中于城市是现代社会人口迁徙流动"第一波"的话，那么，以中产阶级"告别城市"为主题的郊区化浪潮则以相反的路向，重塑了城市的空间形态。

（2）"郊区志向"集中体现了中产阶级的生活方式。如前所述，在郊区化发轫之初，中产阶级即扮演了绝对的主角。以至于有的学者甚至认为郊区之所以能够成为人们一个独立的分析理解单位，就是因为它在现代社会中，是作为纯粹的中产阶级的生活区和居住空间而存在的。在那里，工商业经济活动和下层工人阶级都被排除在外。以郊区化最为典型的美国为例，选择郊区生活方式成为中产阶级社会地位最重要的标

---

① ［美］保罗·诺克斯等：《城市社会地理学导论》，柴彦威、张景秋等译，商务印书馆2005年版，第238页。
② 周一星：《对城市郊区化要因势利导》，《城市规划》1999年第4期。
③ ［英］罗杰·西尔弗斯通：《电视与日常生活》，陶庆梅译，江苏人民出版社2004年版，第86—87页。

志,"富裕阶层可以居住在城市中,甚至可以与贫民窟比邻而居,因为他们的社会地位与下层阶级是泾渭分明的,没有必要通过某种方式进行区分。而这个地位不稳的白领阶层,则要通过某种烦琐的仪式将自己与贫穷的邻居们区别开来"①。可见,中产阶级向郊区挺进决非简单的空间位移,而是一种生活志向的实践和展开。这正如美国学者索恩斯所言,"郊区是彼此相关但又各自独立的五种因素的产物:流动性的增长、城市的拥挤、越来越多可以用于盖房屋的土地(和资金),城镇和乡村规划法案的实施,以及一种社会志向的形成:这一志向把郊区与一种体面的、具有很高的社会地位的并且基本上是中产阶级的生活方式联系在一起"②。

(3)郊区精神:中产阶级的价值观。迄今有关中产阶级的理论虽然分析理路各异,但在对中产阶级特性的基本判断和评价的问题上却是基本相同的,即几乎众口一词地认为中产阶级群体具有一种积极向上、不偏不倚的理性文化观念,这包括生活观、心理期望、价值观等等。尤其在建构社会公共性,捍卫公共利益等问题上,发挥着重要作用。当然,这是对中产阶级价值观一般性的研究界定。但如果我们从空间变动的研究视角来审视中产阶级特有的"郊区精神",便会发现:身处郊区的中产阶级亦具有一定的封闭性和狭隘性。这正如芒福德所分析的那样:作为一个同质性社区,郊区"是一个隔离的社会,与城市分开,不仅是空间上分开,而且是从阶层上分开,是一种上流社会的绿色聚居区。那句维多利亚时期得意洋洋的习惯用语'我们只同自己往来',表达了郊区精神"③。可见,"郊区精神"不仅体现了中产阶级的乌托邦,同时也标志着中产阶级对其亲手创造的城市世界的背叛,其结果必然对城市公共性构建产生巨大影响。

---

① 孙群郎:《美国城市郊区化研究》,商务印书馆2005年版,第170页。
② [英]罗杰·西尔弗斯通:《电视与日常生活》,陶庆梅译,江苏人民出版社2004年版,第84页。
③ [美]刘易斯·芒福德:《城市发展史:起源、演变和前景》,宋俊岭、倪文彦译,中国建筑工业出版社2005年版,第449页。

二 中产阶级郊区化与城市公共文化的衰落

学术界迄今为止的研究成果虽然已注意到中产阶级与郊区化之间的密切关联,但对于这种联系所衍生的社会后果却似乎没有给予足够的关注。如在多数学者看来,任何社会里的中产阶级都应是维持社会稳定最为重要的社会力量。但问题在于,作为现代社会的新阶级,中产阶级并非是一种静止的力量,在城市化和郊区化的背景下,其向郊区的空间移动必然对城市社会及其公共文化构建产生巨大影响,主要表现在:

(1) 中产阶级的郊区化与"内城衰落"。在工业革命和城市化初期,"拥有特权的人们能够居住在城市中心。他们生活在最有特权的地点……相反,穷人则局限在更荒凉、更衰败的居住地点。这些区域多在城市外围,且大多远离工作地点"[1]。那时的城市内城是当然的中心,但当郊区化进程出现后,"私人汽车使我们的城市变得更没法居住了:它使空气变得更糟,充满了噪声和废气;它消耗石油,费用高昂。任何严重依赖它的系统都是一个不公平的系统,因为那些没有车的人的可及性必然会比有车的人差"[2]。同时,更为关键的问题是,轿车为富人逃离城市提供了便利条件。这样,汽车与其所依托的道路系统重新定义了城市旧有的边界,并赋予其以特定的意义。"几乎在每个城市,一度繁荣的中心区的关键部分正在死去。大多数中心城市被遗留给那些更依赖于社会服务的低收入人群,因此实质上影响了税收的基础……因此在都市中心的主要部分,社会政治、经济模式与种族矛盾一起形成了日渐恶化与封闭的空间。"[3] 此外,公共财政资源的有效投入,是现代公共文化繁盛的最基本条件。现代城市社会条件下的城市公共性构建之所以能成为可能,其原因是多方面的。其中城市社会文化的集中发展便是其中最为关键的因素。但郊区化进程开始后,道路、上下水道等公共设施也

---

[1] [美]安东尼·奥罗姆、陈向明:《城市的世界》,曾茂娟等译,上海人民出版社2005年版,第73页。

[2] [美]凯文·林奇:《城市形态》,林庆怡等译,华夏出版社2001年版,第193页。

[3] [美]莫什·萨夫迪:《后汽车时代的城市》,吴越译,人民文学出版社2001年版,第3页。

开始向郊外伸展,公共投资大幅度攀升,增加了政府的投入。致使内城公共投资下降,加剧了内城走向衰落的进程。

(2) 社区公共生活的弱化。长期以来,在郊区化背景下郊外社区公共生活评价的问题上,一直存在着两种对立的看法:悲观论者认为郊区代表了"一个引导私人生活的集体企图",由此,郊区在一般情况下是"作为一个联系松散的地区的印象,那里生活的焦点是核心家庭对金钱、社会地位、消费持久力及享受其中的隐私的追求"。而乐观论者则提出了相反的看法,认为"尽管郊区居民缺少某种共同的感觉,但实际上他们的社会网络与内城居民相比更加本地化同时也更具内聚力"①。上述不同观点论争在某种意义上也体现了问题本身的复杂性。

社区公共生活乃公共文化创生之源,郊区化背景下大量的中产阶级告别城市,被学术界称为是"逃离城市公共生活"之举,其直接后果在导致城市中心内城衰落的同时,也使现实的社区公共生活世界开始弱化,郊外社区生活呈现出"均质化"和"匿名化"的特点。

早在郊区化在北美发轫之初,即明显地表现出郊区社会生态匿名化、均质化、封闭化等特点。美国城市研究的著名学者芒福德曾对此做如下批评:"许许多多式样一律,难以辨别的房屋,刻板地排列着,房屋与房屋之间的距离都是一个样,所有的道路也一个样全都坐落在一大片没有树木的土地上,地上的居民都属同一个阶级,同一个收入,同一个年龄组,看同样的电视节目,吃同样没有味道的罐头等预制食品,都是从同样的冰箱中拿出来的,不论在外表上或是内容上,都来自一个模式,这个模式是在大都市市中心制造的。"②

而轿车时代作为私人交通工具的轿车的普及化,人们面对面互动的机会几乎被剥夺殆尽。郊外街区道路的公共性渐趋衰落。在这一问题上,加拿大籍著名城市研究者雅各布斯的分析思路对我们有较大启示,她认为:"纪念宴会和人行道上的社会生活的核心之处正在于它们都是一种公共活动。它们把互不认识的人聚集在一起,这些人并不能够在不公开的、私下的方式中互相认识,而且在大多数情况下他们也不会去想

---

① [美]保罗·诺克斯等:《城市社会地理学导论》,柴彦威、张景秋等译,商务印书馆2005年版,第235—236页。
② [美]刘易斯·芒福德:《城市发展史:起源、演变和前景》,宋俊岭、倪文彦译,中国建筑工业出版社2005年版,第449页。

到用那种方式来互相认识。"① 在郊外和内城分裂的情形下，城市社区不再是一个整体，由一个个"私化城邦"工程的社区呈现出堡垒化特点，"这是一个分裂割据的国家，各个相邻的社区为了自卫，相互间处于剑拔弩张的敌对状态。在那里，可能因为一束新鲜的柠檬或一瓢饮用水，而导致整个社区遭受灭顶之灾"②。

低人口密度地域稀少的人口难以支撑正常的公共生活，而社区人际关系的疏离更是导致最基本的社会联结被破坏。"形体的接近并不能保证社会意义上的接近，因为空间并非交流的惟一障碍，而社会距离也并非总是能够用物理学的方式合适地加以测量。"③ 但因人们间物理距离拉大而导致互动的匮乏肯定无助于社区公共生活的建立。在这种封闭隔离的郊区社会系统内实现社会化的青年所面临的是"缩小的世界"。"在东京郊外相同的住宅出生，在相同的中流家庭里长大，有相同的价值观，这样的年轻人不断增加，缩小了与不同阶层的人发生碰撞的可能性，也就不太可能产生出新的文化，这就是所谓'世界缩小'了。……人们日常生活中的世界原本就已狭小，如今则面临着更加缩小的危险。"④ 美国历史学家约翰·斯梅尔在研究美国中产阶级起源发展及自我认同的过程中，曾特别强调阶级形成的"结晶化"是一个集体行动的过程。其中重要的问题是"自愿团体数量激增，既为早期中产阶级政治抱负的展示提供了诸多场所，也为他们形成中的阶级意识提供了兴奋点。"但行走于郊区化进程中且渐趋封闭的中产阶级似乎已部分地失去了集体行动的能力。

三 谁的郊区，谁的文化？

作为现代文明的时代赠礼，"城市是一个圣地，一个精神解脱之处，

---

① [加] 简·雅各布斯：《美国大城市的死与生》，金衡山译，译林出版社2005年版，第58页。
② [美] Michael J. Dear：《后都市状况》，李小科等译，上海教育出版社2004年版，第210—211页。
③ [法] 格拉夫梅耶尔：《城市社会学》，徐伟民译，天津人民出版社2005年版，第34页。
④ [日] 三浦展：《下流社会：一个新社会阶层的出现》，陆求实、戴铮译，文汇出版社2007年版，第219页。

是一个新的世界,也是一种新的压迫"①。以上述理念审视城市社会空间变迁的总体进程,我们会对郊区化进程中所体现出来的阶层空间布局变动以及由此衍生出来的文化变迁有着更为深刻的体认。

(1) 中产阶级郊区化及其与城市公共文化衰落现象的内在关联,体现了社会空间变化的复杂性。法国当代社会理论大师亨利·列斐伏尔在构建其现代性理论的过程中,曾提出"生产空间"的概念。他批评以往的研究简单地从几何学的角度把空间视为空洞的空间或将空间仅仅看作是社会关系演变的静止"容器"或"平台"的传统观点,认为空间从来就不是空洞的,它往往蕴含着某种意义。"任何一个社会,任何一种生产方式,都会生产出自己的空间。社会空间包含着生产关系和再生产关系,并赋予这些关系以合适的场所。"并断言:"既然认为每一种生产方式都有自身的独特空间,那么,从一种生产方式转到另一种生产方式,必然伴随着新空间的产生。"② 在他看来,所谓人类文明变迁的过程,实际上就是"社会空间"的重组过程。列氏的上述观点对我们研究工业革命以来人类社会在剧烈变迁状态下所发生空间重组提供了深刻的启示。现代化背景下的空间变动不是几何意义上的,而是充满了复杂的社会关系。具体言之,在中产阶级郊区化的进程中,原有的城市空间发生了怎样的变化?而郊外的新空间由具有怎样的特性?两种"社会空间"生产类型间又具有怎样的联系?"空间并不是一种'社会反映',它就是社会……因此,各种空间形式,至少在我们星球上的各种空间形式,都可以和所有的其他物体一样,通过人类的行为被创造出来。"③

(2) 公共文化的衰落意味着现代化背景下城市公共性构建的艰难。亚里士多德曾说过:"愈多人所共有的,得到愈少的关切;人们总是尽全力维护其自己所专有的,而总有忽略公有的倾向。"强调了公共性建构的艰难。中产阶级在多数的思想家的笔下,曾被赋予公共性构建的重要力量。但在现代社会日趋复杂变化的背景下,中产阶级是否能够承担并完成这一使命,则是值得认真研究和质疑的。因为在郊外社区日趋封闭化、匿名化的背景下,社区人的互动关系日益间接化,而一些基本的

---

① [美] 凯文·林奇:《城市形态》,林庆怡等译,华夏出版社2001年版,第5页。
② 包亚明:《现代性与空间的生产》,上海教育出版社2003年版,第87页。
③ [美] 苏贾:《后现代地理学》,王文斌译,商务印书馆2004年版,第109页。

社会联结也被破坏。"在一个社会里，如果人民最终成为那种'封闭在自己的心中'的个人，那么几乎没有人愿意主动地参与自我管理。他们宁愿留在家里享受私人生活的满足，只要当时的政府生产这些满足的手段和广泛地分配这些手段。"① 作为对城市公共文化衰落的直接回应，美国学术界出现了新城市主义思潮，力主以一种全新的城市发展理念进行城市改造，强调"恢复城市中心与大都市区的紧密联系，将日益扩展的城市郊区整合成具有密切邻里关系的社区和多样化的地区……城市需要有充足的公共空间和社区发育"②。

（3）城市空间变动与社会不平等。作为人类文明存在的形态，城市从来就是在人类可以把握的范围内展开的。伴随着轿车文明的到来，以工业文明为基础的城市是否必然经历一个由盛转衰的过程。从经济地理学不平衡发展的观点出发，我们应该用这样的视角来看待内城问题的出现："空间、政治和经济发展的不平衡是资本主义社会关系所固有的。"③ 在这一意义上，内城的衰落不过是在生产方式转换期间被资本所抛弃的最后阵地而已。在快速的城市化进程中，人们开始以前所未有的速度集中到城市之中，但集中于城市中的人们却没有也不可能凝聚成一体，而是发生了前所未有的分化和隔离。而且这种分化和隔离并不仅仅表现为富人与穷人、白人和其他人种之间的差异，而是一个整体的对接的过程。"这些城市将它们的活动、社会群体和文化进行内部分离，同时又根据其结构的相互依赖进行重新连接。"④ 构成了一种典型的城市"精神分裂"和"空间错位"的进程。如果我们把空间视为一种社会权力的容器的话，那么，"空间的重组就始终是社会权力通过其得以表现的框架的重组"⑤。郊区化的一个最为直接后果便是在现存的权力关系的作用下，社区走向封闭化和城市隔离机制的建立。

（该文刊于《湖南师范大学社会科学学报》2008年第1期）

---

① [加]查尔斯·泰勒：《现代性之隐忧》，程炼译，中央编译出版社2001年版，第11页。
② [美]安东尼·奥罗姆、陈向明：《城市的世界》，曾茂娟等译，上海人民出版社2005年版，第164页。
③ [英]R. J. 约翰斯顿：《哲学与人文地理学》，蔡运龙译，商务印书馆2001年版，第181页。
④ [美]保罗·诺克斯、史蒂文·平奇：《城市社会地理学导论》，柴彦威、张景秋等译，商务印书馆2005年版，第13页。
⑤ [美]戴维·哈维：《后现代的状况》，阎嘉译，商务印书馆2003年版，第319页。

"村落终结"与农民的再组织化

一百多年前,卡尔·马克思在《路易·波拿巴的雾月十八日》一文中论及农民的特性时,曾提出过著名的"马铃薯之喻",他用"口袋内一个个马铃薯"来形容当时法国小农之间独立、缺乏互动的关系。由此,农民便开始被理论界视为是一个天然具有"原子化"特色的阶层。诚然,一般说来,与高度组织化的现代社会相比,传统的乡土社会的确带有明显的松散性。但考诸中国传统社会,我们还是会发现,无论是先秦时期以宗法分封为基础的封建社会,还是秦以后以皇权纵向控制为特点的"郡县社会",乡土社会中的农民都还是具有一定程度的组织性和自治性的。所谓"皇权止于郡县"之类的理论判断便是建立在农民"横向联结"和"自我管理"的基础之上的。虽然这些绵延数千年之久的村落组织具备超强的生命力,但如果我们将其置于由传统社会向现代社会转型过渡的进程中,就会发现,伴随着工业文明和城市化的凯歌行进,村落组织将不可避免地走向衰落和解组。"村落终结"给人类现代文明提出了严峻的挑战,对城乡社会发展产生了难以估量的影响。

一 "村落终结"的涵义及其复杂性

虽然在世界城市化历史上,"村落终结"本是伴随着城市的兴盛和乡村衰落而必然发生的一种城乡空间结构性的剧变,历史上已有一些成例可循。但当我们将分析话语聚焦于当代转型期中国乡村社会的剧变时,还是应该承认,当下在中国大地上正在发生的"村落终结"现象既不同于欧美诸国,也不同于东亚的日、韩,而具有极大的特殊性。

第一,从一般意义上讲,所谓"村落终结"主要是指村落组织形态的解体,或通过"村改居"等形式实现由传统村落组织形态向城市组织形态转变的过程。就此而言,这似乎是一个"化乡为城"、"化农民为市民"的直线式发展过程。但在转型期中国的现实中,映入我们眼帘的"村落终结"却是一个复杂而多重的演化图景,其变化不是从"传统"到"现代"的单向推进,而是一个复杂的、长时间的"双向互动"过程。

第二,"村落终结"前,中国社会存在着较长时间的"城乡二元体制",使得村落组织任何意义上的重大变动,都必然面临着极为复杂的"体制"与"结构"的转换进程。众所周知,二元社会结构最早是由荷兰经济学家博克在观察荷兰殖民地印度尼西亚社会经济时提出的一个概念,指的是一国内存在着两个在生活条件、生活方式、生活观念等方面完全不同质的相互独立运行的社会子系统。据此理论分析而得出的所谓二元结构概念,一般说来就是城市社会与乡村社会分别作为而表现出来的"城乡分割状态"。在现代中国历史上,作为一种总体性的制度设计,二元体制并非凭空建成,而是依赖于一系列的制度形式支撑而得以建立起来的,主要包括:城市单位制度、人民公社的"准单位制度"、户籍管理制度、土地制度、粮食、副食品供给制度、教育制度、就业制度、医疗制度、养老保险制度、劳动保护制度、兵役制度、婚姻制度、生育制度等。既然传统的"二元社会"是凭借上述制度体系支撑而建立起来的,那么,该体制的消解、转换及"终结"亦必然面临新旧制度间的复杂更替,而使"村落终结"进程面临诸多前提性挑战。

第三,"村落终结"的进程往往与长时间的村庄衰落,尤其是"组织衰落"相伴随。在学术界以往的研究中,很多研究者在谈及"村落终结"问题时,主要强调人口锐减、经济凋敝等"有形"层面,而忽略了乡村衰落进程中更具本质意义的内涵——"组织衰败"。实际上,陷于衰落状态的村庄已经处于严重的组织衰败和原子化状态。其中,位于城市边缘的村落在走向城市化的进程中,"村民与集体间的行政组织关系逐步被淡化,而财产产权关系则被不断强化。以村委会为核心的行政组织关系逐步让位于以集体经济组织为核心的契约组织关系。'城中村'作为一个共同体,已经不是传统村落那样基于共同价值形态的文化共同体,也不是基于空间物质形态的地域共同体,而是基于共同财产关系的经济社会综合体"[①]。大量村民虽已迁出村落,入城居住,但其

[①] 周锐波、闫小培:《集体经济:村落终结前的再组织纽带》,《经济地理》2009 年第 2 期。

对于土地房产仍然具有所有权,形成了"利益在场"而"身体不在场"怪局。

而走向"过疏化"的乡村组织的衰败,则主要表现为无力正常地回应来自中心城市的挑战,在失去大量青壮年人口的同时,也丧失了社会再生产和自我调节能力,必然走向"崩解"。崩坏失序的乡村难以在短时间内"终结",又丧失了自我组织和自我调节的能力,这便是过疏化背景下村落组织变动的复杂性所在。

第四,"村落终结"的速变性。近年来,在中国快速城市化的推动下,社会各界普遍对村落的急剧衰落及其走向终结表示出强烈的关注。据已公布的研究数据统计,"从1985年到2001年,在不到20年的短短时间里,村庄数目因为城镇化与村庄兼并等原因,已由原来的940617个锐减到709257个;仅2001年,村落就比2000年急速减少了25458个,每天平均减少约70个,而且减少的速度还在加快"[1]。"村落终结"与快速城市化进程紧密伴随,使得其在短时间内发生了巨大的变化,其进程中往往伴随着村庄利益的分割与重组,导致村落的各种矛盾开始激化,使村落组织面临严峻的考验。

二 "村落终结"的形态及其组织变迁

检视学术界近年来的研究成果,我们会发现虽然有些学者业已围绕着"村落终结"的相关问题展开了一些研究,但对于"村落终结"形态的多元性和复杂性却估计不足,尤其是对由"村落终结"而引发的乡村组织衰落现象关注不够。事实上,"村落终结"的形态与村庄组织变迁之间存在着极为密切的关联,故围绕着"村落终结"形态及乡村组织变迁的研究,对于我们破解村落衰败背景下农民的再组织化这一难题具有重要意义。

笔者在2011年发表的一篇论文中,对村落终结的形态及类型进行了初步划分,认为村落终结的形态主要有三:(1)城市边缘地带的村庄被迅速扩张的城市所吸纳;(2)远离城市的偏僻村落在过疏化、老

---

[1] 李培林:《村落的终结:羊城村的故事》,商务印书馆2004年版,第1页。

龄化背景下而走向"终结";(3) 在政府社会规划工程主导下,通过村落合并形式走向终结的村落。① 村落终结形态的多元性反映了当下中国从"城乡二元分立"到"城乡一体"转化的复杂性,同时也为中国当代快速城市化提供了一个很好的注脚。

(一) 城市边缘地带的"村落终结"与组织变迁

一般说来,城市化的核心内容主要表现为中心城市迅速膨胀及向外扩张的过程。那些位于城市边缘的村庄,将不可避免地率先走向终结。虽然城市边缘地带往往会在很短的时间内被迅速纳入城市空间,但村落的终结并非是通过一个简单的物理空间转换所能完成。因为城市边缘地带不仅仅是一个单纯的过渡性空间,而是一种特殊的"社会样态",其组织形态不断发生着复杂而动态的变化。

从 20 世纪 80 年代开始,伴随着联产承包制的推行和乡镇企业的崛起,一般村落的组织形态发生了巨大的变化。尤其是一些靠近城市的村落,凭借着其地缘优势和土地资源的支撑,使其村落经济有了飞速的发展。早在 20 世纪 90 年代中期学术界便开始关注此类现象,并将此种类型的村落概括为"超级村庄",认为:"作为一种新的社区形态,超级村庄存在的方式既不同于传统意义上的'乡',又不同于现代意义上的'城',而是表现出诸多的中间性特征。可以看到,超级村庄既以企业或企业集团的方式存在,又保留有典型的村社区特点;既是自治性的民间社会,又执行着'准政府'的各种职能,还在国家与农民的关系中起着中介的作用;既是工业化的社区,又保留着乡土社会的某些生活秩序和原则,表现出非城非乡又亦城亦乡的特点。"② 而从变动的观点看,村企之间的关系经历了从"村办企业"到"企业办村"再到"村企分离"的变化过程。村落组织形态的上述变动,对村落组织走向终结的进程产生了重大影响,表现为:

第一,在村落经济发展依然迅速的村庄,其村落虽然在形式上业已"终结",但作为组织形态的村落却未发生一个"终结"的进程。学者蓝宇蕴通过对广东石牌村的研究发现:"因为都市村社型共同体的生成

---

① 田毅鹏、韩丹:《城市化与村落终结》,《吉林大学社会科学学报》2011 年第 2 期。
② 折晓叶、陈婴婴:《超级村庄的基本特征及'中间'形态》,《社会学研究》1997 年第 6 期。

和它所发挥的作用,在由'村'向'城'的转化中,石牌村并没有采用以'城'去同化'乡'的方式,而是采用以村社型共同体的组织架构和本土化的资源去吸纳'城'、实现与大都市融合的路径。此种转型没有根本意义上的组织重组,无论是向城市社区组织转型的居委化,还是向现代经济组织转型的公司化,都是寄居于本土组织的。"[1]

第二,在村落经济日趋凋敝的村庄,虽然企业对村落的主导力和影响力大大衰减,但在由企业衰败而引发的经济利益清算和瓜分过程中,村庄内的各种矛盾持续激化,导致村落组织亦难以顺利地走向终结。以至于有的城市边缘地带的村落,虽然其在物理空间和组织形态上业已不存在,但其围绕着经济利益而展开的纠结却仍无限期地持续下去。

(二) 过疏化村落的"组织衰败"与终结困境

如前所述,城市化背景下城乡关系的变迁往往表现为城市"过密"和乡村"过疏"两个相对而动的演化趋势。在城市这块具有超强引力的"磁铁"的吸引下,乡村青壮年人口大量外流到城市,导致边远地区农村人口锐减,其正常的生产活动和社会生活已难以正常展开,由此,过疏化的乡村不可避免地走向衰落,甚至走向"终结"。

众所周知,自人类步入农业社会以来,乡村即成为农业社会最为基本的组织单位,成为具有极强同质性的共同体。但在城市化浪潮的冲击下,村落社会必然走向消解。城乡二元体制的走向消解以及乡村社会的衰落,是与乡村社会的原子化动向相伴而生的。在这里,我们所说的乡村社会的原子化,主要是指在生产方式转变后村庄、村民间的联系的减少以及孤立化的变化过程。

改革开放以来,伴随着联产承包体制的建立,村庄共同体和村庄共同利益的逐步弱化,甚至消失,伴随着国家行政力量的迅速后退,村庄之上的维系力量(如传统的宗族力量和村民自治)并不能逐步复活和迅速生根发芽,村民成了单个的孤立的个体。同时,随着新时期城乡关系的巨变,大量农村青壮年劳动力开始进入城市,乡村人口剧减,乡村原有的社会关系被破坏,而走向"过疏化"。在原子化状态下,村民个人间、与组织间的联系被极大弱化,导致乡村世界出现了"鸡犬之声

---

[1] 蓝宇蕴:《都市村社共同体:有关农民城市化组织方式与生活方式的个案研究》,《中国社会科学》2005年第2期。

相闻，民罕往来"的局面。村庄、村民的社会最基本的社会联结被破坏，村民间的联系空前弱化，相互之间的社会关联度降低，村庄和村民的集体意识减退，协作的意识和能力下降，乡村社会出现严重的"组织衰败"。

（三）村落合并与农民再组织化困境

在后发外生型现代化国家的历史上，存在着一种以行政为主导推动力的"自上而下"的村落改造建设运动，即通过强大的行政力量，以村落合并等形式，推动村落实现迅速变革。近年来我国部分省份为解决三农问题，实现城乡统筹和公共服务均等化而展开的村落改造运动，便是其中的典型代表。通过政府"自上而下"推动的村落合并行动，对乡村组织赖以存在的社会基础产生了较大的影响，主要表现在：

（1）村落社群关系的变化。这些"自上而下"的行政力量通过外力作用而使得乡村社会旧有的社会空间结构和社群关系发生重大变化。毫无疑问，剧烈的空间迁移导致村民的社会资本发生一定程度上的折损；（2）生活方式的变化。这种运动式的集中并村的方式，对农民的生活方式产生了较大影响。就农业生产的经营方式而言，其生产活动需要较大的空间。在农业经营方式未发生重大改变的条件下，单纯地改变其居住方式，必然对其农业经营活动产生严重影响。此外，农民上楼后，因水电气、蔬菜、生活用品、物业费等的增加而使其生活成本大大提高；（3）宅基地具有生产、生活双重属性。在并村过程中，涉及宅基地补偿等一系列拆迁问题，容易引发诸多社会矛盾；（4）合并后大村庄内部原有村组织之间关系的紧张。并村后，很多合并村落的资产也并没有合并，资产和债务仍旧归于原村，形成了新村管新账，旧村管旧账的情况。可见，在现代化和城市化背景下，以国家行政力量作后盾，采取并村的方式将分散的农民在短时间内集中起来，亦因其对农民居住方式、生产方式和生活方式产生巨大影响，而蕴涵着巨大的冲突和风险。

三 村庄衰落所蕴含的风险及农民的再组织化之路

如前所述，快速城市化背景下的乡村世界经历了一个较长时段的

"衰败"过程,这里所说的"衰败"不仅仅指经济凋敝、人口稀少,更为重要的是其走向终结进程中所发生的"农民原子化生存"和"组织衰败"现象,其所带来的具有根本性意义的社会挑战在于:处于急速转变进程中的乡村社会何以成为可能?这一进程潜藏着哪些巨大社会风险?如何通过具体的对策和政策举措,切实推进农民摆脱原子化困局,走上再组织化之路,成为"村落终结"进程中最为关键的环节。如何在社会剧烈变动的背景之下实现农民的再组织化,是当下"村落终结"进程中所要直面的核心问题。

第一,应加强以村委会建设为核心的基层民主秩序的构建,强化农村基层政权在联结"政府"与"农民"关系问题上的重要作用。

在中国历史上,无论是"皇权止于郡县"时期的士绅自治,还是人民公社时期的村落组织,都在连接国家与农民,调节二者之间关系的问题上发挥了重要作用。但是,在转型期中国城乡关系和村落社会发生剧烈变动的背景下,村组织能否依旧承担起上述使命,将是一个很大的疑问。因为"村落终结"背景下的乡村组织衰败将导致农民与国家的关系发生变化,使农民直接与国家相对。20世纪80年代以来,中国农村实行家庭联产承包责任制后,农民与国家的关系格局即发生了明显的变化。"公社行政体制和村集体经济解体,村庄组织在经济和行政两个方面的职能都大大削弱,个体农户与国家在更高的行政层面上相遇。"[1]而乡镇企业得到快速发展后,借助乡镇经济的力量,虽然在很大程度上增强了村庄组织的权力,但伴随着乡镇企业的衰落及以产权明晰为主要内容的乡镇企业与其母村剥离进程,使得村庄开始面临更为严重的"组织衰败",导致处于原子化状态的农民利益诉求阻塞,开始直接与国家政权直接相对。故我们欲理顺国家与农民之间的关系,就必须首先加强村级政权的建设,使其发挥其应有的作用。

第二,以城乡统筹和城乡一体化的理念和政策体系努力弥合城乡二元体制造成的历史鸿沟,以推进农民的市民化进程。

转型期的中国城乡关系更加复杂,导致所谓"村落终结"已远远不是简单的"空间变迁"和一般意义的"关系变动",也不是农民群体

---

[1] 折晓叶、陈婴婴:《超级村庄的基本特征及'中间'形态》,《社会学研究》1997年第6期。

单一的"去农为工",而是一个非常复杂的总体变迁过程,其中充满着激烈的矛盾冲突和利益重组。因村落组织变异和村集体财产纠葛而生成的村落内部冲突,将不断走向激化,从而使村落组织失去其常态存在,而成为典型的变态组织。同时,"村落终结"与农民转型的"非同步性",致使农民再组织化进程遭到阻滞,使得其融入城市的进程大大放缓。

我们应树立"城乡一体"的总体发展观。在人类文明史上,"都市的兴起和乡村衰落在近百年来像是一件事的两面"[1],两种现象密切关联,若形影相随。故当我们在直面村落终结问题时,不能单纯地就城论城,就乡论乡,而要将其置于城乡一体的总体进程中加以理解。在科学研究过程中,很多学者已明确地意识到"在城市和乡村的分界变得越来越模糊的情况下,规定城市社会学的研究范围,没有太大的意义。就某种意义上说,如今城市无处不在,即使在物质性上并非如此,至少是社会现实。因此,城市社会学并非纯城市现象的社会学"[2]。可见,复杂的社会变迁实际上已经要求我们建立起一种超乎"农村—城市"模式之外的新的研究范式,建构起一种总体发展观。

第三,寻求乡村发展的历史继承性及多元模式的探索。

如前所述,村落剧烈的全方位变动涉及产权关系变革及一般社会关系的重组,必然产生激烈的矛盾和冲突,如何在冲突矛盾之中,建立起新的社会合作和社会整合机制,已迫在眉睫。在实践中,我们应注意将"地方性"变量带入村落终结及组织化重建的进程之中,依据村落的历史地方传统以及其终结方式,展开多元模式探索。

虽然在城市"过密化"和乡村"过疏化"的背景下,近年来中国的村落终结进程业已加快了步伐。但正如前文所述,所谓"村落终结"并不是一个简单的"化乡为城"的直线式的发展进程,亦不是村落组织简单的解体,而是一个复杂而多重的"双向互动"过程。须知:在人类文明的发展进程之中,"城市正是吸收了这些村庄习俗,它才形成了自身强大的活力和爱抚养育功能;正是在这个基础上,人类的进一步

---

[1] 费孝通:《乡土中国》,上海世纪出版集团2007年版,第254页。
[2] [法]格拉夫梅耶尔:《城市社会学》,徐伟民译,天津人民出版社2005年版,第1页。

发展才成为可能"①。村落组织的传统组织资源和文化传统,并非完全作为现代性的对立面而存在的,其独有的地方性传统理所应当地被纳入到现代化新传统的建构之中。故我们要充分地意识到村落终结的长期性和连续性,并注意寻求中间过渡性环节,以保持传统与现代之间的内在联系。

第四,建构组织形态的流动公共性。

村落走向终结进程中村民的"原子化"使得其流动可资利用的社会组织资源非常匮乏。虽然有学者研究调查显示:"农民工流动特别是初次外出所依靠的社会资源最主要的不是来自政府和市场,而是乡土网络。在农民工生活和交往的整个过程,外出前就存在的初级乡土关系和外出后建立的次级乡土关系都起着重要的作用。"②但受村落原子化的影响,同时因乡土同质群体内部可利用的资源本来就非常有限,故随着时间的推移,农民工脱离群体的原子化倾向亦非常普遍。因此,如何将处于流动状态的农民纳入到组织体系之中,便成为异常重要的课题。在这一过程中,我们既要发挥各级政府主导的正式组织的作用,还应关注那种非正式、非制度化组织和群体建设,为流动中的农民工提供真实的社会保护,以从另一侧面推进农民实现再组织化。

(该文刊于《人文杂志》2012年第1期)

---

① [美]刘易斯·芒福德:《城市发展史:起源、演变与前景》,宋俊岭、倪文彦译,中国建筑工业出版社2005年版,第13页。

② 谭深:《农民工流动研究综述》,《中国社会学年鉴》(1999—2002年),社会科学文献出版社2004年版,第68页。

城乡接合部"社会样态"的再探讨

近年来,伴随着我国快速城市化的启动,城市社会治理开始成为社会各界普遍关注的社会热点问题。在研究中,大家似乎都会发现,大中型城市周边的城乡接合部是当下社会治理的难点。从表面上看,城乡接合部的确存在着众人所诟病的人口结构复杂、环境脏乱差、治安混乱等社会无序现象。但实际上这只触及问题的表层。要想真正理解城乡接合部,我们必须将其置于20世纪五六十年代以来形成的城乡二元结构的背景下,深入到其空间结构和社会关系体系内部展开深度分析,方可对城乡接合部有一个恰当的理解认识。在以往的研究中,学界或将城乡接合部视为城与乡的接合地带,或将其作为城市的一部分来看待的。而本文则认为,从构成要素看,城乡接合部绝不是"城""乡"要素的简单相加。从外在的要素看,城乡接合部虽然已基本上作为城市的一部分被列入城市体制之中。但事实上,在中国社会转型期特定的历史背景下,我们不能简单地将城乡接合部视为是城市的一部分,而应将其作为一个特殊的地域社会来加以研究认识。由此,将城乡接合部作为一种特殊的地域社会样态来展开研究,便成为深入理解城乡接合部问题的关键。

一 从"城乡二分"研究模式到"地域社会"分析视角

(一)"城乡二分"研究模式的产生

自人类步入工业社会发展阶段,城市取代农村成为新的文明中心以来,即出现了城市—乡村二元对立的格局。无论是西方发达国家还是非西方的发展中国家,其社会发展都无一例外地呈现出"城市—乡村"

二元对置的格局。而现代人文社会科学在建构其理论和知识体系的过程中，也基本上是循着"城市—乡村"这一理论分析框架而展开的。

在迄今的研究中，一些研究者对"城市—乡村"分析模式进行了比较系统的研究概括，他们主要根据职业、环境、地域社会规模、人口密度、人口的异质性、社会分层、移动性、相互作用等方面，对城乡社会展开比较研究，并在此基础上概括出城市—乡村不同的地域特质。[①] 主要表现在：（1）自起源观之，农村之成立为原始的、自然的，由于人类选择适于居住，易于获得食物之处，少数之人民聚集而成，都市之成立，为继起的、人为的，由于行政之统治，交通之便利，产业之发达，敌人之防御，多数之人民，团结而成。（2）自行政方面观之，视都市即系县城，为行政长官驻在之地，凡县城以外之市、镇、乡、村，均谓乡村；（3）自人口疏密观之，各国制度不同，万国统计会议人口二千以上者，谓之都市；二千以下者谓之乡村；（4）自住民之职业观念观之：都市之住民，以经营商工业者为多，乡村之住民，以经营农业者为多；（5）自社会机关观之，都市为政治、教育、实业、艺术之中心，各种事业甚为复杂，有繁华之气象，农村则此种事业，均极寡少、简单，有寂寥之气象，且都市之人民，互相接触之机会甚多，故群众的观念颇深，于乡村中，则此等接触之机会甚少，故群众心，颇不发达。[②] 由于工业社会的扩张性，导致城乡之间不断产生矛盾和冲突。"城乡之间的对立只有在私有制的范围内才能存在。这种对立鲜明地反映出个人屈从于分工、屈从于他被迫从事的某种活动，这种屈从把一部分人变为受局限的城市动物，把另一部分人变为受局限的乡村动物，并且每天都不断生产他们利益之间的对立。"[③]

与上述情形相对应，社会学学科也相应地形成了以农村社会学和城市社会学为主体的学科分支。在相当长的一段时间里，社会学学科的知识生产大体上是循着"农村社会学"和"城市社会学"这两个分支学科发展起来的，出现了如美国芝加哥学派等一些颇具影响的学术流派。芝加哥学派强调组织制度体系在社区形成过程中的作用。这里所说的组

---

① ［日］森冈清美等编：《新社会学辞典》，有斐阁1993年版，第987页。
② 顾复：《农村社会学》，商务印书馆1924年版，第13页。
③ 《马克思恩格斯全集》，人民出版社1960年版，第57页。

织制度具体包括：生态体制，即人口和组织机构的地理分布；经济组织，在劳动分工的基础上发展起来的社区中的职业体制；文化和政治体制，即建立在职业体制基础之上的限制和约束社区成员、组织的规范系统。[1] 这实际上就把现代社会的组织、制度要素纳入了社区的研究和理解。芝加哥学派强调工业主义在城市社区形成过程中的重要作用，认为："竞争过程还即迫使新工业将其主要生产企业集中于一两个社区范围之内；然后，这些社区在发挥它的社会磁体的作用，从远近各社区中将适合的人口吸引到自己周围。"[2] 并由此开辟了城市工业社区研究的传统。

而在农村社会学研究领域，1906 年到 1912 年间，哥伦比亚大学社会学教授吉丁斯指导学生从事农村社会的调查，堪称是农村社会学研究的先声。1915 年，威斯康辛大学的 C. G. 格尔平教授发表《一个农业社区社会的剖析》的报告，标志着美国农村社会学的诞生。[3] 在农村社会学研究对象确定的问题上，学界一般认为，农村社会学应以农村社会为研究对象。也有一些其他看法，如："美国农村社会学家沃格特认为农村社会学是研究农村文化的。勒尔逊认为农村社会学的重点应研究农村中的群体关系与社会制度。桑德森认为农村社会学研究对象重点是社会组织。希姆斯认为农村社会学是比较农村与城市异同的比较社会学，他强调对农村社区的研究。"[4]

（二）地域社会研究的勃兴

但事实上，这种"城市—乡村"二元模式划分在发轫之初，便具有明显的"相对性"。因为在工业社会凯歌行进的过程中，根本不存在纯粹的乡村，乡村之所以成为问题，主要是工业化和城市化直接冲击作用的结果。乡村问题只有放到工业化、城市化的背景下，才能获得理解。但在当时的历史条件下，城市社会学和农村社会学之所以没有受到强力质疑，主要是因为当时的城市和乡村大体存在着比较清晰的界限。而随着社会的发展演进，首先是在发达国家，出现了城市、农村的界限

---

[1] ［美］R. E. 帕克等：《城市社会学：芝加哥学派城市研究》，宋俊玲、郑也夫译，商务印书馆 2012 年版，第 105—106 页。

[2] 同上书，第 67 页。

[3] 吴怀连：《农村社会学》，安徽人民出版社 1991 年版，第 2 页。

[4] 同上书，第 7 页。

逐渐走向模糊的发展趋向，作为现代性活动拓展的最重要空间，城市急剧扩张，乡村世界则迅速走向萎缩，出现了"村落终结"问题。在上述背景下，城市和乡村的发展逐渐呈现出更为明显的你中有我，我中有你的复杂发展态势。上述趋势不仅使农村社会学的存在遭到质疑，同时城市社会学存在的合法性也成为疑问。这种发展态势最终导致了超乎农村社会学和城市社会学之上的地域社会研究的诞生。学界通常将地域社会学视为是"以地域社会为研究对象的社会学分支学科，主要是指超越都市和农村的界限，将其纳入总体视野，以研究地域社会的社会结构、集团构成以及人类行动为主要内容的学问。学界也时常把农村社会学和城市社会学看作是地域社会学的下位概念，而将地域社会学界定为二者的总称。但这并不意味着地域社会学可以简单地还原为农村社会学和城市社会学"①。

与以城乡二元为研究分析框架不同，从地域社会视角审视现代社会，我们可以有更多的发现。在地域社会研究的视域下，城市不再是一个统一的实体性的存在，而是由都心内城、郊区、城乡接合部等若干具有不同特征的地域社会构成。而乡村也不再是一个单一的同质化空间，而是由过疏化乡村、城郊农村、山区农村、渔村等构成。

二　城乡接合部的地域社会样态

依照城市化类型之差异，其城乡接合部所表现出来的存在样态也有所不同：在那些业已完成城市化进程的发达国家里，因城乡界限相对模糊，基本上已不存在典型意义上的城乡接合部。但对于像中国这样长期处于城乡分治状态下的发展中国家，其快速城市化和城乡一体化进程中必然会出现比较复杂的社会变动。在迄今的研究中，学界多从"问题取向"入手，将城乡接合部看作是城市的灰色地带而展开批评。或从城市扩张的角度将其视为待开发的理想处所。而对于研究者来说，城乡接合部似乎又是一个外化于典型城市和乡村的存在。从社会构成要素的

---

① 田毅鹏：《地域社会学：何以可能？何以可为？——以战后日本城乡"过密—过疏"问题研究为中心》，《社会学研究》2012 年第 5 期。

角度看，城乡接合部是一个城市和乡村接合与交错的地带，城市因素与乡村要素并存，单纯地运用任何一种单一的研究方法都很难洞悉其复杂的社会构造。作为一种特殊的社会样态，城乡接合部的人口结构，空间结构，关系结构，阶层结构，组织结构都与一般意义上的城乡社会不同，具有鲜明的特色。故我们应将城乡接合部看作是一种特殊的地域社会样态，对其所具有的基本特征展开系统的分析和研究。

（一）社会关系的"二元区隔"

与城市社区和农村村落相比，城乡接合部的居民构成非常复杂，导致其实体社会存在着复杂的关系样态，具有典型的"社群区隔"特征。这里说的"社群区隔"，主要是指本村居民和外来的非定居移民之间所存在的区隔现象，主要表现在：（1）"身体在场，关系不在场"，主要指那些外来的非定居移民虽然居住在城乡接合部，但他们在这里只是匆匆的过客，没有密切的社会关系的存在，没有进入到这里现实的社会生活，在这里他们仅仅是找到了一个简单的栖身之地。（2）"身体在场，利益不在场"，城乡接合部村集体所有的福利分配都是以原住村民为对象，而外来的非定居移民作为"外来者"，不属于村落成员，因此他们在这里没有任何利益分配权。如有的村子里面有福利，孩子参加高考，考上大学后，村里面会奖励数千元的奖金，但对于外来的非定居移民来说，无论你的孩子考到哪里，村委会都不会奖励。（3）"身体在场，参与权不在场"。近年来，随着城乡间人口流动的加剧，新修订的《村民委员会组织法》关于基层选举资格的界定有了新的修改，将非定居性移民有条件地纳入选民登记的范围之内，明确了非定居性移民具有选举权的规定。但事实上，由于这些非定居性移民的基本社会关系和经济利益不在场，其社区的参与权也被不同程度地轻视或削弱，自己本身也缺乏参与的积极性。（4）身体在场，保障权不在场。现在政府的很多社会政策、社会保障的一些福祉基本上是以户籍为依据来实施的，而这些外来人口的户籍都在农村，因此，他们在这里无法享受到国家给予城乡居民的那些基本福利保障。

而本村村民的社会关系情形则完全相反。他们虽然大多在城里买了房子，已不在城乡接合部居住，但其关系形态却是："身体不在场，关系在场""身体不在场，利益在场""身体不在场，权益在场""身体不在场，参与权在场"，表现出完全相反的特征。①

通过上面简单的分析，我们发现城乡接合部不同于一般意义上的城乡社会，表现出一种特殊的社会关系样态。在这里，人的身体、关系、权利、组织归属与国家的制度之间存在着不同程度的错位现象。借助上面的分析，我们可以解释很多城乡接合部的问题和困境，如为什么城乡接合部的生活环境恶劣，而又难于治理，其重要原因在于那里实际居住的居民已没有实体性的社会关系的存在，自然不会产生责任感和地域归属感。

（二）"二元结构"的双重性

从结构视角审视城乡接合部，我们会发现，这里存在着双重的"二元结构"。首先是"城乡二元结构"。众所周知，与早发内生型现代化国家不同，包括中国在内的后发现代化国家在其完成民族独立，走向现代化的进程中，其社会长期存在着城乡分立的"二元结构"，对其经济社会发展产生深远影响。所谓二元结构，一般说来就是"把城市社会作为一元，农村社会作为另一元的城乡分割状态。"值得注意的是，这里所说的"二元结构"并不是一个抽象概念，而是通过一系列具体的制度政策体系支撑起来的。主要包括户籍制度、住宅福利分配制度、粮食供给制度、副食品供给制度、燃料供应制度、教育、医疗、就业、保险、劳保、婚姻、征兵等十余种制度。正是通过上述这些具体的"制度区隔"，城乡不同世界才得以成立。在乡村世界，上述各种在城市单位中盛行的制度却几乎完全失灵。现实中正是通过上述这些制度，划分了农民与城市市民的身份区别，形成了鸿沟为界的城乡世界。改革开放后，"城乡二元结构"开始走向消解，但并未真正"终结"，而是以新的形态存在并继续发挥作用。中国的城市化必须消解二元结构，但我们却不能直接由"城乡二元结构"走向"一元"，而是需要一个比较漫长的转化过渡期。这或许是我们当下提出"城镇化"而未使用国际上通用的"城市化"概念的重要原因。

其次是"城市内部二元结构"。近年来，学术界在分析当代中国社会结构变迁时，提出了"城市内部二元结构"概念，认为传统的"城

---

① 田毅鹏、齐苗苗：《城乡接合部非定居性移民的"社区感"与"故乡情结"》，《天津社会科学》2013年第1期。

乡二元结构"命题已不足以解释当下中国社会结构变迁的复杂性,因为伴随着大量农业人口涌入城市,城市社会内部出现了以"城里人"和"农民工"为主体的两大人群,前者完全被城市公共服务体系所覆盖,而后者则是完全被排斥于体系之外的。故"我们过去经常讲二元结构,但那时候更多讲的是城乡二元结构,今天最突出的二元结构矛盾是城乡内部的二元结构问题,也就是要解决农业转移人口的市民化问题"[1]。而且,"由于利益格局的确立,城市仍然没有摆脱依赖于从农村剥夺资源,来维持城市公共福利的积累和企业成本降低的局面。原来简单明了的城乡二元结构,已经被行政区的公共福利利益格局多元化了,因此要改革的内容已经远远超出了20世纪90年代凸显的城乡二元结构的范畴"[2]。而且,值得注意的是,"城里人"和以农民工为主体的"外来人口"并不是均质地分布于城市之中,而是集中居住在城乡接合部。故理解城市内部二元结构问题,必须从城乡接合部的研究入手。

（三）瓦片经济与空间错乱

众所周知,城乡接合部是从传统的城郊村落转化而来的。在快速城市化进程启动之前,城郊村落的宏观空间布局和居住空间结构与一般意义上的乡村并无明显差异。但伴随着快速城市化的启动和城乡二元结构的逐渐走向消解。大量农村务工人员落脚城郊,导致城乡接合部村落居住空间发生畸变。城乡接合部的居民纷纷将自己的住房改建扩充,搞起了"瓦片经济"。大量私搭乱建简易房,使得城乡接合部的空间呈现出空前的乱象。昔日一户典型的农家大院可扩建为十几户甚至几十户简易住房,"若从高空往下俯视,在栉比鳞次和低矮杂乱的巨大反差中,这些住宅群落犹如乐谱中一个个不和谐的音符散落在大都市的画面上,奏出一曲曲失调与刺耳的乐章。若穿过标准化的城市街巷进入城中村,头脑中立刻会冒出恍如隔世的时空错乱之感,你很难相信自己居然还是置身于一个大都市内"[3]。因同时期城市扩张而建立的商品房住宅区和一些经济开发区建立的厂房也拔地而起,形成了一道集传统与现代为一体

---

[1] 高培勇:《城市内部二元结构是城镇化中最突出的矛盾》（研究报告）,新华网2012年12月13日。
[2] 李铁:《城镇化是一次全面深刻的社会变革》,中国发展出版社2013年版,第1页。
[3] 蓝宇蕴:《都市里的村庄：一个新村社共同体的实地研究》,生活·读书·新知三联书店2005年版,第3页。

的特色景观。

此外，从目前的情况看，城乡接合部在中国的存在还具有一定的长期性，但在快速城市化推动下，其空间存在形态是移动的，即随着城市的扩张不断地向外拓展。

（四）管理体制的二元性

由于城乡接合部居住人口的复杂性和多元性，导致其管理体制带有极强的"二元性"，制约着城乡接合部社会治理工作的展开和运行。以北京的城乡接合部的管理为例，其二元管理模式的主要特点表现为："街道办事处负责管理和服务于北京的非农业户籍居民，乡镇政府负责管理和服务于北京农业户籍村民。在城乡各自封闭的管理系统中，街道、乡镇履行着对自管人口的社会管理和公共服务职能。受城乡二元社会管理结构的制约，我国的公共财政体制实行相应的'双轨制'：基层城乡公共管理经费的来源不同：街道办事处、社区居民委员会有公共财政作支撑，公共物品付费实行专款专用；乡镇政府、村民委员会的公共管理费用主要取自农民剩余劳动的积累和集体土地的增值，由农村集体经济组织负担。"[①] 之所以会出现上述复杂的管理格局，主要是因为：（1）我国20世纪五六十年代以来长期实行城乡二元结构，在城乡之间挖出一道深深的堑壕，难以在短时间内填平；（2）快速城市化进程与传统体制、政策变革之间存在着明显的不平衡性；（3）资源汲取机制传统惯性的影响。计划时期，我国城乡社会的资源配给存在着城乡不同系统，分属政府不同职能部门。这一不同系统的存在，给基层组织获得资源提供了一定的缝隙。如新时期村落一方面通过完成村改居，从区、街等城市管理部门获得资源；另一方面，仍然通过村委会的身份，在农业局、农委等农口系统获得资源。这或许是城乡接合部管理体制的二元性长期持续的一个重要原因。

三　几点认识

综上所述，在研究中我们将城乡接合部作为一个特殊的地域社会样态

---

① 袁振龙等：《农民问题国际比较研究》，知识产权出版社2010年版，第181页。

展开分析，对于深化城乡接合部研究的理解和认识具有特殊重要的意义。

第一，关于城乡关系的理论建构。

自人类社会步入工业化、城市化时代起，城乡关系便成为现代社会最为重要的关系体系。百余年前，在最早发生工业革命的英国，著名城市学家霍华德曾提出"田园城市"的发展模式，认为："城市磁铁和乡村磁铁都不能全面反映大自然的用心和意图。人类社会和自然美景本应兼而有之。两块磁铁必须合而为一。正如男人和女人互通才智一样，城市和乡村亦应如此。城市和乡村必须成婚，这种愉快的结合将迸发出新的希望、新的生活、新的文明。"① 应该说，霍氏的观点实际上是一种理想型的设计。在现实中，真实的城乡之间的作用是不均衡的，以工业文明为基础的城市文明毫无疑问地占据了绝对的统治地位。而城乡接合部便是城乡交互作用的最为重要的空间，故加强对城乡接合部的研究，有助于我们更为深刻地理解城乡关系的实质及问题。

一般说来，城乡接合部实际上是作为"城"与"乡"交互作用的空间而存在的。从中国的情况看，既然城乡二元结构是新中国成立以来长达半个多世纪的时间里形成的，那么，其走向消解也必定要经历一个转换的过程。由"城乡分立"到"城乡一体"的演化逻辑，不是从"传统"到"现代"的单向推进，而是一个复杂的、长时间的"双向互动"过程。而从空间上看，城乡接合部是在多种力量的作用下形成的，存在着一套复杂的作用机制。诚如空间理论研究大师列斐伏尔所言："任何一个社会，任何一种生产方式，都会生产出自己的空间。社会空间包含着生产关系和再生产关系，并赋予这些关系以合适的场所。""既然认为每一种生产方式都有自身的独特空间，那么，从一种生产方式转到另一种生产方式，必然伴随着新空间的产生。"② 总之，从理论上对城乡接合部空间的生产机制进行提炼概括，有助于我们深入理解城乡关系的复杂形态及作用机制。

第二，城乡接合部与快速城镇化的推进。

城乡接合部问题的凸显，还与当下正在展开的快速城镇化有着密切的联系。20世纪晚期以来，在快速城镇化背景下，城乡社会剧烈变迁

---

① ［英］霍华德：《明日的田园城市》，金经元译，商务印书馆2000年版，第9页。
② 包亚明：《现代性与空间的生产》，上海教育出版社2003年版，第87页。

引发出一些值得特殊关注的社会景观。近来，社会各界围绕着城镇化问题展开热议，并在一些问题上形成了一些基本共识，如人们普遍认为城镇化是新时期中国破解城乡二元结构，消解社会矛盾，进一步推进社会均衡和谐发展的最主要途径。城镇化既是我国现代化建设的历史任务，也是扩大内需的最大潜力所在。但在具体的城镇化发展道路选择问题上，目前仍存在比较大的争论。其中最具核心意义的追问是："什么是城镇化""谁的城市化"，上述争论直接导致各级政府在城镇化实践过程中，往往陷于手足无措的迷失状态。故我们只有对城镇化内涵的普遍性和特殊性有一个较为清楚的理解和认识，才能付诸理性的行动。

从表面上看，所谓城镇化主要是指随着工业化的发展，农业人口不断降低，城镇人口比重不断提高的过程。而从深层次看，我们不能简单地把城镇化理解为人口由乡村流向城市以及工业要素在更广的范围内的空前扩散，而应将此进程看作是一个由农业社会向现代工业社会、城市社会转变的系统性工程，一个由"不均衡"转向"均衡发展"的社会。城镇化需要拓展城市规模，亦应有大量的人口流动，但不是单纯的"造城"；也不是简单的"驱民入城"。与改革开放前的中国社会相比，转型期的中国城乡关系呈现出更加复杂的样态，所谓城镇化已远远不是简单的"空间变迁"和一般意义上的"关系变动"，也不是农民群体单一的"去农为工"，而是一个非常复杂的总体变迁过程，其中充满着激烈的矛盾冲突和利益重组。

第三，社会政策建构的挑战。

城镇化进程需要有一个与之匹配的"制度创新"和"政策创新"相伴随。正如国家发改委城乡中心主任李铁所言：城镇化要解决的是几亿进城农民的公共服务均等化问题，关系到利益结构的调整，所以必须通过改革来解决有关制度和政策层面的问题。仅靠投资是无法带动城镇化的，否则只会固化当地居民和外来人口的福利格局。只有在改革的基础上，打破户籍、土地和行政管理体制上的障碍，提高城镇化质量，改善外来人口的公共服务，提升投资效率才能变为可能。[①]

在城乡接合部社会政策体系构建的问题上，我们既要有宏观的理论

---

① 姚冬琴：《李铁：城镇化是给农民工市民化雪中送炭》，《中国经济周刊》2013年第14期。

关怀，同时也要有一种真切的"问题取向"，直指转型期城乡接合部具体的社会问题。如土地政策即为当下城乡接合部最为棘手的问题，国外学者甚至将城市边缘带定义为"在已被承认的城市土地与农业土地之间的用地转变区域"[①]，强调土地政策在城郊社会发展过程中的重要性。此外，户籍政策、各种福利保障制度、经济发展与就业政策等，也是城乡接合部社会治理体系构建所要突破的瓶颈。有学者通过研究发现："城乡接合部社会治安状态不佳，在很大程度上是行政村和村民严重依赖'瓦片经济'的结果。为了尽可能获取更多的收入，村集体在剩余土地上建设集体出租屋，农民在宅基地上建设小出租屋。不出租房屋的村（居）民只是极少数。当问及村（居）民为什么愿意出租房屋而不愿自己经营或出去找工作时，村民们坦言，自己经营要冒风险，出去找工作也找不到什么好工作，不如出租房屋'旱涝保收'。"[②] 在这一意义上，我们应在针对性研究的基础上，制定相应政策，以走出困境，破解其治理难题。

就在笔者即将搁笔之际，传来消息，国务院常务会议日前决定，在已基本实现新型农村社会养老保险、城镇居民社会养老保险全覆盖的基础上，将两项制度合并，在全国范围内建立统一的城乡居民基本养老保险制度。从政策的效果来看，城乡统一基本养老保险制度的建立，也是缩小城乡差别的重要举措。不分城乡户籍，客观上将对现行户籍制度产生较大影响。[③] 将此项惠民政策与本文的主题相联系，我们有理由期待，城乡居民统一的基本养老保险制度的建立，将有助于消解城乡接合部承载的二元结构的历史包袱，步入一个新的发展阶段。

（该文刊于《山东社会科学》2014年第6期，第二作者齐苗苗）

[①] 陈银蓉、梅昀等：《大中城市城乡接合部非农建设用地的扩张与调控研究》，地质出版社2008年版，第2页。
[②] 袁振龙等：《农民问题国际比较研究》，知识产权出版社2010年版，第185页。
[③] 王振耀：《让亿万城乡居民养老无忧》，《人民日报》2014年2月10日。

城市社会管理网格化模式的定位及其未来

近期以来，伴随着中国快速城市化进程的展开，城市社会管理的改革创新逐渐成为社会各界关注的热门话题。其中，数字城市建设、政府社会治理的技术化和城市管理体制变革交织在一起，汇成了城市社会管理"网格化"的浪潮，在社会上产生了较大影响。值得注意的是，迄今网格化管理虽然已被政界和城市管理界看作是一种新的社会治理方略，但却并未引起学术界足够的关注。现有的研究成果中，多数是介绍性和一般评论性的，而罕有学者对此展开学理性的研究和分析。事实上，作为当下中国社会管理体制改革创新的重要举措，网格化管理还存在着许多值得深入研究和探讨之处。如政府管理部门何以热衷推行网格化管理？网格化管理在其发展演化过程中经历了哪些具有本质性意义的阶段性变化？这些变化对城市基层社会"国家—社会"关系产生了哪些影响？通过网格，国家与其民众之间的"距离"是变远还是变近了？网格化管理是一种以"维稳"为目标的非常应急式设计，还是具有可持续性、常态化的管理模式？本文试围绕着上述问题，对城市社会管理网格化的生成逻辑及其一般变化轨迹，展开初步的研究和探讨。

一 从"蜂窝"到"网格"：城市社会管理之嬗变轨迹

欲深入研究理解当下中国城市网格化管理问题，首先应将其置于1949年以来中国共产党城市管理模式形成及演变的总体进程之中，把握其起源和变迁的轨迹，并注意发现其各阶段之间发展演进的内在联系，提炼出其内在的逻辑。

（一）新中国成立以来中国城市管理的基本传统

众所周知，从 1949 年中华人民共和国成立时起，在现代多民族国家构建的过程中，中国城市社会形成了"国家—单位—个人"三个层级的"总体性社会"统治结构。对此，学界有着不同的表述，如在美国哈佛大学教授华尔德的笔下，1949 年以来的中国单位社会是一种典型的"蜂窝状社会"①，而在另一位美国中国学家罗兹曼教授看来，此时期的中国社会是一种以"中间组织"为核心的城市社会或"单位社会"。他认为，中华人民共和国成立初期，城市控制依靠两条凌驾于传统式大家庭团结之上的组织办法。其中主要是广泛控制着家庭以外的主要日常活动——工厂、办公室、学校等地方的活动。这些组织除了履行其本职而开会之外，还占据它的成员们的大部分的其他闲暇时间。② 显然，这里所说的中间组织不是人们所说的公民社会意义上的"中介组织"，而是从属于国家的"单位"。

事实上，无论从何种角度来理解和概括单位现象，都离不开对单位制度一般特征的界定，根据学界已有的研究，我们可以将"单位"最具本质意义的特征概括为：特殊的"国家—单位—个人"的纵向联结动员和控制机制，即单位成员依赖于单位组织，单位组织乃政府实施社会动员和控制社会的组织手段。运用西方国家与公民"距离"理论加以分析，由于国家与民众之间存在着"单位"，我们似乎可以得出国家与民众的关系距离变远的判断。但实际上此种判断是站不住脚的。因为党组织自始至终地贯穿渗透于单位系统之中，发挥着领导作用的。故我们不能仅从控制的角度来理解单位制问题，而要将其置于党的群众路线和社会动员的总体设计之中，才能获得深刻的理解。可见，通过上述政策和制度设计，国家与民众的关系非但没有因"单位"的存在而变远，相反却形成了浑然一体的整体性构造。

在单位制的基本框架内，城市"社会管理"问题被最大限度地弱化了，因为单位制度凭借其"合一性"特点，将政治、经济、社会、文化诸要素结合在一起，构成了资源分配和社会整合的封闭堡垒。在

---

① 张静：《法团主义》，中国社会科学出版社 1998 年版，第 160—162 页。
② ［美］罗兹曼主编：《中国的现代化》，国家社会科学基金"比较现代化"课题组译，江苏人民出版社 1988 年版，第 491 页。

"单位制"和"街居制"的双轨体制下,以政府机关和企事业组织为核心的"单位"始终居于社会的"中心地位",大量的社会事务基本上都由单位自己办理,形成了"单位办社会"的格局。这里所说的"单位办社会",并不简单地表现为单位为其职工提供的种种福利待遇,而是具体表现为企业内部政治、经济、文化、社会的高度合一性。在此种体制下,政府直接承担的社会管理的任务并不十分繁重,很多社会事务均通过"单位"分解掉了。在单位体制下,每一"单位",无论是企业还是机关、学校,都必须在完成自己本职工作的同时,还要"办社会",即处理好自己"蜂窝"内的各种社会事务。虽然处理好上述工作也需要与辖区所在政府、居委会及相邻单位发生关系,但从总体上看,企事业单位基本上是在其单位体系内化解自身问题,而尽量不要使之溢出单位门槛之外。故在单位体制下,"国家"与"民众"个人很少直接相遇。无论是源自国家的资源分配,还是单位内部成员的各种利益诉求,都需要通过单位来加以传导和解决。而政府的派出机构——街道办事处和居民自治机构居委会则居于"边缘地位",其管理的对象基本上是那些没有单位归属的边缘人群。

(二)单位制度的消解与政府社会治理模式的转变

20世纪80年代以来,在以经济建设为中心的主导思想支配下,延续了30多年的单位制度开始发生变革。在一系列大力度的改革措施推动下,以单位为核心的"蜂巢社会"不可避免地走向解体,在单位之外出现了庞大的"自由职业者"和"非正规就业群体"。而快速城市化进程中的城市"过密化"和乡村"过疏化"趋向,则催生了大量流动人口,使得政府的城市管理模式开始发生转变。学术界一般将此种治理模式称之为"政府社会治理技术化",其内涵主要包括两个层面:其一是现代国家通过引入新技术尤其是现代信息技术,来更好地提升自己在公共管理和公共服务中的效能;其二是指国家在实现自身管理目标时,其管理技术、治理手段正在变得越来越"技术化"。[①] 上述社会治理模式的转变有着深刻的社会历史背景,主要表现在:

---

① 渠敬东等:《从总体支配到技术治理:基于中国30年改革经验的社会学分析》,《中国社会科学》2009年第6期。

第一，转型期社会矛盾的凸显。

改革开放后，延续30多年的城乡二元结构虽已逐渐走向松动，但其所承载的社会不平等并未宣告终结，而是以新的形态散布于城乡社会之中。大量农村人口流入城市，沦为弱势，导致中国社会出现了数量庞大的"游民群体"。转型期的中国社会因企业改制、城镇拆迁、农村征地补偿等滋生了大量问题和矛盾，社会群体性事件和个人极端事件频发，导致政府与百姓之间的关系异常紧张。而转型期社会原子化的动向则使问题更加复杂化。这里所说的"社会原子化"，主要是指由于人类社会最重要的社会联结机制中间组织（Intermediate Group）的解体或失缺而产生的个体孤独、无序互动状态和道德解组、人际疏离、社会失范的社会总体性危机。① 在中国语境下，我们所使用的"原子化"概念，主要是指在单位制度变迁过程中社会联结状态发生变化的过程。主要表现为个人之间联系的弱化、个人与公共世界的疏离以及由此而衍生出来的个人与国家距离变远、道德规范失灵等一些基本的社会联结被破坏的现象。社会原子化动向使得个人间以及个人与组织之间的联系中断，导致民众个体利益诉求难以上传，政府的相关惠民举措亦难下达，使得问题呈现出高度复杂化的状态。

第二，城市各级政府社会管理的压力持续加大。

改革开放以来政府社会管理压力的持续加大，首先源于"国家—民众"关系结构的变化。进入20世纪90年代，伴随着单位体制的变迁，在中国迈向市场化的进程中，单位作为计划经济的附属物而遭到批判和抛弃，长期居于国家和民众之间的"联结纽带"——"单位"开始走向消解。加之共产党人传统的"群众路线"等动员模式逐渐式微，遂使国家与民众的关系结构发生了剧烈变动，在利益矛盾凸显的背景下，出现了"国家"与"民众"的关系变远，并直接相对的情形，政府的压力陡然增大。

政府重大活动的安全压力增大。进入新世纪后，北京、上海等巨型城市之所以率先推行网格化社会管理，与其城市快速走向过密以及由举办奥运会和世博会等大型活动所带来的社会管理压力有着密切的关系。

---

① 田毅鹏、吕方：《社会原子化：理论谱系及其问题表达》，《天津社会科学》2010年第5期。

以 2010 年上海世博会为例，该项目运营预计吸引国内外近 7000 万人次的参观者。对整个上海及长三角地区的城市交通、城际交通、市政设施等的运行管理带来巨大压力，对政府的城市管理能力、水平和技术带来极大的挑战。

第三，社区在社会管理领域的局限性。

改革开放初期，我国的各级政府将主要精力投入到经济建设领域，而对社会管理不甚关注。直到 2000 年前后，为承接由单位分解出来的越来越多的社会事务，方才掀起了以社区建设为背景的基层社会管理的改革浪潮。毫无疑问，社区诞生后，在中国城市基层社会管理领域发挥了重要作用。但其局限性亦非常明显，表现在：（1）与农村村委会选举的异常火爆不同，城市社区选举相对比较沉寂，居民的参与度较低，这说明社区管理者并未获得"自下而上"的强力支持；（2）在强政府背景下，社区的资源获得不可避免地依赖于政府，从而使社区在与政府及其派出机构的接触中处于弱势地位，而未找到社区与政府合作的"契合点"；（3）社区空间过大，居民人数过多，难以成为独立的社会自治和参与的基本单位。政府的社会管理压力空前加大，而社区尚未成长到足以独立承担社会管理事务的程度，故政府必须寻找新的富有效力的社会管理方式。

二 城市管理网格化模式的移植及其定位

如前所述，在单位制度走向消解以及快速城市化的背景下，政府城市管理的压力空前加大。面对压力，政府必须寻找新的方法和管理运行模式，以应对日趋复杂的城市管理难题，实现由"总体性支配"向"技术治理"的转变。网格化管理正是作为城市治理的一种创新方法应运而生的。

关于网格化管理，学界和政界有着大致相同的理解，认为："城市网格化管理是以街道、社区为基础，在管理辖区内，以 1 万平方米左右区域为基准划分单元网格，建立城市网格化管理信息平台，对城市部件、事件实施管理，实现市、区、专业处置部门和网格监督员四级联动的管理模式和信息资源共享系统。"① 作为一种新的社会治理术，网格化治理模式在其初起阶段（2000 年前后）主要是以数字城市发展为目标，以整合资源、沟通信息、强化服务为主要内容，主要关注的是在技术、资源及公共服务之间建立起嵌合关系，更强调数字技术服务平台的建立。

到 2005 年后，网格化治理术发生了一些值得注意的变化，主要表现为：网格化治理开始与以"维稳"为主要目标的社会管理体制改革相结合，其应用范围不断扩大，开始扩展到党的建设、工会、妇联等领域，并延及其他行业的管理，"网格"开始作为社会管理的一个重要层级而发挥作用。概言之，网格化管理在其功能及其定位问题上发生了一些值得注意的重要变化：

首先，网格化突破了一般性的管理和服务的范围，导致基层社会管理体制发生变革，形成了新的社会管理格局。

近年来，伴随着城市管理的复杂化及任务量的加大，使得行政科层体系面临巨大的管理压力，不得不主动努力推动自身实现由"管理"向"治理"的转变。一般意义上的网格化主要是将城区行政性地划分为一个个的"网格"，从而在"区—街道—社区"三级管理结构之下，增加了"网格"这一新的层级，变为四级责任体系。推行网格化管理，其目的在于打破以往行政部门条块分割、各自为政、推诿扯皮、责权利不明的种种弊端，将资源重新整合，进一步下放事权，构建一个新的社会管理体系。在这一意义上，"网格化"的核心并非仅仅是增加一级更小的基层管理单元，而是改写了基层社会管理的体制构造。

此外，城市网格化管理模式还是一种"监督和管理分开"的管理模式，其创新之处在于将城市管理、城市监督分开，形成一种新的高效率的管理体制。长期以来，我国城市社会管理体制的改革还比较滞后，政府各行政机关之间职责不清、责权不明、政出多门、条块分割，其整体工作效率不高，故如何形成部门协调的联动机制，是政府社会管理所面临的严峻考验。而城市网格化管理恰恰在此方面有所贡献。在这一意义上，我们应该将近来风靡的网格化管理热潮放在政府与社会的关系变动进程中来进行统一的考察。一段时间以来，学术界很少提及"国

---

① 上海杨浦区网管办网站（www.shyp.gov.cn.）

家",政府本身也没有被认真地看作是一个独立的行为主体。而"社区网格化管理正是从基层社区管理服务碰到的矛盾出发,在街道层面,突破了条块分割的管理体制,理顺了社区与行政部门的管理职能,将原本高度分散的社区管理职能下放到每一个网格,并明确了所在责任区负责人的职责和任务,从而建立有效的监督和评价机制"①。

其次,城市网格空间中的"多元主体"构成。

与单纯的政府组织和社区组织的内部构成不同,网格空间中存在着不同性质的"多元行动主体",主要包括:以区街公务员为主体的"政府行政力量"、以社区工作者为主体的社区自治力量、社区党员和一般志愿者。应该承认,上述各种力量交互作用于网格空间,对城市社会管理的总体格局产生了重大的影响。网格中多元行动主体地位的不均等性。网格内虽然存在着多元行动主体,但其在网格内的地位和作用却不是均等的。其中,因政府握有权力和比较丰富的资源,在网格中自然居于主导地位,社区社会工作者则是网格中的主体力量,而其他社会组织和志愿者则扮演着辅助者的角色。

再次,网格空间中不同性质的"多元行动主体"间的交互作用。

网格化管理标志着政府工作重心的下移,在打通城市管理纵向运行的障碍和通道的同时,也意味着国家权力向地方社会的伸展,导致基层社会国家—社会关系的重大变动。从积极的角度看,网格平台为政府与社区自治组织之间提供了"联结点",营造了两种力量交互作用的空间,形成了"官民共治"的格局。而从消极的视角审视之,则会发现由于政府力量的强力下沉,容易导致基层社会自治空间的萎缩和板结化,不利于社区自治力量的生长。尤其是将数字技术引入基层社会管理,其影响的微妙性在于:"信息技术引入组织的过程同时也是一个组织内部复杂的微观'政治过程',技术提供了变革的可能,并被组织内不同的行动者赋予不同的期望和意义,这些行动者借助技术的引入更确切地说,通过设定技术发挥作用的方式而延续着以前组织内不同部门、力量间的相互角力。"② 在这一意义上,注意分析观察网格中不同性质

---

① 韩浩等:《多地"网格化"社区,掀社会管理新变革》,《南方周末》2011 年第 8 期。
② 黄晓春:《技术治理的运作机制研究——以上海市 L 街道一门式电子政务中心为案例》,《社会》2010 年第 4 期。

的行动力量的交互作用及其影响，是我们评价网格化模式的重要依据。

三 城市管理网格化模式的局限及其克服

近期以来，在社会管理体制改革创新的话语背景之下，城市网格化管理获得了政府行政系统的青睐，成为中国城市基层社会管理领域日渐流行的模式。毫无疑问，"网格化"管理运用科层理念和全新的治理技术，在打造"数字城市"、创新社会管理体制以及城市管理服务规范化等方面发挥了特殊的功用，值得肯定。但这并不意味着网格化在日趋复杂的城市管理领域可以无条件地收到"一网就灵"的效果。城市管理网格化模式要想真正深度地嵌入城市基层社会，还必须克服以下局限。

（一）网格运行成本及其持久性

如前所述，网格化管理启动于社会群体性事件和个人极端事件频发的社会转型期，故其提出及运行，实际上是一种依托于网络技术和科层治理技术，以权责明晰划分和监督考评为制度保障，将政府公共行政管理服务系统与基层社区组织结合起来的管控模式，带有一定的应急性。毫无疑问，网格化管理为在基层社会与政府公共服务部门之间建立起畅通的信息沟通反馈机制，避免政府各主管部门之间的扯皮推诿，缩短问题解决的时间，提高政府科层系统的行政绩效等方面发挥了重要的作用。

但值得注意的是，城市网格化管理的编织及其运行也潜藏着行政成本膨胀的风险。如在一些网格内设置多名网格指导员，增设各级网格管理指导中心办公室，其人力和设备投入势必增加。此外，网格化管理系统的建立，虽可使政府的社会治理力度得到一定的加强，但其效能是否能够持久，则是令人质疑的。在近年来的大城市中，其网格化管理往往是作为大型活动的配套机制而出台的。而每当这些大型活动结束后，无论是政府部门还是社区组织，都不可避免地出现倦怠和松懈，从而导致严重的城市管理事故。上海的"后世博"和北京"后奥运时期"出现的种种问题，即是明证。故如何将网格化的"非常之举"变为"寻常行动"，则是问题的关键。

（二）网格化与社区自治

近年来，在学界关于社区研究的成果中，很多学者都对社区行政化持一种批判的态度，认为"社区行政化"是"城市政府为寻求经济增长与社会稳定的平衡，依靠行政权力，自上而下地实现社会再组织化的过程。其基本表现是：社会空间行政化、社区组织行政化、社区事务行政化"①。从本质上讲，社区建设的行政化倾向是我国传统的城市管理"一竿子插到底"的全方位管理思想和方式的延伸，影响了社区自治功能的发挥。②

在现实的社区发展建设中，网格空间的诞生，存在着削弱社区自治能力的可能性。正如有的论者所言："政府行为的全面回归，不仅使公共服务辐射到社会各个领域，同时也在很大程度上形成了行政强制的倾向；行政体制俨然成为一部设计合理、运转有效的庞大机器，但面对社会出现的突发事件和具体矛盾，则需要每个部件、每个齿轮都随同这一机器系统调整方向，连带运行，失去了灵活多变、敏锐出击的应对能力。"③当然，强调网格化对社区自治的消极影响，并不是要拒斥网格，而是要对二者关系展开复杂的理解和分析。在现实社会中，社区自治与行政化之间是一个此消彼长的过程。在现阶段社区自治尚不完备的情况下，网格化管理的推进和加强，可能导致行政力量的强化，而弱化社区自我管理传统的生成，会对社区自治的进程产生消极影响。但笔者认为，在现实中，完全的意义上的社区"去行政化"实际上是不可能的。在相当长的历史时期内，社区实际上是作为"政府"和"居民"之间的联结组织而存在的。社会是一个超级复杂的联结系统，以至于我们很难用简单的话语完全揭示其中的奥秘。但我们必须关注那些基本的关键性联结环节，因为一个社会如果其关键的联结处被破坏了，便会发生社会解组的悲剧。正如默顿所言："在社会系统中，人们之间的沟通渠道在结构上的不当或部分中断，也会导致社会解组。处于一定社会关系、地方社区或国家社会中的人必须能够沟通，因为他们相互依赖，以实现

---

① 陈伟东、李雪萍：《社区行政化：不经济的社会重组机制》，《中州学刊》2005年第2期。
② 潘小娟：《社区行政化问题探究》，《国家行政学院学报》2007年第1期。
③ 渠敬东等：《从总体支配到技术治理：基于中国30年改革经验的社会学分析》，《中国社会科学》2009年第6期。

社会对他们的期望和他们个人自己的目标。"① 因此，我们应从社会联结的角度来理解社区性质，这样就不会简单地将社区置于与政府相对的立场之上，简单地提出"去行政化"的思路了。

在社会管理领域，最高级的管理境界实际上是"自我管理"，故我们要大力培育各种社会组织、中介组织，引导更多的社会力量参与城市社会管理。当然，我们这样说并不是要切断社区与政府的关系，而是要弄清行政系统与自治组织之间的关系联结。要追问二者之间是"协动"关系，还是"服从关系"；是"联结"还是"从属"。

（三）网格的泛化问题

网格化治理之风靡于当下的中国社会，主要是政府为加强社会管理，弥补现有体制的不足，加强各部门间的协动，但随着网格化治理的推行，"网格化的功能与实施范围都被大大地泛化了。就网格化的功能而言，已经被泛化到可以解决任何问题的地步，似乎与党的系统和政府系统相关的所有问题都可以通过网格化来解决，网格化的范围也被大大泛化了"②。当人们确信，一切依赖网格，一切通过网格之后，势必形成严重的网格依赖症，其社会"自我管理、自我服务"的能力必然弱化，其直接后果是将社会管理简单化。

总之，新时期政府社会治理正在发生一些值得注意的重要改变，表现为：社会治理的主体由单一政府向多主体、多中心转变，社会治理的手段由平面社会向网络社会转变，社会治理的目的由工具理性向价值理性转变。我们应以理性客观的态度来看待城市管理的网格化模式，处理好"网格管理"与"政府治理"，"网格管理"与"社区自治"之间的关系。寻找"政府社会治理"与"社区自治"之间有效的联结点，调适好"国家"与"民众"间的距离构造。众所周知，国家与民众的"距离关系"问题，是社会理论体系中的根本问题之一。法国社会学家涂尔干在《社会分工论》中曾揭示国家与个人之间距离拉大的风险，认为"如果在政府与个人之间没有一系列次级群体的存在，那么国家也就不可能存在下去。如果这些次级群体与个人的联系非常紧密，那么

---

① ［美］罗伯特·K. 默顿：《社会研究与社会政策》，林聚任等译，生活·读书·新知三联书店 2001 年版，第 79 页。

② 陈家刚：《社区治理网格化建设的现状、问题及对策思考——以上海市杨浦区殷行街道为例》，《兰州学刊》2010 年第 11 期。

它们就会强劲地把个人吸收到群体活动里,并以此把个人纳入到社会生活的主流之中。"在涂氏看来,如果在国家与个人之间失去了一系列的中介组织,那么"国家与个人的距离越来越远,两者的关系也越来越流于表面,越来越时断时续,国家无法切入到个人的意识深处,无法把他们结合在一起"[①]。故我们应"广泛吸收社会组织参与公共政策的制定,特别是积极发挥社会组织在社会管理创新中的重要作用,鼓励它们承担更多的公共服务,努力营造官民共治的社会治理格局"[②]。这是我们在构建网格管理模式进程中所应注意的关键问题。

(该文刊于《学习与探索》2012 年第 2 期)

[①] [法]涂尔干:《社会分工论》,渠东译,生活·读书·新知三联书店 2000 年版,第 40 页。

[②] 俞可平:《各级政府应营造官民共治的社会治理格局》,《北京日报》2011 年第 6 期。

城乡接合部非定居性移民的"社区感"与"故乡情结"

将非定居性移民问题置于当下中国快速城市化的场景之下,我们会发现城乡接合部非定居性移民复杂的"社会世界"构成。在身处城乡接合部的非定居性移民的观念世界中,既有割舍不掉的"故乡情结",又有一种深深的社区隔离感。非定居性移民社区归属感的疏离与游移,其实质是一种所属社会关系、利益关系在移民社区的双重缺失和空间错位而引发的社区认同危机。其结果导致大量"故乡怀恋者"与"故乡丧失者"的产生,形成大量漂浮于社会上的游民和"社会无根"群体,使得城乡接合部的"社会"面临严峻的挑战。

一 问题的提出

进入新世纪以来,中国的城市化水平进入了一个快速提升的发展阶段。据联合国 2009 年官方统计数据显示:中国在过去 30 年中的城市化速度已经超过了其他国家。2011 年岁末,在中国社会科学院 2012 年《社会蓝皮书》发布会上也传来消息,2011 年中国历史上第一次城市人口超过乡村人口,城市化水平超过 50%。毫无疑问,这一具有里程碑意义的数字表明大规模的农村人口正不断地向城市集聚,都市移民已经成为当今中国人口迁徙移动的重要趋势。这一变动也意味着中国人的生活方式、生产方式、职业结构、消费行为以及价值观念都会随之发生极其深刻的变化,标志着城市化及都市移民进入了一个新的发展阶段。但与此同时,学界对于快速城市化背景下的都市移民问题也常表现出一种质疑和忧虑。一些学者认为,单纯依靠量化数据所反映的以农村人口向城市涌入为主要特征的高速城市化不能全面地反映当前中国城市化过程的真实状况。我们不能仅以城镇常住人口占总人口的百分比来衡量城市化水平的高低，而忽略就业、教育及其他社会福利和城市融入状况等其他考量指标，并提出了"半城市化"①或者"伪城市化"的概念，认为在我国目前的都市移民中非定居性移民占据了绝对的主导地位。表面上看，我国城市化已取得了长足进展，但工作和居住在城市中的农业户籍者大多处于"半城市化"状态，面临劳动保障与社会保障覆盖不足等困境。② 因此，我们在承认目前中国城乡人口结构发生重大改变，数量庞大的农村人口移民城市并已成为我国人口发展重要趋势的前提下，更需要认真地对该群体的"社会世界"展开深入研究，并加以细致分类辨析，进而揭示出城乡二元结构背景下中国都市移民主体的矛盾特殊性，客观地展现中国当下城市化过程中复杂的社会事实。

在学界，一般意义上的移民是指那些由一个国家或区域移动到并长期居留于另外一个国家或区域，在移居地从事生计性的经济活动，并承担当地社会义务的个人或人群。移民群体大致可分为两类：一类是跨越国界的移民，称为国际性移民；一类是在某一国家范围内不同地区之间的移民，称为国内移民。而由于我国现正处于城乡二元体制向城乡一体化转变的时期，计划时期严格的城乡二元户籍管理制度已经松动，城市出现了大量来自农村的自由流动的打工群体。数以亿计的农民工背井离乡，进入城市，融入城市，或游走于城乡之间。有学者将其称之为劳动力型都市新移民③，也有学者按照该群体是否在城市拥有私有住房，将其区分为定居性移民与非定居性移民④。本文集中讨论的是聚居在城乡接合部中的非定居性移民群体，试图通过对这部分群体"社会世界"的分析来阐释我国当下城市化过程的复杂性与特殊性。

一般说来，非定居性移民往往集中居住在城市的城乡接合部。因此，分析这些非定居性移民首先应密切关注这一城乡过渡性空间。城乡接合部又称"城乡边缘带""城市边缘带""城乡连续区域""城市蔓延区""城市阴影区"。在转型期的中国，城乡接合部是经济活跃地区，

---

① 王春光：《农村流动人口的半城市化问题研究》，《社会学研究》2006年第5期。
② 《半城市化就是伪城市化》，《新民周刊》2012年5月25日。
③ 文军：《论我国城市劳动力新移民的系统构成及其行为选择》，《社会学研究》2005年第1期。
④ 李春玲：《城乡移民与社会流动》，《江苏社会科学》2007年第2期。

也是矛盾最为尖锐的地区。如何保护城乡接合部非定居性移民的权益，成为问题的关键。以笔者所在的长春市为例，在长春市周边的城乡接合部地区聚居着大量的外来打工者，有些村落外地居民与本地居民的居住比例竟达到8∶1，一般村落也达到4∶1。这些外来务工者来自于不同省份的农村，因为城乡接合部的房租廉价，交通方便，临近工业用工区，故选择在此居住，并将城乡接合部当成向城市迈进的一个过渡。他们有的在一个村落长租可达十年之久，而短租的不过几个月甚至于几天。但多数情况，随着城乡接合部的拆迁改造，这些外来务工者会消失于此，另觅其他的城乡接合处。第一代非定居性移民跻身于城乡接合部，而带有原村籍的农民身份却未曾丢失，在新的社区成为在场的旁观者。实际上，这部分人群虽已算作城镇的常住人口，但他们并没有在城市扎根，他们的根依然留存于原来的那片乡土之中。而新生代非定居性移民则处于双重的"故乡丧失"之中，在城与乡中均无有故乡，生存于具体的社区关系之外。既有的研究普遍将这类城市移民的融入问题归结到社会性排斥，认为城市移民之所以没有转化成真正的定居性移民是由于两点原因：第一，农村青壮年进入城市谋生，从事的往往是以低端技术含量为主的劳动力型职业，这种较低级的劳动能力使其不能承担城市生活的高额成本，在养老、医疗、教育等社会保障与福利政策不能与市民享有同等待遇的情况下，更无法应对随时可能出现的就业危机和生活风险。因此在以劳动力为主要特征的城市移民过程中，只有强者才能在城市安家、生根，其余的绝大多数城市移民尽管在城市长期居住，却只是作为一种简单的"劳动工具"，其被排除在真实的城市社区生活之外，具有一定的必然性。第二，部分研究者认为除了个人能力和制度层面的问题外，城市移民的融入涉及更多的是文化的融入。移民不仅代表了一种空间上的迁移，更多的是文化层面的相互适应。农村人口迁移城市，由乡土社会步入现代性的社区，存在着孤立、隔阂、熟悉与适应的过程。在此过程中，无法从心理上适应城市社区生活的人最终必然重返故乡。但深入接触聚居在城乡接合部地区的外来人口，我们不难发现，非定居性移民的生存方式不能简单地视为农民被动的受到城市社会排斥的结果，而是一种在城乡二元结构背景下形成的具有主体性选择的"生存策略"。主体性选择与现有制度结构共塑了其复杂的社会世界与精神世界。故城市融入问题应同时关涉到两个方面，即都市移民的"社区感"与"故乡情结"，而且这根源于城乡二元结构下中国都市移民的特殊性。

学界以往的研究多关注城乡接合部非定居性移民的就业、住房等生活形态。而忽视了其社区感的生成及其障碍因素,更没有将其社区认同感的形成与故乡意识之间复杂的转换和交错关系看作一个整体来展开研究,从而忽视了非定居性移民一个重要的问题面向。

二 非定居性移民"社区感"与"故乡情结"的缺失与交错

非定居性移民的"社会世界"构成是复杂的,尤其是身处城乡接合部的非定居性移民,在其观念世界中,既有割舍不掉的"故乡情结",又有一种深深的社区隔离感。这种"社区感"与"故乡情结"之间复杂的矛盾和交错,构成了其复杂的精神观念世界。

1. 非定居性移民"社区感"的缺失

英国社会学家齐格蒙特·鲍曼曾撰著《共同体》一书,在书中他对共同体有一段颇为动情的描述:"首先,共同体是一个'温馨'的地方,一个温暖而又舒适的场所。它就好像是一个家,在它的下面,可以遮风避雨;它又像是一个壁炉,在严寒的日子里,靠近它,可以暖和我们的手。可是,在外面,在街上,却四处潜伏着种种危险……我们每时每刻都处于警惕和紧张之中……其次,在共同体中,我们能够互相依靠对方。如果我们跌倒了,其他人会帮助我们重新站立起来……谁不希望生活在一个我们可以信任、他人的所言所行我们又可以依赖的友善的、心地善良的人群之中呢……"[①] 透过这段文字,我们似乎体认到社区归属感、认同感的真谛,亦对西方世纪交替之际重提社区发展的背景有了更为深刻的理解。

欲洞悉社区感之深层内涵,首先必须对社区概念进行深入研究解读。众所周知,自滕尼斯提出社区概念以来,社区便成为社会科学体系中当然的核心概念。学术界在运用社区概念展开社会分析的过程中,不

---

① [英] 齐格蒙特·鲍曼:《共同体》,欧阳景根译,江苏人民出版社 2003 年版,第 2—4 页。

断地为其增添新的含义,以至于到 1955 年时,西方学者发现已有 94 种关于社区的定义问世。但关于社区的权威理解无外乎以下两个思路:其一认为:"社区是居住在相对紧凑和接近的区域的许多家庭和个人的聚合体,这种聚合体带有公共生活的特征,它表现为风俗、习惯、传统和讲话的模式。根据上述定义,人、地理空间中的位置、社会性的相互影响和公共关系成为理解社区的四个重要组成部分。"其二是将地域性社区和功能性社区区分开来,将社区视为"由那些有共同兴趣、爱好或职业的人群组成,如福利、农业、教育和宗教信仰"①。如果我们将社区视为是聚居在一定地域范围内的人们所组成的社会生活共同体的话,那么,社区应包括地域因素、地域内的人群、共同体(核心为组织制度、归属感、认同感)3 个重要因素。其中,最具实质意义的是"共同体"要素。而衡量社区是否成为共同体,则应首推"社区感"。这种"社区感"既包括感性的主观感受,也包括理性层面的认知,具体包括:信任感、归属感、社区认同感等。以上述理论分析城乡接合部非定居性移民的社会世界,我们会发现:与定居居民不同,非定居性移民社区归属感和认同感都处于较低层次,其社区感的发生与发展往往受到更多因素的制约,而具有自己的特点:

(1) 身体在场、关系不在场

非定居性移民通过房屋租赁等方式在城乡接合部获得了居住空间,但其与此处的原住居民并没有建立起实质的社会联结,其社会关系没有在该社区范围内得以充分展开。在城乡接合部,对于本地居民来说,这些外来户不过与其构成基本的房屋租赁关系。作为房东,本地居民可以通过简单的言语交谈、外在的形象气质审视等作为初步判断的依据,来选择那些看似稳妥可靠的外来户作为房屋出租的对象,形成租赁关系。同时拒绝那些身份模糊,品行可疑者作为租户。在基本的房屋租赁关系之上,有些长期租房者会与房东进行浅层次的生活互动,如聊天、打牌、帮助照看家庭等,彼此达成有限的信任。房主对这些长期租房的租户的家乡、职业、家庭成员等也有大致了解。但多数情况,城乡接合部的非定居移民处于自由流动的状态。或因为房屋的更优选择,或因为职

---

① [加]乌莎·乔治:《社区:变化的概念和策略》,载陈启能等《中国和加拿大的社区发展》,民族出版社 2002 年版,第 190 页。

业的变化，或因为城乡接合部的拆迁改造，这些移民在城市周边的城乡接合部地区随时迁入或搬出，在小范围内跳跃和流动。对这些在城里谋生的非定居性移民来说，白天工作，夜晚归来，城乡接合部不过是一个容身之所，他们的生活世界与该社区的本地居民因为迥然相异而很少发生交集。因此城乡接合部的非定居性移民属于典型的"身体在场，而社会关系不在场"，自然难以形成较高的社区归属认同。

（2）身体在场，利益不在场

在快速城市化的进程中，城乡接合部的土地价格以较快的速度增长，导致一般城乡接合部的村委会往往握有比较充裕的财富。作为村集体共有的财产，其利益分配一般是以"单位化"的方式实现的，包括村民可廉价购房、安置村民到村集体企业工作、养老费、医疗补助、教育奖金等其他形式的福利。应该特别指出的是，村落单位化的福利分配是以具有村籍的村集体成员为边界展开的，具有封闭排他性。因此作为外来者，那些非定居性移民被置于利益分配体系之外，是为"身体在场，利益不在场"。在以共有经济利益为强联结纽带的社区共同体内，本地居民被村集体单位化的福利所荫庇，而非定居性移民在此空间内则是利益无关者，或利益旁观者，当然谈不上社区的归属感和认同感。

（3）身体在场，参与权不在场

城乡接合部是连接"城"与"乡"二元社会的过渡区域，也是一个逐渐由"村"入"城"的变动性极大的空间。正因为其特殊性，许多城乡接合部的基层社会管理兼具城乡二元特征，既含有村落原有的村集体组织机构，即村委会；也新增设了社区一级的城市基层自治管理机构。但不论采取哪一种方式进行基层民主自治管理，其参与的主体依然是在籍居民。大多数城乡接合部的村委会选举及议事会议主要召集的是原住村民，即使这些村民随着村落的城市化变迁已经散居他处，空间离场。尽管近年来，随着城乡间人口流动的加剧，新修订的《村民委员会组织法》关于基层选举资格的界定有了新的修改，将非定居性移民有条件地纳入选民登记的范围之内，明确了非定居性移民具有选举权的规定。但事实上，由于这些非定居性移民的社会关系和基本经济利益不在场，其社区的参与权也被不同程度地轻视或削弱。在城乡接合部这一共同的生活空间中，分离出两重截然不同的群体：本地居民群体和外来移民群体。而该社区内公共设施的兴修、生态环境的维护、集体利益的分配等，均由本地居民商议和决策，非定居性移民缺少参与的权力。

（4）身体在场，保障权益不在场

非定居性移民在城乡接合部地区尽管身体在场，其相应的社会保障等社会政策体系的链接在该社区内则是一种缺失的状态。目前我国农村人口的保障权益主要分为两部分：一是现今我国推行的新农村合作医疗和新农村合作养老保障制度。这种保障制度是以具体的村落为单位推行的，非定居性移民由于具有自由流动性，往往不选择在城乡接合部参保；二是农村人口最为根本的保障（即土地的保障）而土地的承包权是以农村户籍和集体劳动贡献为依据的。非定居性移民既不拥有该地的户籍，也没有参与过该地的集体劳动，因此不能享有分得土地保障的权利。所以我们看到，生活在城乡接合部地区的这些非定居性移民保障权益并不在场。

2. "故乡怀恋者"与"故乡丧失者"的分流

近年来，学界在关注都市非定居性移民问题时，常常引入年龄变量，将其分为新生代和老一代非定居性移民。上述分析思路不仅仅是提供了一种新的分析角度，而且是在于引入了"代际研究"视野，可对这些非定居性移民进行分类研究。如果我们循着上述分析思路，对不同年龄阶段非定居性移民的故乡情结展开比较分析，便会发现，对于不同代际的人群而言，其故乡意识往往呈现出不同的图像。从社会学视角看，包括故乡在内的一切社会空间的真正价值不在其几何意义，而在于其社会性。这诚如齐美尔所言："并非空间，而是它的各个部分由心灵方面实现的划分和概括，具有社会意义。"[①] 对于城乡接合部老一代非定居性移民来说，故乡是真实的，她往往是由真实的景观、具体的社会关系、社会生活和利益关系构成的。他们的身体虽然离开了故乡，但却始终是作为"故乡怀恋者"而存在的。而对于那些新生代非定居性移民而言，他们有的虽然出生在乡村，但很小便踏上了离乡之路，有的则出生在城市。对于他们而言，故乡只是一种缺乏具体生活关系和利益关系承载的虚拟图画，故乡是模糊的，甚至是失忆的。他们是真正意义上的"故乡丧失者"。可见，正是在对不同代际人群故乡影像的比较之

---

① ［德］齐美尔：《社会是如何可能的》，林荣远编译，广西师范大学出版社 2002 年版，第 291—292 页。

中，我们才会真正发现"故乡情结"的复杂构造。

（1）对于"故乡怀恋者"来说，他们的身体虽然处在城市，但其真实的关系、利益及生活记忆却都还留在乡村。其中，最为核心的利益关系是土地及户籍关系。其一，这种"故乡情结"与存在于农村的土地利益密不可分。目前我国土地制度是延续1982年以后的家庭联产承包制度，农村人口依据村籍在本村分得土地，拥有土地的长久承包使用权。随着近年来国家对三农问题的重视，惠农政策的不断增加，附着在土地上的利益也越来越多。2006年以前，我国的农民在土地上种植的收益需要交纳农业税，2006年以后，我国不仅取消了农业税收，而且为了保证农业的安全和发展，刺激农民种粮的积极性，国家还推出了农业粮食直补等政策。土地带来的种种收益不断增加，农民自然也就不愿意轻易放弃这份利益。因此，农民不希望终结自己的身份，主要是对土地带来的种种收益怀有更高的期待，将土地作为未来生活的重要保障。但农民希望在保证自己土地利益的同时又享受城市的资源，如就业、教育、公共服务等等。所以，出现了现在这种大规模的农民游走于城乡之间的流动状态。其二，"故乡情结"与户籍制度。城乡二元的户籍制度是计划经济时期的产物。建国初期国家的经济基础薄弱，城市无法容纳过多的农村人口，因此提出了城乡两分的户籍管理制度来限制流动人口。城市人口被组织到各个单位之中，享受稳定的工作及单位内部安排的全方位福利保障。而农村人口只能"靠天"吃饭，缺少相应的制度性保障。因此，当时农村户籍者羡慕市民身份，希望有朝一日通过考学、当兵等方式转变身份，从而改变命运。但是，当城乡二元结构开始走向消解，户籍制度开始松动时，社会上并未出现大量农民改变户籍身份的现象，这主要是因为农民并不会因户籍改变而获得稳定的就业机会，加之户籍身份本身又是与土地绑定在一起的。故我们不难看到尽管数量庞大的农村人口进入城市，长期在城市就业与生活，但出于本人意愿，其农村人的户籍身份将长期地保留。这就构成了今天一个比较有趣的现象，那些已被纳入到城市常住群体的农村人口将很难真正地实现市民化。

（2）作为"故乡丧失者"，其大部分是由那些新生代非定居性移民构成的。他们在农村没有土地，也没有真实的社会关系和社会生活。甚至在记忆中亦未留下可资回忆的痕迹和资料，故他们基本上属于与乡土绝缘的一代：一方面远离淳朴的乡村生活，早已失去或者从未获得在村落生存的基本劳作技能，也没有习得任何在浓厚乡土气息中亲缘、地缘、业缘融合为一体的熟人之间的交往文化，更没有分得可供依靠与积累的土地及村落集体财富；另一方面，在熟睹了城市的流光溢彩之后，他们早已接受了城市充斥着各种时尚潮流的现代生活。他们希望城市能够有属于自己的立身之地，并在此生根。但事实上，在他们实现梦想的过程中，很长的时间内，居住于城乡接合部的他们是无法真正投入城市温暖怀抱中的。他们在真实生活的容身之所，城乡接合部，作为利益旁观者也无法顺利的展开其社会关系，获得自己应有的保障权益。在这一意义上，这些"故乡丧失者"实际上是作为社区关系以外的人群而存在的。故这里所说的"故乡丧失"实际上是双重丧失，即在乡村无有故乡，在城市亦无有归宿。即首先是对乡土意义的故乡的丧失；其次才是因城市社区的拒斥而难以融入。其结果很可能产生大量漂浮在社会上的"社会无根"群体，导致社会游民化，使得城乡接合部的"社会"成为不可能。

三 非定居性移民社区感缺失的实质及其消解之策

法国社会学家孟德拉斯曾断言："20亿农民站在工业文明的入口处：这就是20世纪下半叶当今世界向社会科学提出的主要问题。"[①] 世界观察研究所所长C.弗莱文也指出："在2008年的某个时刻，世界将跨越一座无形的，然而却是重要的里程碑：地球上一半以上的人口——约32亿人——将生活在城市之中，不断增长的人口以及农村向城市前所未有的大量移民带来的影响是，每年将有5000万人——相当于法国全国的人口——进入世界各地的城市和市郊。人类的未来、我们的经济以及整个星球将比历史上的任何时候都更依赖于城市。"[②] 今天，当我

[①] [法]孟德拉斯：《农民的终结》，李培林译，社会科学文献出版社2005年版，第1页。

[②] 耕香编译：《关注城市：美国世界观察研究所公布2007年世界状况报告：我们城市的未来》，《国外社会科学》2007年第3期。

们置身城乡接合部，直面非定居性移民的真实处境时，会对上述分析及预言产生诸多的回应与联想，亦为我们分析理解非定居性移民社区感缺失的实质提供了特殊的理论分析资源。

1. 另一种"社区认同危机"

（1）非定居性移民社区归属感的疏离与游移，其实质是一种社区认同危机。20世纪晚期以降，伴随着人类城市化进程的深度拓展，世界范围内出现了严重的社区认同危机。虽然自进入工业社会以来，人类的种种社会计划活动业已证明，人类是具有一种超强"社区本能"的高级动物，但到世纪末叶，伴随着社会分化和隔离的加剧，迈向个体主义社会的欧美发达国家正面临着严重的社区认同危机。"我们运用社区本能来彼此隔离、自我保护，而不是创建一个丰富多样又互相交融的世界社区文化。我们寻找与自己最相似的人，目的是为了保护自己，与其他部分隔离开来。显而易见，这条隔离之路不会带领我们走向一个值得生活的未来。我们面临的重要任务，是重新思考社区观念，从目前封闭的保护主义走向开放，迎接全球化社区的到来。"[①] 与走向个体化社会的欧美发达国家不同，在中国大都市的城乡接合部，以非定居性移民为主体的特殊类型的城市移民虽然已进入城市地带，并已开始其特殊的社区生活，但我们必须指出，这并不意味着其已成为真正意义上的社区一分子，在强烈的"社区认同危机"笼罩下，这些特殊的城市移民难以形成真实的社区感与地域认同。身体在场、关系不在场；身体在场，利益不在场；身体在场，参与权不在场；身体在场，保障权益不在场。在这里，新中国成立以来长时期形成的城乡二元结构并没有走向消解，而是在新的空间内以另一种新的形式展开并获得延续。

（2）非定居性移民社区感的缺失，亦可从现代中国历史上独有的城乡二元结构的消解和变异而获得一种理解。20世纪晚期，无论是发达国家还是发展中国家，其所面临的社会冲突大多是围绕着城市展开的，城市内部冲突与协调发展一时间成为社会发展的主题。"最激烈的战争也发生在城市之中发生在它们的边缘地带，在富人区与贫民区之间由于我们没有很好地替子孙后代着想，最严重的环境负担也产生于城市。不过，正因为如此，我们才可以在城市中为建设一个和平与均衡的

[①] 德鲁克基金会：《未来的社区》，中国人民大学出版社2006年版，第4页。

星球而大有作为。我们可以怀着乐观主义的态度而不是恐惧来看待城市世界。"① 从表面上看,在中国都市城乡接合部这一特殊社会空间,当下并未发生激烈的"冲突"和"战争",但值得注意的是,在此空间内长期存在着的柔性的"二元区隔"却容易导致更为激烈的潜在冲突。城乡接合部大量非定居性移民的存在造成了一种畸形的"重层社会结构"及二元区隔的社会事实,其直接后果是社区的分裂和社会认同的危机。

2. 城乡接合部新公共性的构建

作为城乡交界地带的社会空间,城乡接合部地域非定居性移民问题之解决实际上需要一种新公共性的构建。众所周知,自 1949 年新中国成立以来,中国社会长期存在着城乡分立的"二元结构"。在社会二元结构体制下,社会的公共性构造同样是"二元"的。因此,二元社会结构问题之解决,亦存在着一个公共性构造的转换问题。一般说来,所谓公共性"就是不求'闭锁性'和'同质性'的共同性,是抗拒'排斥'和'同化'的一种相互连带"②。中国学者李明伍则将公共性概括为"某一文化圈里成员所能共同(其极限为平等)享受某种利益,因而共同承担相应义务的制度的性质"③。如何在转型期的中国社会打破闭锁的公共性,建构一种奠基于公平开放的新公共性,是我们解决非定居性移民都市问题的根本之策。

(1)以村改居及社区建设为载体,努力推进城乡接合部公共服务的均等化。以加强社区公共服务供给为中心,以改革外来人口管理体制为突破口,推动城乡接合部行政体制改革步伐。明确提出以居住地居民而不是户籍居民作为公共服务与管理对象。它包含两层含义:一是就政府层面而言,基层街、乡政府要对在辖区登记备案的全体居民负责,而不仅仅是对户籍居民负责;二是指在辖区登记备案的居民,不论户籍、身份是否与居住地行政管理机构属性一致,都依法享有就地参政议政和享受公共服务的权利,并承担相应的义务。

(2)加强非定居性移民的自组织能力。众所周知,伴随着中国快速

---

① 耕香编译:《关注城市:美国世界观察研究所公布 2007 年世界状况报告:我们城市的未来》,《国外社会科学》2007 年第 3 期。
② [日]斋藤純一:《公共性——思考のフロンティア》,岩波书店 2000 年版,第 6 页。
③ 李明伍:《公共性的一般类型及其若干传统模型》,《社会学研究》1997 年第 4 期。

城市化的进程，城乡接合部社会无论是物理空间还是社会关系空间，都发生了剧烈的变动，人们的社区感逐渐淡化，昔日将人们维系起来的"邻组意识"急剧衰落，出现了"社会如何成为可能"问题。因公共服务严重不足所引发的非定居性移民的社会疏离，孕育着巨大的社会风险。我们应该通过政策扶持，鼓励致力于非定居性移民管理和服务的 NGO 组织，特别是非定居性移民自我服务性组织，如"外来人口互助服务站"的发展，使非定居性移民在公共服务参与中分享成果、承担义务。

（3）既要关注非定居性移民的物质生活保障，同时也要关心其社区精神生活健康。长期处于流动状态的非定居性移民存在"脱序"，即脱离主流社会的动向，"脱序"后的人们"别有天地，这个天地是无序的、混乱的、盲目的、充满了艰辛和苦难的，是要单独面对社会的"[①]。自然也与主流社会价值规范体系出现不一致。因此，如何使非定居性移民避免"游民化"，并逐渐进入地域社会，接受主流社会价值体系，成为新公共性构建的关键。

（4）在现代中国历史上，作为一种总体性的制度设计，二元体制并非凭空建成，而是依赖于一系列的制度形式支撑而得以建立起来的，既然传统的"二元社会"是凭借上述制度体系支撑而建立起来的，那么，该体制的消解、转换及"终结"亦必然面临新旧制度间的复杂更替，[②] 由"城乡分立"到"城乡一体"的演化逻辑，不是从"传统"到"现代"的单向推进，而是一个复杂的、长时间的"双向互动"过程。故我们要认识到非定居性移民观念意识的变迁实际上需要一个漫长的代际转换进程方可完成，而非可以一蹴而就。

（该文刊于《天津社会科学》2013 年第 2 期，第二作者齐苗苗）

[①] 王学泰：《游民文化与中国社会》，同心出版社 2007 年版，第 70 页。
[②] 田毅鹏：《村落终结与农民的再组织化》，《人文杂志》2012 年第 1 期。

老年群体与都市公共性构建

20世纪六七十年代以降,伴随着老龄社会在世界范围内的陆续来临,关于老龄化问题的研究随即成为国际学术界密切关注的热点问题。迄今为止,围绕着老龄化问题,国际学术界已给出了包括"社会撤退理论""活动理论""生命周期理论""社会交换理论""持续理论""社会崩溃与重建理论""年龄分层理论""角色理论""发展理论"等一系列理论解释模型,试图在争鸣探索中找出解决老龄化问题的良方。联合国及世界卫生组织也积极推出种种关于国际老龄问题的行动计划。当然,众多的民族国家也将老龄化问题提升到国家战略问题的高度,给予空前重视。从近年来老龄社会理论问题研究的总体趋向看,业已呈现出由消极被动走向积极主动的发展趋向,强调通过以社会参与为主体的积极老龄化战略,发挥老年人在社会上的积极作用,提高老年人的生活质量,以化解由老龄化带来的诸多社会问题。本文试图循着上述理论演进趋向,结合公共性理论,探讨老年群体社会参与在社会公共性构建进程中的特殊作用。

一 老年群体与公共性

(一)公共性释义

作为一个现代政治、社会理论的专用术语,公共性是一个多义性、充满论争的概念。日本《国语辞典》对公共性做的解释是:"就公共性的性质而言,其对社会具有极广的利害和影响。而且其影响不是限于特定的集团,而是面向社会全体。"日本学者斋藤纯一认为,所谓公共性"就是不求'闭锁性'和'同构型'的共同性,是抗拒'排斥'和

'同化'的一种相互连带"①。中国学者李明伍则将公共性概括为"某一文化圈里成员所能共同（其极限为平等）享受某种利益，因而共同承担相应义务的制度的性质"②。总结上述概括，我们会发现，公共性概念最具核心意义的要素包括：（1）共有性，即对社会具有极广的利害和影响，其影响不是限于特定的集团，而是面向社会全体；（2）公开性，通常是指以公开讨议的形式而形成的公共议论；（3）社会有用性，公共性既是一种价值体系，同时也是以公共事业为主体的公益服务体系；（4）作为一种社会理念，公共性是一种基于正义和公正，为达致公共善而努力行动的价值体系。

对公共性问题的关注始于 20 世纪 50 年代的美国。1955 年，美国学者李普曼发表了《公共哲学》一书，呼吁通过陶冶人们的公共精神来重建自由民主主义，他把这样的思想称为公共哲学，但并未引起强烈的反响。到 20 世纪晚期，世界范围内关于公共性的议论骤然升温，各种观点层出不穷。公共性问题的探讨之所以走热，主要是因为 20 世纪晚期以来人类文明被一种衰落的氛围所笼罩，在"发展主义"主导下，人类社会的发展虽然取得了巨大的成就，但就总体而言，"发展主义"话语下的"发展"是直接与"衰落"联系在一起的："尽管我们的文明在'发展'，人们仍视这些特点为一种失败或衰落。"③严重的社会衰败使得传统的基于"公"（政府）的社会治理系统面临严峻的挑战。人们开始选择以非国家为单位的团体的公共精神，来重铸国民的道德和社会纽带。

（二）公共性构建之承载者

公共性理念的实现总是以特定的人群为载体来完成的。在学术界，较早从"阶层"和"群体"的角度探讨公共性构建问题的是亚里士多德，他认为中产阶级是最富有公共情怀的。因为中产阶级性格温和持中，"既不像穷人那样希图他人的财物，他们的资产也不像富人那么多得足以引起穷人的觊觎。既不对别人抱有任何阴谋，也不会自相残害，他们过着无所忧惧的生活"④。是上流社会与底层社会间矛盾冲突最重要的平衡力量，亦是现代社会公共文化最主要的承载者。而在美国当代

---

① ［日］斋藤純一：《公共性——思考のフロンティア》，岩波書店 2000 年版，第 6 页。
② 李明伍：《公共性的一般类型及其若干传统模型》，《社会学研究》1997 年第 4 期。
③ ［加］查尔斯·泰勒：《现代性之隐忧》，程炼译，中央编译出版社 2001 年版，第 1 页。
④ ［希］亚里士多德：《政治学》，吴寿彭译，商务印书馆 1965 年版，第 206 页。

学者雅各比的笔下，公共知识分子是社会公共性最重要的承载者，他在那篇惊世骇俗的带有宣言性质的名篇《知识分子的消逝》中，宣称："在35岁甚至45岁以下的对社会有重要意义的美国知识分子已经很少引发什么评论了。在过去50年里，知识分子的习性、行为方式和语汇都有所改变。年轻的知识分子再也不像以往的知识分子那样需要一个广大的公众了：他们几乎无一例外地都是教授，校园就是他们的家；同事就是他们的听众；专题讨论和专业性期刊就是他们的媒体。学院派人士为专业刊物写作。教授们共享一种专业术语和学科。他们的专业生涯成功之时，也就是公共文化逐渐贫乏衰落之日。"[1]

上述关于公共性承载者观点的启发意义在于：第一，一个社会的公共性构建不是抽象的，而是具体的，其构建需要真实而具体的"承载者"。第二，探讨了人们的"职场角色"与"公共角色"之间的关系，强调作为社会利益关系集合体的"职场空间"对"公共性"构建的侵蚀和弱化作用。因为无论是在时间上还是空间上，如果一个人长时间陷入"职场"，其公共关怀便存在被弱化的可能。第三，在公共性界定的问题上，我们不能"对'公'与'私'进行裂变式的处理，应该把公共性的契机编入到私的行为当中。这样一来，就不是只有公共机构和市民运动来担负公共性，而是从每个人日常行为的积累中开拓公共性"[2]。

（三）老年群体与公共性构建之关联

循着亚里士多德和雅各比的研究思路，我们认为，公共性的概念与老年人似乎有着不解之缘。考诸文献，我们会发现学界迄今关于老年人与公共性之关系的研究，主要是围绕着为老年人服务的公共体系的建立而展开的，强调老年人生活的生存性和被动性。此种趋向的影响在于"强化了老年人的生活依赖。尊老养老文化是指社会和家庭成员基于敬老、养老的价值观、道德观所形成的一种代际间互动的行为模式。这种行为模式所强调的主要是子代对父代、晚辈对长辈的资源流动，而父代和长辈则坦然地接受这种流动并形成一种理所应当的由

---

[1] [美]拉塞尔·雅各比：《最后的知识分子》，洪洁译，江苏人民出版社2002年版，第1—5页。
[2] [日]佐佐木毅、[韩]金泰昌主编《公共哲学》第六卷《中间团体开创的公共性》，刘文柱译，人民出版社2009年版，第148页。

子女侍奉、照料、赡养的文化心理"①。养老的生存性色彩对老年群体生活的被动性和生存性色彩过度强调,其直接后果便是人们很少从积极进取的角度去思考,而使老年人与公共性的关联带有极强的消极性和被动性。

在欧美学界,此种理论情调则以著名的"社会脱离理论"为代表。1961年伊莱恩·卡明和威廉·亨利在《逐渐衰老》一书中提出:"老年人减少他们的活动水平,寻求较消极的角色,减少与他人的交往,越来越关心他们的内心生命却被看作是正常的、不可避免的和令人满意的。脱离理论的基础是假设能力不可避免地会随着年龄的增长而下降和普遍期待死亡。脱离的过程可能由老年人也可能由社会启动。不管脱离社会的过程如何开始,都可以假定是相互起作用的,对社会和个人都会产生积极的影响。"② "脱离理论被认为不仅适应老年人,而且对社会也有利。所有的社会都需要井然有序地把老年人的权力传给年轻一代。例如,退休政策被认为是确保具有新能力和技能的年轻人进入职业角色的一种手段。脱离理论认为,社会服务——如果有的话——不应该谋求恢复老年人的生气,应该鼓励他们退出社会。"③

与上述消极被动的生存性取向不同,我们认为老年群体与公共性构建存在着明显的积极性关联。主要表现在:

(1) 一般说来,老年群体漫长而特殊的经历使其对公共道德的体悟更加充分。众所周知,儒家是尊老的,这不仅因为老年人对其后代有恩,更主要的是因为老年人富有生产智慧和社会智慧。孔子在《论语·为政》中对自己也是对理想的人生状态有过一段真切的自我评价。原文表述为"吾十有五,而志于学。三十而立,四十而不惑,五十而知天命,六十而耳顺,七十而从心所欲,不逾矩"。后世人们一般把这些自我评语作为人生不同阶段所应达到的生活理想状态。值得注意的是,在孔子这段著名的人生阶段成长论中,也可窥出人生累积的深层意

---

① 姚远、范西莹:《从尊老养老文化内涵的变化看我国调整制定老龄政策基本原则的必要性》,《人口与发展》2009年第2期。
② [美] N. R. 霍曼:《社会老年学》,冯韵文、屠敏珠译,社会科学文献出版社1992年版,第68—69页。
③ 同上书,第69页。

蕴。作为社会人，人只有善于积累，才会对人与人、人与社群、人与自然等基本关系产生深刻的理解，并应对自如。总之，在老年人的身上，我们会发现随着时间的流逝而积淀起来的公共道德精神。

（2）孔子提出"知者乐，仁者寿"，意为只有成为一个仁者，才能长寿，这实际上是在强调人的社会性。人只有在社群中，即社会关系中才会找到自己的角色，才会赋予"仁德"以社会意义。

（3）在告别职场之后，老年群体拥有更多的闲暇时间，这为其社会参与提供了可能。在现代社会的背景下，人的社会性在很大程度上是属于职场和单位的，无论是在时间上还是空间上，个体都从属依赖于组织。毫无疑问，这对个体的公共角色扮演会产生较大的影响。而当人步入老年后，来自职场和单位的身份依从基本上不存在了，转而从"职场人"和"单位人"转变为社会意义上的"社区人"和"社会人"。在这一意义上，只有老年人才实际上拥有真正的社区生活，社区和社团成为老年人公共参与的平台。

（4）当然，老年人不是一个简单的同质性群体，其内部的构成极其复杂，其参与模式也各具特色。"一个人脱离社会的程度可以随着个人在社会结构中所处地位的不同而发生变化。例如，一位退休的大学教授比一位退休的钢铁工人会有更多的机会保留他的专业职务。一个人可能脱离社会（如较少参与社会事件），但在心理上却依然充分参与（例如继续从报章杂志上了解并讨论当前的各种事件）。总之，开发老年人身上所承载的公共性，有利于改变社会对老年人的负面态度，并探寻老年人重新进入社会的现实途径。"

可见，我们不能仅仅从消极的角度去理解老年人与公共性之间的关系。事实上，在城市社会中老人是最有可能成为"公共人"的人群。

二 基于老年人社会参与而创生出的公共性

日本佐藤庆幸认为，一般说来，人类文明的"社会系统"是由公的，私的，共的或志愿部门以及社区部门这四个次级系统间的相互关系所构成。① 所谓"公的",主要是指"政府的"和"官的",大体上包括了学术界所说的社会构成中的"第一部门";所谓"私的",是指带有个人的私密性"家庭空间"和"个人空间";所谓"共的"或志愿部门,则主要是指社会的第三部门;社区则是"自下而上"的市民自治组织。在以往的研究中,人们往往将研究重点集中在社区参与和志愿部门参与等直接参与上,而忽略了基于"私的领域"的间接参与而开出的公共性。

(一) 基于老年群体社区活动而产生的公共性

在现代社会的背景下,人的社会性在很大程度上是属于职场和单位的。职场角色扮演固然具有较为明显的社会性,但建立在职业群体利益基础之上的职场参与亦具有明显的局限性。无论是在时间上还是空间上,个体都从属于组织。毫无疑问,这影响到个体的公共角色的扮演。而当人步入老年后,来自职场和单位的身份依从大大淡化或基本上不存在了。相比之下,人们在退出职场之后社会参与的力度虽然有所下降,但其社会参与的广度却有所扩大。于是,社会意义上的社区人和社会人的角色便很自然地浮出水面。在这一意义上,老年人实际上拥有真正意义上的社区生活。与一般职场人将社区当作"睡城"不同,老年群体的社区生活是真实的。虽然20世纪晚期以降,世界范围内出现了严重的社区认同危机,但对于老年人来说,社区仍是目前其可以将其生活融入社区生活,重新建立进入社会最重要的管道。

(1) 由社区老年群体"互助依赖"体系而生发的公共性

人类从降生到离开这个世界,无时无刻不是存在于一个依赖体系之中。与婴儿时期的"怀抱依赖"不同,老年人晚年最可靠的社会依赖是其老年同伴群体。尤其是在社区中,那些离开职场单位,回归社区生活的老年群体,通过参与社区组织的团体活动,形成了一个相对稳定的老年伙伴群体。由此群体而建立的老年互助体系在其现实生活中往往起到重要的作用。毫无疑问,与职场上活跃的社会人相比,蛰居于社区中的老年人社会资本的活跃程度要打些折扣。为避免老年人的原子化,依

---

① [日]佐藤庆幸:《志愿部门与社会系统的变革》,载[日]佐佐木毅、[韩]金泰昌主编《公共哲学》第六卷《中间团体开创的公共性》,刘文柱译,人民出版社2009年版,第223—224页。

据其兴趣爱好结成团体，通过社团活动，有助于其实现再社会化和再组织化。由此，"老年人的社会公益组织和互益组织是老年人实现自助、互助和他助的重要载体，也是我国传统单位制度弱化以后老年人获取资源和利益传输的重要渠道，同时也是政府节约社会管理成本，提高老年社会政策效率的重要途径"[①]。

（2）基于社区民主参与的公共性

在国外老年学研究中，很多学者都强调老年人政治参与的作用："老年组织的实效。当前的老年组织比起它们的前辈由于以下几种理由而更具实效。第一，当前的老年组织的各项要求更富现实性。第二，现在的组织在追求其目标上更有坚持性。第三，它们更具竞争力。第四，它们的领导并不是依赖于某个不可代替的、神圣威严的领袖；第五，当前的组织由于拥有较多的成员和不同的供选择的收入来源，因此在财物上也更为殷实。第六，当前的政治环境更能接受和容忍老年人和他们的问题。"[②]而转型期的中国社区民主参与的主体实际上主要是老年人群。可见，基于社区民主参与而生发出的公共性在很大程度上都是依托于老年群体而实现的，故老年群体既是社区民主的生产者，也是享用者。

（3）老年人的社区文体活动和社区生活中所蕴含的公共性

一般说来，老年人积极参与社区文体活动，对于社区文化氛围亦会产生积极的影响。此外，这些每日生活在社区公共空间中的老年群体实际上扮演了社区最为有效的治安监控器。诚如雅各布斯所说的那样，城市街道拥有很强的自治功能，主要表现在："组建公共监视网，以此来保护陌生人以及我们自己，发展一个小范围的、建立在日常生活基础上的网状关系，以此来建立一种相互信任和社会监控的机制；帮助把孩子纳入一种相当负责的能包容的城市生活里。"[③]很显然，前面所说的这种带有自治功能的公共监视网在很多时候，是通过老年群体来实现的。老年群体以社区街道和公共空间为依托的互助行动，不仅可以达到自助的作用，而且还可以产生公共性。

---

① 陈红：《开发老年人力资源，促进社会可持续发展》，《人口与经济》2001年第3期。
② ［美］里查得·C. 克伦塔尔：《老年学》，毕可生等译，甘肃人民出版社1986年版，第432页。
③ ［加］雅各布斯：《美国大城市的死与生》，金衡山译，译林出版社2005年版，第130页。

（4）基于个体老年精英志愿者魅力而出发的公共性

近年来学界的理论分析表明："老年人从事志愿服务等社会公益活动的动机与青年人不尽相同，但同属理性的效用最大化行为，期待的主要是心理收益；而且老年人从事志愿者活动拥有独特的资源优势，同时也更符合社会整体的利益。"[①]"不同于其他群体，老年人参与志愿者活动更多的是实现精神和心理的满足。因此，老年人参与志愿者活动具有鲜明的时代特征，体现出浓厚的'回报党恩'与'党性'情结。老年人强烈的参与愿望与其特殊的生命历程和制度背景有关。"[②]

（二）由老年人参与家庭服务而开出的公共性

众所周知，在现代社会学理论体系中，家庭被定位为"私人空间"，但当我们把"世代"概念引入到分析体系之中后，便会发现：作为家庭与社会的结节点，"家庭不单纯是私人空间，可以把它定位为与公共性相关联的单位，使其成为一种战略性概念。有必要以与家庭和社会两方面相关联的世代概念为杠杆来思考公共性"[③]。由此，"发挥世代生成力，从对可持续社会做贡献的意义上讲也担负着公共性。即使它发生在私人家庭的亲子关系当中，但作为结果是向下一代负责任，所以它是公共的"[④]。在华人世界中，一个人在其成长阶段，有成家、育子、立业的使命，而当其步入老年后，亦约定俗成地负有帮助子女料理家务的责任。但值得提出的是，在现有的理论和政策框架体系内，往往将老人的家务劳动视为"私域之事"，而未将其列为对社会贡献的范围内，从而抹杀了老人的贡献。对此，有的学者明确指出："目前各种方法计算国民收入劳动是不包括家务劳动的，因为家务劳动不能创造物质产品，在市场经济的国家家务劳动也不算作产值，只有通过市场的那部分才计入国民生产或国内生产总值。这就意味着，从事家务劳动不算作参加社会发展。其实，老年人退休后从事家务应看成是对社会的一种贡献。因此，老年人退休后自觉承担一些家务劳动和照顾子女生活、工作，减轻子女的家务和培育下一代的负担，无疑是有利于子女的学习和工作，在这个意义上说，是

---

① 陈茗、林志婉：《老年志愿者活动的理论思考和实证分析》，《人口学刊》2003年第4期。
② 段世江等：《老年人参与志愿者活动具有鲜明时代特征》，《河北大学学报》2010年第2期。
③ ［日］佐佐木毅、［韩］金泰昌主编《公共哲学》第六卷《中间团体开创的公共性》，刘文柱译，人民出版社2009年版，第131页。
④ 同上书，第147页。

对社会的间接贡献。至于一贯从事家务劳动的老人，他们的劳动都应看成是对社会的一种贡献，应该受到年轻一代和社会的尊重。"[1]

三 老年人社会参与的限制

人口老龄化是人类社会最重大的成就之一，同时又是人类迄今面临的一个最严峻的挑战。毫无疑问，作为一种积极的老龄化战略，老年群体的社会参与，对于提高老年人的社会形象，提高其生活质量，具有重要意义。2002年，联合国在马德里召开的第二届老龄问题世界大会上，通过了《国际老龄问题行动计划》，强调老年人正面形象是《国际行动计划》的组成部分。要承认人生经验带来权威、智慧、尊严和克制，敬老乃人之常情，自古而然。但在某些社会中，这些价值观念常常被忽视，需要越来越多保健和支助服务的老年人大都被看成经济负担。健康地进入老年固然是老年人一个日益重要的问题，但公众将注意力集中在保健规模和费用、养恤金及其他服务上，从而对老龄群体产生负面影响。应使风度引人、多彩多姿、富有创造力并作出重要贡献的老年人形象受到公众注意。

但必须指出的是，我们在充分肯定老年群体社会参与积极作用的同时，要注意不能将老年人社会参与的作用无限夸大，因为这既不符合事实，同时还会产生一些意想不到的负面影响，因为"如果把老年人对社会贡献不恰当地夸大，就会造成一种印象，老年人可以继续成为生产者，削弱社会对'老有所养'承担的责任，对老年人也是不利的，而老年人对社会的贡献是以'老有所养'作为前提的，如果老年人晚年生活得不到保证，老年人对社会贡献将受到极大的限制"[2]。也应该注意到其社会参与活动存在诸多局限性，主要表现在：

（一）社会关系的稀薄化

应该承认，现实社会中诸多正式社会关系，基本上是围绕着"职场社会"建立起来的，而当老年人退出"职场"后，其一生中依赖于职

---

[1] 邬沧萍：《老年人对社会的贡献》，《群言》1987年第1期。
[2] 同上。

场而建立起来的各种正式社会关系不可避免地开始褪色。这也正是迄今为止一些老年学研究者对老年群体社会角色持消极态度的重要原因。他们认为社会中,"不断加快的社会变化速度产生了一种重视年轻人的生活方式。各种美的概念首先集中于和年轻人相联系的那些特征之上。社会公认的价值观,往往也就是当时年轻人的价值观。而老年人的价值观和信念,常被称做'旧式'的或被认为是应该抛弃的过时生活方式"[1]。虽然上述观点是一种不合理的偏见,但我们在评估老年群体社会关系现状时,却不可忽视其社会关系稀薄化的事实。

(二)个人身体状况之局限

随着年龄的增长,老年人身体状况不可避免地呈下降趋势,毫无疑问,这对于老年群体的社会参与产生了严重的影响。新旧世纪交替之际,在国内颇具影响力的居民互助组织"和心俱乐部"的创始人史品忠便是一个典型案例。2000年前后,年逾七旬的史品忠开创"和心俱乐部"时,主要依靠的是一种助人的奉献精神。但随着多位老志愿者离开或去世,人口流动性大,旧有的活动办法受到了冲击。因资源匮乏,史品忠为帮助居民往往需要自己付钱。史品忠本人身体不好,老伴有较重的心脏病、胆囊炎,每月看病吃药花很多钱,两个人工资又不高。他只好回到居住在哈尔滨的儿子身边。

(三)老年群体社会参与的分化

老年群体不是一个简单的同质性群体,其中存在着巨大的差异。故其社会参与行动也自然会发生较大的差异。有的学者发现:"老年人社会参与更多地表现为'消极参与',体现自上而下参与的取向,带有明显的政府动员色彩。老年人自下而上的参与严重不足,自组织性不强。"[2] 导致目前老人群体的社会参与主要是依靠"老年精英"展开的。而欲拓展老年人社会参与的广度,就必须遏止老年群体社会参与分化的局面,积极动员,形成新的社会参与格局。

(该文刊于《福建论坛》2011年第10期)

---

[1] [美]里查得·C.克伦塔尔:《老年学》,毕可生等译,甘肃人民出版社1986年版,第29页。

[2] 李宗华:《近30年来关于老年人社会参与研究的综述》,《东岳论丛》2009年第8期。

城乡接合部"村落终结"体制性影响因素新探

一 问题的提出

近年来,我国城镇化步入高速发展阶段。2011年中国城镇人口总数首次超过农村人口,成为重要的历史拐点。有资料显示,仅仅用60年的时间,中国的城镇化率从10%提升到50%,同样的结构转变,欧洲用了150年,拉丁美洲更是历时210年之久。有学者预言,到2030年,中国将新增3.1亿城市居民,届时,中国城市人口总数将超过10亿,中国城市化率将达70%。[1] 城镇化快速推进的另一面便是传统村落所面临的衰落和终结问题。从一般意义上讲,所谓"村落终结"主要是指城市化背景下村落组织形态走向解体的过程,就具体的形式而言,一般是通过"村改居"等形式实现由传统村落组织形态向城市组织形态转变的过程。[2] 笔者此前在《城市化与"村落终结"》一文中,曾将村落终结的形态概括为3种类型,即城市边缘地带的村庄被迅速扩张的城市所吸纳;远离城市的偏僻村落在过疏化、老龄化背景下而走向"终结";在政府社会规划工程主导下,通过村落合并等形式而走向终结的村落。[3] 其中最为复杂的便应属城乡接合部的村落终结问题。随着城镇化过程中城市边界的蔓延,位于城市边缘地带的村落在城市由"中心"覆盖"边缘"的扩张过程中,率先受到复合性影响,其农业生产大幅度萎缩,传统的村落形态和结构业已发生变迁甚至解体。虽然城

---

[1] 参见联合国开发计划署与中国社会科学院城市发展与环境研究所:《2013中国人类发展报告:可持续与宜居城市——迈向生态文明》,中国对外翻译出版有限公司2013年版。

[2] 田毅鹏:《"村落终结"与农民的再组织化》,《人文杂志》2012年第1期。

[3] 田毅鹏、韩丹:《城市化与"村落终结"》,《吉林大学社会科学学报》2011年第2期。

乡接合部已成为"村落终结"的焦点地域，但在现实中却仍是步履维艰、制约重重。

关于城乡接合部村落终结问题的研究，学界经常采用的是所谓"问题取向"的进路，即围绕着城乡接合部村落终结过程所衍生的诸多问题展开研究。城乡接合部一般被看作城市与乡村的过渡地带，被普遍关注的是其混乱的生活治安秩序、瓦片经济—空间错落、人口结构复杂等表层性问题。应该承认，在城乡接合部复杂问题的研究过程中，问题取向具有其特定的研究价值。因为循着问题研究的思路，可以加深我们对城乡接合部村落变迁问题的理解，亦可通过对问题的解剖，形成针对性的对策建议。但问题研究取向的局限也是非常明显的，主要表现在：对问题的专注可能使研究者因沉迷于具体的问题而忽略对体制性因素的理解。因此，从体制角度透视城乡接合部村落终结问题应是我们所应有的选择。

关于体制的概念，《辞海》一般将其解释为包括组织单位的机构设置，隶属关系和权利划分等方面的具体体系和组织制度的总称，具有社会机构和社会规范两个基本要素。它既包括社会活动过程中的社会活动实施体制和社会活动管理体制，也包括社会活动领域中的政治体制、经济体制、文化教育体制和其他社会体制。[①] 而且非常重要的一点是，体制并不是一个静态的概念，东欧转型问题研究专家玛利亚·乔纳蒂曾对"体制转型"的复杂性进行了概括：在令人眼花缭乱的转型进程中，"构成体制根本特征的基本运行原则和连接原则以及在其基础之上建立起来的制度系统也消失了。但是，一个体制的基本连接原则的消失并不一定意味着体制运行过程中发展起来的所有经济和社会结构、传统、观念、行为方式和策略也随之消失"[②]。由此，我们可以发现，社会运行中常常伴随着体制的转换，在此过程中，旧体制中的某些因素在新体制下依旧发挥着作用。我们有必要在动态的体制转换过程中深入探讨城乡接合部村落终结的问题。

[①] 孙绵涛：《体制论》，《南阳师范学院学报》2009年第2期。
[②] ［匈］玛利亚·乔纳蒂：《转型：透视匈牙利政党—国家体制》，赖海榕译，吉林人民出版社2002年版，第1—2页。

二 城乡接合部村落终结体制性影响因素分析

从构成要素看，城乡接合部绝不是"城""乡"要素的简单相加。因此，我们应将其作为一个特殊的地域社会来加以研究认识。[①] 并注意到作为一种社会样态，城乡接合部的存在具有长期性。以体制角度审视城乡接合部村落的终结问题，我们会发现，"村落集体资产体制""开发区体制""社会—文化共同体的单位性体制"等复杂的体制性因素深度地影响着村落终结的过程。

（一）村落集体资产体制

与城市社区不同，村落既是一个生活单元，同时也是一个生产单位，具有特有的经济属性，拥有多种形态的集体资产。而与一般意义的村落相比，城乡接合部的村落集体资产问题更是具有特殊性和复杂性。可以说，城乡接合部村落的生产体制和资产体制随着城镇化背景下征地、村转居等进程的推进，正处于一个剧烈的转型过程之中。主要表现在：（1）城乡接合部村落位于城乡之交的特殊区位，城市化扩张伴生的作为集体资产的村落土地在被征收过程中利益争端显著。（2）城乡接合部村落在走向终结的过程中，集体资产的处置是一个动态的过程，其界定、变现、转制、分配过程涉及复杂的体制变动与转型。（3）城乡接合部村落往往利用靠近城市的区位优势开发房地产和工业园区，发展起一般性村落不具备的规模性集体经济。（4）城乡接合部村落集体经济的市场化程度高于远郊村落，村落集体经济固有的脆弱性、变动性和缺乏规范性等特点使其在市场体系中面临较大风险。

随着城市化的快速推进，城市规模不断扩大，对土地的需求大幅增加，导致土地价格不断上涨，近郊尤其是城乡接合部的农村集体土地被不断征用。近郊农村或依靠土地增值大力发展房地产、物业等，或因征地而获取巨额的征地补偿费，积累了丰厚的村集体资产。[②] 人们通常将

[①] 田毅鹏、齐苗苗：《城乡接合部"社会样态"的再探讨》，《山东社会科学》2014年第6期。

[②] 郑风田、赵淑芳：《"农转居"过程中农村集体资产处置：问题与对策》，《甘肃社会科学》2005年第6期。

村集体资产视为单纯的经济问题，实则不然，村集体资产的处置实质是一个非常复杂的过程。在城乡接合部村落集体资产的界定、变现、转制、分配过程中潜藏着复杂的利益纠纷，其中涉及征地补偿款的分配，集体资产的投资、运营，村干部的个人行为等多种具体问题。集体资产所连带的一系列利益关系，使得城乡接合部村落形成了以集体经济为纽带的特殊共同体，村民在行政、自然、文化和社会边界逐步打开的同时对村落产生了强烈的经济性依附关系。受集体资产问题牵绊，村落难以终结。

经济学的主流观点认为，城乡接合部村落集体资产问题可以用成立公司、采取股份合作制改革的办法解决。而且在实践中，许多地区已经采取了此种办法。农村集体股份合作制改革就是为适应城市化和"村改居"的要求，将土地等自然资源和财产、资金等集体资产折股配置给原集体组织中的成员，使其享有比较清晰的集体资产产权，体现合作制民主管理的特色，有利于强化成员的主人翁地位，适应市场化和城市化的发展要求。[①] 但是在城乡接合部村落集体资产的实际处置过程中呈现出诸多乱象，"一股灵"的神话遭遇严峻的挑战。

试图利用单纯的经济手段处置村落集体资产有将问题简单化的嫌疑。村落集体资产的处置涉及多方利益纠葛，市场、政府、社会、个人都嵌入其中。集体资产问题的模糊性和复杂性对城乡接合部村落终结的过程产生了重要影响。

1. 关于集体经济组织成员界定

城乡接合部成员结构的复杂性非常突出。城乡接合部村落往往混住着本村户籍人口（包括集体经济组织成员、自理口粮）和外来流动人口等不同类型的群体。在对村集体经济组织成员界定的工作中往往会引发比较大的纠纷。城乡接合部村落对集体经济组织成员的认定除了要求其户籍在本村外，还应考虑其是否拥有承包地，是否参加集体生产劳动等。因此，在村集体经济的分配中，自理口粮和流动人口自然被区隔。"集体对其内部成员的平等开放和对外部成员的不开放是合二为一

---

① 杨贵华：《集体资产改制背景下"村改居"社区股份合作组织研究》，《社会科学》2014年第8期。

的。"① 在实际运行中，我们注意到，虽然拥有本村户籍是村集体经济组织成员的标志，但对成员的界定依旧比较混乱。第一，自理口粮群体虽然拥有本地户籍，但没有承包地，也未参加人民公社时期的集体生产和劳动。常年居住在村落的外来人口，没有本地户籍，但这两种身份的村居住者因长期在农村集体经济组织内参与生产、生活，并履行了相应的义务，与村集体经济发生了勾连，想要在集体经济收益的分配过程中得到一定份额。第二，对于本村新生儿、未成年人、残疾人、出嫁迎娶等人员的集体经济组织成员资格界定存在差异性和运作空间。第三，对于"人户分离"的本村村民，集体经济的收益和分配是否该覆盖也是争论的热点。由于成员边界并不清晰，使得集体经济在转制、变更和收益的分配过程中面临巨大难题，不同利益群体之间矛盾冲突严重，诉求不断。

2. 征地补偿款连带问题

国家对农村的征地补偿主要分为土地补偿费、安置补助费、青苗补偿费、地面附着物补偿费几个部分。不同类型的补偿费在分配过程中涉及非常复杂的问题。例如，在征地过程中，土地补偿费集中于具有土地所有权的村集体手中，而落到村民人头的分配过程并没有标准的配套制度。各地村集体和村民之间的土地补偿费分配比例迥异，甚至邻村之间亦有差别，得到较少补偿比例的村民往往通过上访等办法以寻求更多补偿。

从20世纪80年代开始，我国普遍实行包产到户的"家庭联产承包责任制"。村落土地归村集体所有，农民有承包使用权。因此，村集体在处置集体土地和集体经济的过程中扮演着非常重要的角色。村集体组织主要包括村委会和村集体经济组织两部分，农村集体经济组织产生于20世纪50年代初的农业合作化运动，是对农村土地拥有所有权的经济组织，是除国家以外对土地拥有所有权的唯一组织。随着家庭联产承包责任制的确立和村民委员会的建立与发展，一般情况下，村落的集体经济组织的运营由村委会代管。因此，村委会不仅是群众性的自治组织，而且掌握了集体经济组织大量集体资产的运营权。这种双重身份使得村委会，特别是村书记与主任，在被征地的过程中握有较强的话语权和操

---

① 贺雪峰：《地权的逻辑》，中国政法大学出版社2010年版，第130页。

作权，其权威迅速膨胀。在与政府的谈判中，一方面作为被征地的利益主体，想要为村落和个人争得更多的利益补偿。另一方面又作为连接政府与村民的中介，有通过说服和安抚村民的行动向政府争取灰色利益的运作可能。在集体资产体制的转换过程中，政府、村委、村民之间往往矛盾重重，具体体现在：第一，获得征地补偿之后，补偿款的分配权和使用权集中于村委会，由于政策不健全，各地的补偿款分配标准不尽相同，村干部往往可能选择对自身或所代表的群体有利的分配原则，而伤害部分村民的利益。第二，代表村民在向政府争取利益时，提升了政府开发的行政成本和资金成本，政府与村落产生矛盾。第三，在对安置补助费等村集体提留补偿款的处置上，村干部的处置若有偏颇，将可能引发一系列矛盾。第四，集体经济的运营方式和收益的分红份额，村干部往往具有决定权。因此，涉及巨额资产的运营和分配问题，村干部的行为非常关键。在现实中，村干部对集体资产的运用并不透明，部分村干部甚至将集体资产中饱私囊，引起村民的质疑与抗议。

另外，村民的行为也给征地补偿款具体运作增添了难度。村民得知村落即将被征地的消息后，便开始为获得更高的补偿而行动。具体的行动包括：（1）在宅基地上拓展空间，违规搭建房屋，用于出租赚取租金。（2）在承包地上搭扣大棚。（3）种植高密度经济作物。开发商在正常征地补偿之外不得不直接面对农民个人，协商这部分"临时应对性"资产的补偿问题。在征地过程中，开发商往往不愿意承担这些巨额成本，常常绕过这一地带迂回向外围扩张。①

综上所述，在城乡接合部村落征地的过程中，征地补偿制度并不完善，村委会，特别是村书记、村主任具有特殊的处置权，具有灰色的运作空间。村民个体也为争取更多的补偿而采取行动。征地补偿涉及多方主体和多重关系，彼此矛盾具有交互性和复合性。政府、村委、村民、市场作为嵌入到此过程中的多个不同性质的利益主体，彼此之间的利益关系非常复杂，在这种情况下，村落终结的程序自然难以展开。

3. 集体经济的运作

随着城市化的推进，城乡接合部村落的土地不断被国家征用。一些村落运用村集体的征地补偿费和从部分农民手中筹集的资金兴办了许多

---

① 刘杰：《城乡接合部"村落终结"的难题》，《人文杂志》2012年第1期。

小型企业，承诺村民返还投资的本金并附加利润分红。但是村落作为经济主体在进入市场体系后常常面临巨大挑战，村落在与外部市场的博弈中由于缺乏经营和管理经验，从合同条款到实体运营，几乎完全受制于市场的意志。大量村落兴办的企业财政入不敷出，以倒闭收场。甚至在企业倒闭清算的过程中，变现资产的分配也是极其混乱的，导致村民赚赔有差。村集体经济组织背负巨额外债，政府、企业、村集体和村民多方利益纠缠不清，村集体经常采取"拆东墙补西墙"的方式缓解债务，而无力从根本上解决债务危机，伴随债务问题的持续，村落终结的可能性甚微。

另一面，部分村落通过出租集体土地、厂房收取租金或依靠房地产开发等形式获取了大量的集体经济利益。在集体经济利益丰厚的村落，村落福利几乎可以覆盖本村村民从摇篮到坟墓的生命全过程。农民脱离土地生产，单纯依靠村集体的福利分配便可以过上比较殷实的生活。村委会与居委会体制的差别中，很重要的一点是村委可以管理集体经济，而居委会不具备独立经济职能。因此，如果实现"村转居"，将意味着村落经济边界瓦解，村落福利的终结。享受不菲福利补贴和经济收益分红的村民自然不愿意启动村落终结。虽然部分村集体企业经过了公司化改革，实现了与村落的部分分离，但因村集体成员都握有一定的股份，并且一些企业也吸纳了村民在地就业，使得这些企业依然与村落保持着难以剪断的关联。村民在地就业，其意义不仅在于赚取了一定的收入，更重要的价值在于，村民无须外出远行也能找到打工的机会，从而保证了村落社会在一定时期的延续。[1]

（二）开发区体制

改革开放以来，中国的城市扩张在很大程度上是以"开发区"模式向外推进的。在经济开发的过程中，"开发区体制"作为区域经济建设的配套体制油然而生。从改革开放时期的沿海经济开发区为始，业已发展出经济技术开发区、高新产业开发区、出口加工开发区等不同形态。开发区的区位也随着经济的发展由沿海逐步落户到毗邻城区，且地租较为低廉的城乡接合部地带。与传统政府形态管理城区相比，开发区

---

[1] 田毅鹏、齐苗苗：《城郊"村落单位化"的社会管理功能及其限度》，《社会科学》2014年第1期。

体制往往是遵循企业化的管理，偏重于高效率的征地拆迁、建设基础设施、提升投资形象以及制定优惠的招商引资政策。① 快速城镇化和开发区体制的覆盖使得城乡接合部迅速成为经济重地。我们必须注意到，开发区体制对城乡接合部村落终结产生了不容忽视的影响。

1. 开发区体制对村落运行的影响

与远郊村落不同，城乡接合部村落往往被纳入开发区体制当中，由此产生了一系列复杂的问题。第一，开发区在区域开发过程中，与村落形成了围绕土地补偿问题的利益纠纷。大多数开发区以成立管委会的形式多采取区域管理，但是作为政府派出机构的开发区管委会授权不明、职权缺失，且管委会的机构设置和人员编制问题都极为混乱。开发区管委会实质上是公司化的准政府组织，政企不分的开发区体制在收储村落土地的过程中欠缺强制性，同时其市场性的经济利益追求使得村民对其身份的合法性产生怀疑。第二，城乡接合部村落借助开发区内公司企业较多的优势，开发工业园区以招商收租的形式获取村落集体经济利益，这种经济形式是远郊村落很难展开的。依靠地租获得的集体经济形式风险较小，并且收益可观，为村落的单位化福利体系提供了资金支持。第三，开发区往往会吸引众多商家投资，城乡接合部村落把握这一机遇招商引资，主动投身于市场之中。村落集体经济的运作呈现复杂化。第四，由于村落集体经济具有天然的脆弱性，部分村落难以抵御住市场的风险，面临巨额的债务危机，"分红容易，分债难"，村落终结难以展开。

2. 开发区与乡镇关系的复杂性

综观开发区与乡镇关系的研究及政策设计，普遍存在着一种基本取向，即以开发区建设为主轴，尽可能促使乡镇服务于开发区建设。② 然而，开发区与乡镇实际上存在复杂的内在矛盾。第一，开发区与乡镇在性质上存在较大差别，使得开发区与乡镇的关系复杂。开发区以经济建设为目标，以企业化的管理为手段，其体制设置具有发展主义的一般逻辑。开发区追求经济效益，而对社会性元素关注较少。相对而言，乡镇

---

① 胡彬：《开发区管理体制的过渡性与变革问题研究——以管委会模式为例》，《外国经济与管理》2014 年第 4 期。

② 林拓、刘君德：《开发区与乡镇行政体制关系问题研究》，《经济地理》2002 年第 2 期。

政府是国家传统的基层政权组织，是在基层"区—乡—村"社会治理序列中的关键一环，需兼顾区域经济、社会、文化等多方面协调综合发展。开发区的建制体现了政府力量的综合性和延伸性，然而面对上级政府的企业化和公司化，作为科层序列中的乡镇在与其对接的过程中存在不契合性。第二，开发区的征地行为给乡镇工作增加了复杂性。开发区以效率、利益为首要追求目标，对经济以外的开发后果不愿承担连带责任，因此，开发区征地所催生的村落资产分配、村落村民就业安置、村落文化传统的保护等工作几乎全部需要乡镇和村来承担。但随着开发过程的推进，很多社会事务的管理不允许开发区撤场，因此，在开发区体制下，乡镇政府和开发区在社会事务的管理上职权不明，存在不一致性。第三，开发区对基层汲取过度，导致乡镇政府的财政缩减，可供投入到区域社会综合发展的资金和资源紧张。

通过以上的分析我们可以发现，开发区体制对城乡接合部村落终结的影响主要表现在：（1）被纳入到开发区体制中的城乡接合部村落，其土地征收过程中的补偿问题与具有政企双重身份的开发区交织在一起，难以拆解。（2）城乡接合部村落的集体经济在开发区体制下，与外部市场形成了较大程度的勾连，集体经济的组成、形式、运作都非常复杂，其中往往包含着巨额的"三资"问题，对集体经济进行终结需要长期复杂的工作。（3）开发区在经济开发的过程中与乡镇、村落存在矛盾关系，并常常牵扯进巨额的资产资金问题，无论是以经济发展为中心的开发区与关注社会治理与服务的乡镇在体制之间的矛盾，还是它们之间的债务关系均需要长时间、渐进的改革才有可能走向弱化和消解。（4）开发区的运作模式虽然一定程度上实现了区域经济的增长，但却使得城乡接合部村落的社会性发展面临危机。在经济效益之外，开发区体制给城乡接合部村落的社会治理与服务抛下了大量连带问题，我们需要长时间的努力才有可能实现城乡接合部地带经济—社会的协调发展。

（三）作为社会—文化共同体的单位化体制

在城市快速扩张过程中，城乡接合部村落土地资源价格节节飙升，导致村集体成为土地开发过程中最重要的获利者之一。在村集体财富迅速积聚的过程中，围绕着村落管理权的争夺也日趋激烈，导致村落组织化程度空前增强。同时村落管理者为争取村民的支持，也努力构建起为村庄内部人服务的福利体系，出现了"村落单位化"现象。[①] 更进一步，在城乡接合部村落治理体制的转换和村落空间变迁的过程中，同样产生了类单位化特征的特殊的村落体制。

1. 村落福利的单位性

在城乡接合部集体经济比较发达的背景下，村落内部形成了福利利益共同体，并呈现出单位化的特征。第一，村里的集体经济负担了村民升学、居住、医疗、养老等多方位的保障性福利，类似于单位制"包下来"的福利保障制度，为集体成员提供了从摇篮到坟墓的生活福利补贴。第二，村落福利具有高度的封闭性，村落福利体系所覆盖的范围边界非常严格，虽然对比较特殊的儿媳、外嫁女、上门女婿等成员福利身份的界定各村有所不同，但都是基于村落户籍的基础上，有限度的收缩和延伸。第三，村落福利往往可以超越空间关系。村民即使外迁，同样享受福利补贴，甚至在某些村落，户籍性质已"农转非"的村民依旧可以享受到村落福利，突破了"权利—义务"的绑定式结构。第四，在村集体经济转制的过程中，村落的公司化和股份制改革只允许村集体成员购买股份，享受利益分红。

基于以上四点，村落形成了具有"单位化"特征的牢固且持久的福利利益共同体，受到村福利制度、集体经济水平、村民的利益诉求等多方面条件的影响，其解体过程必然十分复杂，带有渐进性和长期性。

2. 村落体制转换中的单位性

20世纪80年代以来，我国在基层村落的治理中，一直沿用了村委会的建制。村落以其最具特点的封闭性户籍管理制度划分了成员边界，在成员身份上与外界隔绝。随着城市化的推进，城乡接合部村落的城市化进程并没有打破城乡二元传统，其体制转换过程中呈现出新时期特有的单位性特点：

（1）村居并行。城乡接合部外来人口经常几倍甚至数十倍于本村人口，呈现人口倒挂现象。政府部门往往在村落内部再设立一个城市社区居委会以管理非本村户籍人口，村委会管理村落事务，居委会管理外来人口，形成一种二元化的形态。其中标准不同，公共服务的项目和力

[①] 田毅鹏、齐苗苗：《城郊"村落单位化"的社会管理功能及其限度》，《社会科学》2014年第1期。

度均有所差别。在集体经济较好的社区，村集体经济为居委会提供资金支持。但是，一方面，为外来人口服务的过程有损村民的利益，另一方面，由于村委会在村居并行的体制中掌握经济资源，占据强势地位，导致外来人口的社区感不足，与村无涉。社区虽然存在，却鲜有实现价值的空间。在"城乡二元"结构的背景下，形成了复杂的具有差异性的治理格局。而且在村居并行的体制下，存在"一套人马，两个牌子"和"两套人马，两个牌子"的不同情况，为村落的治理增添了复杂性。在对资源的利用和管理权限等方面，村委会与居委会构成犹如被单位体制所切割的体制内与体制外的矛盾双方。

（2）撤村并居。在撤村并居的体制中，街道成为农村社区建设的主推力量，撤村并居使得村落原本独立的集体经济在被整合的过程中丧失了独立运作和发展的空间，因此在撤村并居的体制影响下，村集体经济衰退，而街道成为整合经济的重要组织，掌握大量资源。原来自然分散的、熟人性的、以乡土生活为主的村落共同体在快速消失，代之出现了更多集中化的、陌生性的、以非农生活为主的新社区。这种乡村转型不仅带来了生活空间的重组和社会经济活动的转变，而且意味着传统村庄社会关系和组织结构的变迁。[①] 在村庄合并与集体居住的过程中，村民对原始具有单位化特征的村落资产的分配与邻村、街镇产生利益纠葛。另外，撤村并居的进程中，街道的行政推力显著，社区的工作人员并非民选产生，而是街道指派或街道领导高职低配，建立了诸如社区筹备组、社区维持会的过渡性组织，这实际上是对法理性的挑战。

村落体制的多样化与混乱性导致村民不但可以参加村委会选举，又可以参加居委会选举。虽然一些村落已经没有耕地，居民也实现了回迁上楼，村落的物理形态已经消失，但是受集体资产问题的牵绊，村委会选举因涉及上亿资产的支配权，其过程依旧非常紧张。而居委会因为不涉及经济利益，选举又呈现出冷清的一面。我们同时应该注意到乡镇政府在选举过程中扮演的角色。乡镇政府因为与所辖各村现任村委成员之间具有合作基础与庇护关系，在换届的过程中，乡镇政府经常动用一些权术与手段保护现任村委班子，而不希望有外人涉足这个复杂的关系之中。受体制问题的制约，如果试图终结村落，必须先理顺现有的体制，

---

① 林聚任：《村庄合并与农村社区化发展》，《人文杂志》2012年第1期。

而受经济利益的影响，体制的理顺也将面临巨大挑战。

3. 村落空间形态变迁中的单位性

在以往城乡接合部的研究中，学界多将本地村民与外来人口的生活空间做整体性研究，认为该地带人员构成复杂，因外来人口倒挂而形成的混居形态存在着极大的社会风险。实际上，户籍村民与外来人口的混居具有一定限度，特别是在回迁村落，体现出户籍村民与外来人口"宏观混居—微观分居"的特殊居住形态。

在城乡接合部开发的过程中，村民房屋被征。在改建楼房的村落中，某些村落的房屋位置与形态体现出本村村民与外来人口区隔的特点，显露出单位化的封闭性。回迁房具体有两种主要形式。第一，村集体出让土地，统一规划，由村民自建房屋，形成几乎只有本村村民居住的区域，在此区域内，房屋的出租率非常低，较易维持传统村落关系的封闭空间。第二，由开发商或村集体建房，村民利用原始住宅面积置换新房，稍补差价。一些集体经济比较发达的村落常常会发展房地产事业，多数村落选择将自住回迁房建设得比较集中且封闭，甚至构筑了围墙，而对外来人口的容纳一般都在回迁范围之外的边缘地带新开发楼盘之中。布迪厄试图建构一种由社会空间构成的差异化模型：社会空间是一个差异体系，即根据不同阶级而差异分布的，每一空间在结构上具有整体性特征，也可以说，社会阶级是通过划分社会空间的各个区域而区分出来的。[1] 回迁村落的具体形态恰好体现了以户籍差异为特点的不同身份置于不同空间区域的差异性。

回迁后的村落由于楼宇数量的增加，实现了居住形态上"宏观混居—微观分居"。类似单位体制的空间封闭性，村落内部与外部沟通甚少，边界严格，在传统关系维持的同时并没有对接外部社会关系，因此虽然村落形态发生了改变，传统组织形态不但没有衰落，甚至得到了加强。长期的村落生活使得村民间具有共同的文化生活、文化记忆以及文化精神。村落文化涉及村落悠久的历史、特有的习俗和仪式、特定的事件、乡规民约制度等内容。文化的不同构筑了村落的特殊性与唯一性。在外部形态发生转变的同时，许多村落开始意识到传统文化保留的重要性。它们通过编写村志、建村史记忆馆等行为，以不同的方式传承村落

---

[1] ［法］雷米·勒努瓦，《社会空间与社会阶级》，杨亚平译，《东南学术》2005年第6期。

文化。李培林曾提出，一个完整的村落共同体具有 5 个可以识别的边界：社会边界、文化边界、行政边界、自然边界和经济边界。[1] 与其他边界不同，文化边界即使在体制政策上开放，也难以简单地吸纳外部人员，文化共同体的形成，需要长时间的共同生活实践与体验。因此，村落文化具有天然的封闭性。在生活空间和文化共同体较为牢固的状态下，村落终结恐怕短时间内难以启动。

三 体制转换与对策探讨

综上所述，在城乡二元结构长时间作用的背景下，受"村落集体资产体制""开发区体制""社会—文化共同体的单位化体制"等体制性因素的影响，城乡接合部村落走向终结的进程带有复杂性、渐进性和长期性特点。村落作为一种生产组织、生活制度和社会关系网络，其终结过程要比作为职业身份的农民的转换更加延迟和艰难，城市化并非仅仅是工业化的伴生物，它展现出自身不同于工业化的发展轨迹。[2] 对城乡接合部村落终结的问题，我们必须谨慎对待。

（一）合理应对村落集体资产转制

针对城乡接合部村落集体资产体制的模糊性和复杂性，我们在处置过程中需要格外谨慎妥当。1. 明确界定村落集体资产，核算清楚集体资产变现的量额，确定蛋糕的具体大小，是分配过程平稳有序推进的基本保证。2. 确定村落集体成员的边界，充分考虑特殊人群情况，制订详细的分配方案，避免分配的随意性，通过民主协商等形式获得合法性，压缩制度外运作空间，并实现集体资产情况的公开透明。3. 在村落集体经济股份制改革中，村落新组建的股份制公司往往徒有现代企业之虚名，其法人治理结构形同虚设，法人治理机制建设不到位。[3] 因此，应在明晰产权的同时深入改变企业股份制改革的内在运营模式。部分城乡接合部村落正在推进村委会与村落集体经济组织的分离，并采取

---

[1] 李培林：《村落终结的社会逻辑——羊城村的故事》，《江苏社会科学》2004 年第 1 期。
[2] 李培林：《巨变：村落的终结——都市里的村庄研究》，《中国社会科学》2002 年第 1 期。
[3] 郑风田、赵淑芳：《"农转居"过程中农村集体资产处置：问题与对策》，《甘肃社会科学》2005 年第 6 期。

监督机制，以实现权力的分散，平衡集体资产利益关系。在这一过程中，必须注意对村委会权威加以保护，切不可任凭村落权力、权威随着经济的转移流入到集体经济组织一家之手。

总而言之，集体经济体制转换的途径可以是多元的，既可以通过村民"持币进城"而彻底终结，也可以通过村民"持股进城"而逐渐转型，成为一类特殊的股份合作制单位，最后股份开放、稀释而消亡。[①]当然，这个过程需要长时间的衔接和过渡。

（二）理顺开发区与村落治理体制

我国城市化进程的行政强制性显著，外部嵌入的新型体制往往与村落传统格格不入，引发一系列问题，我们需要在双向的互动中，寻找不同体制间互动的平衡点。

开发区的特殊体制决定其始终要以经济开发与建设为中心。但值得注意的是，开发区的发展亦有其自身的阶段性变化。在这一过程中，开发区法规的制定应将与乡镇的协调一并考虑在内，在人事管理、交叉任职、土地利用、市政设施、社会治安等方面应尽可能地兼顾乡镇经济社会的现状。[②] 在开发区与乡镇政府协动中实现产业功能与治理服务功能的互补，经济发展兼顾社会效益，社会治理服务配合经济可持续增长。

村民委员会与社区居民委员会并行治理，具有明显的城乡跨体制特征。[③] 在村居并行的村落，应明确村委会的权力与责任，尽量避免因急于实现"村转居"，而出现"村未撤，居已建"的二元化治理状态。为此，应着力做到：1. 上级政府承担村委会治理外来人口的部分费用，按照外来人口数量与比例合理下拨资金至村委会统一管理，并促进城乡服务的均等化。2. 合理扩大村委会人员结构，以应对村落人口大型化的挑战。3. 提升村委会干部综合素质，使其有能力处理城市社区治理问题。使那些"身体在场"，却"关系不在场""权益保障不在场""参与权不在场"的外来人口纳入到村落结构体系之中，并努力挖掘外来人口的人力资源，为村庄发展提供新的活力。[④]

[①] 刘梦琴：《中国城市化进程中村落终结的路径选择》，《农村经济》2011年第2期。
[②] 林拓、刘君德：《开发区与乡镇行政体制关系问题研究》，《经济地理》2002年第2期。
[③] 刘杰：《我国城市化进程中城乡接合部的功能定位分析》，《贵州社会科学》2013年第4期。
[④] 田毅鹏、齐苗苗：《城郊"村落单位化"的社会管理功能及其限度》，《社会科学》2014年第1期。

（三）正确看待村落"社会—文化"单位性特征

首先，城乡接合部村落受征地等因素影响，单位化的村落福利共同体具有高福利性和高覆盖性的特点，但其持续性却面临挑战。在市场经济体制中，任何组织的经济运作都将面临风险，因此，过高的村落福利无疑成为村落背负的沉重包袱，一旦村落集体经济走向衰退，无法承担巨额的福利支出，村落的稳定性便有可能受到影响。而且，在福利补贴殷实的情况下，往往催生了村民的惰性，部分村民选择仅依靠租金和福利待遇生活，这对村落的组织形态、关系网络和生产生活均造成了一定程度的破坏。因此，合理、适当地调整改革村落福利补贴制度才是村落可持续发展的现实路径。其次，虽然城乡接合部村落在体制转换的过程中具有一定的单位化封闭性，不利于村落终结的展开。但是，我们需要明确的是，"终结"并不能够被简单地预设为村落的发展目标，保留住村落传统性守望相助，声气相通的生产、生活共同体也不失为村落发展的一种合理走向。

村落终结过程具有一定的时序性，必须有步骤地展开。有些地方先将农民户籍转为非农，而后再推进村落的转型，这实际上是将村落终结的顺序严重倒置了。户籍制度改革应当作为村落终结的后果呈现，而不应是其开端。户籍在村落终结后会自然地发生转变，不需要行政力量强制干预。村落的终结要经历集体资产的界定、变现、转制、分配，村落边界消解，村落关系网络重组等一系列过程。特别是在城乡接合部村落这个特殊的社会样态中，村落的终结受体制因素影响，其过程更具特殊性和复杂性。正如李培林先生曾做出的判断："一个由亲缘、地缘、宗族、民间信仰、乡规民约等深层社会网络连结的村落乡土社会，其终结问题不是非农化和工业化就能解决的。村落终结过程中的裂变和新生，也并不是轻松欢快的旅行，它不仅充满利益的摩擦和文化的碰撞，而且伴随着巨变的失落和超越的艰难。"[1]

（该文刊于《社会科学战线》2016年第10期，第二作者张帆）

---

[1] 李培林：《巨变：村落的终结——都市里的村庄研究》，《中国社会科学》2002年第1期。

后　　记

　　以一定的学术研究领域或专题为单元，将自己一段时间内研究和发表的学术研究成果汇集出版，实在是一种理想的阶段性学术总结方式。2019年初春，在吉林大学"哲学—社会学一流学科"建设项目的评审中，我申请的项目获得出版资助。虽然近年来我在发展社会学、社会学理论、城乡社会治理等研究领域都有一些成果积累，但在专题论集领域选择确定的问题上，我还是毫不犹豫地选择了"地域社会学"，并将论集定名为"地域社会学的论理"。

　　我之所以做出上述选择，主要是因为近二十年来，自己的确围绕着地域社会学展开了持续性的学术研究，发表了一些研究成果。将这些相关研究论文结集出版，是我多年来期盼的事情。同时，我也坚信，作为社会学学科体系中新近兴起的分支学科，地域社会学的发展刚刚启幕，具有较大的拓展空间。而我之所以使用"论理"而没有用"理论"，主要是因为收入自选集的研究论文，基本上还处于"论理"阶段，还没有达到应有的"理论"高度。在论集编选收录的过程中，我主要从新世纪以来发表的与地域社会学主题相关的40多篇学术论文中，选了30篇。并将其分为四个专题，从不同的研究视角探讨了地域社会学的一些重要话题。上述论文分别发表在《社会学研究》《江海学刊》《开放时代》《社会科学战线》《学习与探索》《天津社会科学》《社会科学》《学术研究》《浙江学刊》《人文杂志》《山东社会科学》《社会科学研究》《福建论坛》《思想战线》《探索与争鸣》《湖南师大学报》《当代亚太》《吉林大学社会科学学报》等期刊。有些论文还在学界获得一定的学术反响，如2012年刊发于《社会科学战线》的《村落过疏化与乡土公共性的重建》一文，获得2017年度陆学艺社会学基金会优秀论文奖。此外还有6篇论文被《新华文摘》和《中国社会科学文摘》全文转载，7篇被《人大复印资料》全文转载。在这一意义上，可以说上述成果的问世，得到了各位期刊编辑的批评指正和大力支持。故在本书即将付梓之际，我要对上述刊物的编辑表示衷心的感谢。在论文编选过程中，我的博士生李喆、金蓝青对入选论文的注释体例进行了统一修订，付出了辛勤的劳动，在此一并表示感谢。

本论集也是作为自己正在承担的国家社科基金重大项目"东亚乡村振兴社会政策的比较研究"（项目号：18ZDA119）的阶段性成果推出的。从事国家重大项目研究，必须首先对包括自己在内的学界已有相关研究成果展开分类总结及评述。在这一意义上，本论集的总结汇编对于项目研究的价值自不待言。总之，将自己阶段性研究成果汇集在一起以自选集的形式出版，自然是令人欣喜的事情。但在整理这些成果的过程中，笔者发现，作为社会学一个新的研究领域，地域社会学的分析框架和研究模式尚处在形成完善之中，自己的研究更是带有极强的"初步性"。很多问题都值得我们深入研究探讨。如怎样将地域社会学研究嵌入到社会学学科体系之中，如何处理好地域社会学与农村社会学、城市社会学之间的关系，地域社会学的研究模式如何提炼概括，等等。因此，该自选集中收录的研究成果充其量也只是一个非常初步的、阶段性的探索。在地域社会学的研究和分支学科构建的过程中，我们仍有很长的路要走。

田毅鹏

2019 年 10 月 1 日于吉林大学东荣大厦